第二届 “信用法治·韶山论坛”优秀论文集

SOCIAL CREDIT LAW - SHAOSHAN FORUM

谭曼 顾敏康◎主编

湘潭大学出版社

2018 年度国家社科基金重大项目
“中国守信激励与失信惩戒机制立法研究”
（18VHJ016）阶段性成果

编辑委员会

主　编　谭　曼　顾敏康

顾　问　谢　勇

编委会　（按姓氏笔画排序）

王贵国　石新中　刘宗胜　李世锋

杨　翔　肖冬梅　肖伟志　陈小君

陈金林　胡旭晟　饶育蕾　顾敏康

蒋海松　程　波　廖永安　谭　曼

主编简介

谭曼

1975年生于湖南新化，中共党员，法学博士，湘潭大学信用风险管理学院首任院长，现任湘潭大学信用立法研究中心主任，湖南永雄资产管理集团有限公司董事长、总裁，长沙永雄股权投资管理有限公司董事长，兼任湖南省法学会诉讼法学研究会副会长、湖南省法学会民营经济法治研究会常务副会长、湖南省法治反腐研究会常务理事、湖南省法治反腐研究会非公企业依法合规经营示范基地主任、湖南省新媒体协会副会长，中南大学法学院兼职教授、湖南大学法学院兼职教授、湖南师范大学法学院兼职教授，主要从事信用法治、债务催收法治化研究。先后在《首都师范大学学报》等 CSSCI 刊物发表《以信用立法推进社会信用体系建设》《中国债务催收行业的机遇、挑战及其治理》《中国债务催收行业立法论纲》等学术论文，独著《中国债务催收行业立法研究》，主编《诉讼制度改革与理论探索(2015年卷)》《首届信用法治·韶山论坛优秀论文集》等；主持国家社科基金重大项目子课题及多项省部级研究项目。

顾敏康

教授，香港太平绅士，湖北省政协港澳委员，曾任香港城市大学法律学院教授和副院长，现任湘潭大学信用风险管理学院院长。德国波鸿鲁尔大学法律系访问学者和奥地利维也纳大学访问教授，上海华东政法大学第一届“上海东方学者”讲座教授，香港世界贸易组织研究中心研究员兼副主任，香港“一带一路”国际研究院研究员，香港基本法教育协会副主席，香江智汇副会长兼秘书长，香港法学交流基金会高级顾问，中国国际经济贸易仲裁委员会、深圳国际仲裁院等多家机构在册仲裁员，香港国际争议解决及专业谈判研究院顾问。

序

2019 年 11 月 16 日，第二届“信用法治 · 韶山论坛”在伟人故里——湘潭隆重召开。本次论坛由湘潭大学主办，湘潭大学信用立法研究中心、永雄-杜兰国际信用法律研究中心承办。本次论坛共收到征文投稿论文 80 余篇，经湖南省法学会社会信用体系法治保障研究会组织评选，最终择优评出一等奖 3 篇、二等奖 5 篇、三等奖 8 篇。正如李伯超校长在开幕式致辞中所表达的，第二届论坛的举办是“2018 年首届信用法治 · 韶山论坛”的延续和传承，得到了中国法学会和国家发改委的亲切指导，得到了各级领导的关心和众多专家、学者的大力支持。依托法学学科的优势特色，整合金融学、信息管理、信息技术等学科的综合优势，湘潭大学一直在努力创新信用法治人才培养体系、打造信用法治建设智库。第二届信用法治 · 韶山论坛优秀论文的结集出版，是我们前进道路上的又一个里程碑。

本次征文涉及四个方面的主题，即我国社会信用立法体系建设问题研究、信用信息共享与数据跨境转移立法问题研究、守信联合激励与失信联合惩戒立法问题研究、信用监管与信用修复立法问题研究。

《社会信用体系建设规划纲要（2014—2020 年）》提出要“完善

信用法律法规体系”。根据2018年9月10日发布的《十三届全国人大常委会立法规划》,“社会信用方面的立法”被列入第三类立法项目,“需要继续研究论证”。“信用法律法规体系”到底是一个怎样的构成?社会信用方面的立法研究论证,应解决哪些重点难点问题?这些都是值得去研究的重大课题。郑令晗的《信用法治的概念内核、生成基础与秩序格局》从宏观的视角初步勾勒了信用法治体系的基本内涵。肖思慧的《论信用立法与传统法的沟通协调——以行政法、刑法、民法为例》则触及了一个外部体系问题,即信用立法与其他法律体系——尤其是传统部门法——之间的关系问题。作为目前我国社会信用立法的主要推动力量,地方信用立法的探索取得了较为明显的进展,于晓航的《大数据视角下中国地方信用立法现状的实证研究》和刘宇飞的《我国社会信用立法的现状与展望——以湖北、浙江、河北、上海社会信用地方性法规为考察对象》在揭示地方信用立法的基本现状的基础上,进一步总结和提炼出地方信用立法的基本模式和制度特征,并揭示了未来发展的可能方向。

信用信息归集、共享和利用机制的建立健全,是社会信用体系建设的基础和前提,是社会信用立法必须面对和解决的重点和难点。信用信息归集制度,作为信用信息法律制度的重要组成部分,既要解决信息提供层面的合法性问题和积极性难题,还要解决信息真实性和安全性保障机制的构建难题。我国《网络安全法》在明确界定“个人信息”的含义的同时,确立了信息收集的“同意”规则。最新修订的《消费者权益保护法》也作出了同样的规定。黄铖君的《个人征信信息价值衡量下的“个人同意”原则及其改进》和江海洋的《论大数据时代侵犯公民个人信息罪之告知同意原则》两篇论文都是围绕“同意规则”展开论述,既揭示了规则适用层面的解释论难题，也触及信息安全所保障的个人生活安宁与信息自由流动可能带来的巨大好处之间的艰难抉择。信息真实性和安全性保障是一个很复杂的机制。通过信息主体异议的提出与处理，是清除可能存在的错误信息的一种重要途径。白银的《公共信用信息异议制度研究——兼评现行"管理条例"和"异议办法"》通过比较公共信用信息管理制度中的"异议"规则与程序，发现了一些亟须解决的问题并对此提出了自己的看法。郑杰的《区块链在征信领域的"底层"应用研究》一文，面对我国传统征信领域存在的问题，从区块链相关技术及其特点出发，探讨了区块链技术应用于征信领域并建立区块链征信网络系统的设想，以解决传统征信领域存在的难题，特别是征信信息的真实性和安全性保障问题。

按照《社会信用体系建设规划纲要（2014—2020年）》的定位，"运行机制是保障社会信用体系各系统协调运行的制度基础。其中，守信激励和失信惩戒机制直接作用于各个社会主体信用行为，是社会信用体系运行的核心机制。"现实中，黑名单制度、失信联合惩戒等已经在越来越广泛的社会生活领域得到了应用，同时也引发了诸多的争议，特别是围绕这些措施的合法性问题。聂帅钧的《论失信联合惩戒措施的合法性控制》和巢永乐《论行政黑名单制度的现实困境及其法治化路径——基于对相关地方法规的检视》两篇论文都直接针对理论纷争的焦点，在批判、检视的基础上，提出了合法化、法治化的具体路径。朱雨昕和朱永远的《政府信用问题的维度扩展与议题转换——失信行为类型化的视角》则专门针对政府失信的惩戒难题，通过类型化处理，构建了不同情形不同对待的基本框架。

构建以信用为核心的新型监管体系，即信用监管体系，一直是各部门、不同级别地方政府信用法律制度建设的重点领域。信用监管体系,以信用分类评价的标准体系的构建为基础和前提。评价标准问题是一个典型的学科交叉领域,既涉及技术层面的可行性问题,也涉及技术运用方面的风险防范与合法性控制难题,特别是由于越来越多、越来越迅速的技术变革所带来的新问题。魏远山的《个人信用评分算法的法律治理》和李世寅的《人工智能技术在信用画像领域中的运用及风险防范研究》两篇论文,将法律控制的必要性和可能性分析与技术层面的特征分析、功能分析紧密结合起来,为制度层面的应对提出了自己的观点。信用修复是最近一两年非常热门的话题,但是,关于信用修复的含义、适用范围、修复条件和程序等方面的问题,存在着多种不同的理解。范志勇的《论自然人破产失权与复权法律制度——兼论双务契约模式下的约定失权、复权体系》一文论述了个人破产情形下的失权和复权机制,张悦的《信用惩戒与信用修复协同立法研究》则意图构建惩戒措施与修复机制的对应关系,以更有效地发挥信用修复机制的作用。

2019年10月31日,党的十九届四中全会审议通过了《中共中央关于坚持和完善中国特色社会主义制度、推进国家治理体系和治理能力现代化若干重大问题的决定》。《决定》从十三个方面阐明了中国特色社会主义制度体系和治理体系的目标和内容。“完善诚信建设长效机制,健全覆盖全社会的征信体系,加强失信惩戒”作为“坚持以社会主义核心价值观引领文化建设制度”的一项内容,被纳入“坚持和完善繁荣发展社会主义先进文化的制度,巩固全体人民团结奋斗的共同思想基础”的标题之下。社会信用体系建设,不再只是市场体系完善的一个方面,也不再只是政治体制完善、政府职能转变、创新社会治理的一项具体举措,而成了“繁荣和发展社会主义先进文化”这个更宏大的中国特色社会主义事业的重要手段。社会信用体系,作为一种系统的、专业化治理工具,从政治、经济、社会的制度建设领域扩展到文化建设的领域,成为彰显“文化自信”的伟大工程的一部分。

2020 年 3 月 31 日,全国哲学社会科学工作办公室公示了《研究阐释党的十九届四中全会精神国家社科基金重大项目立项名单》,我院顾敏康院长作为首席专家牵头申报的《完善诚信建设长效机制的立法研究》赫然其中。这是湘潭大学信用风险管理学院取得的一项重大成果,为学院继续发展注入了强大的动力。借第二届“信用法治 · 韶山论坛”优秀论文结集出版之际,衷心希望各界同仁,继续支持我院的发展,共同为社会信用体系法治保障事业贡献智慧。

肖伟志
湘潭大学信用风险管理学院副院长
湖南省法学会社会信用体系法治保障研究会会长
2020 年 4 月 28 日

目　录

我国社会信用立法体系建设问题研究

信用信息共享与数据跨境转移立法问题研究

守信联合激励与失信联合惩戒立法问题研究

信用监管与信用修复立法问题研究

我国社会信用立法体系建设问题研究

信用法治的概念内核、生成基础与秩序格局

郑令晗*

摘　要：信用法治是法治理论和实践在信用体系建设中的运用，也是法治思维和方式在信用体系建设中的统一，具有“信用特质”的实体价值和形式价值。将社会主义核心价值观融入信用法治，形成信用法治理念、法律精神和法律原则。人格信任是熟人社会人际交往而自发形成的秩序，系统信任是熟人社会向陌生人社会转型过程中自发形成的秩序，奠定了信用法治的生成基础，即人格信任和系统信任分别是信用法治的伦理基础和制度基础。应该在助推理论和理性经济人理论的双重作用下，将隐性利己转化为显性收益、柔性谴责提升为刚性规制，推进以守信激励与失信惩戒为架构的信用法治秩序格局。

* 湘潭大学信用风险管理学院讲师、硕士研究生导师、湖南省法学会社会信用体系法治保障研究会理事。

本文系湖南省法学会2019年法学研究青年课题《司法信用体系建设中的法律问题研究》(19HNFX-D-005)的阶段性成果。

关键词:信用法治;概念内核;生成基础;秩序格局

随着中国信用体系建设进程的推进,"信用法治"作为一个标志性的概念逐渐进入大众的视野。《征信业管理条例》的出台被视为信用法治建设的一个里程碑[①];湘潭大学在全国率先成立信用风险管理学院致力于推动中国信用法治理论研究和人才培养[②];《中国企业信用建设报告(2017—2018)》提出"继续加快推进社会信用法治建设"。[③] 无疑,"信用法治"已经成为社会各界关注的崭新命题。在依法治国、法治社会等法治思潮的引领下,建立健全信用法治体系必将成为社会信用体系建设的前提。"信用法治"在信用中国建设实践中已经客观存在,然而学界对信用法治的理论前瞻或回应还比较滞后。应该要意识到,无论是落实中国信用体系建设,还是推进信用法治建设,加强信用法治理论研究是法学界面临的一项新的历史使命。鉴于此,研究信用法治的概念内核、生成基础和秩序格局,能够在一定程度上回应信用体系建设的理论和现实需求。

一、信用法治的概念内核

尽管"法治及其相关概念(人治、德治等)大概是法学中最繁复、混乱的概念群之一"[④],但是并不影响人们对法治的追求,也不影响人们在理解"法治"上所达成的共识——法律至上、依法治理。

---

① 张林:《开启信用法治建设新时代——〈征信业管理条例〉专家座谈会综述》,载《中国金融》2013 年第 5 期。

② 中国新闻网:《湘大信用法治平台建设协作会举行 搭建高端教研平台》,载 http://www.hn.chinanews.com/news/kjww/2018/0205/327121.html,2018 年 9 月 21 日。

③ 中国法学会:《中国企业信用建设报告(2017—2018)》发布,载 https://www.chinalaw.org.cn/Column/Column_View.aspx? ColumnID = 892&InfoID = 29419,最后访问时间:2018 年 9 月 21 日。

④ 刘杨:《法治的概念策略》,载《法学研究》2012 年第 6 期。

既然“定义是种冒险，描述却可以提供帮助”①，那么描述“信用法治”可能更有助于理解。不过，笔者并不试图用大量笔墨介绍或描述法治的定义和内涵，而是直接描述本文所称的“信用法治”：信用法治是法治理论和实践在信用体系建设中的运用，也是法治思维和方式在信用体系建设中的统一，并具有“信用特质”的实体价值和形式价值。中国社会信用体系建设活动必须通过法律来规范，信用法治不应该只停留在宣传话语或政治话语层面，而是应该提升到法律高度，将其作为一种法治精神或实体性原则来对待。

（一）信用法治是法治理论与实践在信用体系建设中的运用

自《关于社会信用体系建设的若干意见》（国办发 200717 号）明确提出要“加快推进我国社会信用体系建设”以来，我国目前的信用体系建设基本上是依靠政策文件和地方信用法规来推动和保障。在我国法治建设取得了阶段性成果的当下，法治理论与实践应该深入到信用体系建设之中，这是信用法治的应有之义。

1. 建立并完善信用法律供给机制

在我国信用体系建设过程中，应加快信用法的供给，做到信用体系建设有法可依。自 2001 年 12 月 18 日颁布《深圳市个人信用征信及信用评级管理办法 》到 2017 年 6 月 23 日颁布的全国首部地方综合性信用立法《上海市社会信用条例》，近 50 部地方性法规规章为信用法治奠定了基础、积累了经验。然而，我国目前还没有真正意义上的“信用法”，具有专门性的和基本法效力的“信用法”依然阙如。信用法治不仅需要制定综合性的“信用法”，还需要在既有的法律法规修改时嵌入“信用”条款，并且在制定新的法律法规时要适当地体现“信用”条款，全面贯彻“守信激励、失信惩戒”的

---

① ［美］本杰明·N·卡多佐：《法律的成长——法律科学的悖论》，董炯、彭冰译，中国法制出版社 2002 年版，第 16 页。

法律规范体系，提高失信行为的违法成本。

2. 确定并遵从“信用法定”原则

信用法应该得到普遍的遵从，这只不过是最低限度的信用法治要求，信用法对于政府、企业和个人等任何主体都具有同样的约束力。信用法治的更高级要求应该是确定和遵从“信用法定”原则。所谓的“信用法定”，是指涉及与信用有关的要素必须通过法律明确规定。一方面，涉及信用信息的范围界定和信用信息采集、利用和公开等，必须由基本法加以规定；另一方面，信用评价的对象必须由法律规定，不能将道德层面的信用评价和法律层面的信用评价混同。

3. 信用法面前信用主体平等

其一，在信用法律关系中，政府机构作为信用管理部门或信用评价部门，征信机构作为信用评价主体，公民作为信用主体，他们的法律地位应该是平等的，各自享有相应的权利（权力）并承担各自的义务（责任）。其二，政府也是信用主体，对其的信用评价不能享有法律上的例外或特权，因为法治的要义之一就是限制权力，因此政府不能因为其作为信用管理部门而在信用法面前享有任何特权。其三，在信用法律关系中，所有信用主体的待遇是相同的，平等享有信用体系建设的权利，公平履行信用体系建设的义务。

（二）信用法治是法治思维与方式在信用体系建设中的统一

十八大报告指出：“法治思维和法治方式”是法治新命题，在法治国家、法治政府和法治社会过程中，应该将法治思维和法治方式作为实现全面法治的方法论。具体适用到信用体系建设领域，也要运用法治思维和法治方法深化信用体系建设改革、推动信用体系建设发展、化解社会信用评价需求和评价供给间的矛盾等。在信用体系建设中运用法治思维和法治方式，应当要致力于形成信用法律话语，在全社会全面形成信用观念和树立信用法治意识。

1. 运用法治思维研判信用体系建设的全局问题

"法治思维"是指公权力执掌者依其法治理念，运用法律规范、法律原则、法律精神和法律逻辑对所遇到和所要处理的问题进行分析、综合、判断、推理和形成结论、决定的思想认识活动与过程。① 在信用体系建设中运用法治思维，就是要将法治的秩序、自由和正义等实体价值和社会主义核心价值观融入对信用法治理念形成（守信激励和失信惩戒）、信用法律原则确定（"信用法定"原则）、信用法律精神提炼（信用修复）和信用法律命名（如社会信用法或信用法）等关涉全局性的问题的解决方案中，并进行具体分析、全面综合、合理判断、审慎推理，最终形成能够得到普遍认可和遵从的结论或决定。

2. 运用法治方式解决信用体系建设的具体问题

"法治方式"是指公权力执掌者在法治理念和法律精神的指导下，通过制定和执行法律、法规、规章，运用法律、法规、规章创制的制度、机制、设施、程序处理各种经济问题和社会问题，解决各种社会矛盾和争议，促进经济和社会发展的措施、方法、手段。② 在信用体系建设中运用法治方式，就要在"守信激励和失信惩戒"的信用法治理念和"信用修复"的信用法治精神的指导下，通过制定和执行信用相关法律、法规、规则，并运用由此创设的制度、机制、程序处理各种因信用导致的经济问题和社会问题，解决各种因信用引发的社会矛盾和正义，进而促进经济和社会发展。

（三）信用法治具有特定的实体价值和形式价值

除了在信用体系建设中运用法治理论与实践、统一法治思维

① 姜明安：《运用法治思维和法治方式治国理政》，载《中国司法》2013 年第 1 期。

② 姜明安：《运用法治思维和法治方式治国理政》，载《中国司法》2013 年第 1 期。

与方式以外，信用法治在法治理论与实践的运用、法治思维与法治方式统一之后，会形成具有“信用”特质的实体价值和形式价值，它们共同融合形成信用法治的价值。

信用法治不止于形式上的由信用法律、法规、规章等形成的法律制度体系，更重要的是在由法律制度之外所形成的守信激励和失信惩戒理念、“信用法定”原则、信用修复精神所构成，这是信用法治的实体价值，也是判断“信用法”（或称社会信用法）是否是“良法”的标准。在该维度上，信用法治要求制定和实际施行的信用法，应该既能构建严格的社会信用秩序，又能够满足社会经济等公共需求。如果意欲实现信用法治的实体价值，就必须保障信用主体（公民、企业、政府等）平等地参与民主立法的政治权利，并通过良善的立法原则、立法程序和执法、救济程序来实现，这就是信用法治的形式价值。因此，信用法治既包括“良善的信用法”的价值判断，也包含了如何制定和执行“良善的信用法”的事实判断，而且只有通过信用法治形式价值的实现，才能保证信用法治实体价值的实现。之所以要强调信用主体平等地参与信用立法，是因为在网络社会中，诸如 BAT（百度、阿里巴巴、腾讯）等超大企业通过网络社交媒体很容易将其立法意愿传递到决策层，而普通的公民除了借助“人大代表”机制表达立法意愿以外，通过网络社交媒体平等地参与立法而发生的作用微乎其微。

从“有法可依、有法必依、执法必严、违法必究”的法制方针到“科学立法、严格执法、公正司法、全民守法”的法治方针，标志着我国社会主义法治建设进入了新阶段。有法可依、有法必依、执法必严、违法必究只是信用法治的最低限度要求，信用法治高层次要求体现在信用立法科学、民主，信用执法严格、规范，信用司法公正、客观，信用守法的全民参与。

二、信用法治的生成基础

信用法治作为一种在信用领域展开治理的法治诉求，应该回归到信用法治的生成基础。信用法治并不是通过“宣传口号”或“政治口号”就能够形成的，它本身是随着社会制度的变迁而形成的自发秩序，只不过在不同的阶段有不同的表达形式而已。按照卢曼的“信任”两分法，即信任可被划分为人格信任①和系统信任②两种基本类型，人格信任是熟人社会人际交往而自发形成的秩序，系统信任是熟人社会向陌生人社会转型过程中自发形成的秩序。在陌生人社会中，系统信任并未取代人格信任，因为人格信任依然在有限区域（可以理解为熟人圈）中发挥着重要作用。在当前的法治社会，这两种自发秩序可以被视为信用法治的生成基础，人格信任成为信用法治的伦理基础，系统信任成为信用法治的制度基础。

至于理解信用法治的生成基础为何会从“信任”展开，这需要理解信任与信用的关系：信任与信用互为表里，信用不是某种似是而非的理念，而是信任的外化与物化的形式。③ 信任是主体的内在意识，而信用是主体的外在评价。在社会交往中，“我”认为其他人是值得信任的，这是一种主体意识，而“我”跟其他人交流使用“信用”描述其可被信任的程度，实际上是一种外部评价的结果，例如“我是讲信用的”“你没有信用可言”“他有没有信用的呢”，此时的信用是一种外部评价后的结果。

---

① ［德］尼克拉斯·卢曼：《信任：一个社会复杂性的简化机制》，瞿铁鹏、李强译，上海人民出版社2005年版，第50-61页。

② ［德］尼克拉斯·卢曼：《信任：一个社会复杂性的简化机制》，瞿铁鹏、李强译，上海人民出版社2005年版，第62-79页。

③ 范可：《当代中国的“信任危机”》，载《江苏行政学院学报》2013年第2期。

（一）人格信任：信用法治的伦理基础

熟人社会的典型特征就是以血缘和关系为基础，总是直接或间接地因血缘或身份而发生联系。在熟人社会的信任关系就是依靠人格信用为核心纽带，主要以亲属、朋友、同事等具有血缘关系或身份关系而建立的信任关系，而且这种信任关系并不需要特定的社会制度来评价。人格信任是指对特定人或人格品质的信任①，作为熟人社会的自发秩序，它具有很深的伦理烙印，是以“人”为基础（人格品质实际上依然是依附于人身）而产生的一种信任关系。传统中国是一个人格信任的社会，人格信任就是建立在具体的人际血缘和熟人关系的基础之上，与特定的血缘或特殊身份有着直接的联系。② 在人格信任秩序中，有没有给付能力（货币）和支配力（权力），并不会影响信任关系的形成，例如人们对“君子”的信任就无关乎外在因素，而是考虑那个被信任的人是否是“君子一言，驷马难追”。

在人类史上的大部分时间里，是以亲缘为纽带构成社会，权力操持在家长的手里，信任不是个问题。③ 在这种有限“地缘”和“血亲”的社会情景中，在人际交往活动中，当事人总是“在场”的，信任感随着人与人之间的相互了解逐渐在递增。群族社会是人格信任形成的最先场域，形成的是对特定具体的熟人的信任，例如对部落成员（或家庭成员）的信任，后来逐渐演化为对抽象的人格的信任，例如对官员、教师、医师等的信任，因为这些特定的职业形象是群体人格的表征。信任是一种个体人格品质，因其伦理本性必定扩

---

① 孙国东：《社保、信用与法治——“差序格局”与法治中国的可能性》，载《法学评论》2015 第 3 期。

② 刘文会：《人格信任的社会与伦理化的法律——从信任结构看传统中国社会法律的主要品性及其现代转型》，载《西华师范大学学报（哲学社会科学版）》2009 第 5 期。

③ 范可：《当代中国的“信任危机”》，载《江苏行政学院学报》2013 年第 2 期。

展为一种社会人格,而具有诉求实体性自由的人格冲动。[①] 尽管在信任危机的当下社会,因官民关系、师生关系和医患关系的失范而产生了不少具有典型负面影响的事件,但是人们对这种社会人格依然给予更多的信任。

即便在当前的陌生人社会中,系统信任成为信用法治的制度基础,而从熟人社会中形成的人格信任并无法被取代,它仍然是信用法治的伦理基础,毕竟在文明社会设定的条件下,人格信任成为系统信任的一种类型,即对系统能力的信任,信任系统在一定限度内保持相同的条件或效力的能力。[②] 在人格信任的形成过程中,道德品质成了其伦理基因。无论是对于人的信任,还是对于人格的信任,都是基于对人的道德品质的"知根知底"而生成的。从伦理学的视域看,信任既涉及道德规范,也关乎道德品格。[③] 反过来,人格信任本身就是对个人道德品质或道德规范的一种评价,当一个主体认为另一个主体有人格信任时就是承认了这种评价背后的道德遵从。信用法治要得到社会的认可和遵从,一种更优的策略是建立在既有的心理认同机制之上,社会伦理就是在社会生产生活过程中逐渐形成的被社会成员共同认可的规范和准则。因此,在信用法治建设过程中,应该重视和发挥人格信任的作用。

(二)系统信任:信用法治的制度基础

熟悉并不意味着必然产生信任,它只不过是增加了被信任的概率。然而,在纯粹的陌生环境中很难发生信任,因为对陌生人的信任面临着极大的风险——被欺骗。为了减少自己遇到这种风

---

① 樊浩:《缺乏信用,信任是否可能》,载《中国社会科学》2018 年第 3 期。

② [德]尼克拉斯·卢曼:《信任:一个社会复杂性的简化机制》,瞿铁鹏、李强译,上海人民出版社 2005 年版,第 90 页。

③ 杨国荣:《信任及其伦理意义》,载《中国社会科学》2018 年第 3 期。

险，必须借助外在的评价因素来辅助内心的信任决策，于是系统信任就自发地形成了。系统信任是基于对货币、权力等普遍性沟通媒介的信任而产生的对经济系统和行政-政治系统的信任[①]，作为陌生人社会的自发秩序，它具有很强的制度性，是以“物”而产生的信任关系。系统信任的建立是社会本身越趋大型化、陌生化所产生的必然要求，是人们在相关的政治与经济及历史文化条件和环境中进行反复博弈，并对传统社会之人格信任结构实现了超越的结果。[②] 在系统信任秩序中，人际交往中的沟通媒介变得至关重要，给付能力（货币）和支配力（权力）成为信任关系形成的核心要素，即便你是品格上的“君子”，没有良好的征信记录或者没有政府背书，也无法在人际交往中获得信任。

在当前的市场经济社会中，人口流动性已经超越了有限“地缘”的范围，宗族机制的瓦解导致“血亲”关系极度薄弱。人际交往的对象已经超出了邻里、宗族、村落及其延伸范围，人与人之间的交往通常是陌生关系，尤其在数字化社会中，人与人之间的交往行为已经延伸到网络空间。在这种陌生社会中，信任交往对象面临着极大的风险，因为人们无法在短时间内对交往对象“知根知底”，此时就需要卢曼所说的“对信任的信任”[③]——信任自己的信任、信任他人对自己的信任、信任其他人也像自己一样信任第三方。对经济系统和行政-政治系统的信任建立在“沟通媒介”上，而“沟通媒介”主要包括信用代码制度、财产登记制度、征信评估制度等。

---

① 孙国东：《社保、信用与法治——“差序格局”与法治中国的可能性》，载《法学评论》2015 第 33(03) 期。

② 刘文会：《人格信任的社会与伦理化的法律——从信任结构看传统中国社会法律的主要品性及其现代转型》，载《西华师范大学学报（哲学社会科学版）》2009 第 5 期。

③ ［德］尼克拉斯·卢曼：《信任：一个社会复杂性的简化机制》，瞿铁鹏、李强译，上海人民出版社 2005 年版，第 86-92 页。

例如,《国务院机构改革和职能转变方案》(国办发〔2013〕22 号)提出要建立以居民身份证号码为基础的公民统一社会信用代码制度、以组织机构代码为基础的法人和其他组织统一社会信用代码制度,出台并实施不动产统一登记制度、信息网络实名登记制度、新的现金管理制度,并完善各类国有资产管理制度和体制,这些制度已经落实到实践当中,成为现代信用体系的基础性框架。

人格信任是人们参加社会交往活动最低准入门槛,在当前的陌生人社会中,交往的对象都是陌生人,没有人对自己以外的人“知根知底”,那么此时就不得不以某些载体形式将人格信任表达出来并被交往对象所感知。在法治社会场域中,除了货币、权力等沟通媒介以外,资质凭证、个人简历、消费记录等也可以成为体现个体的信用的沟通媒介。资质凭证是颁发机构依照一定的规则而签发的,对参与人达到既定要求或具备相应能力的客观证明;个人简历是其已经发生的履历、获得的资质和他方评价等信息的客观说明,很少有人会冒着风险在个人简历上造假;消费记录应从传统的银行流水扩展到更多的 App 记录,在网络商城浏览了什么、买了什么、是否发生退货等情形都被客观地记录下来。就举例中的资质凭证、个人简历和消费记录而言,这是一套系统信任生发机制运行的结果。

三、信用法治的秩序格局

在人格信任和系统信任的基础上,信用法治的概念逐渐成形,并形成了独特的内涵。守信激励与失信惩戒是信用制度的核心,构建和完善信用法治的秩序格局不仅要依法打造“一处失信,处处受限"的惩戒格局①,还应当依法建构"一直守信,事事受益"的激励格局,在政务诚信、商务诚信、社会诚信和司法公信四领域中形成信用法治的秩序。因此,应建立由行政机关、司法机关、市场主体共同参与的跨部门、跨领域、跨地区的社会信用联合激励和惩戒机制。从信用中国网站中地方联合奖惩备忘录和红黑名单制度的内容来看②,联合惩戒措施已经在实践中得到认可和实施,其中地方联合奖惩备忘录覆盖22个省(直辖市)。其一,奖惩机构组成从《长三角地区环境保护领域实施信用联合奖惩合作备忘录》中三省一市联合奖惩行动和《京津冀共建旅游信用监管平台 联合惩戒失信行为》等省级间联合合作惩戒,到《青海省对保险领域违法失信相关责任主体实施联合惩戒合作备忘录》等省内联合机制以及聚焦诸如《湖北省枣阳市法院联动10部门签署备忘录共同推进诚信建设》市内诚信建设联合机制。其二,联合奖惩范围触及环境保护、保险监管、税收违法、运输物流、油气行业、司法执行、企业经营、劳动保障、政府资金使用等商务、政务、社会和司法信用建设全范畴。其三,联合奖惩制定机构由诸如青海省等省一级的信用领导小组办公室到威海市等市一级的社会信用管理中心(社会信用体系建设联席会议办公室)。红黑名单制度建设侧重从政府机构承载的系统信任出发,一方面是对企业的信用行为予以通报公示,让民众知晓"红名单"的诚信企业和"黑名单"失信企业,以此达到推广宣传和巩固商务诚信的作用;另一方面,黑红名单的功能从针对企业诚信和失信行为逐步拓展到政务信用领域,辽宁省《辽宁省

---

① 廖永安、谭曼:《以信用立法推进社会信用体系建设》,载《光明日报》2018年2月19日第3版。

② 信用中国:《联合奖惩案例-联合奖惩备忘录-信用联合奖惩机制》,载 https://www.creditchina.gov.cn/lianhejiangcheng/? navPage=6,2019年10月1日访问。

建设诚信政府规定(草案)》中拟将行政机关和公务员的失信行为纳入黑名单。黑红名单制度较之于联合惩戒备忘录制度而言具有两个显著差异:一是在实践中适用范围更为细化,包括消防保障义务、劳动者薪资、违法建设等黑名单;二是从黑红名单制定的主体来看,具体行政部门针对各自行政职权范围的内容予以制定相应的黑红名单,例如北京市教委通过校外培训机构治理的专项行动将113家机构列入黑名单。

信用法治的秩序格局的形成应该以“理性经济人”为理论指导,因为“理性经济人在追求自身利益最大化的过程中,个人行为的非有意的结果却能达成一种良好的社会秩序。”[①]就像斯密描述的“经济人”那样,“我们每天所需要的食料和饮料,不是出自屠夫、酿酒家或烙面师的恩惠,而是出自他们自利的打算。我们不说唤起他们利他心,而说唤起他们利己心的话。我们不说自己有需要,而说对他们有利。”[②]守信激励格局及其秩序的形成就是要唤起行为人的利己心,不仅告诉他们守信行为会享受到何种好处,而且要讲这种好处容易给行为人带来获得感;同样,失信惩戒格局及其秩序的形成也要唤起行为人的利己心,明确告诉他们失信行为会带来哪些坏处,反向激发他们“趋利避害”的本能。以下以全国首部社会信用体系综合性法规《上海市社会信用条例》为样本,并结合其他规则文本,剖析既有的规则文本构建的法治信用秩序格局。

(一)守信激励:隐性利己转化为显性收益

2017年诺贝尔经济学奖获得者理查德·泰勒(Richard Thaler)

---

① 胡光志:《民法与人性的哲学考辨》,《法律科学》(西北政法大学学报),2011年第3期。

② [英]亚当·斯密:《国民财富的性质与原因的研究》(上卷),郭大力、王亚南译,商务印书馆1972年版,第14页。

提出的助推理论(Nudge Theory),其要义在于不需要强制性手段,也不需要硬性的规定,助推便能保证你同时收获“很大利益”和“自由选择权”。[①] 助推理论在解释守信激励的正导向作用时具有很强的解释力,在没有外在显性收益时,行为人守信与否取决于其内在的道德约束,因为其守信行为带来的仅仅是人格信任的放大,虽然这是一种间接的、隐性的利己行为,只不过行为人并不一定意识到这种隐性的好处,或意识到了这种好处,但因它无法抵消为守信而付出的成本,此时很有可能就会作出选择失信行为。然而,助推理论指导我们,应该将这种隐性利己转化为显性收益,能够让行为人直接感知到这种好处,守信与否的“自由选择权”仍然在行为人手里,作为理性经济人的行为人,其为了收获“很大利益”,更容易倾向于因守信而直接获得的显性收益。如果要实现这种既不需要强制性手段、也不需要硬性规定的“助推效应”,那么积极构建守信激励的秩序格局显然是明智的。从种类上来说,这种秩序格局至少应该包括道德性信用激励(如自我的精神愉悦或满足)、社会性信用激励(如声誉名声的提升)和行政性信用激励、商务性信用激励;但是从助推理论来看,道德性信用激励和社会性信用激励属于“隐性利己”范畴,这在陌生人社会中已经很难发挥“助推效应”。以下从行政性守信激励和商业性守信激励加以例证。

1. 行政性守信激励。行政机关以及具有管理公共事务职能的组织机构在行政管理过程中,给予守信行为主体一定优先权。例如,《上海市社会信用条例》对守信主体,行政机关在法定权限范围内可以采取以下激励措施:在实施行政许可中,给予优先办理、简化程序等便利服务措施;在财政性资金和项目支持中,在同等条件

---

① 参见[美]理查德·泰勒、[美]卡斯·桑斯坦:《助推》,刘宁译,中信出版社2017年版,第38-45页。

下列为优先选择对象;在公共资源交易中,给予信用加分、提升信用等次;在日常监管中,对于符合一定条件的守信主体,优化检查频次;国家和本市规定可以采取的其他措施。

2. 商务性守信激励。商业主体在其商业活动中,给予信用程度高的守信主体一定的优惠或便利,降低其交易成本。例如,芝麻信用分"特权":芝麻分在 750 分以上的用户,可通过阿里旅行办理卢森堡的"信用签证",在线申请卢森堡签证时用户可以少交资产证明等资料;用户的芝麻分高于 700 分就可申请新加坡签证,无须提供在职证明、个人信息表、户口本、身份证复印件等资料;芝麻分在 600 分以上的用户,可以申请"花呗"额度用来在天猫和淘宝购物时付款,可以申请 1000 ~ 50000 元不等的贷款,可以享受"零押金"入住等服务。

(二)失信惩戒:柔性谴责提升为刚性规制

失信惩戒是信用法治秩序格局的重要组成部分,它是由被授权部门依法依规公开行为主体信用信息,并综合运用行政、法律等手段约束失信人的信用行为的一种制度安排。在失信惩戒机制形成之前,守信行为是源自行为主体的自我约束,而对于失信行为仅仅是面临柔性谴责(道德谴责和自我忏悔等)而已,而这种柔性谴责在陌生人社会已经变得毫无震慑力。同样,助推理论在解释失信惩戒的反导向作用时仍然具有很强的解释力,在刚性规制(行政惩戒、司法惩戒等)缺位时,行为人失信与否依然取决于其内在的道德自律,即便失信也仅仅是面临着柔性谴责而已。如果此时面临着"达摩克利斯之剑"刚性规制,那么行为人不得不重新考虑其失信行为和守信行为的"成本收益",刚性规制助推行为人从失信的"悬崖"重新回到守信的"陆地"。助推理论指导我们,应该让行为人直接感受到刚性规制的存在,那么积极构建失信惩戒的秩序格局显然是明智的。严格地说，惩戒是一种公权力的行使，这种秩序格局的展开仅能以行政惩戒、司法惩戒等方式进行，而无关乎道德惩戒和商业惩戒，因为道德惩戒随着熟人社会的瓦解而失去了强制力，而商业惩戒并不具有法律上的正当性（即便因为行为人失信而停止提供服务，以商家的服务协议为准据）。从助推理论来看，行政惩戒和司法惩戒所体现的“刚性规制”可以在陌生人社会发挥应有的“助推效应”。当前的联合惩戒机制大致可以分为两类：以法院为主导的，对失信被执行人实施的联合惩戒；以行政机关为主导的，对失信行政监管对象实施的联合惩戒。① 以下分别对行政性失信惩戒和司法性失信惩戒予以说明。

1. 行政性失信惩戒。行政机关以及具有管理公共事务职能的组织机构在行政管理过程中，对失信行为主体作出的一定约束或限制。例如，《上海市社会信用条例》对失信主体，行政机关在法定权限范围内可以采取以下惩戒措施：在实施行政许可等工作中，列为重点审查对象，不适用告知承诺等简化程序；在财政资金资助等政策扶持中，作相应限制；在行政管理中，限制享受相关便利化措施；在公共资源交易中，给予信用减分、降低信用等次；在日常监管中，列为重点监管对象，增加监管频次，加强现场检查；国家和本市规定的其他措施。《上海市社会信用条例》对严重失信主体，行政机关应当严格依照法律、行政法规的规定采取以下惩戒措施：限制进入相关市场和相关行业，限制相关任职资格和开展相关金融业务，限制享受相关公共政策，限制获得相关荣誉称号，以及法律、行政法规规定的其他措施。

2. 司法性失信惩戒。司法机关在司法活动中，对失信被执行

---

① 徐嫣、王博：《论失信联合惩戒视野下社会组织信用监管制度的构建》，载《法律适用》2017 第 5 期。

人和虚假诉讼当事人等失信行为主体作出的信用惩戒措施。例如，由最高法、公安部、银保监会、民航局、中国铁路总公司等8部门共同签署《"构建诚信、惩戒失信"合作备忘录》，对凡在最高法失信被执行人名单库中所有的失信被执行人，以及被法院发出限制高消费令的其他被执行人采取以下方面的信用惩戒措施：禁止部分高消费行为，包括禁止乘坐飞机、列车软卧；实施其他信用惩戒，包括限制在金融机构贷款或办理信用卡；失信被执行人为自然人的，不得担任企业的法定代表人、董事、监事、高级管理人员等。

此外，《关于加快推进失信被执行人信用监督、警示和惩戒机制建设的意见》（中办发〔2016〕64号）共规定了从事特定行业或项目限制、政府支持或补贴限制、任职资格限制、准入资格限制、荣誉和授信限制、限制高消费及有关消费、协助查询、控制及出境限制、加强日常监管检查、加大刑事惩戒力度、鼓励其他方面限制11个方面的联合惩戒措施，实际联合惩戒措施多达100余项；截至2018年8月底，各部门共签署37个联合奖惩合作备忘录，其中联合惩戒备忘录29个、联合激励备忘录5个，既包括联合激励又包括联合惩戒的备忘录3个。[①] 2019年8月17日国务院办公厅印发《关于加快推进社会信用体系建设构建以信用为基础的新型监管机制的指导意见》，加速推进信用分级分类监管，这也标志着我国信用法治建设进入到更为科学和精细化的新阶段。

结 语

"信任"在主观世界中形成了人格信任，当它进入到客观世界之后，通过信用代码制度、财产登记制度、征信评估制度等机制的

① 《8月份新增失信联合惩戒对象公示及情况说明》，载中国政府网：http://www.gov.cn/fuwu/2018-09/04/content_5319042.htm，2018年9月23日访问。

评价之后，逐渐成为外在的系统信任，也就完成了从“信任”到“对信任的信任”的跃迁，使信任社会第三方成为可能，进而信任被纳入法律调整的法范畴。在熟人社会，以伦理道德为基础的自发信任，进入到陌生人社会以后，就转向了以法律规则为基础的法治信用。在中国信任体系建设过程中，信用法治也就自然成为社会治理体系和治理能力现代化的新产物。虽然信用法治迟来了，但总归还是来了！不过，未来的信用法治体系建设依然任重道远。

大数据视角下中国地方信用立法现状的实证研究

于晓航*

摘　要：中国自 2001 年起就开始了地方信用立法的探索，但是到目前为止鲜有文献对中国现有的地方信用立法进行全面的梳理和比较。为弥补这一领域的不足，本文从宏观和微观两个层面对中国地方信用立法的现状进行了研究。宏观上，先按各地方信用立法出台时间的先后对其基本信息进行梳理，其次，从时间、层级、地域、模式、概念定义五个方面对相关的地方信用立法进行了比较。微观上，对地方信用立法中的重要制度节点进行分析，并提出完善的建议。最后，对中国目前地方信用立法的情况进行了总结概括。

关键词：地方信用立法；社会信用；信息

---

* 兰州大学 2019 级经济法学硕士研究生，兰州大学循证社会科学研究中心研究助理。

本文系兰州大学中央高校基本科研业务费专项资金资助的“中国地方信用立法现状的循证研究”（项目编号：2020jbkyxs028）阶段性成果。

引言

党的十六大报告提出要“整顿和规范市场经济秩序,健全现代市场经济的社会信用体系”,党的十八大提出要“加强政务诚信、商务诚信、社会诚信和司法公信建设”,党的十八届三中全会提出要“建立健全社会征信体系,褒扬诚信,惩戒失信”,《中共中央国务院关于加强和创新社会管理的意见》提出要“建立健全社会诚信制度”,《中华人民共和国国民经济和社会发展第十二个五年规划纲要》提出要“加快社会信用体系建设”;2014 年 6 月,国务院制定了《社会信用体系建设规划纲要(2014—2020 年)》,指出社会信用体系是社会主义市场经济体制和社会治理体制的重要组成部分,加快社会信用体系建设是全面落实科学发展观、构建社会主义和谐社会的重要基础,是完善社会主义市场经济体制、加强和创新社会治理的重要手段。党的十九大报告指出,要加快推进信用立法、完善信用法律法规体系,推进社会信用体系建设。

在推进社会信用体系建设的过程中,社会信用法律体系不断健全和完善。从法理上分析,信用立法在模式选择上有自上而下和自下而上两种方向。[①] 中国目前的信用立法是自下而上的方向,地方立法走在了国家立法的前面。这是因为信用立法在中国属于创制性的立法,所以需要先在地方进行立法探索,然后再上升到国家层面的立法。由点及面、由地方到全国,循序渐进,这也是进一步完善和提升社会信用法律内涵的重要举措。近年来,为了营造诚实守信的社会环境,全国已有多个地区出台地方性法规或政府

① 何玲丽:《信用立法之法理分析》,《理论月刊》2013 年第 4 期。

规章,旨在建立守法诚信褒奖机制和违法失信行为惩戒机制。① 所以,对于中国各地方的信用立法的现状进行研究具有很强的现实意义。

一、中国地方信用立法的基本情况

截至目前,中国地方信用立法共62部,现行有效的49部。情况如表1所示。

表1 中国地方信用立法情况统计表②

序号	名称	公布日期	发布部门	效力级别
1	《厦门经济特区社会信用条例》	2019年4月26日	厦门市人大常委会	设区的市地方性法规
2	《内蒙古自治区公共信用信息管理办法》	2018年6月13日	内蒙古自治区人民政府	省级地方政府规章
3	《山东省公共信用信息管理办法》	2018年3月9日	山东省人民政府	省级地方政府规章
4	《北京市公共信用信息管理办法》	2018年5月1日	北京市人民政府	省级地方政府规章
5	《甘肃省消防安全信用信息管理规定》	2018年1月9日	甘肃省人民政府	省级地方政府规章
6	《福州市公共信用信息管理暂行办法》	2017年11月17日	福州市人民政府	设区的市地方政府规章
7	《浙江省公共信用信息管理条例》	2017年9月30日	浙江省人大常委会	省级地方性法规
8	《河北省社会信用信息条例》	2017年9月28日	河北省人大常委会	省级地方性法规

① 杜民:《社会信用立法要把握好四个方面》,《学习时报》2019年1月9日,第4版。

② 数据来源于法律法规数据库和中国知网,到2019年10月20日截止。

续表

序号	名称	公布日期	发布部门	效力级别
9	《深圳市公共信用信息管理办法》	2017 年 8 月 10 日	深圳市人民政府	设区的市地方政府规章
10	《上海市社会信用条例》	2017 年 6 月 23 日	上海市人大常委会	省级地方性法规
11	《陕西省企业信用监督管理办法》	2017 年 4 月 18 日	陕西省人民政府	省级地方政府规章
12	《湖北省社会信用信息管理条例》	2017 年 3 月 30 日	湖北省人大常委会	省级地方性法规
13	《重庆市企业信用信息管理办法》	2016 年 12 月 12 日	重庆市人民政府	省级地方政府规章
14	《杭州市公共信用信息管理办法》	2016 年 8 月 28 日	杭州市人民政府	设区的市地方政府规章
15	《泰州市公共信用信息条例》	2016 年 8 月 11 日	泰州市人大常委会	设区的市地方性法规
16	《武汉市公共信用信息管理办法》	2016 年 7 月 20 日	武汉市人民政府	设区的市地方政府规章
17	《上海市公共信用信息归集和使用管理办法》	2016 年 3 月 1 日	上海市人民政府	省级地方政府规章
18	《宁波市企业信用监管和社会责任评价办法》	2016 年 1 月 11 日	宁波市人民政府	设区的市地方政府规章
19	《辽宁省公共信用信息管理办法》	2015 年 12 月 12 日	辽宁省人民政府	省级地方政府规章
20	《无锡市公共信用信息条例》	2015 年 12 月 4 日	无锡市人大常委会	设区的市地方性法规
21	《天津市市场主体信用信息管理办法》	2015 年 11 月 20 日	天津市人民政府	省级地方政府规章
22	《福建省公共信用信息管理暂行办法》	2015 年 6 月 24 日	福建省人民政府	省级地方政府规章
23	《郑州市企业信用信息管理办法》	2014 年 12 月 20 日	郑州市人民政府	设区的市地方政府规章

续表

序号	名称	公布日期	发布部门	效力级别
24	《南宁市个人信用信息征集使用管理办法》	2014 年 4 月 24 日	南宁市人民政府	设区的市地方政府规章
25	《成都市企业信用信息管理办法》	2014 年 1 月 3 日	成都市人民政府	设区的市地方政府规章
26	《长春市房地产开发企业信用评价暂行办法》	2013 年 12 月 11 日	长春市人民政府	设区的市地方政府规章
27	《贵州省企业信用信息征集和使用管理办法》	2012 年 12 月 30 日	贵州省人民政府	省级地方政府规章
28	《无锡市个人信用信息征集管理办法》	2012 年 12 月 3 日	无锡市人民政府	设区的市地方政府规章
29	《无锡市企业信用信息征集管理办法》	2012 年 12 月 3 日	无锡市人民政府	设区的市地方政府规章
30	《吉林省企业信用信息管理办法》	2012 年 7 月 3 日	吉林省人民政府	省级地方政府规章
31	《陕西省公共信用信息条例》	2011 年 11 月 24 日	陕西省人大常委会	省级地方性法规
32	《太原市企业信用信息征集和发布管理办法》(失效)	2011 年 1 月 6 日	太原市人民政府	设区的市地方政府规章
33	《沈阳市企业信用信息归集和使用管理办法》	2010 年 12 月 1 日	沈阳市人民政府	设区的市地方政府规章
34	《南宁市企业信用信息征集和发布管理办法》	2010 年 11 月 2 日	南宁市人民政府	设区的市地方政府规章
35	《成都市企业信用信息征集和使用管理办法》(失效)	2008 年 12 月 4 日	成都市人民政府	设区的市地方政府规章
36	《哈尔滨市企业信用信息征集发布使用办法》	2008 年 11 月 25 日	哈尔滨市人民政府	设区的市地方政府规章
37	《辽宁省企业信用信息征集发布使用办法》	2008 年 7 月 5 日	辽宁省人民政府	省级地方政府规章

续表

序号	名称	公布日期	发布部门	效力级别
38	《湖北省个人信用信息采集与应用管理办法(试行)》(失效)	2008 年 6 月 4 日	湖北省人民政府	省级地方政府规章
39	《黑龙江省企业信用信息征集发布使用办法》	2007 年 12 月 1 日	黑龙江省人民政府	省级地方政府规章
40	《郑州市企业信用信息管理办法》(失效)①	2007 年 10 月 20 日	郑州市人民政府	设区的市地方政府规章
41	《江苏省个人信用征信管理暂行办法》	2007 年 9 月 13 日	江苏省人民政府	省级地方政府规章
42	《江苏省企业信用征信管理暂行办法》	2007 年 9 月 13 日	江苏省人民政府	省级地方政府规章
43	《广东省企业信用信息公开条例》	2007 年 7 月 27 日	广东省人大常委会	省级地方性法规
44	《山西省行政机关归集和公布企业信用信息管理办法》	2006 年 10 月 1 日	山西省人民政府	省级地方政府规章
45	《内蒙古自治区信用信息管理办法》(失效)	2006 年 7 月 12 日	内蒙古自治区人民政府	省级地方政府规章
46	《海南省征信和信用评估管理暂行规定》	2005 年 12 月 7 日	海南省人民政府	省级地方政府规章
47	《安徽省企业信用信息征集和使用管理暂行办法》	2005 年 12 月 6 日	安徽省人民政府	省级地方政府规章
48	《湖南省信用信息管理办法》	2005 年 11 月 24 日	湖南省人民政府	省级地方政府规章
49	《四川省行政机关征集与披露企业信用信息管理办法》(失效)	2005 年 10 月 13 日	四川省人民政府	省级地方政府规章

① 本办法已被 2014 年 12 月 3 日郑州市人民政府第 17 次常务会议审议通过,2014 年 12 月 2 日郑州市人民政府令第 212 号公布,自 2015 年 3 月 1 日起施行的《郑州市企业信用信息管理办法》废止。

续表

序号	名称	公布日期	发布部门	效力级别
50	《湖北省行政机关归集和披露企业信用信息试行办法》	2005 年 9 月 27 日	湖北省人民政府	省级地方政府规章
51	《浙江省企业信用信息征集和发布管理办法》	2005 年 8 月 1 日	浙江省人民政府	省级地方政府规章
52	《上海市企业信用征信管理试行办法》(失效)	2005 年 3 月 17 日	上海市人民政府	省级地方政府规章
53	《天津市行政机关归集和使用企业信用信息管理办法》(失效)	2005 年 3 月 9 日	天津市人民政府	省级地方政府规章
54	《鞍山市企业信用信息管理暂行办法》	2004 年 10 月 9 日	鞍山市人民政府	设区的市地方政府规章
55	《苏州市企业信用信息管理办法》	2004 年 7 月 21 日	苏州市人民政府	设区的市地方政府规章
56	《上海市个人信用征信管理试行办法》(失效)	2003 年 12 月 28 日	上海市人民政府	省级地方政府规章
57	《深圳市企业信用征信和评估管理办法》	2002 年 11 月 19 日	深圳市人民政府	设区的市地方政府规章
58	《北京市行政机关归集和公布企业信用信息管理办法》(失效)	2002 年 8 月 31 日	北京市人民政府	省级地方政府规章
59	《汕头市企业信用评级管理暂行办法》(失效)	2002 年 4 月 30 日	汕头市人民政府	设区的市地方政府规章
60	《汕头市企业信用信息采集管理办法》(失效)	2002 年 4 月 24 日	汕头市人民政府	设区的市地方政府规章
61	汕头市企业信用信息披露管理办法(试行)(失效)	2002 年 2 月 26 日	汕头市人民政府	设区的市地方政府规章
62	《深圳市个人信用征信及信用评级管理办法》	2001 年 12 月 18 日	深圳市人民政府	设区的市地方政府规章

中国的信用立法除了62部地方性法规和地方政府规章外，还有1部行政法规，即2013年出台的《征信业管理条例》和5部部门规章，分别是2005年中国人民银行颁布的《个人信用信息基础数据库管理暂行办法》、2013年中国人民银行颁布的《征信机构管理办法》、2014年海关总署颁布的《中华人民共和国海关企业信用管理暂行办法》(失效)、2018年民政部颁布的《社会组织信用信息管理办法》和2018年3月海关总署颁布的《中华人民共和国海关企业信用管理办法》。

二、中国地方信用立法现状宏观分析

对中国的地方信用立法情况从时间分布、层级分布、地域分布、立法模式和主要概念的定义五个维度进行宏观分析，可以找出中国地方信用立法的大趋势。

(一) 中国地方信用立法的时间分布情况

根据表1统计的内容可知，中国地方信用立法肇始于2001年，2001年深圳市人民政府制定的《深圳市个人信用征信及信用评级管理办法》的出台不仅仅是中国地方信用立法的开端，也是中国信用立法的开端。除2009年外，每年都有信用领域的地方立法出台，但是每年出台地方信用立法的数量又有不同。

中国每年地方信用立法的平均数为3.39部。各地的信用立法并没有明显的规律性，也缺乏统一的规划。2005年的地方信用立法数量达到最高点，有8部地方信用立法出台，2009年达到最低点，全年没有地方信用立法的出台。总体来看，每年的立法数量具有很强的不稳定性，从局部来看，2013—2017年的立法数量呈现出稳步上升的趋势，虽然2018年的立法数量相较2017年而言略有减少，但是地方信用立法的数量也高于18年来的平均数。

造成这种现象的原因有以下四点：第一、由于信用立法领域中央层面的立法迟迟没有出台，导致了上位法的长期缺位，在一定程度上刺激了地方立法的积极性；第二、国务院2014年底发布的《社会信用体系建设规划纲要（2014—2020年）》明确提出了要加强信用立法，进一步刺激了地方信用立法的积极性；第三、缺乏统一的立法规划；第四、部分地方的信用立法在数量上已经饱和。

（二）中国地方信用立法的层级分布情况

表2　中国地方信用立法的层级分布

序号	效力层级	立法数量	现行有效的立法数量	已失效的数量
1	省级地方性法规	6	6	0
2	设区的市的地方性法规	3	3	0
3	省级地方政府规章	29	22	7
4	设区的市的地方政府规章	24	18	6

根据表2的统计可以看出，62部地方信用立法现行有效49部，已经失效13部，现行有效的立法占立法总数的79.03%。同时，已失效的地方信用立法全部集中在效力层级较低的地方政府规章中，省级地方政府规章中的失效率①为24.14%，设区的市的地方政府规章的失效率为25%，比率略高于省级地方政府规章的失效率。这反映出中国的地方信用立法领域的立法层级越低，其稳定性越差。

不管是中国全部的地方信用立法还是现行有效的地方信用立法，都主要集中在效力层级较低的地方政府规章中。但是省级地方政府规章的数量又略高于设区的市的地方政府规章。

① 失效率是指失效的立法数量占立法总量的百分比。

造成这种现象的原因有以下两点：第一、地方政府规章的立法程序比地方性法规的立法程序简单；第二、地方政府的表现形式多于地方性法规的表现形式。

(三)中国地方信用立法的地域分布情况

表3对中国地方信用立法的地域分布情况进行了梳理和统计。

表3　中国地方信用立法的地域分布情况统计表

序号	省级行政区划	省级立法		设区的市行政区划	市级立法		总数
		地方性法规	地方政府规章		地方性法规	地方政府规章	
1	广东	1	0	汕头	0	3	7
				深圳	0	3	
2	江苏	0	2	苏州	0	1	7
				无锡	1	2	
				泰州	1	0	
3	辽宁	0	2	沈阳	0	1	4
				鞍山	0	1	
4	浙江	1	1	杭州	0	1	4
				宁波	0	1	
5	湖北	1	2	武汉	0	1	4
6	上海	1	3	–	–	–	4
7	四川	0	1	成都	0	2	3
8	福建	0	1	福州	0	1	3
				厦门	1	0	
9	北京	0	2	–	–	–	2
10	天津	0	2	–	–	–	2
11	内蒙古	0	2	–	0	0	2
12	河南	0	0	郑州	0	2	2

续表

序号	省级行政区划	省级立法		设区的市行政区划	市级立法		总数
		地方性法规	地方政府规章		地方性法规	地方政府规章	
13	黑龙江	0	1	哈尔滨	0	1	2
14	山西	0	1	太原	0	1	2
15	广西	0	0	南宁	0	2	2
16	吉林	0	1	长春	0	1	2
17	陕西	1	1	–	0	0	2
18	重庆	0	1	–	–	–	1
19	湖南	0	1	–	0	0	1
20	安徽	0	1	–	0	0	1
21	河北	1	0	–	0	0	1
22	贵州	0	1	–	0	0	1
23	山东	0	1	–	0	0	1
24	海南	0	1	–	0	0	1
25	甘肃	0	1	–	–	–	1

根据表3的统计可以看出，除港、澳、台之外，中国还有31个省级行政区，其中25个省级行政区在信用信息领域进行了立法，占中国省级行政区总数的73.53%，占中国大陆省级行政区总数的80.65%。这一比例表明中国大多数省级行政区都在信用信息领域进行了立法，以期推动社会信用体系建设，减少市场经济环境下的交易成本，促进市场经济的健康发展。

但是，中国大陆仍有西北地区的青海省、新疆维吾尔自治区、宁夏回族自治区，西南地区的云南省，华东地区的江西省以及西藏自治区共6个省区没有在信用信息领域进行立法。而这6个省区都不属于中国的经济发达地区，在2018年的各省GDP排行中，以上6省区的排名如下：江西(16)、云南(20)、新疆(26)、宁夏(29)、青海(30)、西藏(31)。同时,以设区的市为单位进行地方信用立法的市,绝大多数都是各省的省会城市或者副省级城市,这些城市大多是本省的经济中心或经济发展非常强劲的市。出现这一情况的原因是,信用立法是信用经济时代的产物,信用立法作为上层建筑会反作用于经济基础,只有当一个地方的经济发展到一定程度,需要作为上层建筑的信用立法来进行调控时,当地才应当出台相应的信用立法,否则即使制定了相关的法规、规章,也会因为该上层建筑不适应当地的经济基础而变成“具文”。所以,6 个省区在信用信息领域没有进行立法也是其经济发展不够强劲在上层建筑的体现。

广西、江苏、河南三个省区虽然在信用信息领域进行了立法,但是这些立法实践不是由省(区)人大或者省(区)政府制定的全省层面的法规和规章,而是由省内的省会城市或其他经济发展较为强劲的设区的市制定的法规和规章。

造成这种现象的原因有以下三点:第一、信用立法作为上层建筑是由经济基础所决定的,中国各地的经济发展状况尤其是信用经济的发展状况不均衡,就导致了各地的信用立法进度不同;第二、省会城市和省内经济较为发达的城市集中了本省最为优秀的法学家和法学科研院所为当地的信用立法提供了强有力的智力支持;第三、2015 年《立法法》修订之后大部分设区的市的权力机构才开始享有立法权。

(四)中国地方信用立法的立法模式比较

目前,中国的地方信用立法存在信用专项型立法和信用综合型立法两种立法模式。《山东省公共信用信息管理办法》等 60 部地方性法规、规章是信用专项型立法,只就社会信用中的一部分进行规定,主要是针对公共信用信息、社会信用信息、企业信用信息和个人信用信息进行专门立法。中国现有的 62 部地方信用立法中,只有《上海市社会信用条例》和《厦门经济特区社会信用条例》这两部地方性法规是信用综合型立法,是对整个地区的社会信用问题进行规范调整,而不只是对社会信用中的某一个领域进行调整。

通过对地方信用立法领域两种不同立法模式的比较,可以比较出以下三种现象:第一、信用专项型立法的数量远远超过信用综合型立法的数量,并且其产生的时间要远远早于信用综合型立法;第二、中国第一部信用综合型立法《上海市社会信用条例》虽然在 2017 年才刚刚出台,但却是以省级地方性法规的身份问世,立法层级相对较高;第三、中国制定出信用综合型立法的地区都位于中国经济最为发达的东南沿海地区。

笔者认为,主要是三个原因造成了以上三种现象的出现:第一、信用综合型立法的难度要高于信用专项型立法。因为中国所要推行的社会信用体系建设和社会信用立法是非常广义的,不仅包括商务诚信也包括政务诚信、社会诚信和司法公信。由于其覆盖面非常广泛,就必然加大了信用综合型立法的难度。第二、信用专项型立法是信用综合型立法的基础。根据各地地方信用立法出台的时间可以看出,在 2001—2016 这 16 年中,中国没有出现信用综合型的地方信用立法,2017 年才出台了第一部信用综合型立法——《上海市社会信用条例》,2019 年出台了第二部信用综合型立法《厦门经济特区社会信用条例》。以这两部地方性法规中都出现的关键概念“公共信用信息”为例,在概念界定上与《河北省社会信用信息条例》等早年出台的信用专项型立法中对“公共信用信息”概念的界定有很大的相似之处。第三、国家发改委的政策导向。

三、中国地方信用立法现状微观分析

制度节点的完善是制度建构过程中需要解决的关键问题。下面以失信企业的法律救济、信用信息管理机构对企业异议信息的处理方式这两个重要的信用立法的制度节点为切入点，从微观上对中国的地方信用立法现状进行分析。在中国现行有效的49部地方信用立法中，有45部与企业信用信息有关，这45部地方信用法规和规章就是对中国地方信用立法现状进行微观分析的样本。

（一）中国地方信用立法中对主要概念定义的比较

中国地方信用立法中的主要概念是社会信用及其相关概念，本部分主要对“社会信用”“社会信用信息”“公共信用信息”和“市场信用信息”四个概念进行对比。

1. 对“社会信用”这一概念的对比

目前，只有《上海市社会信用条例》和《厦门经济特区社会信用条例》对“社会信用”这一概念进行了定义，且定义相同。都认为“社会信用”是指具有完全民事行为能力的自然人、法人和非法人组织（以下统称信息主体），在社会和经济活动中遵守法定义务或者履行约定义务的状态。由此可见，《厦门经济特区社会信用条例》对“社会信用”概念的界定，参考了《上海市社会信用条例》对“社会信用”概念的界定。这一概念由《上海市社会信用条例》于2017年率先使用，这也是中国地方立法机构首次对“社会信用”这一核心概念进行了明确规定。

2. 对“社会信用信息”这一概念的对比

在中国目前的地方信用立法中，《上海市社会信用条例》《河北省社会信用信息条例》《湖北省社会信用信息管理条例》和《厦门经济特区社会信用条例》四部地方性法规对“社会信用信息”这一概念进行了界定。

以上四部地方性法规对于社会信用信息概念的定义在具体表述上虽然存在差异,但是实际表达的含义并没有差别。因为,根据“被定义概念 = 种差 + 邻近属概念”的公式可以分析出四部地方性法规对“社会信用信息”的定义的特点:认为种差是守法、履约状况,认为邻近属概念是客观数据和资料。完整概念的表述以《上海市社会信用条例》最为简洁明了:社会信用信息是指可用以识别、分析、判断信息主体守法、履约状况的客观数据和资料。

同时,根据信用信息来源的不同,四部地方性法规都规定了社会信用信息包括公共信用信息和市场信用信息。

3. 对“市场信用信息”这一概念的对比

以上四部地方信用立法也对“市场信用信息”这一概念进行了定义,虽然具体表述存在差异,但是对“市场信用信息”内涵的界定并没有差异。

将“市场信用信息”作为被定义概念,将“市场信用信息提供单位提供的”作为种差,将“数据和资料”作为邻近属概念。

4. 对“公共信用信息”这一概念的对比

目前,中国的地方信用立法中有《厦门经济特区社会信用条例》《内蒙古自治区公共信用信息管理办法》等 18 部地方性法规对“公共信用信息”这一概念进行了界定。

以上 18 部地方性法规对“公共信用信息”的定义并无本质差别,将“具有公共事务管理职能的组织提供的”作为种差,将“数据和资料”作为邻近属概念。

“社会信用”“社会信用信息”“市场信用信息”和“公共信用信息”四个概念是地方信用立法中最为基础的四个概念,诸如“企业信用信息”“个人信用信息”等概念都属于上述四个概念的子概念。

所以,通过对以上四个概念的比较,可以看出虽然中国没有出台国家层面的信用法律,但是地方层面的信用立法对于主要概念的定义已经达成共识,为中国《信用法》的出台奠定了基础。但是,这种现象也反映了另外一个问题,即中国各地的信用立法互相借鉴的情况非常明显,这样虽然能够为《信用法》的出台减少阻力,但是也在很大程度上丧失了地方立法中应体现出来的地方实际。

(二)失信企业的法律救济

信用信息管理机构对企业信用信息进行收集、整理和公布的过程中,有可能将没有失信行为的企业认定为有失信行为的企业。这种情况下作为信息主体的企业无疑是“冤枉”的,这就产生了企业异议信息。[①] 为了减少这种情况的出现,提高企业信用信息的准确性,维护被征信企业的合法权益,相关法规和规章也规定了失信的法律救济途径。

表4 失信企业的法律救济途径

救济途径		数量	占比
第一次救济	提出异议	44	97.78%
	提交佐证[②]	29	64.44%
	未作规定	1	2.22%
第二次救济[③]	申请复核	4	8.89%
	行政复议	2	4.44%
	行政诉讼	2	4.44%
	申请异议标注	1	2.22%
	未作规定	39	86.67%

① 企业异议信息是指由金融机构或者其他机构报送的,经中国人民银行确认后加载入库,与企业真实情况不符的信息。

② 提交异议申请时需要同时提交的佐证。

③ 第二次救济指的是对第一次救济结果不服的再一次进行的救济。

根据表 4 可以看出，中国现行有效地对企业信用进行规定的地方信用法规和规章有 44 部对被征信企业的“被失信”现象规定了救济途径，占法规和规章总量的 97.78%。只有 2008 年颁布的《哈尔滨市企业信用信息征集发布使用办法》没有就这一问题进行规定。

虽然失信企业可以向相关机构提出异议信息申诉，但是由于主客观原因的制约，第一次申诉不一定能真正解决信用信息记录有误的问题。所以，为了更好地提高企业信用信息的准确性，保障企业的合法权益，有必要规定对异议信息处理结果的救济途径。目前，中国仅有《内蒙古自治区公共信用信息管理办法》等 7 部现行有效的法规、规章对失信企业异议信息的处理结果规定了救济途径，占该领域全部法规、规章总数的 15.56%。这 7 部法规和规章对企业异议信息处理结果的救济途径主要集中于“申请复核”“进行行政复议”“提起行政诉讼”和“申请异议标注”四个方面。但是，剩下的 38 部法规、规章没有对失信企业的第二次救济进行规定，这样的规定不利于切实保障企业的合法权益，不利于提高社会信用信息的精准度。

（三）信用信息管理机构对企业异议信息的处理方式

失信企业针对自身的信用信息向信用信息管理机构提出异议后，需要由信用信息管理机构将企业异议信息进行准确修改才能达到维护企业合法权益、提高企业信用信息精准度的作用。所以，本文对中国现行有效的 45 部企业信用信息领域的法规、规章中的企业异议信息的处理方式进行了专门梳理。

1. 中国企业异议信息的处理流程

表 5 中国企业异议信息的处理流程

<table>
<tr><th>管理顺序</th><th colspan="2">管理方式</th><th>数量</th></tr>
<tr><td rowspan="5">第一轮管理</td><td rowspan="2">异议成立</td><td>予以更正</td><td>37</td></tr>
<tr><td>作出处理</td><td>6</td></tr>
<tr><td rowspan="3">异议不成立</td><td>不予更正</td><td>7</td></tr>
<tr><td>进入第二轮管理程序</td><td>17</td></tr>
<tr><td>其他处理方式</td><td>3</td></tr>
<tr><td rowspan="3">第二轮管理</td><td rowspan="2">异议成立</td><td>作出复核决定</td><td>15</td></tr>
<tr><td>予以更正</td><td>4</td></tr>
<tr><td>异议不成立</td><td>进入第三轮管理程序</td><td>1</td></tr>
<tr><td rowspan="2">第三轮管理</td><td>异议成立</td><td>予以更正</td><td>1</td></tr>
<tr><td>异议不成立</td><td>作出答复</td><td>1</td></tr>
</table>

根据表 5 的统计可以看出,选取的样本中有 95.56% 的法规和规章规定了只有《哈尔滨市企业信用信息征集发布使用办法》和《鞍山市企业信用信息管理暂行办法》没有对异议信息的处理方式作出具体规定。

对以上 43 部法规、规章进行分析可以发现,企业异议信息的受理主体主要有三种:第一种是征信机构,《内蒙古自治区公共信用信息管理办法》《山东省公共信用信息管理办法》等法规、规章作出了相关规定;第二种是相关行政机关,《河北省社会信用信息条例》《陕西省行政机关归集和公布企业信用信息管理办法》等法规、规章作出了相关规定;第三种是信息提供主体,这种情况并不是单独存在的,而是被包含于前两种情况之中的。一般是遇到难以直接处理的企业异议信息会由征信机构或者相关行政机关转交信息提供主体进行核实。但是,只有 17 部法规和规章规定了企业异议信息的第二轮管理程序,对于较为特殊的企业异议信息很可能直接不予更正，这样不仅降低了信用信息的精准度，而且会增加经济交往中的成本。

对企业异议信息的最终处理方式也较为统一。对确有错误或者需要改正的企业异议信息予以改正。对不需要改正的企业异议信息，将核查结果反馈给提出异议的企业，并说明理由。只有《海南省征信和信用评估暂行规定》对因技术原因无法更正的企业异议信息作出了专门规定，此种情况下，对异议信息进行标注。这一规定，更加有利于保护失信企业的合法权益。

2. 企业异议信息处理期间的管理方式

处理企业异议信息的机构及其工作人员在处理相关信息时要付出时间成本。在企业异议信息被处理的期间，采取不同的处理方式也会对相关企业产生不同的影响。

表 6　企业异议信息被处理期间的管理方式

企业异议信息被处理期间的管理方式	数量
进行标注	15
暂停公开	13
既进行标注又暂停公开	2
未作规定	19

根据表 6 的记录可知，有《浙江省公共信用信息管理条例》等 26 部现行有效的法规、规章对企业异议信息被处理期间的管理方式作出了规定，占该领域法规和规章总量的 57.78%。

作出规定的 26 部法规和规章主要通过“进行异议信息标注”和“暂停对外发布异议信息”两种方式对处理期间的企业异议信息进行管理。这种管理方式有利于减少企业的损失，同时提高企业信用信息的精准度。但是，目前仍有 19 部法规和规章没有对这一问题进行规定,在接下来的地方信用立法工作中可以就这一问题进行完善。

3. 无法核实的企业异议信息的处理方式

表7　无法核实的企业异议信息的管理方式

无法核实的企业异议信息的管理方式	数量	占比
直接删除①	3	6.67%
删除②并记录原因	5	11.11%
未作规定	37	82.22%

由于技术、管理等原因,部分企业异议信息无法核实真伪。对无法核实真伪的企业异议信息一般由相关机构对该异议信息直接删除,部分地区会在系统中记录删除原因。但是,高达82.22%的法规和规章没有对无法核实真伪的异议信息进行规定。对无法核实的企业异议信息不作规定而维持原状,不仅会减损企业的商誉,而且会降低企业信用信息的精准度,不利于社会信用体系的健全和长远发展。

四、关于完善中国地方信用立法的构想

目前,中国地方信用立法取得了很多成绩,主要表现在两个方面:第一,立法数量逐年上升;第二,出台信用立法的省市也在逐年增多。但是在地方信用立法的探索过程中还有很多方面需要完善。比如,未出台地方信用立法的地区应当尽快出台;在国家层面的《信用法》暂时无法出台的情况下,地方信用立法应当先在省内形成体系,争取破除省内的“数据烟囱”和“信息孤岛”,为《信用

① 此处的删除包括对异议信息的终止披露。

② 此处的删除包括对异议信息的终止披露。

法》的制定打下基础;对地方信用立法的关键制度节点进行完善,避免被征信企业不必要的损失,避免市场主体根据错误的信用信息作出错误的判断,进而加重经济交易的成本。

(一)未出台地方信用立法的省市应当加快立法进度

现代市场经济是信用经济。信用经济是信用立法的经济基础,当下的信用经济不断发展,作为与信用经济关联最为紧密的上层建筑的信用立法一定要适应信用经济的发展,否则会对信用经济的发展起到阻碍作用。

中国的信用立法作为创制性的立法,需要大量的理论支撑和经验积累。地方立法走在了国家立法的前面,并且在一些经济发达地区的信用立法取得了成功的经验,未出台地方信用立法的省份可以积极学习这些成功经验,使在本地区的地方信用立法的过程中少走弯路。当然,借鉴其他地区的成功经验并不是对其他地区立法成果的完全照搬,因为授予地方权力机关和地方人民政府一定立法权的初衷是:中国幅员辽阔,人口众多,民族众多,各地实际情况存在很大的不同,为了在法律统一的前提下照顾各地区的实际情况,所以才出现了地方立法。如果完全照搬其他地方的信用立法成果那么便无法在地方信用立法中体现地方特色、照顾地方实际,更会在接下来的全国性的信用立法中给国家立法机关提供本地区的错误信息。只有在照顾地方实际的基础上,顺应本地区的信用经济发展规律,借鉴其他地方信用立法的有益成果才能制定出符合本地区实际情况的地方信用立法。这样才不但可以反作用于当地信用经济的发展,而且可以进一步完善中国的地方信用立法体系,为接下来的全国层面的信用立法工作打下更为坚实的基础,积累更加丰富的经验。

(二)地方信用立法要在省内形成体系

社会信用体系建设是一个系统性的工程,作为其重要一环的信用立法也应该形成体系。在国家层面的《信用法》出台之前，地方的信用立法要尽可能地形成体系，至少要出台综合型的信用立法，因为专项型的信用立法相较于综合型的信用立法不可避免地存在规定片面的情况。如果长时间没有形成省内的信用立法体系或者出台综合型的信用立法，则不利于为当地的信用经济发展提供良好的法制保障。

虽然全国人大已经将《信用法》列为三类立法，但是近几年出台的可能性微乎其微。在《信用法》出台之前，仅依靠《征信业管理条例》这一行政法规很难对全国各地、各行业的信用立法起到纲领性的作用，那么也就很难有效解决各地区、各行业之间的“数据烟囱”和“信息孤岛”的现状。在这种客观实际的制约下，只能退而求其次，将省内的信用立法形成体系，并建成完善的信用信息平台以求在省内有效破除“数据烟囱”和“信息孤岛”的现象，待国家层面的《信用法》出台之后，再根据上位法优于下位法的原则，对本省的地方信用立法与国家层面的《信用法》相冲突的地方进行修改。如果为了节省当下的立法成本而在地方信用立法的过程中裹足不前，造成了上层建筑与经济基础的脱节，那么将会对地方的信用经济发展造成阻碍。同时，也使得《信用法》在制定的过程中缺少了对本地区的了解，不利于《信用法》的制定。

（三）地方信用立法的部分制度节点亟须完善

任何路径上的制度构建都需要解决制度节点这一关键问题。[①] 而对失信企业的法律救济尤其是企业异议信息的处理是地方信用立法中的关键制度节点。根据对关于中国地方信用立法的微观分析部分的讨论可以看出，中国很多地方的信用立法对失信企业的

① 宋方青、李佳飞：《论设区的市信用立法的理论与路径》，《东南学术》2019 年第 9 期。

法律救济力度不足,对企业异议信息尤其是无法核实的企业异议信息的管理方式有很大的改进空间。

第一,要在立法上明确规定失信企业的法律救急途径,使企业被认定为失信企业之后有救济的机会和权利,这不仅是为了保障企业信用信息的精准度,更是对被征信企业最基本的尊重。第二,要完善失信企业的二次救济。企业的信誉关乎企业的发展,如果地方信用立法不能充分保障企业进行救济的权利,那么这样的地方信用立法不但不会降低经济交易的成本,促进当地信用经济的发展,反而会给市场交易主体提供错误的信息,使其作出错误的判断,最终增加经济交易的成本,阻碍信用经济的发展。第三,企业异议信息在处理期间也要对相关企业进行保护,对异议信息进行标注或者暂停公开,可以降低相关企业因信誉受损而造成的商业损失;并且可以提高信息归集平台的精准度,给其他市场主体提供更加精准的信用信息。第四,对无法核实的企业异议信息作出明确规定,避免因错误的信用信息而给企业的商誉造成减损,加重经济交易的负担。

结　语

目前,中国还没有文献对地方信用立法进行系统的梳理和比较。但是,这并不意味着相关的研究工作是没有意义和价值的。因为对中国地方信用立法进行系统的梳理和比较是进行进一步研究的必要前提和基础,可以使我们在进行相关研究时对这一问题有整体的把握和认知。

本文对中国自 2001 年以来的 62 部地方信用立法进行了系统的梳理,宏观上从中国地方信用立法的时间分布、层级分布、地域分布及其立法模式和主要概念定义五个方面进行了比较;微观上对失信企业的法律救济和信用信息管理机构对企业异议信息的处理方式两个维度对中国地方信用立法的重要制度节点进行了分析,并提出了相关建议。

2001 年—2012 年这 12 年间,中国各地每年出台的地方信用立法数量非常不稳定,2013 年—2017 年这 5 年间中国每年出台的地方信用立法数量稳步增加,但是 2018 年的地方信用立法数量较 2017 年和 2016 年又有所下降,这与中国大部分地区的地方信用立法在数量上已经饱和有关。相关立法的层级分布也主要集中在层级较低的地方政府规章。同时,地方信用立法的立法情况与各地的经济发展联系紧密,总体来说经济越发达的地区信用立法越发达,因为经济基础决定上层建筑。通过对 62 部地方信用立法的立法模式的比较可以看出,当前的地方信用立法所采取的立法模式主要是立法难度相对较低的信用专项型立法,而立法难度较高的信用综合型立法只有 2 部地方性法规。各地出台的地方信用立法对文中比较的四个概念的界定在内涵上没有太大差异,这也为《信用法》的出台减少了阻力。

目前,中国的地方信用立法虽然数量较多,但是层级不高,覆盖面不够。虽然对主要概念的界定能够达成共识,但是在具体的程序上和对信息主体合法权益的保障等方面仍然存在较大的差异。“法”也只是社会规则的一种,其作为上层建筑的重要组成部分对经济基础具有反作用,各地的地方信用立法在宏观上达成共识,微观上存在差异的现状不利于各地之间的资金融通和信息交换,很难破除“信息孤岛”的现象。

在《信用法》出台尚不成熟的条件下,为了减少以上问题对经济生活的影响,可以先由国务院对信用信息采集领域的主要程序和信息主体的权益保护问题制定行政法规,以达到降低经济交易成本的目的。同时,各省级行政单位在辖区内形成地方信用立法体系,争取先在省内实现信用信息的互通有无,为将来实现全国各地区、各行业信用信息的顺畅流通作准备。

我国社会信用立法的现状与展望

——以湖北、浙江、河北、上海社会信用地方性法规为考察对象

刘宇飞*

摘　要:自2014年,国务院发布《社会信用体系建设规划纲要(2014—2020年)》以来,各地社会信用立法此起彼伏,失信联合惩戒措施层出不穷,获得了社会公众的好评。但与此同时,怀疑与责难亦随之而来,不少人担忧信用立法尤其是信用信息的归集与使用、联合惩戒等制度会对私主体权利进行过度限制,更为公权力机关以管理为名行侵权之实提供了合理借口。本文以湖北、河北、浙江、上海四省(市)信用地方性法规为考察样本,通过对其进行比较分析,总结出我国目前社会信用立法存在的不

* 中南财经政法大学法学院2018级宪法学与行政法学硕士研究生,湖北地方立法中心研究助理。本文系2019年中南财经政法大学研究生教育创新计划项目硕士生实践创新课题“社会信用地方立法探究”部分研究成果。

足之处，并尝试提出对中央信用立法的可能启示，即中央信用立法应采取“综合性立法 + 单独立法”的组合型立法模式；首先进行重点领域立法，尤其是重视联合奖惩机制这一立法难点，最终构建以遏制公权、保障私益为价值取向，以信用主体权益保障为基石的社会信用法律制度体系。

关键词：社会信用；信用信息；地方立法；中央立法

引　言

2017 年湖北、上海、河北、浙江先后出台《湖北省社会信用信息管理条例》《上海市社会信用条例》《河北省社会信用信息条例》《浙江省公共信用信息管理条例》四部地方性法规，故当年也被视为我国信用立法元年。[①] 除此之外，更多地方正在紧锣密鼓地出台信用地方立法[②]，有关中央立法也正在稳步推进之中。[③] 信用立法交织于法律规范与道德规范、公法与私法之间，填补了我国法律的空白，属于创制性立法，需慎重对待。

本文以湖北、河北、浙江、上海四省市信用地方性法规为考察对象，之所以以这四个省市的信用地方性法规为样本，主要基于以下考虑：1. 从时间上看，四地地方性法规均出台于 2017 年，时间集中，距今间隔短，参考性较强；2. 从地域上看，湖北，河北，浙江，上海四地分别具有沿海城市与内地城市、东部地区与中部地区立法规范的不同特征，有利于实现区域间优势互补；3. 从立法权限上

---

① 王宁江：《地方信用立法的思考》，载《浙江经济》2017 年第 17 期，第 44 页。

② 2018 年《广东省社会信用条例》和《贵州省社会信用条例》开始征求意见，2019 年《山东省社会信用条例》开始征求意见，甘肃省也将信用立法列入规划之中。

③ 《信用法》《公共信用信息管理条例》《统一社会信用代码管理办法》立法研究正在进行。

看，四省（市）是立法法中规定享有地方立法权的省级行政单位，四部信用地方性法规由省级人大常委会制定通过，质量较高。虽然各地也有不少社会信用相关政府规章，但正如学者所说“行政机关永远有追求其自身政策偏好、政策价值之意图与企图，而且在很多场合，行政机关可以遂行其愿”。[①] 因此本文选择立法层级、立法质量较高且较为中立的省级社会信用地方性法规为样本，希冀通过总结其有益经验及存在的不足之处，并尝试提出相应的建议加以完善，以期对国家层面的社会信用立法略尽绵薄之力。

一、四部社会信用地方性法规之比较分析

（一）立法名称、立法形式与立法目的

四部地方性法规同为规制社会信用的地方立法，但名称却各不相同。其中上海市以“社会信用”而非“社会信用信息”为名，简单从文义来看，上海市的这部地方性法规应该是涵盖范围最广的，因为它不只囊括了“信用信息”，还涉及其他方面的内容。对此，上海市人大法制委的相关报告也印证了这一观点。[②] 而其他三部信用地方性法规都以“信用信息”为主要规制内容，湖北、河北规制“社会信用信息”，浙江省范围最小，只规制“公共信用信息”。其次，湖北、浙江两省在信用地方性法规名称中都有“管理”二字，而河北省却没有加“管理”二字。

一般来说，立法形式有两大类：单独立法与综合性立法。所谓单独立法是指为特定单一目的或一主要政策领域而制定的单一法

---

① 陈铭祥：《法政策学》，台湾元照出版社 2011 年版，第 107 页。

② 上海市人大法制委关于《上海市社会信用条例（草案）》（修改稿）修改情况的报告指出“社会信用体系”包含不易用法律方式调整的道德因素，而“社会信用信息”这一概念难以包容信用激励与约束、信用服务行业规范与发展等内容，且上海信用立法没有采纳体系化的立法方式，在法规名称中保留“社会信用”的提法，符合实际情况。

律;而综合性立法则是指立法者结合数个立法目的或整合数个政策领域,一并处置而制定为一个法律。[①] 鄂浙冀三省信用地方性法规都为单独立法,单一的规制社会信用信息(浙江省只规制公共信用信息),而上海市社会信用条例是全国首部综合性信用地方性法规[②],除了社会信用信息,还有专章规制信用服务行业及社会信用环境。(见表1)

表1:四部社会信用地方性法规名称、立法形式、规制范围比较

地方性法规名称	立法形式	规制范围
《湖北省社会信用信息管理条例》	单独立法	公共信用信息+市场信用信息
《浙江省公共信用信息管理条例》	单独立法	公共信用信息
《河北省社会信用信息条例》	单独立法	公共信用信息+市场信用信息
《上海市社会信用条例》	综合性立法	公共信用信息+市场信用信息+信用服务行业+社会信用环境

立法目的决定着一部法律的具体内容,统领其价值取向。纵观四部社会信用地方性法规的立法目的,大致可以归纳为以下几个方面:1. 政府视角,也即直接、首要目的:规范社会信用信息的归集、披露、使用,加强社会信用信息管理,维护社会信用信息安全,实现社会信用信息资源共享;2. 个体视角:保障信用主体合法权益;3. 经济视角:降低市场交易成本,完善社会主义市场经济体制;4. 社会视角:创新社会治理机制,增强诚信意识,营造社会诚信环境,提高社会信用水平。

(二)基础概念

社会信用立法在我国属于重大制度建设,故需要厘清关键基

① 陈铭祥:《法政策学》,台湾元照出版社2011年版,第148页。

② 罗培新:《社会信用法:原理·规制·案例》,北京大学出版社2018年版,第10页。

础概念。四部社会信用地方性法规对相关基础概念的界定大致可以分为三种:1.给出明确的定义。比如社会信用信息、公共信用信息、市场信用信息、信用服务机构等,这些概念的定义尽管表述各异,但深究之下并无太多差别,基本可以达成一致。2.未给出抽象的定义,而是以列举其范围的方式加以释明。比如信用主体、严重失信行为、失信信息等。3.既未给出抽象定义,也未列举其范围,而是在条文中直接适用。比如守信激励、失信惩戒等。

(三)主管部门

一部法律的出台并不是终点,相反只是起点,因为更为重要的是该法律能否得到良好的执行。而为了达成立法目的,便需要有主管部门来负责贯彻落实。纵观四部信用地方性法规,无一例外都对信用主管部门有专门规定。从法律条款来看,四地信用主管部门涵盖省、市、县三级体系,以保持信用组织架构体系的全覆盖。其中省级主管部门均为发展改革部门①,省发改委是各地区信用体系建设直接负责部门,负责全省(市)的信用体系建设协调和监督工作,并成立信用信息中心。设区的市、县(市、区)两级政府的发展改革部门主管本行政区域内的信用工作。此外,湖北省还要求县级以上人民政府应当成立社会信用体系建设领导小组,负责统一领导②;上海市则要求市、区两级政府应当设立社会信用体系建设议事协调机构,负责统筹推进信用工作③;河北省也明确县级以上人民政府应当建立社会信用信息工作协调机制,协调解决社会信用信息工作中出现的重大问题。④

① 湖北、浙江、河北三省均明确规定省发展与改革部门为信用主管部门,上海市虽未明确规定,但在市发改委下设了社会信用推进处。

② 参见《湖北省社会信用信息管理条例》第五条。

③ 参见《上海市社会信用条例》第四条。

④ 参见《河北省社会信用信息条例》第五条。

（四）基本内容

表2:四部社会信用地方性法规基本内容

内容		《上海市社会信用条例》	《河北省社会信用信息条例》	《湖北省社会信用信息管理条例》	《浙江省公共信用信息管理条例》
信用信息归集		√	√	√	√
信用信息应用	信用信息披露	√	√	√	√
	信用信息查询	√	√	√	√
	联合奖惩（核心）	√	√	√	√
信用信息安全		√	√	√	√
信用主体权益保护		√	√	√	√
规范、促进信用服务行业发展专章		√			
信用环境建设专章		√			

由上表可知，信用信息归集、应用、信息安全及主体权益保障为四部地方性法规的共有内容：

1. 信用信息归集

社会信用信息分为公共信用信息和市场信用信息，四部信用地方性法规均以公共信用信息为重点规制内容，对于公共信用信息的归集，普遍实行目录管理。由社会信用管理部门将公共信用信息提供单位（国家机关及公共企事业单位）在履行职责、提供服务过程中产生或者获取的社会信用信息编制为信息目录，公共信用信息提供单位并不能主动采集信息，只能是被动地在履行职责、提供服务过程中来归集。依据公共信用信息内容的不同，浙江省在立法中划分为基础信息、不良信息和守信信息，①其他三省（市）

① 参见《浙江省公共信用信息管理条例》第九条。

虽未作出明确划分，却也不同程度运用了此种分类方法。所谓基础信息，是用来识别信用主体身份的，与主体的信用状况存在一定的联系。[①] 比如自然人的姓名、身份证号，法人和非法人组织的登记注册信息等。不良信息又可称为负面信息、失信信息，即对信息主体信用状况构成负面影响的信用信息[②]，也有学者将之界定为信用主体不履行法定或约定义务的信息。[③] 比如不履行裁判等生效法律文书、行政处罚信息等，而根据失信行为性质、危害程度不同，又可细分为一般失信信息与严重失信信息。信用主体的守信信息或正面信息是指反映其守法与履约状况的信息[④]，如受表彰奖励以及参加社会公益、志愿服务等。

市场信用信息的归集方式可分为两种：一是由信用服务机构、行业协会等市场信用信息提供单位在生产经营和提供服务过程中获取的，与公共信用信息提供单位被动获取不同，市场信用信息提供者可以主动采集信用信息，但必须符合法律规定，涉及个人信息时，原则上需要经本人同意。此外，为保护个人合法权利，地方性法规还规定了绝对禁止归集和相对禁止归集的个人信息：前者包括个人的宗教信仰、基因、指纹、血型、疾病和病史信息以及法律、行政法规规定禁止归集的其他个人信息；后者包括个人的收入、存款、有价证券、商业保险、不动产的信息和纳税额的信息，除明确告知信用主体提供该信息可能产生的不利后果，并取得其书面同意

---

① 罗培新：《社会信用法：原理·规制·案例》，北京大学出版社2018年版，第72页。

② 参见《浙江省公共信用信息管理条例》第九条。

③ 罗培新：《社会信用法：原理·规制·案例》，北京大学出版社2018年版，第75页。

④ 罗培新：《社会信用法：原理·规制·案例》，北京大学出版社2018年版，第74页。

外,不得归集。第二种方式则是由信用主体以声明、自主申报、社会承诺等形式自愿向信用服务机构、行业协会等提供信用信息。

2. 信用信息应用

信用信息的归集最终也要落脚于应用,这是信用立法的核心内容,包括信用信息的查询、披露以及联合奖惩。

四部信用地方性法规对公共信用信息披露方式的规定基本一致,即(1)公开公示。公共信用信息以公开为原则,不公开为例外,属于依法公开的,无须信用主体授权即可公开发布。各级国家机关应当通过政府公报、网络媒体、信用信息服务平台等方式发布。(2)政务共享。此类信息供国家机关以及法律、法规授权组织在依法履行职责过程中共享使用,同时鼓励公共信用信息与市场信用信息互通共享;但共享依法不能公开的公共信用信息,应当取得信用主体的书面授权。(3)授权查询。信用主体有权查询自身社会信用信息,社会信用信息管理机构应提供适当途径便利信用主体的查询。自然人查询本人信息的须进行实名认证,法人和非法人组织查询本单位信息的须出具本单位书面证明,他人查询自然人、法人和非法人组织非公开社会信用信息的,应当经书面授权。

联合奖惩制度为信用信息应用环节中最重要的内容,四部信用地方性法规无一例外都有专章规定。而依其实施主体的性质不同可将信用奖惩措施划分为三类:以行政性奖惩为主,市场性奖惩和行业性奖惩为补充(见表3)。相较而言,四部地方立法都有一个共同倾向,即对失信惩戒的规定明显多于守信激励,原因或许有二:一是近期社会失信现象频发,亟须加以规制;二是失信惩戒会对信用主体的权益造成不利影响,且惩戒措施大都需要公权机关实施,本着“法无授权不可为”的原则,故需要对惩戒的主体、措施、程序等加以详细规定。

表3：四部社会信用地方性法规主要联合奖惩措施分类

联合奖惩措施分类	定义	举例
市场性奖惩	指以市场的机制和力量对信用主体产生一些有利或不利的影响。	如市场主体对守信主体采取优惠便利、增加交易机会等降低市场交易成本的措施；对失信主体采取取消优惠、提高保证金等增加交易成本的措施。
行业性奖惩	通过行业协会对失信主体的失信行为进行一定的惩处或打击；对守信主体的守信行为进行一定的激励。	如行业协会对失信主体采取业内警告、通报批评、降低会员级别、取消会员资格等惩戒措施； 对守信主体采取重点推荐、提升会员级别等激励措施。
行政性奖惩	政府各部门之间进行信息联动共享，密切合作，以行政手段对失信主体在不同的方面进行惩戒，给予守信主体一定的便利、激励。	如对失信主体采取列为重点监管对象，增加检查频次、限制从事特定行业或者项目、限制高消费等； 对守信主体在行政管理和公共服务过程中给予优先办理等便利，授予相关荣誉称号等。

3. 信用信息安全及主体权益保障

四部信用地方性法规也普遍有信息安全的专门条款。湖北、河北两省明确要求建立信用信息安全保护制度，且将之与信用主体权益保障放在同一章节，可能是出于以下考虑：信用信息安全保护制度在很大意义上正是为了保障信用主体的合法权益，前者可以看作是手段，后者则是目的。上海市没有将信息安全保护与信用主体权益保障放在同一章节，而是放在了“信息披露”一章，其明确规定行政机关、信用信息服务中心和其他企事业单位应履行信息安全管理职责;浙江省也将信息安全保障置于“信息归集与披露”一章中,规定公共信用信息提供单位、数据工作机构和政府相关工作机构应建立安全管理和保密制度。

信用主体的权益保障是四部法规的重要内容,均以专章作出规定,包括实体和程序两方面。实体保障主要是指社会信用信息的归集、披露、应用不得侵犯信用主体的实体权利,主要包括:(1)商业秘密及个人隐私权。信用相关单位及工作人员不得泄露商业秘密及个人隐私,并规定了绝对禁止归集和相对禁止归集的自然人信息。(2)知情权。信用主体有权知晓自身信用信息的采集、使用等情况,以及本人信用报告载明的信息来源和变动理由。(3)名誉权。信用信息的归集、保存、提供可能存在错误从而影响信用主体名誉权。(4)个人信息受保护的权利。即归集的信用信息不得被篡改、虚构、删除,不得非法获取、窃取、提供、出售个人社会信用信息等。(5)自主选择权。上海与湖北还规定不得将个人信用信息采集与其他服务捆绑,强迫或者变相强迫信用主体同意。程序保障则要求信用信息的归集、披露、应用的程序必须合法,此外还需保障信用主体的救济权利。主要涉及以下权利:(1)异议权。信用主体认为公示、查询的社会信用信息存在错误、遗漏或者侵犯其商业秘密、个人隐私等合法权益的,有权提出书面异议并说明理由。相关部门受到异议申请后再按不同情况分别处理。(2)信息消除权。其一,信用主体要求删除正面信息;其二,失信信息查询、披露期限届满,不再披露或提供查询。上海、河北、浙江三省均规定为五年,但起算节点略有区别:浙江省为自不良行为或者事件认定之日起计算,但依法被判处剥夺人身自由的刑罚的,自刑罚执行完毕之日起计算;上海则自失信行为或事件终止之日起计算。其三，上海市还特别规定据以认定失信的具体行政行为被行政机关撤销或者被复议机关决定撤销、人民法院判决撤销的，信用信息服务中心应当在收到书面告知之日起三个工作日内删除该信息。[①]
(3)信息修复权。失信人纠正失信行为，主动履行义务，弥补损失的，可以向信用信息提供单位提出信用修复的申请，经审查符合条件的，信用信息提供单位作出信用修复决定，并通知省级公共信用工作机构删除失信信息。

二、现有社会信用立法的不足

经过对四部社会信用地方性法规的比较分析，可以发现虽然信用地方立法成效引人注目，但仍存在一些不足：

(一)社会信用立法的价值取向及基础概念还未形成共识

目前我国社会信用立法从数量上看蔚为可观，但这并不意味着社会信用立法在法理、基本概念上的理解已经形成统一共识，这也是地方立法先行带来的必然弊端。首先，社会信用立法的价值取向究竟是要定位为利用信用信息充分实施惩戒，还是通过立法限制社会信用领域公权力的行使，最终保护私主体权益？其次，各地地方立法在一些基础概念的界定上要么“各自为政”，要么不予解释直接适用。诸如“社会信用”应该是社会信用立法中最基础的概念，但在四部信用地方性法规中只有上海社会信用条例明确给出了解释；再比如社会信用法律关系的主体究竟是“信用主体”还是“信用信息主体”，具体到作为信用(信息)主体的自然人，是否应该具有完全民事行为能力？[②] 还有“信息披露”，有的地方立法仅理

---

① 参见《上海市社会信用条例》第37条。

② 四部信用地方性法规中，上海、浙江、河北均限定为“具有完全民事行为能力的自然人”，湖北省并未限定。

解为公示，有的则涵盖到了信息查询、信息公开以及信息共享。综上，社会信用立法的价值取向及基本概念亟须统一明确，否则理念上的偏差会对信用法律制度的整体运行造成不利影响。

（二）联合奖惩制度有待完善

1. 含糊的守信激励，明确的失信惩戒

信用联合奖惩制度包括守信激励和失信惩戒两方面，然而现有社会信用立法中二者的规范往往呈现不均衡的态势，对于失信惩戒规定较为明确具体，而守信激励却较为笼统。从四部信用地方性法规来看，首先，“守信信息”作为对信用主体激励的依据却没有明确概念解释。其次，什么样的守信行为才能被激励，社会信用立法中也没有明确规定，只有湖北、河北两省提到信用主体受表彰奖励以及参加社会公益、志愿服务等信息需纳入信用信息目录，但可以被奖励的行为远远不只这些。与此相反，信用立法中受惩戒的失信行为规定较为明确，不仅有专门条款而且上海、浙江、湖北三地还特别规定了需施加特别惩戒的“严重失信行为”。最后，惩戒措施要明显多于激励措施，不仅有一般惩戒措施，还有针对严重失信主体的特别惩戒措施。此外，实施守信激励的程序规定也有欠缺。

2. 失信惩戒与行政处罚的关系尚未澄清

能否将失信惩戒措施归类为《行政处罚法》中规定的“其他行政处罚”，学界目前尚无定论。有学者认为失信惩戒有别于行政处罚等行政惩戒，就信用惩戒措施而言失信人不存在主观过错，其“过错”来自社会对其信用状况的负面评价。[①] 也有学者持反对意见，认为政府部门或者具有公共管理职能的其他组织将失信行为

---

① 崔凯：《社会信用立法：促进与路径》，载《地方立法研究》2019年第2期，第47页。

人纳入"黑名单",从而连锁地限制其一系列权利的,实质上属于一种行政处罚。①

如果认为失信惩戒措施不是行政处罚,那么该如何解释基于行政公权力实施的这些措施对信用主体权益的限制?但如果把失信惩戒视为行政处罚,又会带来另外的困境:(1)对一个违法失信行为同时实行两种制裁是否违反行政处罚法中的"一事不再罚"原则,是一个非常值得研究的问题;(2)如果将失信惩戒措施归为行政处罚,一些地方性法规会有运用失信惩戒变相设定行政处罚种类之嫌疑。如湖北、上海、浙江信用地方性法规中规定对严重失信主体可以采取限制从事特定行业、限制任职资格等惩戒措施。

3. 失信惩戒制度立法层级偏低,依据不足

失信惩戒作为主要基于行政公权力的社会治理手段,其行政实效性归根结底须以自身合法性和合理性为基础,最根本的便是需要有法律的依据。然而目前的失信惩戒制度以政策、法规、规章及规范性文件为主,缺少专门、核心的基本法律,呈立法位阶过低的状态。从立法现状来看,在中央层面上,失信惩戒规范以中央或国务院文件的形式呈现,比如国务院 2014 年的《社会信用体系建设规划纲要(2014—2020 年)》和 2016 年的《关于建立完善守信联合激励和失信联合惩戒制度加快推进社会诚信建设的指导意见》等;法律规范层面上,失信惩戒规范散见于法规、规章及规范性文件之中,比如国务院公布的《企业信息公示暂行条例》、各部门签署的联合奖惩合作备忘录、各地信用地方性法规及政府规章等。联合惩戒的立法层级偏低,无形中扩大了行政自由裁量权,导致信用联合惩戒的合法性与正当性无法得到有力的法律保障,甚至有违

① 胡建淼:《"黑名单管理"制度——行政机关实施"黑名单"是一种行政处罚》,载《人民法治》2017 年第 5 期,第 83 页。

反上位法的嫌疑。

(三)信用主体权益保护机制尚不健全

四部信用地方性法规均将信用主体的权益保障作为重中之重而加以详细规定,这是值得肯定的。然而现有保障机制尚有局限之处,特列举几处:(1)当信用主体被纳入失信名单时,是否应被提前告知并允许其申辩?一方面涉及失信联合惩戒的严重后果,另一方面现实生活中信用主体被纳入黑名单往往是行政机关或公共事业组织单方决定,信用主体直到受到惩戒措施影响时才会知道自己被纳入失信名单。即便信用主体可以提出异议,但要经过复杂程序。所以,从保护信用主体的合法权益角度考虑,征信主体是否应该负有告知义务是一个非常值得讨论的问题。(2)关于异议申请:首先是异议申请的提交主体,四地均规定只有信用主体可以提交异议申请,那么当信用主体无法提交异议或者其信用状况关系到近亲属、利害关系人利益时,信用主体的近亲属、利害关系人无权申请异议,无疑不利于保护信用主体本人及他人合法权益;其次是异议申请机关并不明确,四地方立法中有的规定为省级信用信息中心或信用工作机构,有的笼统规定为信用信息工作主管部门,并未对级别作出限制,还有的规定可以向信用服务机构提交,异议申请机关亟待统一明确。(3)对异议结果不服的救济途径也各不相同。四部信用地方性法规中,浙江省规定对异议结果不服的向省发展和改革部门申请复核,河北省则规定向人民法院提起行政诉讼。如此一来便会产生困惑:对异议结果不服的救济途径到底有哪些?可否提起行政复议、行政诉讼?

三、地方信用立法对中央信用立法可能的启示

(一)明确社会信用立法的价值取向与基础概念

在社会信用立法过程中,出现了不少质疑,有学者认为信用立

法是在搞道德档案与黑户政策，属于典型的政府擅权。[①] 尤其是信用信息的归集和失信惩戒制度的运用，存在着政府公权力的行使和信用主体权益保障之间的博弈。为此，将来中央信用立法必须首先明确立法的价值取向——遏制公权、保护私益，将重点立足于限制政府权力之上，实现公权行使与私权保护之间的平衡。[②] 原因在于信息归集、失信惩戒仅仅只是手段而非目的，最终还是为了保障私主体的权益；如果在信用监管方面公权力不受限制，只会更多地楔入私权领域[③]，对信用主体的权益造成更大的损害。故信用监管必须遵循行政法的一般原理及基本原则，还应服从行政法规制体系，使其在法治框架下实施或运行，以防其游离于法律之外，形成对“良法善治”的损害。[④]

此外，对于一些基础概念，地方信用立法要么解释各异，要么忽略不见，不利于形成统一的社会信用法律体系，中央信用立法必须深入研究，加以具体阐明。比如“社会信用”可以借鉴上海市相关条例，解释为信用主体在社会和经济活动中遵守法定义务或者履行约定义务的状态；“失信主体”应为具有完全民事行为能力的自然人、法人和非法人组织；“信息披露”不仅仅包括信息的公开，还应包括信息查询和信息共享；公共信用信息提供单位除了国家机关、法律法规授权的组织外，还应将规章授权的组织也包括在内……作为创制性的立法，必须厘清相关基础概念，以免在后续的实

① 转引自罗培新：《遏制公权与保护私益：社会信用立法论略》，载《政法论坛》2018 年第 6 期，第 171 页。

② 2019 年中山大学公法研究中心“国家治理与信用立法”学术研讨会，四川大学徐继敏教授观点。

③ 参见袁文瀚：《信用监管的行政法解读》，载《行政法学研究》2019 年第 1 期，第 24 页。

④ 参见罗培新：《善治须用良法：社会信用立法论略》，载《法学》2016 年第 12 期，第 111 页。

施中造成不必要的困扰。

(二)合理确定中央信用立法的立法模式与重点

四部信用地方性法规中只有《上海市社会信用条例》为综合性立法,其他三部均为对社会信用信息进行规范的单独立法。那么将来的中央信用立法又该采取何种形式呢?“综合性立法 + 单独立法”的组合型立法模式可能比较合适,中央社会信用立法的一个重要目标应该是提供一个基本样本,使繁复的信用法律制度在基本原则的指导下实现多样化的统一。所以在立法形式上,应首先进行统一的综合性立法,也就是说,先出台原则性立法,提供一个法律框架;其次,无论将社会信用基本法律的名称定为“信用法”还是“社会信用法”,都难以用一部法典来解决所有的问题,故而还应进行分散的单独立法和补充立法,即出台具体化或配套规定,比如联合奖惩条例、公共信用信息管理条例等。这种立法模式妥当地处理了社会信用立法中一般规定与特别规定、原则性与具体化之间的关系,实现了组合型立法框架内综合立法与单独立法相互支撑,形成一个较为严密的社会信用法体系。

除了立法模式的选择外,在现阶段,社会信用立法还应该有所侧重,选择重点领域先行立法,而不宜面面俱到。比如从地方立法的经验来看,社会信用立法的关键内容在于信用信息活动规范,即围绕信用信息这条主线,针对信用信息归集、披露、应用各环节存在的薄弱点进行立法。社会信用信息又包括公共信用信息和市场信用信息,应重点关注公共信用信息领域。

(三)立法难点:联合奖惩机制设计

联合奖惩机制既是信用信息应用的核心,也是社会信用立法的难点。中央信用立法应该重点关注:

1. 为联合奖惩机制寻求充分的上位法依据。目前联合奖惩机制在中央层面更多地是以政策、国务院规范性文件及部门备忘录的形式呈现,这导致地方信用立法时上位法依据不足,虽然有规定采取“法律、行政法规规定的措施”,但实质上却找不到中央立法。信用激励与惩戒作为行政管理手段,本应依法设定,却陷入了“无法可依”的尴尬境地,所以亟须相关上位法的出台。另外在创制立法时也要注意不与现有上位法抵触,尤其是确立失信惩戒措施时。

2. 明确失信联合惩戒的性质——是否属于行政处罚,以及是否违反行政法中的“一事不再罚”原则。如果失信联合惩戒不是行政处罚,那么自然不违反“一事不再罚”,因为“一事不再罚”的“罚”专指行政处罚。个人认为失信联合惩戒并非行政处罚,首先从概念来看行政处罚是指行政主体对违反行政法律规范但尚未构成犯罪的行为人给予法律制裁的具体行政行为[①],惩罚的是未构成犯罪的行政违法行为,而失信联合惩戒针对的是失信主体的信用状况而非具体行为;而信用状况是诸多守信、失信信息的集成,是对信用主体的综合、累积评价。[②] 其次,行政处罚只能由行政主体作出,而失信惩戒是“跨地区、跨部门、跨领域”的多种惩戒措施结合,其实施主体不只包括行政主体,还包括私主体等,比如市场主体对失信主体提高保证金、金融机构对失信主体限制贷款等。最后,虽然行政处罚和失信惩戒都对相对人的权益造成了减损,但行政处罚减损的是相对人的既存权益,比如财产、人身自由等;而失信惩戒针对的并非是相对人的现有权益,而是在一定期限内限制失信者的发展机会和发展空间,比如限制参加政府采购、限制任职等。

---

① 方世荣,石佑启:《行政法与行政诉讼法》,北大出版社 2015 年版,第 217 页。

② 李振宁:《信用惩戒的特性及对地方立法的启示》,载《中共南京市委党校学报》2018 年第 2 期,第 87 页。

(四)立法基石:信用主体权益保障

前文已提及,社会信用立法中涉及公权力行使与私权益保障的博弈,而最终要实现二者的平衡,便需要规范公权力的行使、加强对信用主体权益的保障。未来中央立法应重点保障信用主体的以下权利。(1)隐私权。主要表现为信用主体的私密信息如收入、基因等不得被归集或无授权归集。(2)个人信息受保护的权利。信用立法过程中,应着重把握信用信息利用与保护之间的平衡。可以对信用主体的信用信息进行类型化区分,适用不同的公开、利用和保护规则;同时设置相应的安全等级和不同的安全保密措施,保障社会信用信息归集、披露和应用全过程的安全。[①] (3)知情权。在信用地方立法中主要指信用主体有权以查询或信息公开方式知晓自身信用信息的采集、使用以及本人信用状况等。但仅仅如此还不够,建议完善失信主体列入失信黑名单的正当程序,如在决定列入时应作出正式的行政决定并送达当事人,且事先需告知当事人并允许其申辩。(4)信息异议权。信用主体认为归集披露的信用信息有误、有遗漏或侵犯自己的合法权益,可以向有关部门提起异议。中央信用立法首先需扩大异议申请人的范围,由信用主体到涵盖信用主体及其近亲属、利害关系人在内;其次应明确异议申请机关,即省级信用信息服务中心;最后,当事人对异议申请结果不服的,应允许其提起行政复议或行政诉讼。(5)信息修复权。这是信用主体的"后悔药"。社会信用立法中的惩戒措施并不是要使失信主体万劫不复,目的还是督促其履行法定或约定义务,只要失信主体纠正失信行为、弥补损失,应该允许其恢复信用状况,如果信用不能修复,那么失信主体必然没有动力去改正错误。(6)信息

---

① 廖永安,谭曼:《以信用立法推进社会信用体系建设》,载《光明日报》2018 年 2 月 19 日 03 版。

消除权。中央信用立法应明确何种情况下可以消除信用信息，从地方信用立法的经验来看，大体包含信用主体主动要求删除正面信息、失信信息披露期限届满、认定失信的依据不存在。此外，中央立法还应对信息披露、查询的具体期限及起算时间等细节加以统一。

四、结语

目前全国已有2/3以上的地方出台或正在研究出台社会信用地方法规①，这一方面为中央信用立法的制定奠定了良好的法治实践基础，有力地推动了社会信用体系的建设；但另一方面由于“地方立法先行”，缺乏统一的中央立法的指引，且各地立法水平参差不齐，这必然导致社会信用地方立法标准不一，而信用信息的无序归集与失信惩戒措施的大规模应用，也导致信用主体的权利保护不容乐观。为此，在总结地方立法经验的基础上，形成共识，推动国家层面的统一立法显得尤为必要。但须注意的是对于社会信用立法，不能一味地贪“多”求“快”，该领域还存在许多理论问题有待深入发掘，并需做进一步精细化研究。故公法学界应努力作出回应与纠正，平衡信用监管中公权行使与私权保护之间的博弈，最终为社会信用立法的依法立法、科学立法作出自己的贡献。

---

① 《社会信用立法在即2/3省市已出台或研究地方法规》，信用中国（山东）网，http://www.creditsd.gov.cn/590/88188.html，2019年9月14日访问。

论信用立法与传统法的沟通协调

——以行政法、刑法、民法为例

肖思慧*

摘　要：判断一个国家是否为征信国家，主要依据是该国信用管理法律体系的完备程度。我国在《社会信用体系建设规划纲要（2014—2020年）》中明确提到，到2020年将基本建立社会信用基础性法律法规和标准体系，推进信用立法工作。信用立法紧锣密鼓进行时，不能忽视我国有相当一部分传统法已经涉及了信用。为避免信用立法与传统法发生分歧和重复，同时也充分发挥出传统法对信用立法的导向和辅助作用，信用立法应与传统法沟通协商、有效衔接。本文以行政法、民法、刑法作为传统法的代表进行阐述，这三者是国家基础法律体系的三个重要支柱，关系紧密，分别涉及对行政机关的

* 湘潭大学法学院2017级硕士生。

权责规范、对信用主体的权益保护、以国家强制力惩戒失信犯罪。具体而言,信用立法不能与民法、行政法、刑法在基本原则、强制性规定、具体信用事项等方面发生冲突,在信用奖惩和救济上也应明确各法的职能和管辖范围,确保信用立法不滥用公权,侵犯私权。

关键词:信用立法;传统法;沟通协商

目前我国没有一部专门的信用基本法和相关专门法律。在国家、社会、集体、个人信用极其重要,地位越发凸显的当下,十二届全国人大将信用立法列入了立法规划,2014 年《社会信用体系建设规划纲要(2014—2020 年)》出台,规划纲要中明确提出至 2020 年将基本建立社会信用基础性法律法规和标准体系。环顾我国信用立法的环境,我国已有相当一部分传统法涉及了信用。首先,将信用作为原则规定的有《民法总则》第 7 条①,其规定民事活动应当遵循诚实信用的原则,秉持诚实,恪守承诺,《合同法》第 6 条②、《个人独资企业法》第 4 条③、《合伙企业法》第 5 条④、《证券法》第 4 条⑤、《保险法》第 5 条⑥、《票据法》第 10 条⑦等都将诚信作为原则规定。

---

① 《民法总则》第七条 民事主体从事民事活动,应当遵循诚信原则,秉持诚实,恪守承诺。

② 《合同法》第六条 当事人行使权利、履行义务应当遵循诚实信用原则。

③ 《个人独资企业法》第四条 个人独资企业从事经营活动必须遵守法律、行政法规,遵守诚实信用原则,不得损害社会公共利益。

④ 《合伙企业法》第五条 订立合伙协议、设立合伙企业,应当遵循自愿、平等、公平、诚实信用原则。

⑤ 《证券法》第四条 证券发行、交易活动的当事人具有平等的法律地位,应当遵守自愿、有偿、诚实信用的原则。

⑥ 《保险法》第五条 保险活动当事人行使权利、履行义务应当遵循诚实信用原则。

⑦ 《票据法》第十条 票据的签发、取得和转让,应当遵循诚实信用的原则,具有真实的交易关系和债权债务关系。

其次,将守信作为一项义务规定的有《民法总则》第 110 条[①],《行政许可法》第 12 条[②]、30 条[③],《合同法》第 60 条[④]等。最后,失信事后规定有《行政许可法》第 72 条[⑤],《合同法》第 42 条[⑥]、68 条[⑦],《证券法》第 171 条[⑧],以及《刑法》第 181 条编造并传播证券、期货交易虚假信息罪、第 185 条之一背信运用受托财产罪、第 195 条信用证诈骗罪、第 196 条信用卡诈骗罪、第 253 条侵犯公民个人信息罪、第 308 条之一泄露、披露、报道不应公开的案件信息罪等。从上述条文中可以看出我国传统法中信用规定比较分散,信用立法存在明显的必要性。以上传统法有关信用的规定按时间可分为事前、事中、事后的信用规定,分别可对应信用立法的不同部分,有较好的借鉴作用。需要明确的是,信用立法不意味着传统法中有关信用

---

① 《民法总则》第一百一十条 自然人的个人信息受法律保护。任何组织和个人需要获取他人个人信息的,应当依法取得并确保信息安全,不得非法收集、使用、加工、传输他人个人信息,不得非法买卖、提供或者公开他人个人信息。

② 《行政许可法》第十二条 下列事项可以设定行政许可:提供公众服务并且直接关系公共利益的职业、行业,需要确定具备特殊信誉、特殊条件或者特殊技能等资格、资质的事项。

③ 《行政许可法》第三十条 申请人要求行政机关对公示内容予以说明、解释的,行政机关应当说明、解释,提供准确、可靠的信息。

④ 《合同法》第六十条 当事人应当按照约定全面履行自己的义务。当事人应当遵循诚实信用原则,根据合同的性质、目的和交易习惯履行通知、协助、保密等义务。

⑤ 《行政许可法》第七十二条 行政机关及其工作人员违反本法的规定,有下列情形之一的,由其上级行政机关或者监察机关责令改正;情节严重的,对直接负责的主管人员和其他直接责任人员依法给予行政处分:(五)违法披露申请人提交的商业秘密、未披露信息或者保密商务信息的。

⑥ 《合同法》第四十二条 当事人在订立合同过程中有下列情形之一,给对方造成损失的,应当承担损害赔偿责任:(三)有其他违背诚实信用原则的行为。

⑦ 《合同法》第六十八条 应当先履行债务的当事人,有确切证据证明对方有下列情形之一的,可以中止履行:(三)丧失商业信誉。

⑧ 《证券法》第一百七十一条 投资咨询机构及其从业人员从事证券服务业务不得有下列行为:(四)利用传播媒介或者通过其他方式提供、传播虚假或者误导投资者的信息;有前款所列行为之一,给投资者造成损失的,依法承担赔偿责任。

的规定将失效,这是社会信用所涉范围之广以及信用规范所涉手段之全所不能允许的。与之相反,信用社会需要信用法律与传统法有关信用的规定同时并存,两者是紧密联系的统一体,是相互影响的。信用立法应与之充分沟通协商,发挥已有信用法规导向和辅助的作用,这有利于信用社会、信用经济的平稳运行并且顺应不断发展的社会需求。我国信用立法的宏图是建立以信用基本法为主体,多部信用专门法相配套的信用法律体系。信用立法任重而道远。相信不久的将来我国将呈现系统健全的信用法律体系。

本文将以行政法、民法、刑法作为传统法的代表进行阐述,因为其是国家基础法律体系的三个重要支柱,关系紧密,分别对应行政机关的权责规范、信用主体的权益保护、国家强制力惩戒失信犯罪。信用立法与这三大基本法构成正面引导为主,惩罚为辅的信用权利保护机制,这符合我国信用社会的主旋律。[①] 信用立法不能与民法、行政法、刑法的相关规定发生根本冲突,包括不能在基本原则、强制性规定、具体信用事项等方面发生冲突,在信用奖惩和救济上也应明确各法的职能和管辖范围,不能在信用立法中无依据地扩大公权力,限制私权利。避免信用立法与传统法重复规定,甚至存在分歧,因此在信用立法过程中应与传统法充分沟通协调,确保有效衔接。首先是规范行政机关的权责的行政法,其具体规定了行政主体的行为范围。信用法律体系但凡涉及行政机关的规定,都不能与行政法发生冲突,信用立法需要与行政法中强制性规定以及涉及行政执法的规定沟通协商。其次是保护公民权益的民法,信用立法中,公民信用相关权益同样不得被侵犯,需有配套的救济手段作为保障,因此信用立法与民法有效地沟通协商,使得信

① 参见吴午东:《从失信走向守信——论我国信用法律体系的构建和完善》,载《广东农工商职业技术学院学报》2014 年第 2 期。

用主体的守信义务和信用权益保障相统一,正所谓权利和义务相统一。最后是国家强制力惩戒失信犯罪的刑法,其规定了特定失信行为达一定情形属犯罪,这对信用立法有一定导向和保障作用。另外随着社会发展,信用立法中所涉应守住信用底线并应严格控制的事项可能刑法未有涉及,这些都要求信用法律与刑法沟通协商。信用立法与传统法的充分沟通协商,使信用立法真正做到系统全面,信用社会高效平稳运行。

一、信用立法与行政法的沟通协调

信用立法和行政法有着密不可分的关系,行政法主要涉及行政主体对信用信息的征集、管理、监督,以及对信用主体守信激励、失信惩戒等,与之相关的有《行政许可法》《行政处罚法》《行政复议法》《行政诉讼法》等行政法。

《行政许可法》对行政主体有关信用方面事项作了相关规定,如第 12 条“提供公众服务并且直接关系公共利益的职业、行业,需要确定具备特殊信誉、特殊条件或者特殊技能等资格、资质的事项可以设定行政许可”,换言之,具备特殊信誉是获得相关行政许可的前提。但是,《行政许可法》仅提到了特殊信誉,对特殊信誉的层级、标准并没有具体谈及。主要还是因为我国尚未有一部权威的上位法对信誉评级作出详细规定,相关部门法也只能将其笼统概括。但模糊往往意味着自由裁量,很难实现公平公正,尤其行政许可是授权于民利民的,法律风险因此增加。为解决此系列问题,《社会信用体系建设规划纲要(2014—2020 年)》明确提出应推进并规范信用评级行业的发展,培育发展本土评级机构,增强我国评级机构的国际影响力。我国各地方法规、规章积极响应,纷纷作了信用评级的规定,如 2015 年《吉林省企业信用联合奖惩实施办法

(试行)》第6条[①]将企业信用分为A、B、C、D四个等级,并在第7条和第8条对优良信誉信息记录和不良行为信息记录的依据作了范围规定。2017年《福建省用人单位工资支付行为守信激励和失信惩戒暂行规定》第5条针对用人单位工资支付行为信用等级划分为守信、一般失信和严重失信三个等级。2017年《吉林省建筑业企业信用综合评价办法》第7条将建筑业企业信用评价等级分为优良、合格、不合格三个等级。还有许多不同的信用评级规定,这些具有明显的地方和行业特色,在整体上很难进行比较,没有从根本上解决信用评级的问题,评级地方化、行业化从长远考虑将影响其他传统法的实行,尤其增加行政许可管理的难度。既然《行政许可法》引出了特殊信誉,《社会信用体系建设规划纲要(2014—2020年)》力推信用评级的发展,地方法规规章又积极呈现多样化的信用评级,那么信用立法关于信用评级的规定就要与之相沟通协调,共同探究信誉评级的依据范围、信誉评级标准以及如何设置《行政许可法》里的特殊信誉,这些问题也唯有两者沟通协商共同解决,才能使信用法与相关部门法衔接,法律规定顺畅运行。

对失信主体的行政惩戒,是信用立法中必不可少的环节,依法对失信行为进行惩戒,包括将失信企业纳入"黑名单",政府工商注册部门要求失信市场主体的退出市场制度,对失信主体取消政策优惠或不列入各类免审事项范围以及其他惩戒性措施等。从信用立法角度来看,失信惩戒措施的具体范围、怎样开展失信惩戒都与《行政处罚法》密切相关,应沟通协调,不存在明显冲突,主要包括

---

① 《吉林省企业信用联合奖惩实施办法(试行)》第六条　省信用信息数据交换平台的企业信用档案按照A、B、C、D进行分类。(一)A类,表示该企业有优良信誉信息记录,且无不良行为信息记录;(二)B类,表示该企业无优良信誉信息记录,且无不良行为信息记录;(三)C类,表示该企业有两条(含)以内不良行为信息记录;(四)D类,表示该企业有三条(含)以上不良行为信息记录或有造成严重社会影响的失信行为信息记录。

执法原则、执法程序、执法方式三个方面。因为建设诚信社会首当其冲的是建设诚信政府,才能得到民众的信服,才能营造社会诚信氛围。第一,执法原则方面,信用立法中行政主体对失信对象进行失信惩戒应与《行政处罚法》第4条[①]中的处罚原则及相关规定相衔接,即公平公正、合法合理、按比例处罚的原则;对于比例原则,针对一般失信主体和严重失信主体,行政机关在法定权限范围内对相关联的事项可采取惩戒措施。简言之,只有此场合发生的失信行为在彼场合进行负面评价时,彼此场合具有相关性和必要性,这样才符合行政法的合理性原则,才不会过于超出信用主体的正常预期。[②] 信用立法中也不得理所当然地认为失信者应被从重限制、约束或被处罚,而忽略特定行政事项与信用状况之间的关联性,是有违合理性的。[③] 如果过分提高惩罚力度以加大对失信行为的威慑力,势必导致过分限制公民权利,背离了比例原则。因此信用立法在有关行政主体执行信用惩戒的规定中,应当遵循《行政处罚法》第4条的原则性规定,不能发生冲突。第二,执法程序方面,信用立法应当依据《行政处罚法》法定程序进行失信惩戒,行政机关对失信主体实施失信惩戒时的告知、社会公开、接受异议、书面答复,以及在征集信用信息时考虑会对被征集对象有着较大影响的,如负面信息,应按行政法的规定给被征集对象提供事前陈述和申辩的机会等具体规定应与《行政处罚法》协调一致,维护程序正义。美国《公平信用报告法》就有告知方面的规定。这些关于行政

① 《行政处罚法》第四条行政处罚遵循公正、公开的原则。设定和实施行政处罚必须以事实为依据,与违法行为的事实、性质、情节以及社会危害程度相当。对违法行为给予行政处罚的规定必须公布;未经公布的,不得作为行政处罚的依据。

② 参见李振宁:《信用惩戒的特性及对地方立法的启示》,载《中共南京市委党校学报》2018年第4期。

③ 参见沈毅龙:《论失信的行政联合惩戒及其法律控制》,载《法学家》2019年第7期。

执法程序的内容在信用立法中应与《行政处罚法》充分沟通协商。第三,执法方式方面,也即失信惩戒方式。一旦全国各地惩戒方式不统一,很容易造成部分地区政府借失信惩戒来干预市场经济,公权力扩张私权利受损,市场自由经济受阻,甚至惩戒范围把控不好便促成权力寻租、政府腐败。滥用信用惩戒,乱贴失信的标签,也是一种"不讲信用"。① 信用立法要协调《行政处罚法》严格规定失信惩戒范围,否则容易产生干预市场经济的倾向。目前不少地方信用法规就有此嫌,如《宁波市企业信用监管和社会责任评价办法(2016 修正)》第 39 条规定"对综合信用等级标识为 D 类或者社会责任严重缺失企业,保险机构可以不予办理除法定强制保险外的商业保险业务",商业保险本来就是市场经济的范畴,不能以失信惩戒为由明示或暗示保险机构的行为,否则将导致失信惩戒对私权利的过分干预。根据国家辅助性原则,政府对市场或社会能够自行调节的事项不应当过多干预。② 信用立法应与《行政处罚法》第 8 条③规定的具体行政处罚方式协调规定惩戒措施,牢记信用和信用管理是市场经济的产物,应运用市场的方法解决问题,地方政府不可以过分介入。行政主体的权力范围始终坚持"法无授权即禁止"的原则,信用立法上的失信惩戒措施实属行政主体针对失信主体行使公权力,那么理应在行政法上找到公权力的来源,这从根本上决定了信用立法与《行政处罚法》有沟通协调的必要,共同维

---

① 参见美国《公平信用报告法》:"任何人全部或部分的基于消费者征信报告,对消费者采取不利行动时,应当对消费者提供不利行动的口头、书面或电子形式的通知。"

② 参见毕洪海,《国家与社会的限度:基于辅助原则的视角》,载《中国法律评论》2014 年。

③ 《行政处罚法》第八条 行政处罚的种类:(一)警告;(二)罚款;(三)没收违法所得、没收非法财物;(四)责令停产停业;(五)暂扣或者吊销许可证、暂扣或者吊销执照;(六)行政拘留;(七)法律、行政法规规定的其他行政处罚。

护法的稳定。

从《行政处罚法》的角度来看,其第 27 条[①]规定了行政处罚从轻、减轻的情形。但在信用立法中除了失信惩戒还有信用修复的环节,是为了促进失信主体积极恢复信用,对造成的失信影响主动采取弥补行为,以期将信用状况调整到失信前的状态。信用修复必须纳入法治轨道,既然是一项行政行为,在行政法上也应正确定性,并找到此行政行为的依据,这样才能有效避免在信用修复过程中存在主观任意性和随意性。信用修复不是我国独创,在信用法律体系比较完善的欧美国家都有信用修复机制,美国就对信用修复进行了专门的立法。[②] 现有地方性法规对信用修复的规定为"企业信用修复结果生效后,有关部门或组织对该企业采取的失信惩戒措施应予以减轻或解除"。[③] 但信用修复导致的减轻或解除惩戒有别于《行政处罚法》第 27 条规定的从轻或减轻处罚。第一,性质有区别。《行政处罚法》第 27 条规定的情形是行政处罚的考量因素,包括主动消除或者减轻违法行为危害后果、受他人胁迫有违法行为、配合行政机关查处违法行为有立功表现、其他依法从轻或者减轻行政处罚,在这行政主体仅做出一次行政行为。而信用修复是改变原有行政处罚,是相对人事后行为导致处罚减轻或解除,行政主体做出了两次行政行为。第二,发生的时间有区别。《行政处罚法》第 27 条规定的是行政处罚决定作出前考量的因素。而信用

---

① 《行政处罚法》第二十七条 当事人有下列情形之一的,应当依法从轻或者减轻行政处罚:(一)主动消除或者减轻违法行为危害后果的;(二)受他人胁迫有违法行为的;(三)配合行政机关查处违法行为有立功表现的;(四)其他依法从轻或者减轻行政处罚的。违法行为轻微并及时纠正,没有造成危害后果的,不予行政处罚。

② 参见杜奕奕:《我国企业信用修复现状与对策分析》,载《企业管理》2019 年第 8 期。

③ 2017 年《河北省企业信用联合奖惩办法(试行)》第二十八条。

修复这一考量因素是以既存的失信惩戒为前提，时间是在行政处罚决定后，根据理论界的说法[①]，此处失信惩戒包括将失信主体列入失信"黑名单"。第三，结果有区别。信用修复主要是减轻或解除惩戒，而《行政处罚法》第27条规定的是从轻、减轻处罚，存在不予处罚，但从根本上区别于解除。综上，信用修复作为信用立法必不可少的环节，承接失信惩戒，同是行政行为，应在立法的过程中与行政处罚法沟通协商，适当修正行政法，正确的定性行政信用修复，并找到其行政依据。

二、信用立法与刑法的沟通协调

信用立法与刑法沟通协调，目的是从信用立法预防失信行为到一般的失信惩戒再到情节严重属刑法打击范围，根据失信程度变化，不同法能有效衔接相应调整打击手段，防止出现信用法中所呈列的失信行为情节上升，惩罚和打击力度却不做调整；或刑法所打击严重失信行为，压根未在信用立法消极守信行为中呈现，这将导致断层，难免出现此"信用"非彼"信用"的尴尬局面；或者是不同法存在重叠，对同一失信行为重复打击。信用立法与刑法沟通协调，一方面预防失信犯罪起到系统完全的规制作用，及早有效地控制失信行为；另一方面也是强调信用社会的秩序需刑法作为最后手段来保障。现行刑法有相当一部分法条涉及信用，将信用理解为守信、信誉。相关法条可归纳为三个方面的犯罪：第一，欺骗类犯罪，如第158条虚报注册资本罪，第175条之一骗取贷款、票据承兑、金融票证罪，第201条逃税罪、第204条骗取出口退税罪，第210条诈骗罪等。第二，背信类犯罪，如第169条之一背信损害上

---

① 参见冯辉：《社会诚信背景下的"黑名单"制度研究》，载《政府法制研究》2017年第12期，章志远：《作为行政强制执行手段的违法事实公布》，载《法学家》2012年第1期。

市公司利益罪、第 185 条之一背信运用受托财产罪。第三，侵害信誉类犯罪，如第 221 条损害商业信誉、商品声誉罪，第 246 条侮辱罪、诽谤罪等。刑法中以上三个方面的信用类的犯罪，实质就是刑法上的失信惩戒，相对于行政法上的失信惩戒，具有明显的国家权威性，打击力度最大，社会否定性最强，法律态度最严厉。

从信用立法的角度来看，刑法作为最后最强手段，打击失信犯罪行为，对信用立法有导向作用。应将刑法纳入信用立法消极方面范围。以背信类犯罪作为典型阐述，如第 169 条背信损害上市公司利益罪①，从法条规定来看，其针对的对象是上市公司的董事、监事、高级管理人员。其失信行为表现是违背忠实义务，利用职务便利，操纵上市公司，致使上市公司利益遭受重大损失并且该法条罗列了六项具体的行为。目前，已经出台的信用法规和规章未将这六项行为明确到上市公司的董事、监事、高级管理人员的消极守信范围，仅在《社会信用体系建设规划纲要(2014—2020 年)》中提到应加强重点人群职业信用建设，其中包括上市公司高管人员；即便是部分地方法规考虑了上市公司高管人员的信息，也是从公司的角度出发作为企业的基本信息考虑，并未明确禁止刑法上所列六项背信损害上市公司利益行为。另外《公司法》中也未涉及此方面。因此如果信用立法不与刑法充分沟通协调，很容易在信用法上出现对上市公司高管人员守信义务的空白，然而这又是刑法明

① 第一百六十九条之一背信损害上市公司利益罪　上市公司的董事、监事、高级管理人员违背对公司的忠实义务，利用职务便利，操纵上市公司从事下列行为之一，致使上市公司利益遭受重大损失的：无偿向其他单位或者个人提供资金、商品、服务或者其他资产的；以明显不公平的条件，提供或者接受资金、商品、服务或者其他资产的；向明显不具有清偿能力的单位或者个人提供资金、商品、服务或者其他资产的；为明显不具有清偿能力的单位或者个人提供担保，或者无正当理由为其他单位或者个人提供担保的；(五)无正当理由放弃债权、承担债务的；(六)采用其他方式损害上市公司利益的。

确打击的,最低处三年以下有期徒刑或者拘役,并处或者单处罚金。既然信用立法是系统全面地规制信用社会,上市公司高管人员作为社会责任相对较大的群体必然需要受到关注;如果按守信主体分为自然人、法人、非法人组织,那么可将此部分消极守信内容规定在自然人中的特殊人群中;该人群还可以包括刑法第 185 条之一背信运用受托财产罪中针对的,商业银行、证券交易所、期货交易所、证券公司、期货经纪公司、保险公司或者其他金融机构的负责人。因此刑法中三个方面的信用犯罪应作为信用立法的导向。理想状态是,用法律体系中的失信行为涵盖刑法中失信入罪的行为,这样才能让信用法律体系与刑法这一"最后手段"有效衔接,在失信行为未达严重程度的情形下,由信用法律体系进行规制,既能有效预防犯罪,也有利于维护信用社会的秩序。

从刑法角度来看,与信用立法沟通协调存在必要。目前不少地方信用相关法规对征信机构自身守信作了相应的规定,如规定"征信机构不得擅自向其他任何单位和个人披露企业信用信息、提供企业信用报告以及企业信用评估报告"。[①] 有守信的义务必然存在失信的风险,征信机构、征信人员、信用中介等信用信息相关人员利用职务之便行失信之事不在少数,这些职务失信行为是我国进入信用经济社会衍生而来须受管制的行为。现行刑法第 253 条规定了侵犯公民个人信息罪,违反国家有关规定,向他人出售或者提供公民个人信息,情节严重。这只是侵犯公民个人信息,并不包括征信机构侵犯企业信用信息的行为。相比较证券交易所、期货

① 《江苏省企业信用征信管理暂行办法》第十二条 征信机构提供和使用企业信用信息、企业信用报告以及企业信用评估报告,应当得到被征信企业同意。法律、法规、规章另有规定从其规定。征信机构不得擅自向其他任何单位和个人披露企业信用信息、提供企业信用报告以及企业信用评估报告。

交易所等金融机构的从业人员的专门行业从业人员犯罪，刑法也没有专门针对征信机构人员的职务犯罪。其他职务失信犯罪与以上人员联系度也不强，刑法“最后手段”的作用并不能针对性地打击征信机构及其从业人员，不能对征信机构、征信人员、信用中介等信用信息相关人员利用职务之便行失信之事起到威慑作用。现行刑法中规定工作人员利用职务便利行失信之事而入罪的有内幕交易、泄露内幕信息罪、利用未公开信息交易罪，这些规定虽涉及信息非法方式使用，但对犯罪对象作了限定，是证券交易所、期货交易所等金融机构的从业人员以及有关监管部门或行业协会工作人员的失信行为，排除适用于征信机构、征信人员、信用中介等信用信息相关人员。除此之外与利用职务便利相关的非法经营同类营业罪、为亲友非法牟利罪，不能精准定位于信用信息相关人员。如果不考虑利用职务便利，仅是滥用职权，就有国有公司、企业、事业单位人员失职罪，滥用职权罪、故意泄露国家秘密罪等，但这些规定都强调了工作人员单位的性质，且行为没有具体到信用信息的使用。考虑失信行为对社会的危险性与刑法惩罚的必要性等因素，信用立法与刑法沟通协调，可以效仿针对证券交易所、期货交易所等金融机构的从业人员的失信犯罪，使一定的信用信息领域从业人员失信行为入刑，这样可以让信用法律体系与刑法更好地衔接。在此可以借鉴我国台湾地区“刑法”的规定，凡损害他人或其业务上之信用权则构成妨害信用罪。

三、信用立法与民法的沟通协调

《民法总则》对信用作了相关的规定，首先作为原则在第 7 条①

① 《民法总则》第七条 民事主体从事民事活动，应当遵循诚信原则，秉持诚实，恪守承诺。

进行了规定，其次针对具体的事项，在第142条[①]作了应遵循诚信原则的规定。另外与管理社会信用秩序密切相关的个人信息保护，民法总则也特地在第111条[②]作了规定，强调自然人的个人信息受法律保护，因此自然人信用信息是受民法保护的。

从信用立法的角度来看，通过与民法沟通协商，信用立法在针对主体守信激励、失信惩戒、信用修复的同时，不得侵犯主体的应有的权利。《民法总则》第110条明确了自然人享有生命权、身体权、健康权、姓名权、肖像权、名誉权、荣誉权、隐私权、婚姻自主权等权利。法人、非法人组织享有名称权、名誉权、荣誉权等权利。信用立法各个环节尤其失信惩戒的规定，关于惩戒的具体举措，其内容主要是录入“黑名单”、列为重点监管审查对象、限制资格、撤销或取消荣誉称号、限制高消费、限制行业和市场禁入（推出）等，信用立法在规定惩戒措施时不得与民法规定主体享有的其他权利发生冲突。就如将失信人员录入“黑名单”，应在信用立法中认清“黑名单”制的本质，明确录入“黑名单”的前提，把握好信息公开的程度，防止与隐私权发生冲突。目前我国“黑名单”制度呈现地方化、行业化特色，直接导致了社会信用不均等发展。

从民法的角度来看，需要与信用立法沟通协调，除了现行《民法总则》信用相关的规定，信用立法对民法有更多期待，信用立法规范市场秩序，营造诚信风貌，规定了不同主体的守信义务和相应

---

① 《民法总则》第一百四十二条　有相对人的意思表示的解释，应当按照所使用的词句，结合相关条款、行为的性质和目的、习惯以及诚信原则，确定意思表示的含义。无相对人的意思表示的解释，不能完全拘泥于所使用的词句，而应当结合相关条款、行为的性质和目的、习惯以及诚信原则，确定行为人的真实意思。

② 《民法总则》第一百一十一条 自然人的个人信息受法律保护。任何组织和个人需要获取他人个人信息的，应当依法取得并确保信息安全，不得非法收集、使用、加工、传输他人个人信息，不得非法买卖、提供或者公开他人个人信息。

的失信惩戒，信用修复等。诚如马克思经典法律格言，“没有无义务的权利，也没有无权利的义务”，权利和义务是相辅相成、互相对应的。一方面要求信用主体诚实守信，但另一方面因信用信息不正当的使用导致信用主体经济受损的情形屡见不鲜，受害人权益很难得到救济，无权利无救济，构建信用法律体系同时，需要民法沟通协调，目的是实现主体信用权利和守信义务相统一。现实生活中信用主体因信用信息不真实遭受经济利益损失的情况屡有发生，典型案例有钟某与中国农业银行股份有限公司（以下简称“农行”）桑植县支行保证合同纠纷案。[①] 1999 年谷某向农行贷款 3 万元，贷款期限自 1999 年至 2002 年，钟某为其中的 15000 元提供连带保证责任，保证期自 1999 年至 2004 年。直至 2017 年谷某向法院起诉农行，谷某未偿还该笔贷款，在这期间农行也未向钟某主张权利要求其承担保证责任。2013 年 3 月 15 日《征信业管理条例》实施，钟某因该笔贷款的担保事宜在中国人民银行个人征信系统形成了不良的征信记录，导致钟某 2017 年准备贷款购买车辆时，无法办理贷款手续，于是向法院起诉农行。法院判决认为个人不良征信记录存在的前提是钟某的保证责任存在，并且农行对钟某有主张保证责任的实体权利，而本案中钟某保证责任已被免除，不良征信记录的事实及法律基础亦丧失，并且信息提供者向征信机构提供个人不良信息，应当事先告知信息主体本人。最终法院判定中国农业银行侵害钟某名誉权，应在判决生效 30 日内消除钟某在中国人民银行个人征信系统中的不良记录。除此之外钟某未获任何赔偿。但事实上钟某因中国人民银行个人征信系统中的不良记录导致的信用评价降低而未享受本可以享有的贷款，经济利益

---

① 湖南省张家界市中级人民法院二审判决书(2018)湘 08 民终 204 号。

受损,但本案仅判定中国农业银行侵害钟某名誉权,没有提及经济损失,该诉讼最终也只达到停止不真实信用评价的法律效果。查阅法律条文,信用信息的错误更正其实在《征信业管理条例》中有规定,信用主体可以通过异议或投诉的方式请求更正。如果仅要求实现停止公布不真实的不良征信记录,那么完全没有必要通过诉讼启动民法保护。换言之,目前民法对信用主体的信用信息权益保护不到位,没有具体针对主体信用的保护。即便将信用归为名誉权的范畴,也只涉及精神利益,不涉及财产利益,因为名誉权具有非财产性,不涉及主体的经济能力的评价,这与信用的经济性质不符。关于主体的信用权益,定性上理论界众说纷纭,有人格说和财产说,更有鉴于两者的人格财产说。纵使定性目前没有确定的结论,但设立信用权的说法获得了大致的认同,吴汉东[①]、胡大武[②]等学者对信用权都有所研究。信用权的存在,使主体对信用的支配作为一项具体的法律权利受到保护,2002 年 12 月 23 日《中华人民共和国民法(草案)》也对信用权作出了专门的规定。[③] 关于信用权的内容,理论界普遍认为应包括信用保有权、信用维护权和信用利益支配权。除了信用立法应与民法联动修正信用权,也应联动修正救济措施,当信用权受到侵害时,受害人行使请求权,使侵权行为人承担相应的责任。社会在变化,权利也随之变化,不断衍生、丰富,信用法律体系也应当适时与民法联动修正。正如学者陈宾所说,“既然民法以调整社会生活资源为导向,我们要做的就

① 参见吴汉东:《论信用权》载《法学》2001 年第 1 期。

② 参见胡大武:《信用权含义的诠释——从比较法和历史演进的角度》,载《贵州师范大学学报(社会科学版)》2008 年第 8 期。

③ 参见陶丹:《试析信用权及我国信用权制度的构建》,载《长白学刊》2005 年第 7 期。

是顺应现实发展的需要，提供权利应有的救济”①，当下信用社会的巩固和发展就属时代的需要。无权利无救济，信用立法必须与民法联动修正，才能更好地规范社会信用秩序，同时信用主体的权益也得到保护，这样权利和义务才能实现统一。

四、结论

本文希望通过信用立法与行政法、刑法、民法沟通协调举例，论述信用立法与传统法沟通协调的必要性和可能性。清楚我国当前传统法与信用相关的规定状况，展开阐述。具体而言，信用立法与行政法、刑法、民法三大领域该如何沟通协调。首先，与行政法沟通协调中，行政法里规定的“特殊信誉”需要在信用法中作出明确规定，确定好信誉的等级，便于与行政法衔接；另外，信用法中失信惩戒、信用修复等行政行为应在行政法中找到公权力来源的依据，坚持“法无授权即禁止”原则。其次，与刑法的沟通协调中，目的是随失信情节变化，不同法之间能灵活调整惩戒手段，能有效衔接，防止多重惩戒；另外，随信用立法发展，刑法也应相应调整失信惩戒的范围使更加精准。最后与民法的沟通协调中，信用立法应在诚实守信义务与主体权利之间权衡，不能一味追求失信惩戒的目的而侵害信用主体其他权利。简言之，本文从行政主体行为规范、国家强制力惩戒失信犯罪、信用主体权益保护三个角度思考信用立法与之沟通协调，目的是充分发挥传统法对信用立法的导向和辅助作用，信用立法能与传统法有效衔接，以促进我国社会信用立法系统健全发展。

---

① 参见陈宾：《论信用权的性质及其保护路径》，载《河南财经政法大学学报》2019年第1期。

信用信息共享与数据跨境转移立法问题研究

公共信用信息异议制度研究

——兼评现行“管理条例”和“异议办法”

白银*

摘　要：随着社会信用体系建设的逐步推进，各地纷纷出台了省市级信用信息相关的管理办法、条例。尽管如此，有关公共信用信息的异议制度不仅自身不够成熟，而且普遍存在着各自规定的情况。具体表现为异议申请条件不够具体、处理程序较为混乱、处理期限缺乏统一性以及救济程序有待完善等。异议处理关乎信用信息主体之根本权益保障，为确保相关信用信息记录的准确性，应将申请主体拓宽至信用信息利害关系人；为确保异议事由客观全面，应将披露的信息不准确、不完整、不适当等作为申请事由；为方便提出申请及提高案件的处理效率，应将“信用信息提供单位”作为异议申请接

* 湘潭大学法学院博士研究生。

受单位的选项之一;为科学统一异议处理期限,应统筹划分异议流程环节并匹配对应的一般期限及延长期限;为同法院审理有机衔接,应强化失信联动惩戒危害性的教育宣传,并明确异议纠纷属于行政诉讼案件受理范围,适用“举证倒置”原则。

关键词:社会信用体系;公共信用信息;异议;救济程序

一、问题之提出

《社会信用体系建设规划纲要(2014—2020年)》颁行以来,政府主导下的公共信用信息的征集、披露、异议制度等得到快速的发展。[①] 然而,由于该体系所涉信用信息征集量特别巨大、涵盖面极其宽广,征集工作亦纷繁复杂,容易出现信息失真、遗漏等问题,而招致公共信用信息异议纠纷。纵观我国所适用的公共信用信息异议制度,其依据主要为现行的省市级信用信息相关的管理办法、条例(下统称“管理条例”,由于本文主要研究的是“管理条例”,下文具体到省市“管理条例”时一般省略了“管理条例”而直接使用省市名称替代)以及专门的信用信息异议处理办法、工作指引(下统称“异议办法”)等规范性文件。[②] 此类规定不仅保留了金融领域个

---

① 地方立法一般将社会信用信息分类为公共信用信息和市场信用信息。其中公共信用信息的定义可概括为国家机关、公共企业事业单位等公共信用信息提供单位,在履行职责、提供服务过程中产生或者获取的社会信用信息。参见《湖北省社会信用信息管理条例》第3条和《上海市社会信用条例》第8条。

② 其中各地“管理条例”的制定开始时间相对早,如2006年1月1日起施行的《湖南省信用信息管理办法》,持续性强,如最近(2019年6月1日起)才施行的《厦门经济特区社会信用条例》,且数量较多;但“异议办法”则大多集中在2018年颁布,且基本处于试行状态,或尚为“工作指引”,数量较少。其中“管理条例”的制定主要借鉴的是《征信业管理条例》(下简称《条例》)中个人征信体系的规定,而“异议办法”则是在“管理条例”的基础上加以了展开,并借鉴了2005年中国人民银行发布的《个人信用信息基础数据库异议处理规程》的相关规定。

人信用信息异议制度原有的弊病[①]，同时又产生了异议申请条件不够具体、异议处理程序较为混乱、异议处理期限缺乏统一性、异议的救济程序有待完善等新的问题。如此，一来导致信息主体无法及时纠正错误和补充遗漏的信用信息，难以保障其“信用信息权”“信息异议权”等权利；二来错误、遗漏的信用信息如同被污染的水源，势必妨碍信用信息的共享、失信联合惩戒甚至整个社会信用体系的有序建设。鉴于此，本文呼吁我国有必要加快构建科学统一的公共信用信息异议制度。

二、公共信用信息异议制度问题之所在

公共信息异议制度，同大陆法系国家普遍适用的“行政声明异议制度”原理上一致[②]，属于广义的行政救济制度之一。由于“行政声明异议制度”总体上比较滞后[③]，缺乏成熟的立法体例和立法经验，具体反映在信用信息异议制度上亦存在诸多问题值得探讨，本文根据现行规范性文件，总结其主要问题如下：

---

① “申诉流程复杂、处理效率低、内部协调机制不健全”等制度缺陷难以妥善解决。张丽莉：《基层金融机构征信异议处理问题探析》，载《征信》2012 年第 3 期。

② 参见赵旭东等著：《黑名单制度》，中国法制出版社 2018 年版，第 287 页。行政声明异议制度是指“行政相对人在不服行政主体所作的侵害其权益的行政行为或者认为该行政行为侵害其权益的情况下，向作出行政行为的机关即原机关提出不同意见并申请复查、复核的一种行政救济制度”。参见张淑芳：《行政声明异议制度研究》，载《法律科学》2005 年第 2 期。

③ 关保英：《利害关系人对行政程序的介入》，载《社会科学战线》2017 年第 9 期。

（一）异议申请条件的规定不科学

1. 申请主体范围过于狭小，不利于维护信息的准确性和利害关系人权益的实现，目前除厦门市明确规定社会信用服务机构[①]可以向市社会信用主管部门书面提出异议申请以外[②]，其他地方的规范性文件基本将异议申请主体限定为信息主体。然而，就信息主体的概念而言，海南省“异议办法”第3条明确规定“信息主体是指信用关系的当事人，是信用信息的承载者和信用活动的行为者”。即信用信息中所记录的数据和资料反映其信用状况的自然人、法人和其他组织。[③] 简言之，若所记载的信用信息不能直接反映某主体的信用状态，那么该主体并非信息主体，也不具备提出异议申请的权利。显然，现有的地方规范性文件基本将具有利害关系的第三人排除在外，未顾及受异议信息不利影响的第三人的权益。不仅如此，未及时纠正的纰漏信息将阻碍整个信用体系的建设，甚至关涉社会公共利益以及国家主权信用的保护。正如关保英所言“也许利害关系人作为一个特殊的当事人，对行政程序的影响以及在行政程序中的地位不如行政主体和行政相对人那样直接，但无

---

① 厦门市未对社会信用服务机构作明确定义。此处的“信用服务机构”可参考《上海市社会信用条例》在附则中（第54条）规定：“本条例所称信用服务机构，是指依法设立，向社会提供信用产品、从事信用咨询、信用风险控制等相关经营活动的专业服务机构。”

② 详见《厦门经济特区社会信用条例》第43条第2款规定：“社会信用服务机构对抽检认定结果有异议的，可以向市社会信用主管部门书面提出异议申请，市社会信用主管部门应当在十日内核实处理，并书面答复。”

③ 《湖北省社会信用管理条例》第3条规定：“本条例所称社会信用信息，是指可用于识别自然人、法人和其他组织（以下简称信息主体）信用状况的数据和资料。”《河北省社会信用信息条例》第3条规定：“本条例所称社会信用信息是指可用以识别、分析、判断具有完全民事行为能力的自然人、法人和非法人组织（以下简称信息主体）遵守法律、法规和规章，履行法定义务或者约定义务状况的客观数据和资料。”

论如何利害关系人是行政程序中的一方当事人”。[①] 其利益应当得到充分的保护。目前,虽有学者提出“黑名单的列入使得第三人利益受损时”[②],第三人应当享有对行为机关提出异议的权利。但理论上对行政行为“第三人”的定义和范围同样存在不同观点,需要结合信用信息管理制度的特殊性给出统一明确的答复并体现在相关规定之中。

2. 申请事由不够统一且缺乏合理性,未能涵盖所有情形

根据《条例》第25条第1款之规定,“信息主体认为征信机构采集、保存、提供的信息存在错误、遗漏的,有权向征信机构或者信息提供者提出异议,要求更正。”其中就处理信息的相关行为而言,上海市、厦门市也作出类似规定使用的“采集、保存、提供”,湖北省、泰州市使用的“记载”,而河北省、浙江省、深圳市等使用的为“披露”,广东省“异议办法”为“省信用平台信息采集、保存、共享、公开”,江西省“异议办法”则为“平台记录和公示”。但值得注意的是,在归集、采集、保存等过程中,信息主体一般难以随时获悉自身相关的信用信息,立法中具体列举异议信用信息的产生阶段缺乏实际意义。就信用信息所存在的纰漏而言,湖南省仅规定“错误”[③],《条例》则规定为“错误、遗漏”[④],河北省为“与事实不符或者

① 关保英:《利害关系人对行政程序的介入》,载《社会科学战线》2017年第9期。

② 赵旭东等著:《黑名单制度》,中国法制出版社2018年版,第289页。

③ 详见《湖南省信用信息管理办法》第39条规定:“被征信企业或个人认为其信用信息中存在错误的信息时,可以向征信机构提出异议信息处理的书面申请,并提交相应证据。”

④ 《征信业管理条例》第25条规定:“信息主体认为征信机构采集、保存、提供的信息存在错误、遗漏的,有权向征信机构或者信息提供者提出异议,要求更正……”

侵犯其商业秘密、个人隐私的”①,湖北省和厦门市为“错误、遗漏或者侵犯其商业秘密、个人隐私等”②,上海市在湖北省和厦门市规定的基础上增加了“和其他个人信息等”③,浙江省在《条例》基础上规定了“已超过本条例规定的保存和披露期限仍在披露,不符合严重失信名单具体条件而被列入严重失信名单或者未被移出”④,山东省则列出“错误、遗漏”“依照有关法律、法规不应当公开的”以及“失信信息已经超过披露期限但是未从公开或者查询界面删除的”三种情形⑤,广东省“异议办法”为“完整性、真实性等”。⑥ 显然各地异议申请事由范围或大或小,鲜有相同的表述,而且“均为信息

---

① 《河北省社会信用信息条例》第43条规定:“信用主体认为社会信用信息工作主管部门披露的信息与事实不符或者侵犯其商业秘密、个人隐私的,可以向社会信用信息工作主管部门提出书面异议申请,并提交相关证明材料。”

② 《湖北省社会信用信息管理条例》第35条第2款规定:“信用主体认为省信用信息中心记载的社会信用信息存在错误、遗漏或者侵犯其商业秘密、个人隐私等合法权益的,有权向省信用信息中心提出书面异议申请,并说明理由。”《厦门经济特区社会信用条例》第33条第1款规定:“社会信用主体认为其公共信用信息的归集、存储或者提供存在错误、遗漏等情形,或者侵犯其商业秘密、个人隐私以及其他合法权益的,可以向市公共信用信息管理机构提出异议申请……”

③ 《上海市社会信用条例》第36条第1款规定:“信息主体认为社会信用信息的归集、采集、保存或者提供存在错误、遗漏等情形或者侵犯其商业秘密、个人隐私和其他个人信息等合法权益的,可以向市公共信用信息服务中心、信用服务机构等提出异议。”

④ 《浙江省公共信用信息管理条例》第30条规定:“信息主体认为省公共信用工作机构披露的公共信用信息存在错误、遗漏,已超过本条例规定的保存和披露期限仍在披露,不符合严重失信名单具体条件而被列入严重失信名单或者未被移出严重失信名单的,可以向省公共信用工作机构提出异议……”

⑤ 《山东省公共信用信息管理办法》第33条规定:“自然人、法人和其他组织认为公共信用信息平台披露的自身信用信息有下列情形之一的,可以向公共信用信息工作机构提出异议申请:(一)公共信用信息记载存在错误、遗漏的;(二)依照有关法律、法规不应当公开的;(三)失信信息已经超过披露期限但是未从公开或者查询界面删除的。”

⑥ 《广东省公共信用信息管理系统异议信息处理工作指引》“一、内容界定”中规定:“本指引所称异议信息处理,是指信息主体就省信用平台信息采集、保存、共享、公开的真实性、完整性等存疑而提出申请,由省信用平台维护管理机构(以下简称平台工作机构)、信息提供单位对相关情况进行核实、更正、反馈的过程……”

主体自身的主观判断”[①]，缺乏客观标准。

3. 异议申请期限尚无明确规定，消极影响信用管理效率

目前现行的地方规范性文件虽规定信息主体享有提出异议的权利，但未规定提出申请的期限，如上海市规定：“信息主体认为……的，可以向市公共信用信息服务中心、信用服务机构等提出异议。”[②]山东省规定：“自然人、法人和其他组织认为……的，可以向公共信用信息工作机构提出异议申请。”[③]或对公共信用信息的披露期限作出了不同的规定，如湖北省规定“自查询之日起保存三年”、浙江省规定“自该记录生成之日起保存十年”、深圳市规定“自该记录生成之日起保存5年。”[④]如此，是否意味着申请人只要在信用信息披露期限内均可提出异议申请，而不受其他时间的限制？显然，申请期限的规定将直接影响到相关主体的权益。若不明确规定，可导致相对人对申请期限产生不同理解而招致纠纷；若规定的申请期限过短，一方面给予信息主体了解信用记录的时间将缩短，不利于其行使异议权，且加大了异议处理机构的工作量。另一方面则可提高异议处理机构的工作效率、及时纠正存在纰漏的信息。反之，则可确保相对人有充裕的时间提出异议，但也会降低异议处理的效率。因此，申请期限是否设置以及如何设置是目前亟须明确的问题。

---

① 罗培新：《遏制公权与保护私益：社会信用立法论略》，载《政法论坛》2018年第6期。

② 《上海市社会信用条例》第36条第1款。

③ 《山东省公共信用信息管理办法》第33条第1款。

④ 《湖北省社会信用信息管理条例》第20条第3款、《浙江省公共信用信息管理条例》第20条第1款、《深圳市公共信用信息管理办法》第24条第1款。

（二）异议处理程序的规定混乱

1. 异议受理机构各地不同，增加申请人提出异议的难度

根据《条例》和《个人信用信息基础数据库异议处理规程》的规定，信用信息主体有权向征信机构或者信息提供者提出异议①，江苏省也作出可向“信息提供单位或公共信用信息工作机构”提出异议申请。② 然而，就此方面“异议办法”在“管理条例”的基础上已做较大改变，因为“管理条例”大多只明确可向“管理机构”提出异议③，尚未规定可向“提供单位”提出异议。而“异议办法”则明确划分了两者的职能，并主要分为以下两种规范类型：一种以山西省为代表，即“管理机构”负责核实异议信息处理情况、向“提供单位”核查异议信息、提供异议标注服务等，而“提供单位”则负责异议信息真实性、准确性的职责分工。④ 另一种以威海市为代表，其中“管理机构”负责异议处理的“受理、分发、复核、告知和信息处理等工作”，而“提供单位”则负责“受理、材料审查、情况核实、作出决定等

---

① 详见国务院《征信业管理条例》第25条第1款规定：“信息主体认为征信机构采集、保存、提供的信息存在错误、遗漏的，有权向征信机构或者信息提供者提出异议，要求更正。”《个人信用信息基础数据库异议处理规程》第1条规定：“个人可以或委托他人向所在地的中国人民银行分行、营业管理部、省会（首府）城市中心支行、地市中心支行征信管理部门，或直接向中国人民银行征信服务中心（以下简称征信服务中心）提出书面异议申请。个人可以直接向异议信息涉及的商业银行经办机构提出质询……”

② 《江苏省公共信用信息管理办法（试行）》第31条。

③ 各省市所使用的机构名称不统一，如：省信用信息中心（湖北省）、市公共信用信息服务中心、信用服务机构等（上海市）、社会信用信息工作主管部门（河北省）、省公共信用工作机构（浙江省）、市公共信用机构（深圳市）、信用信息工作机构（泰州市）、征信机构（湖南省）、市信用中心（杭州市）等。本文将此类机构统称为“管理机构”，以与后文的“公共信用信息提供单位”（以下简称“提供单位”）作区分。所谓“提供单位”，即“指国家机关、法律法规授权的具有管理公共事务职能的组织以及群团组织”，《湖北省社会信用管理条例》第3条第2款。

④ 《江西省公共信用信息异议处理办法（试行）》第4条。

工作”的职责分工。[①] 但在职责规定上仍存有不同,如天津市(征求意见稿)则仅规定将“受理”的职责由“提供单位”承担,而未明确规定“管理机构”具有“受理”的职责。[②] 由此可见,目前所规定的异议申请和受理机构的规定尚不够统一。

不仅如此,对于“管理机构”的设置,各省市“管理条例”也作出不同的规定。其一,直接为发改委。河北省规定各级政府发展改革部门是各级社会信用信息工作主管部门。[③] 其二,为发改委所属机构。浙江省则规定为省发展和改革部门所属的公共信用工作机构。[④] 其三,为省市政府所成立的新的公权力机构,如湖北省规定“省人民政府设立的信用信息中心”、厦门市规定的“市人民政府确定的公共管理机构”、山东省规定的“省、设区的市人民政府明确的公共信用信息工作机构”。[⑤] 其四,不仅包括公共组织还包括商业组织。如湖南省规定的征信机构包括作为事业单位的公共征信机构和作为企业法人的商业征信机构。[⑥] 其五,未对受理机构的成立作具体说明,如福州市和汕头市等。从规范性文件颁行的时间而言,尽管最近所颁行的“管理条例”趋向于仅规定“管理机构”为受理机构,且该机构为政府部门所确定的公权力机构,但仍然存在着

① 《威海市公共信用信息异议处理和信用修复办法(试行)》第5条第2、3款。

② 《天津市信用信息异议处理与信用修复办法(征求意见稿)》第5条和第6条。

③ 《河北省社会信用信息条例》第5条第2款规定:“省人民政府发展改革部门是本省社会信用信息工作主管部门,负责本行政区域社会信用信息综合协调和监督管理工作。”第4款:“设区的市、县(市、区)人民政府参照本条第二款规定确定本行政区域的社会信用信息工作主管部门,负责社会信用信息管理工作……”

④ 《浙江省公共信用管理条例》第5条规定:“省发展和改革部门负责全省公共信用信息管理的综合协调工作,其所属的公共信用工作机构(以下简称省公共信用工作机构)具体负责全省公共信用信息的处理、披露、使用、服务工作。”

⑤ 《湖北省社会信用管理条例》第6条第2款、《厦门经济特区社会信用条例》第4条第1款、《山东省公共信用信息管理办法》第7条第1款。

⑥ 《湖南省信用信息管理办法》第3条第2款。

各自规定的情况，导致整个受理机关处在杂乱无章的状态，不便于相对人行使异议权，亦阻碍了社会信用体系的有序建设。

2. 对异议信息标注的规定不统一，难以保障利害关系人权益

不论中央还是地方，目前已然形成异议信息应当被标注的共识。① 但仍存在以下两个问题亟待明确：其一，对异议信息进行标注的起始日期很少明确规定。目前除上海市规定“在收到异议材料之日起的一个工作日内作出异议标注”，以及山西省“异议办法”作出“在受理异议申请当日”做标注的规定等之外，其他省市的规范性文件则大多未对起始时间加以具体规定，仅说明“应当”予以标注。其二，对异议信息进行标注的期间。其中湖北省、河北省、湖南省、泰州市以及厦门市等均规定为“异议申请处理期间”，深圳市规定为“异议正在处理以及信息主体对异议复核结果仍有异议”，山东省则规定为“异议申请处理期间或者信息主体对异议处理结果有异议”。而山西省“异议办法”则规定起始日为“省信用中心”受理异议申请之日，取消日为“收到信息来源部门异议信息处理反馈当日”的规定。显然四者的规定存在着较大的差异，其中山西省“异议办法”和湖北省等的“管理条例”所规定的标注期间相对较短，而山东省和深圳市在湖北省等的基础上分别增加了“或对异议处理结果有异议”“对异议复核结果仍有异议”的规定以延长了标注时间，存在各自规定的情况。

3. 异议处理流程缺乏统一性，容易导致各地适用混乱

《条例》第 25 条第 2 款规定：“征信机构或者信息提供者收到异议，应当按照国务院征信业监督管理部门的规定对相关信息作出存在异议的标注，自收到异议之日起 20 日内进行核查和处理，

① 也有极少省市未规定“标注”，如汕头市和福州市“管理条例”尚未作具体规定。

并将结果书面答复异议人。"《条例》对征信机构和信息提供者的接受顺序未作先后规定，当事人完全可以选择性地对征信机构或者"提供单位"提出异议，且经办机构应当同时启动核查、更正程序[①]，笔者称此种处理流程为"同时走"模式，且在天津市"异议办法"（征求意见稿）中有所体现。[②] 而现行的"管理条例"和"异议办法"则大多未规定此种选择权，采取的为"两步走"模式，即信息主体只能向"管理机构"（包括其主管的网络平台）提出异议申请，若核查的信息与"提供单位"提供的不一致，则由该机构单独完成审查工作并将处理结果告知申请人；若处理时发现与"提供单位"提供的信息一致，则转交给"提供单位"处理并由该单位作出处理结果，之后将结果告知"管理机构"，最后由"管理机构"通知申请人。

显然，两种模式各有利弊。"同时走"模式中申请人虽可选择向"提供单位"提起异议，在形式上拓宽了当事人的异议申请途径，但实际中具体的异议案件仍需"管理机构"和"提供单位"协同处理；若无具体的分流程序，反而导致程序的混乱而拖长异议处理周期，不利于异议案件的及时解决。而"两步走"模式虽规定了异议处理的分流程序，一定程度上明晰了处理流程，"更好地体现了服务过程重组和主体间的协同"[③]，但规定只能向特定级别的"管理机构"提起异议，也会导致异议受理机构数量减少，而加剧地域分布不均衡的问题，提高当事人申请成本。因此各有长短，需结合实践情况，综合考虑多种因素，以构建更为科学的异议处理流程。

---

① 《个人信用信息基础数据库异议处理规则》第 1 条。

② 《天津市信用信息异议处理与信用修复办法（征求意见稿）》第 7 条规定："信息主体可以通过'信用中国（天津）'网站向市信用平台运行机构提交异议处理或信用修复申请，也可以向'提供单位'提交书面异议处理或信用修复申请。"

③ 周毅、吉顺权：《公共信息服务社会共治模式构建研究》，载《中国图书馆学报》2015 年第 5 期。

（三）异议处理期限缺乏统一性

就异议处理期限而言，《条例》规定“自收到异议之日起20日内进行核查和处理，并将结果书面答复异议人”，而各地方“管理条例”则采取分别规定的方式，即不仅规定了“管理机构”的处理期限（见表1），而且还规定了转交给“提供单位”后的处理期限（见表2）。

表1　属“管理机构”原因的处理期限

<table>
<tr><td></td><td colspan="12">“管理条例”</td><td colspan="5">“异议办法”</td></tr>
<tr><td></td><td>湖北省</td><td>上海市</td><td colspan="2">河北省</td><td>深圳市</td><td>泰州市</td><td>厦门市</td><td>汕头市</td><td>东莞市</td><td>湖南省</td><td>山东省</td><td>福州市</td><td>天津市</td><td>威海市</td><td>广东省</td><td>宁波市</td><td>江西省</td></tr>
<tr><td>决定受理与否</td><td></td><td></td><td colspan="2"></td><td></td><td></td><td></td><td>3</td><td></td><td></td><td></td><td></td><td></td><td></td><td>3</td><td>1</td><td></td></tr>
<tr><td>处理/对比</td><td>3</td><td rowspan="2">5</td><td>2</td><td rowspan="3">7</td><td rowspan="3">3</td><td rowspan="3">5</td><td rowspan="3">10</td><td>及时</td><td>3</td><td>2</td><td rowspan="2">3</td><td>3</td><td rowspan="3">3</td><td>3</td><td>3</td><td>理1</td><td rowspan="2">理7</td></tr>
<tr><td>作出决定/更正</td><td></td><td></td><td></td><td rowspan="2">应当</td><td>立即</td><td>立即</td><td rowspan="2">应当</td><td>及时</td><td>及时</td></tr>
<tr><td>通知申请人</td><td></td><td></td><td></td><td>理3</td><td></td><td>2</td><td>2</td><td></td><td></td><td></td></tr>
</table>

注：表中数字后的单位除湖北省使用“日”外，其余省市均使用“工作日”；表中“理”为受理异议申请

表 2 属“提供单位”原因的处理期限

<table>
<tr><th colspan="10">“管理条例”</th><th colspan="5">“异议办法”</th></tr>
<tr><td></td><td>湖北省</td><td>上海市</td><td>河北省</td><td>深圳市</td><td>泰州市</td><td>汕头市</td><td>福州市</td><td>湖南省</td><td>山东省</td><td>威海市</td><td>广东省</td><td>东莞市</td><td>宁波市</td><td>江西省</td></tr>
<tr><td>转“提供单位”</td><td>申2</td><td>申2</td><td>应当</td><td>应当</td><td>5</td><td>理3</td><td>3</td><td>立即</td><td>2</td><td>应当</td><td></td><td></td><td></td><td></td></tr>
<tr><td>处理
告知“管理机构”</td><td>7</td><td>5</td><td>核15</td><td rowspan="2">3+3①</td><td>20</td><td>10+10②</td><td>20</td><td>10</td><td>5</td><td>申15</td><td>协10+20③</td><td rowspan="2">协10+20日④</td><td>核3+15⑤</td><td>申10+15</td></tr>
<tr><td>通知申请人</td><td>2</td><td>及时</td><td>7</td><td>1</td><td>3</td><td>2</td><td>5</td><td>2</td><td>及时</td><td>3</td><td>理5+15⑥</td><td></td></tr>
<tr><td>合计</td><td>11</td><td>7</td><td>22</td><td>≧3</td><td>26</td><td>≧16</td><td>25</td><td>15</td><td>9</td><td>15</td><td>≧13</td><td>≧13</td><td>≧8</td><td>≧10</td></tr>
</table>

注:表中数字后的单位除湖北省使用“日”外,其余省市均使用“工作日”。表中的“申”即收到异议申请之日;“理”即受理申请之日;“核”即收到核查通知;“协”即收到协查函

通过比较分析,上表地方条例中所规定的异议处理期限主要存在以下问题:其一,明文规定的处理环节存在差异。一方面,“异议办法”中普遍规定了“决定是否受理”这一处理环节,而“管理条例”则未作规定。另一方面,就“管理条例”而言,表一中深圳市、泰州市等一揽子规定了包括处理(对比)、作出决定以及告知申请人整个程序的处理期限,而山东省、福州市则分开规定了处理、作出

① “有特殊情况需延长的,经单位主要负责人批准,可延长3个工作日。”

② “情况复杂的,经单位负责人批准,核查期限可适当延长,但延长时限不得超过10个工作日。”

③ “情况复杂的,经单位负责人批准,核查期限可延长至20个工作日。”

④ “情况复杂的,经单位负责人批准,核查期限可延长至20个工作日。”

⑤ “情况复杂的,信息提供主体可申请延期,同时向信用中心说明延期理由,延长时间不得超过15个工作日。”

⑥ “由于信息提供主体原因需要延长时间的,市信用中心应告知异议主体,出具异议处理结果报告的延长时间不超过15个工作日。”

决定的期限和通知申请人的期限，深圳市和湖南省则只规定了处理期限，而未规定作出决定和通知申请人的期限，导致各阶段的处理期限模糊，容易滋生不同部门相互“踢皮球”的现象，难以确保异议案件在法定期限内完成审查。其二，两表中的“应当”“立即”以及“及时”等用词，实质上缺乏具体的时间参照，且在词义理解上存在歧义，亟须给予明确的规定或者说明。其三，处理的期限相差较大。表 1 中“管理机构”完成整个异议处理的最长期限为厦门市所规定的 10 日，最短则为宁波市“异议办法”等所规定的 2 日。在表 2 中更是出现了泰州市所规定的 26 日和深圳市所确定的 3 日，两者之间竟相差 23 日之多。一般而言，在无特殊事由的情况下，工作职能和人员配备基本相同的处理机构对同一异议案件的处理用时应当差别不大，过长和过短的期限均存在不当且不利于异议的妥善处理。其四，延长期限的设置与否尚不统一。就表 2 而言，“管理条例”中仅深圳市和汕头市规定了经相关负责人的同意可以延长处理期限，而“异议办法”中，除威海市未规定“延长情形”外，其他省市均有相关规定。那么，我国应否普遍设置特殊情况下的延长期限，此问题值得进一步讨论并在相应的条款中予以体现。其五，泰州市和湖南省均未具体规定转交的起始时间，对此应理解为信用信息处理机构“发现信息不一致”之日开始，还是同湖北省、上海市一样为“收到异议申请”之日起，抑或是同汕头市一样“受理申请”之日起，在未做具体说明时，显然不同的主体会出现不同的理解而招致纠纷。

（四）异议的救济程序不够完善

行政救济制度的外延呈现为“金字塔的排列模式”，从最高层到最低层依次为行政赔偿制度、行政诉讼制度、行政复议制度、行政声明异议制度。[①] 信用信息救济制度亦呈现出此种模式。目前异议处理、行政复议以及行政诉讼主要存在以下问题需要解决：

1. 相同情形的异议处理结果不统一

对于"错误"信息应当予以"更正"、信息"无误"应当及时通知相关主体、"遗漏"的信息应当及时"补充"等，各地的处理方式差别不大，不仅反映了信息主体的诉求，而且避免损害的扩大，相对较为合理。但对于"无法核实真实性的异议信息"而言，现行的"管理条例"大部分未作规定。少数作了规定的省市，如河北省规定社会信用信息工作主管部门应当予以删除，泰州市规定信用信息工作机构应当中止披露该信息。同样的情况却存在大相径庭的处理结果，导致"同案不同判"的情况大量出现。

2. 不服异议结果的复核制度不够具体

一方面，对复核受理单位的规定尚不够统一。《条例》规定可以向"所在地的国务院征信业监督管理部门派出机构投诉"[②]，江苏省规定的为"本级信用主管部门"[③]，深圳市规定为"原异议处理单位"[④]，浙江省规定为"省发展和改革部门（即原异议处理单位的所属部门）"。[⑤] 而依据《行政复议法》第十二条的规定，"对县级以上

① 张淑芳：《行政声明异议制度研究》，载《法律科学》2005年第2期。

② 《条例》第26条第1、2款规定："信息主体认为征信机构或者信息提供者、信息使用者侵害其合法权益的，可以向所在地的国务院征信业监督管理部门派出机构投诉。受理投诉的机构应当及时进行核查和处理，自受理之日起30日内书面答复投诉人。"

③ 《江苏省公共信用信息管理办法（试行）》第33条规定："信息主体对异议处理结果不服或有异议的，可向本级信用主管部门提出申诉；对申诉结果不服的，可以依法申请行政复议或者提起诉讼。"

④ 《深圳市公共信用信息管理办法》第45条规定："信息主体对异议处理结果不服的，可向原异议处理单位申请复核一次。原异议处理单位应当在5个工作日之内将复核结果告知信息主体。"

⑤ 《浙江省公共信用管理条例》第30条第2款规定："信息主体对异议处理结果不服的，可以向省发展和改革部门申请复核。"

地方各级人民政府工作部门的具体行政行为不服的，由申请人选择，可以向该部门的本级人民政府申请行政复议，也可以向上一级主管部门申请行政复议。”可见目前的规定无法与《行政复议法》的规定相吻合，尚存在直接向原单位复核的不合理情况。另一方面，复核处理期限亦有待统一。目前部分省市规定的五个工作日是否合理？以及情况特殊下应否予以适当延长？①

3. 不服异议结果的行政诉讼阻碍重重

《条例》第26条第3项规定：“信息主体认为征信机构或者信息提供者、信息使用者侵害其合法权益的，可以直接向人民法院起诉。”河北省亦规定信息主体对“提供单位”作出核查的处理结果有异议的，可以直接提起行政诉讼。② 江苏省则规定“对申诉结果不服的，可以依法申请行政复议或者提起诉讼。”③在此类立法中，可解读出以下两个信息：其一，征信机构、“提供单位”所实施的信用信息收集、披露等行为实质上被确认为行政行为，并可以提起行政诉讼；其二，信息主体认为征信机构、“提供单位”实施的行政行为侵害其权益时，上述文件均规定可以不经复议机关的复核直接提起行政诉讼。当前的司法现状亦呈现为此类情况，一种为信息主体不服披露的信用信息记录（列入“黑名单”居多）直接向人民法院起诉，另一种则为信息主体不服记录先向有关部门申请复议，因不服复议决定，而提起撤销相关记录并确认复议决定违法或撤销行

① 《浙江省公共信用管理条例》第31条规定：“情况复杂的，经省发展和改革部门负责人批准，可以适当延长处理期限，但累计不得超过二十个工作日。”

② 《河北省社会信用信息条例》第44条第3款规定：“信息主体对处理结果有异议的，可以向人民法院提起行政诉讼。”

③ 详见《江苏省公共信用信息管理办法（试行）》第33条。

政复议决定的诉讼。[①]

然而,现行规范中所明文规定的起诉权,在司法实践中却存在大量的阻碍。通过对相关案例的分析,总结法院驳回理由如下:其一,起诉人不能证明被诉行为的存在,属于诉讼请求没有事实根据,不符合法定起诉条件[②];其二,未对外产生影响,属于对行政相对人权利义务明显不产生实际影响的行政行为,不属于人民法院行政诉讼的受案范围[③];其三,“是否失信,属司法权范畴,不属行政权范畴,所诉事项亦不属于行政诉讼受案范围”[④],以及与此大体相反的裁判“属于行政权范畴,法院无权代替行政机关行使行政权,故该请求不属于法院的受案范围”[⑤];其四,“涉及信访处理事项,不属于《中华人民共和国行政诉讼法》第十二条规定的行政诉讼受案范围”[⑥],以及“是否列入‘信访黑名单’并非行政诉讼的受案范围”[⑦];其五,已经超过了法定的最长五年起诉期限。[⑧] 可见当前我国异议信用信息司法领域的问题主要包括:一方面,我国的异议信息处理机制和救济机制尚缺乏体系化的法律保障,对于实践中所

---

① 参见(2018)辽0214行初54号、(2018)黑06行初18号、(2019)豫7101行初47号等。

② (2018)京0491行初1号、(2018)浙0702行初212号、(2016)苏04行终27号、(2015)浙行受终字第17号、(2015)深中法行终字第66号等。

③ 依据为《最高人民法院关于适用〈中华人民共和国行政诉讼法〉的解释》第1条第2款的规定“行政机关作出的不产生外部法律效力的行为”和“对公民、法人或者其他组织权利义务不产生实际影响的行为”不属于人民法院行政诉讼的受案范围。详见(2015)苏行诉终字第00582号、(2017)京行终1280号、(2016)闽0502行初259号等。

④ 参见(2015)通中行诉初字第00053号。

⑤ 参见(2017)皖0522行初13号。

⑥ 参见(2018)苏0791行初410号。

⑦ (2018)甘29行终25号,类似情况还有(2016)冀1023行初27号。

⑧ 依据为《中华人民共和国行政诉讼法》第四十六条的规定,除不动产案件外其余案件最长起诉期限为5年,超过5年的,人民法院不予受理。参见(2018)琼0271行初315号、(2018)鄂0102行初150号、(2017)沪7101行初39号。

出现纠纷缺乏有效的解决机制；另一方面，司法领域的工作人员尚缺乏对公共信用信息建设的整体认识，尚未完全了解列入不良信用记录（或黑名单）后“一处失信，处处受限”的联合惩戒，对信息主体所带来的负面影响，从而通常认定为对信息主体的权益不产生实际影响，对此司法系统对惩戒的危害性之大必须形成足够的共识。

三、公共信用信息异议制度问题之思辨

（一）明确异议申请条件

1. 具有利害关系的第三人应当享有提出异议的权利

将异议申请主体限制为同信用信息具有直接关联并反映其信用状态的主体的观点尚需商榷，理由如下：其一，不够完备的信用信息告知制度尚难以确保信息主体及时了解所记录和披露的信息存在错误或者纰漏，适当地赋予其他具有利害关系的主体异议申请的权利，便于及时发现错误、遗漏等的信息记录并采取相应措施予以纠正。其二，利害关系人通常也会因信息主体的异议信息而招致损害，甚至较信息主体更为严重，具有提出异议的必要性。如父母的不良信用信息记录可能会影响到子女就读及高消费，而出现此类不良信息记录可能存在错误或者披露超期的情况，父母由于特殊原因无法履行或者消极对待，未能及时提起异议，进而影响到子女的求学或者声誉。此时赋予具备异议能力的子女异议申请资格，则可恰到好处地解决问题。其三，信用信息是客观存在的，知情的利害关系人提出异议后，相关机构及时予以更正或者补充，并不会损害信息主体的合法权益，反而可从源头清理错误信息，减少甚至避免由错误信息所带来的损失和纠纷。

对于具有利害关系的第三人的范围,《行政复议法》和《行政复议法实施条例》虽规定可以“作为第三人参与行政复议”[①],《行政许可法》亦规定:“申请人、利害关系人有权进行陈述和申辩。”[②]但尚未对“第三人”作出明确定义。学界亦存在不同观点。有学者认为“行政行为中的第三人是指行政主体在作出具体行政行为时,主观上并不以其为行为的对象,但客观上侵犯其合法权益,从而与具体行政行为形成法律上利害关系的公民、法人或其他社会组织。”[③]有学者认为:“行政第三人与行政行为只存在间接的利害关系,受行政行为的间接影响。”[④]亦有学者认为应该根据实际损害或受到威胁的损害是否损害基本规约所保护的利益来评估利害关系。[⑤]针对黑名单的异议制度,赵旭东等指出黑名单异议的第三人应当具备的条件具体包括:法律关系存在从属性[⑥]、权益受到不利影响、权益为法律保护的利益以及是行政相对人之外的第三方。[⑦] 针对“公共警告利害关系人”,王芳提出两个具体判定标准,分别为利害

---

① 《行政复议法》第10条第2款规定:“同申请行政复议的具体行政行为有利害关系的其他公民、法人或者其他组织,可以作为第三人参加行政复议。”;《行政复议法实施条例》第9条第2款规定:“行政复议期间,申请人以外的公民、法人或者其他组织与被审查的具体行政行为有利害关系的,可以向行政复议机构申请作为第三人参加行政复议。”

② 《行政许可法》第36条规定:“行政机关对行政许可申请进行审查时,发现行政许可事项直接关系他人重大利益的,应当告知该利害关系人。申请人、利害关系人有权进行陈述和申辩。行政机关应当听取申请人、利害关系人的意见。”

③ 张时春:《行政行为中的第三人及其权利的保护》,载《三峡大学学报(人文社会科学版)》2007年第1期。

④ 徐学伟、夏云娇:《行政第三人研究》,载《武汉理工大学学报(社会科学版)》2006年第1期。

⑤ Kevin A. Coyle. Standing of Third Parties to Challenge Administrative Agency Actions. California Law Review Vol. 76, No. 5(Oct. ,1988), p1061.

⑥ 即“第三人与行政机关之间的关系是从属于行政机关的相对人存在”。

⑦ 参见赵旭东等著:《黑名单制度》,中国法制出版社2018年版,第289页。

关系人的合法权益受到公共警告的影响，和受影响的权益与公共警告行为之间具有相当因果关系。[①] 笔者认为，本文认为利害关系人的认定标准为：其一，为信息主体以外的第三人；其二，第三人法定权益受到损害；其三，受到的损害同异议信息具有相关性。具体可包括父母存在不当信息记录而影响的子女、具有特定竞争关系的第三人以及“提供单位”等。

2. 完善申请事由的客观性和全面性

就信息主体获悉异议信息的时间而言，对于信息主体可否在信息归集、采集、保存等所有过程中获悉自身的信用信息这一问题，实质上与“管理机构”和“提供单位”的信用告知、披露等密切相关，我国对此应当作出更为合理的规定。但值得注意的是，信息主体获得官方记录的信用信息数据的时间应当把握以下两方面：一方面应当最大限度地确保信息主体能够实时了解其自身的信用信息状况；另一方面也应防范信息主体无条件地、无限制地要求所有信用信息征集、处理、公开等所有过程均披露自身信用状态。倘若如此，不仅阻碍了“管理机构”和“提供单位”内部及时完成对信用信息的核查工作，而且不加以时间限制地获悉信用信息必将增大相关部门的工作量。

因此，为平衡好两者关系，一方面，应当借鉴河北省、浙江省、深圳市等的规定，仅规定异议对象为“管理机构”所“披露”的信用信息。[②] 而无须涉及归集、采集、保存等的所获取的信用信息。因为异议的提出需以信息的“披露”为前提，作此规定完全可以客观

---

① 王芳：《公共警告利害关系人权益保障的实践诉求》，载《广西社会主义学院学报》2017 年第 6 期。

② 如《河北省社会信用信息条例》第 43 条规定：“信用主体认为社会信用信息工作主管部门披露的信息与事实不符或者侵犯其商业秘密、个人隐私的，可以向社会信用信息工作主管部门提出书面异议申请，并提交相关证明材料。”

地涵盖实践中所有异议对象。另一方面，可依据信息主体的公共信用信息是否存在不良记录并因此受到惩戒为标准，分为一般性的公共信用信息和惩戒性的公共信用信息，前者无不良记录或者不良记录显著轻微尚不需加以惩戒；后者存在不良记录且需加以惩戒甚至联合惩戒。对于一般性公共信用信息，只需确保信用信息经过相关部门内部层层核实无误，方可直接向社会公开披露，信息主体亦可提出异议。而对于惩戒性的公共信用信息，则应当在相关部门内部层层核实无误后以及向社会公开披露之前期间内，向信息主体发出包括存在不当记录的依据、将对其实施惩戒或联合惩戒以及享有提出异议权等的通知，信息主体在收到通知后法定期限内可提出异议。对于提出异议且查证属实的则应当予以更改。而对于法定期限内未提出异议或者异议未被采纳的，则依法向社会公开披露。但信息主体或具有利害关系的第三人具有新的证据足以证明公布的信息存在纰漏的，经相关部门的批准，仍然享有提出异议的权利。

就异议信息的客观表象而言。一方面，笔者认为可在《广东省公共信用信息管理系统异议处理工作指引》所规定为“真实性、完整性等”的基础上添加“适当性”，进而划分为“不准确”“不完整”和“不适当”三种类型。现行规范性文件中的“错误”和“与事实不符”可以归入“不准确”之中，“遗漏”可归入“不完整”类型之中，而“超过披露期限仍继续披露的”情形则完全可以归入“不适当”类型。如此，不仅更为完整地反映了存异信息的外在表现，客观地扩大了申请事由的种类，而且还提高了申请事由的客观性和可操作性。另一方面，对于申请事由是否应当以侵犯了信息主体的商业秘密、个人隐私以及其他个人信息等合法权益作为标准的问题，笔者认为尚值得商榷。理由如下：其一，信用信息记录的应当是及时、准确、全面的。[①] 而"被征信对象对信用信息的异议权与更正权是保证征信信息真实、准确、完整与有效的重要救济手段"。[②] 可见,信用信息异议机制的主要价值应在于确保记录得当、可靠,而非惩戒有过错的主体,异议制度不应扩大处理范围而降低效率。因此,不论是否侵犯了信息主体的合法权益,只要记录存在纰漏,信息主体均应当具有提出异议的权利,相应部门具有更正、删除等的义务,以确保信息的准确。其二,侵犯合法权益类型完全可以归入"不适当"类型,值得注意的是此时提起异议的原因,只包括所披露的公共信用信息超过了"披露目录"这一事实,而不包括给信息主体及利害相关人带来的损失。简言之,即使尚未侵犯相关主体的合法权益,亦可提起异议申请。其三,侵犯信息主体的商业秘密、个人隐私以及其他个人信息等合法权益的,就民事方面,完全可以归入侵权纠纷之中,然后依据《侵权责任法》诉请信息主体承担更为严重的责任,如停止侵害、排除妨害、赔礼道歉以及损害赔偿等,以更加全面地保障自身权益。"若违反治安管理行为的,可依法给予治安管理处罚;若构成犯罪的,则可依法追究刑事责任。"[③]

3. 明确规定异议申请期限

在公共信用信息异议制度中加入异议申请期限,显然具有以下三方面的优势:其一,可为相对人提供法定合理的救济时间,并同司法实践中法官们所普遍适用的诉讼时效相衔接。其二,明确

① 详见《国务院办公厅关于加快推进社会信用体系建设构建以信用为基础的新型监管机制的指导意见》。

② 陈鹏飞:《社会信用管理法律制度研究》,西南政法大学2009年博士学位论文。

③ 详见《上海市社会信用条例》第53条规定:"违反国家规定,非法获取、窃取、提供、出售个人社会信用信息,构成违反治安管理行为的,依法给予治安管理处罚;构成犯罪的,依法追究刑事责任。"

异议申请期限可以防止出现“躺在权利上睡觉”的人，敦促信息主体加强关注自身的信用信息进而提高信用意识，同时也便于约束信用信息管理机关高效开展记录、披露工作。其三，信息主体及时提出异议可有效确保日新月异的公共信用信息的准确性。目前高效的信息传播和处理技术，虽有助于各惩戒主体适时共享信息，但同样也导致纰漏的信息被快速记入信用信息系统中，而加大信息主体被惩戒的风险，甚至因“源头”出错导致信息共享和联合惩戒障碍重重，对此，规定适当的期限则可及时解决此类问题。

对于具体的异议申请期限，我国应当权衡好利弊，一方面设置相应的期限来督促信息主体及利害关系人行使异议权，另一方面亦应确保信用信息系统中的不当的信息记录在期限届满后仍存在更正和被删除的可能。首先，对于存在惩戒性的公共信用信息的信息主体，“管理机构”在信息被披露前，应提前告知其信息存在不良记录，并提醒信息主体自收到通知之日起享有提出异议的权利，以防范不当的信息披露给信息主体带来巨大的损害。而对于一般的公共信用信息以及不服异议决定的惩戒性的公共信用信息，相关信息主体在信息被披露后享有异议权，但“管理机构”应当通过短信提醒或通过地方性广播电视等媒体，及时将信息披露的固定时间提前告知信息主体，以确保信息主体第一时间在相应的平台上了解自身的信用信息。以防范金融领域个人信用报告工作中“90%以上的异议申请人都是在开展经济活动过程中，因办理业务被拒绝时才知道个人信用报告中的信息与本人事实不符的情况”发生。① 其次，明确处理异议信息的集中时间。虽然期限的设定需综合考虑多种因素，期限过长显然不利于错误信息的及时更正，然

① 金剑、陈霞、康振勇：《个人信用信息异议处理问题及解决途径探讨》，载《西部金融》2012 年第 3 期。

而过短"也会导致权利人急于求成甚至是投机"。[①] 对此可暂且借鉴《行政复议法》的规定[②],自知道披露信息之日起六十日内提出异议申请。最后,集中处理时间届满后,信息主体及利害关系人,需证明自身具有因不可抗力或者其他正当理由耽误法定申请期限的特殊事由,经有关部门认定情况属实后,可在相应期限内提起异议。

(二)制定合理的异议处理程序

1. 允许相对人直接向"提供单位"提出异议申请

"提供单位"作为异议受理单位之一是由其独特的优势所决定的,主要包括:其一,便于相对人提出异议申请。"管理条例"中的"提供单位",通常是指"国家机关、法律法规授权的具有管理公共事务职能的组织以及群团组织"[③],相对于特定级别专门成立的"管理机构","提供单位"更靠近相对人的工作和生活区域,进而可以在"家门口"提出异议申请,便于及时保障其权利。其二,有助于异议信息调查及时展开。具有异议的信息是"提供单位"在"履职"和"提供服务"过程中所产生和获取的,"提供单位"才是着手处理的单位,一般更为了解异议信息产生和获取的过程,处理效率更高且更具准确性。其三,公共领域的信用信息为全社会共享,作为此项红利受益者之一的"提供单位"承担信息主体信息异议的责任是合情合理的。其四,"提供单位"通过处理异议纠纷进一步参与社会信用体系的建设,加强了诚信建设的社会参与感,有利于提高普通公民的诚信意识,起到良好的宣传作用。值得注意的是,目前我国异议申请的方式还比较单一,多数地方只规定了传统的申请方式。

① 冯珏:《或有期间概念之质疑》,载《法商研究》2017 年第 3 期。

② 参见《行政复议法》第 9 条。

③ 以《湖北省社会信用管理条例》第 3 条第 2 项为例。

对此,我国不仅应拓宽异议受理单位,同时还应当拓宽异议申请的方式。如完善网上异议程序等非纸质化申请途径。充分利用互联网和移动通信,建立异议申请和回复线上渠道。[①] 并建立好异议类型自动分类、异议申请报告标准化、电子化以及纸质版化核查报告作为补充等线上异议处理方式,以便于异议的申请,并提高异议处理的效率。

2. 统一信息异议标注的起始时间和期间

诚如罗培新所言:"由于被加注'异议标注',信用信息的查询与使用的第三方(信用服务机构)将如实披露标注情况,从而赋予了信息主体附期限的'陈述'与'申辩'权利,保护了其合法权益,提醒了用信主体。"[②]可见,异议标注不仅发挥着提醒"用信主体"的作用,而且还为信息主体提供附期限的"陈述"与"申辩"的权利。显然,"异议标记"作为处理机构的一种"临时措施",其本身不会产生权利义务关系,更多的在于告知第三人信息主体的某种记录由于各种原因而存在不准确、不完整以及不适当的可能,确保"用信主体"可以基于"异议标注"作出符合其真实意思的决定。因此,"异议标注"应当与异议受理机构受理异议这一行为保持完全同步,一旦相关部门受理了信息主体的异议,应当立即对异议信息进行标注。为及时"标注"、减轻处理人员的工作量以及防范处理人员遗忘"标注",可以在信用信息管理网络系统中设置"关联"程序,一旦处理人员点击了"受理",则信息主体的"异议标注"将自动生成。而对于异议标注的存续期间,中国人民银行征信中心根据需要对个人信用报告标注的情形包括:一为处于异议处理过程中且尚未形成最后结果的信息;

① 禹晖:《提升征信异议处理效率的路径探讨》,载《黑龙江金融》2018 年第 6 期。

② 《上海市社会信用条例》第 36 条第 1 款、《山东省公共信用信息管理办法》第 33 条第 1 款。

二为经核查确有错误,但无法立即进行更正的信息。[①] 地方信用管理条中亦存在包括“异议申请处理期间”“信息主体对异议处理结果有异议”以及“对异议复核结果仍有异议”在内的不同规定。笔者认为异议标注应当覆盖整个异议处理期间,直至异议完全得到解决。即使相关的异议处理机构已经作出了信息主体认同的最终决定,若相关部门尚未对错误的信息予以更正、对遗漏的信息予以补充等,异议标注仍应继续保持。

3. 统一构建“同时走”的异议处理模式

上文对两种异议处理流程模式已有论述。虽然“两步走”模式更容易提高处理纠纷的专门性,亦可防范权力的滥用,但就目前而言,异议受理机关基本限制在不设区的市、区一级及其以上。如河北省和浙江省明确规定设区的市、县(市、区)人民政府可确定本行政区域的“管理机构”[②],深圳市、厦门市亦明确规定为市一级“管理机构”。显然不方便申请人提出异议,提高了异议成本。而且,异议的处理一般不需要“管理机构”具有很高的专门性。倘若信息记录存异的原因为工作失误,显然可以快速予以解决;若为信息本身存在失真等问题,则通常需要转送“提供单位”处理。相反。选择“同时走”模式则存在更多的优势:一方面,“提供单位”作为异议受理机构的选择之一,本身具有诸多优势,上文已有讨论不再赘述;另一方面,更能确保海量信息的准确性。公共信用信息的特征主要包括数量巨大、日新月异且贴近工作和生活。

---

① 《贷款情况下需要使用异议标注有哪些说法》,https://www.u51.com/zhishi/dkzx/110046008.html。

② 《河北省社会信用信息条例》第5条第5款规定:“设区的市、县(市、区)人民政府参照本条第二款规定确定本行政区域的社会信用信息工作主管部门,负责社会信用信息管理工作。”《浙江省公共信用信息管理条例》第5条第2款规定:“设区的市、县(市、区)人民政府确定的部门(以下统称公共信用建设综合部门)负责本行政区域内公共信用信息管理的综合协调工作。”

对此，只有确保信息主体和“提供单位”一一对应，同时发挥“管理机构”本身所拥有的专门性、统筹性等优势，才能确保纠纷解决高效性和准确性，为信息的共享和联合惩戒提供可靠的基础。具体而言，笔者认为江苏省的做法具有一定的借鉴价值，该省不仅允许申请者向两者提出异议，而且也规定了“提供单位”的处理流程和期限。[①] 至于两个处理单位之间的衔接，海南省(试行)和天津市(征求意见稿)“异议办法”则较为科学，值得借鉴，其流程如下(图 1)：

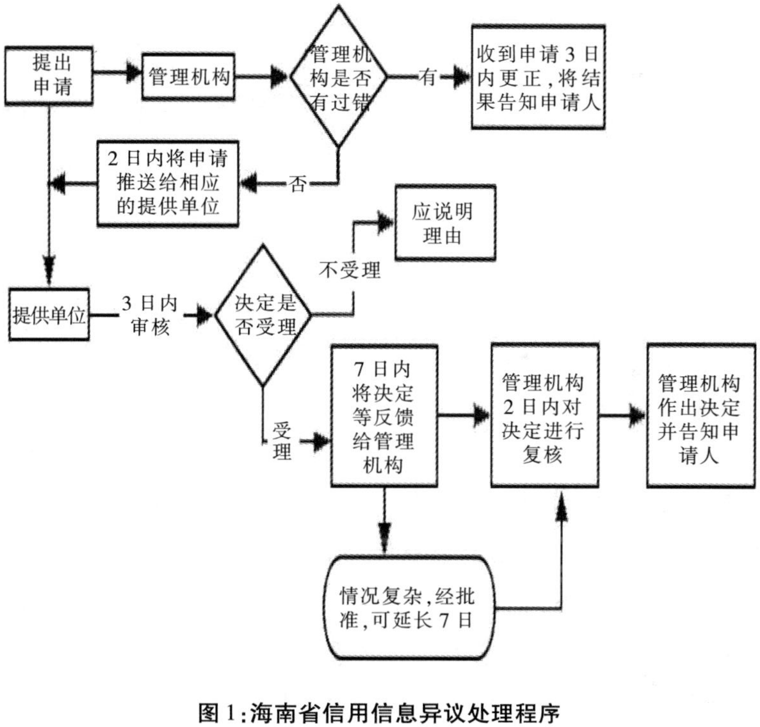

图 1：海南省信用信息异议处理程序

---

① 《江苏省公共信用信息管理办法(试行)》第 32 条第 1、2 款规定：“公共信用信息工作机构和信息提供单位收到异议申请后应在 10 个工作日内完成审核工作。异议信息需提交信息提供单位核实的，信息提供单位应在 5 个工作日内完成核实工作，并及时反馈公共信用信息工作机构。”

(三)统一异议处理期限

“行政效率低下是行政机关的‘通病’,明确行政事务处理期限则是提高行政效率的‘苦口良药’”[①],信用信息异议处理期限在整个政府主导下的信用信息体系建设中已然起着极其重要的作用。然而,就当前国内外所规定的个人信用信息异议处理期限而言,美国 FCRA 确定的一般处理期限为 30 日,特殊情况下可以延长 15 日[②],奥地利《资料保护法》确定的一般处理期限为 12 周[③],我国《条例》确定的核查、处理以及通知异议申请人的整个期限为 20 日。而地方“管理条例”对公共信用信息异议处理的期限则是处于各自规定的状态。对此,笔者认为我国当前亟须明确统一各地方的异议处理期限。

1. 可将处理程序作一般和特殊之分

对于事实清楚、证据确凿的异议案件,可以采取“一般程序”;而对于案情复杂、调查周期较长的特殊案件则可适用“特殊程序”,并设置包括延长条件以及延长时间等在内的延长条款。如此,程序分流不仅有效防范了异议案件的大量堆积,提升异议处理的效率,而且解决了“实际发生的异议申请大多属于急迫性申请,即消费者要求在最短时间内更正错误数据”的难题。[④] 使得简单的案件不再被相关部门消极拖至期限节点,进而减小甚至避免不当信息记录给信息主体及利害关系人造成的损害,凸显信用体系构建过程中所提倡的人文主义精神。而且就目前信用信息产生异议的原因而言,一般可划分为信息主体自身造成的异议、“管理机构”和

---

① 胡元聪、闫晴:《纳税信用修复制度的理论解析与优化路径》,载《现代法学》2018 年第 1 期。

② 详见美国 FCRA 第 1681i 条(a)。

③ 详见奥地利《资料保护法》第 26 条第 1 款以及第 12 条第 3 款。

④ 李勇:《创新异议处理机制推动征信系统建设》,载《征信》2010 年第 1 期。

“提供单位”行为过程中形成的异议以及其他因素形成的异议①，此类异议纠纷只要具备一定的材料佐证，案件事实相对容易弄清，完全可以普遍适用“一般程序”这一“快速通道”。

2. 应当明确一般处理程序异议处理的具体环节并规定对应的期限

笔者认为，前述表1、表2之所以存在各地时效缺乏统一规定的情况，最为主要的原因在于未明确异议流程所涵盖的具体环节及每个环节的用时，导致有的地方将多个具体环节混为一个环节，而有的地方则将完全可以合并的环节进一步具体化，进而出现处理期限差异巨大的情况。对此，我国可整体考虑异议处理所有流程，在兼顾各部门的工作职责以及人员配备的情况下，划分出普遍适用的工作环节，然后匹配科学合理的包括具体的起始日和结束日的处理期限，减少使用“应当”“立即”等较为抽象的表述。如此每个环节有了固定的时间，那么整个流程的期限自然存在了统一的安排。基于此，再进一步规定特殊程序的适用条件及需延长的期限。本文建议，一般异议处理程序可主要分为以下环节：收到异议申请、受理异议申请、程序分流（“管理机构”还是“提供单位”）、作出决定（“提供单位”处理的应当告知“管理机构”）、通知申请人。一般异议处理期限则可以定为自受理异议申请之日起15个工作日内。情况复杂的，具体处理机构可申请延期，经单位负责人批准，核查期限可延长15个工作日。

3. 有机衔接信用信息处理机构和“提供单位”的处理时效

一般而言，案件的转交环节通常容易产生不同部门间相互“扯皮”的情况，尤其需要进一步明确具体日期。一方面，我国应当明

① 金剑、陈霞、康振勇：《个人信用信息异议处理问题及解决途径探讨》，载《西部金融》2012年第3期。

确统一转交时间,可规定为“收到异议申请之日起2个工作日内”。理由为:其一,“收到异议申请”相对于“受理申请”更为客观具体,且申请人相对容易掌握,可以避免相关部门以“收到申请”而“未受理”为由来辩解未在合理期限转交的情况。其二,给予“管理机构”的时间不宜过长。“管理机构”在作出转交决定前所实施的应为形式审查,无须大量时间进行对比,安排过长的时间不仅对案件的处理没有实际价值,反而拖长了期限而减低处理效率。另一方面,应当进一步完善监管机制。据了解,“在实际操作中,商业银行回复核查结果,上报更正报文环节缺乏有效监督,加载更新周期慢,超期回复或超期更正情况时有发生。”①由不同公共部门参与的公共信用信息异议制度虽具有较强的稳定性,但工作积极性通常不及商业征信管理机构之高。因此,更应当注重监督制度的建设和完善。

(四)完善异议的救济程序

1. 就异议处理的结果而言

美国FCRA第1681i条a(5)(A)(i)规定对不准确或无法核实信息“及时将此信息从消费者档案中删除,或根据重新调查的记录,适当更正此款信息”,亦未作出明确的规定。笔者认为,对于“无法核实真实性的异议信息”的情况,异议处理机构应当作出“有利于申请人”的决定,即申请人认为错误应当更正则更正、申请人认为根本不存在所披露的信息应当删除则删除等。但若处理机构之后发现新的证据足以推翻现有的信息记录时,应当及时对该信息进行异议标注,然后通知申请人在法定限期内作出说明,并据此作出新的处理决定,以确保公共信用信息的准确性。

---

① 金剑、陈霞、康振勇:《个人信用信息异议处理问题及解决途径探讨》,载《西部金融》2012年第3期。

2. 就不服异议结果所提出的复核而言

目前所设立的“管理机构”或为发改委所属机构、或直接为省发改委、或为省市政府所成立的新的公权力机构等,均可定性为县级以上地方各级人民政府所属工作部门。而且此类部门均享有国家行政权,能以自己名义行使行政权且能独立承担法律责任的组织,尚可认定为行政主体,所实施的行为亦属于具体行政行为。其一,“管理机构”和“提供单位”征集、保存、披露信息主体的公共信用信息的行为,均是上述行政主体基于国家及所在省市地方人民政府所安排的行政职权或职责所实施的行为,并直接影响相对人权利或义务,完全属于具体的行政行为。① 其二,司法实践中的普遍观点。通过分析收集的裁判文书发现法院基本将“纳入黑名单”、错误的公司设立登记等定性为行政行为。② 其三,政府主导为我国目前所倡导建设的社会信用体系的一大特色,定性为行政行为与其初衷相吻合。鉴于此,根据《行政复议法》第六条第十一项之规定“认为行政机关的其他具体行政行为侵犯其合法权益的”,信息主体及相关利害关系人完全可以据此向“该部门的本级人民政府申请行政复议”,也可以向“上一级主管部门申请行政复议”。对国务院部门具体行政行为不服的,向作出该具体行政行为的国务院部门申请行政复议。“对行政复议决定不服的,可以向人民法院提起行政诉讼;也可以向国务院申请裁决,国务院依照本法的规定作出最终裁决。”③

① 王景斌、蔡敏峰主编:《行政法原理》,北京大学出版社 2016 年版,第 169 页。

② 参见 2018 川 0105 行初 63 号、(2017)新 4002 行初 96 号、(2015)利行初字第 1 号等等。

③ 《行政复议法》第 12 条和第 14 条。

3. 就不服异议信息所提出的诉讼而言

由于理论的模糊与制度的阙如使司法实务呈现出上文已有讨论的诸多乱象。对此,我国应当重点明确以下问题:其一,将信用信息的征集、披露等相关行为定性为行政行为,所关涉纠纷明确归入行政诉讼的受案范围之中,与2014年《行政诉讼法》修改后扩大了行政诉讼的受案范围相适应。其二,在未来的立法中明确不服信用信息记录可以直接起诉而不需“复议前置”的注意性规定,以提示信息主体及司法系统在诉讼过程中无须将提起复议作为必要性事项。其三,应当适用举证责任倒置的规则,信息主体及利害关系人只需提供记录存在的基本事实。同一般的行政诉讼案件一样,面对掌握社会资源的公权力机关,相对人往往难以从相关部门中调取到对自己有利的证据。因此,起诉方只需提供存在某种异议记录的证据以证明基本事实的存在即可,至于相关部门是否披露过该信息以及该信息记录并无错误等事实均由相关部门承担举证责任。其四,司法领域应当形成不良信息记录(如黑名单)将会给信息主体带来巨大的消极影响的共识。就收集的裁判案例而言,许多法院认定信息记录并不会对信息主体的权益产生消极影响。甚至有法院作出列入“黑名单”“不产生外部法律效力”且对当事人的权利义务“不产生实际影响”的认定,而后又将信息主体“居民生活用水、用电权益受到损害以及无法办理租赁备案”等联动惩戒的责任归为限制机关的矛盾裁判。[①] 我国加强失信惩戒的主要目的在于提高失信成本,形成“一处失信,处处受限”的常态,如此显然背离了我国大力倡导的社会信用体系建设的初衷。

① 参见(2018)粤7101行初454号。

四、结语

信用信息异议制度是公共信用信息处理程序工作中至关重要的一道防线，它不仅保障了信用信息主体的“信息权”“异议权”等权利，而且可以及时有效地处理不准确、不完整、不适当的信用信息，以确保整个社会信用体系赖以存在的信用信息的及时性、客观性、准确性，其重要性不言而喻。然而，一直以来我国所注重建设的是以央行为首、各商业银行相协助所建设的个人信用信息征信系统；随着社会信用体系建设的逐步发展，公共信用信息的征集、处理、披露和异议处理等方面的管理问题越来越受关注。但是，现行的地方“管理条例”还存在各自规定、管理、裁判的状况，不仅“管理条例”本身存在大量的问题需要解决，而且各地的管理规定还缺乏统一，呈现整个公共信用信息“管理条例”杂乱无章的局面。鉴于此，我国应当进一步分析和总结现有地方性立法的经验，率先出台全国性法律，并统一规定公共信用信息异议制度的基本性和原则性问题，以确保信用信息主体的基本权益，进一步推动包括公共信用信息在内的社会信用体系的有序构建。

个人征信信息价值衡量下的“个人同意”原则及其改进

黄铖君*

摘　要：个人征信信息包含隐私内容，也包含着外界对信息主体的人格评价，具有当然的个人价值；同时与其他个人信息不同，个人征信信息的完善是构建个人征信体系、创建信用社会的基石，尤其对金融风险的预防和评估具有重要意义，具有自身独特的社会价值。但这两种价值往往是相冲突的，而“个人同意”原则便为二者搭建了桥梁，成为平衡二者关系的支点。那么在个人信息保护特别是个人征信立法中，探讨“个人同意”原则具有怎样的内涵，以及现有征信立法是否能够同时兼顾这两种价值要求便具有重要的现实意义。本文首先从现有法律规范中对“个人同意”原则的规范构造进行探索，从而寻找个人征信立法中此原则设立的不

* 湘潭大学法学院2017级本科生。

足之处，进而提出相应改进之措。

关键词：个人同意原则；个人征信信息；个人信息保护征信立法

引　言

传统征信时期，法律上一直沿用“个人信用信息”术语，指的是在金融领域能够反映一个人信用状况的个人基本信息、信贷交易信息，以及其他信息，最初人民银行个人征信系统所采集的信用信息就是这几大类。然而随着大数据征信时代的到来，信用信息的种类不再局限于金融领域，而是延伸至个人社会生活的方方面面，由此“个人征信信息”作为法律术语也就替代了“个人信用信息”。2017 年国家标准化管理委员会颁布的《信息安全技术个人信息安全规范》将个人征信信息放在个人敏感信息的框架下进行保护。而个人敏感信息（personal sensitive information）是指一旦泄露、非法提供或滥用可能危害人身和财产安全，极易导致个人名誉、身心健康受到损害或歧视性待遇等的个人信息。[①] 其虽然是推荐性标准，但是仍然有借鉴意义。这说明征信信息对个人来讲具有极其重要的价值，关乎其社会评价与个人名誉，严重者甚至危害人身和财产安全。

杨与龄认为，生命、身体、自由、贞操、肖像、名誉、信用之权利，为构成人格之要素。[②] 张俊浩也认为，信用权是直接支配自己信誉

---

① 《信息安全技术个人信息安全规范》“3.2”。

② 杨与龄：《两岸民法关于保护人格权规定之比较》，《宪政时代》（第 22 卷），1996 年 7 月第 1 期。

并享受其利益的人格权。[①] 自然,作为信用权之载体——个人征信信息显然与人格权密切相关。其不仅承载着自身人格的属性与社会评价、个人对其征信信息的控制与使用,也体现着个人信息自决权与行动自由的权利。不言而喻,个人征信信息具有显著的个人价值。

另一方面,个人征信信息又不同于其他的个人信息,其具有巨大的社会价值。在建立健全社会信用体系的任务中,征信是最重要也是最基础的一步,征信信息的准确完善与否,直接关乎信用体系的建设进程。征信信息在金融领域的作用同样不可替代,特别是在金融借贷业务中,征信通过事前提供借款人信息、事后完善借款人评级,将信贷活动从单次博弈变成重复博弈,有效降低信息不对称[②],降低交易风险,同时降低贷款成本和贷款利率,从而扩大信贷规模[③],提升金融市场质量。

但是,个人征信信息的个人价值与社会价值很多时候是无法兼顾甚至是相冲突的。对信息主体而言,其希望对自身的信息进行绝对的控制,保护个人隐私与人格尊严,同时自由地处置个人信息中的财产利益。对于社会公共利益而言,完善的征信体系和科学的信用产品要求征信机构获取更多更准确的个人征信信息。而我国《征信业管理条例》第 13 条第 1 款规定:采集个人信息应当经信息主体本人同意,未经本人同意不得采集。此“个人同意”原则便为二者之间的矛盾设立了缓冲带,成了兼顾个人征信信息不同价值利益的缺口。那么在我国个人征信立法中对“个人同意”原则

---

① 张俊浩:《民法学原理》,北京:中国政法大学出版社 1991 年版,第 158 页。

② 黄卓等著:《互联网金融时代中国个人征信体系建设研究》,中国社会科学出版社 2018 年版,第 4 页。

③ Jappelli T, Pagano M, “Information Sharing, Lending and Default: Cross-Country Evidence”, Journal of Banking and Finance, Vol. 26, No. 10, October 2002.

到底应当如何解读？现有立法是否满足个人征信信息的个人价值与社会价值属性？这是我们应当讨论的问题。

一、“个人同意”原则的解读

无论是国际法规范和多数国家的个人信息保护法，还是以网络服务商为代表的用户协议、服务条款和隐私权政策，均就个人信息处理的同意作了相关规定，将同意作为个人信息处理的正当性基础，已经成为一种理论上的通说和实践中的通行做法。

（一）“个人同意”原则的立法现状

目前，除澳大利亚、中国澳门等少数国家和地区对特定信息的收集和处理规定的是“用户知情”原则，没有强制要求“个人同意”之外，大多数国家和地区的个人信息保护立法中都以“个人同意”作为数据采集和使用的原则之一，即网络运营者经过信息主体的同意才能收集、使用个人信息。但各国法律对于“个人同意”的法律效果及效力程度的规定却各不相同。

例如，欧盟《通用数据保护条例》（以下简称 GDPR）规定“数据主体同意他或她的个人数据为一个或多个特定目的而处理”时便符合处理的合法性标准。英国《个人数据保护法》（1998 年）和韩国《个人信息保护法》都将“个人同意”作为信息控制者收集和使用个人信息的前提。① 美国《隐私权法》将“个人同意”作为目的限定的例外，即为某一目的而采集的公民个人信息，未经本人许可，不得用于其他目的。新加坡《个人数据保护法》（2012 年）规定在法

① 英国 1998 年《个人数据保护法》规定：“数据控制者只有在满足下列条件之一的情况下才可以收集和处理个人数据：1. 数据主体的同意；……”韩国《个人信息保护法》第 15 条规定：“个人信息管理者可在以下情况下为收集的既定目的（intended purpose）收集并使用个人信息：（1）取得信息主体同意的情况；……”

律没有其他规定的前提下，企业收集、使用、披露个人信息需经过个人同意。而德国《联邦数据保护法》第4条规定，收集、处理和使用个人数据必须遵守法律规定，或者经数据主体同意。

我国虽然没有统一的个人信息保护立法，但个人信息保护的重要性却不言而喻，关于“个人同意”原则的规定也散落在各种法律规范之中。各种规范表述不一，但核心内容几无差异。例如，2013年《消费者权益保护法》第29条规定，经营者收集、使用消费者个人信息，应当遵循合法、正当、必要的原则，明示收集、使用信息的目的、方式和范围，并经消费者同意。2017年《网络安全法》第41条规定，网络运营者收集、使用个人信息，应当遵循合法、正当、必要的原则，公开收集、使用规则，明示收集、使用信息的目的、方式和范围，并经被收集者同意。2013年《电信和互联网用户个人信息保护规定》第9条规定，未经用户同意，电信业务经营者、互联网信息服务提供者不得收集、使用用户个人信息。2014年《关于审理利用信息网络侵害人身权益民事纠纷案件适用法律若干问题的规定》也将个人的书面同意作为个人信息网络侵权免责事由。当然在征信领域，2013年《征信业管理条例》对个人征信信息采集、提供等环节，以及个人征信信息的种类包括收入、存款、有价证券等都规定了“个人同意”的前置条件。

（二）“个人同意”原则的规范构造

“个人同意”原则的来源应当是信息自决权。信息自决权的概念始于德国，其本质在于信息主体对自身信息的控制权和利用权，即信息主体可以自由决定自己的信息于何时、何地、以何种方式、被何信息控制者采集、储存、转让、处理以及使用的权利。虽然在我国宪法上还未被承认，但是信息自决权理论已经被众多学者所认同，它体现的是《民法》上的自由原则，或者说意思自治原则。

1.“个人同意”的性质

要明确同意的性质，首先要对法律上“同意”的内涵作出解释。在法律语境中，“同意”是指双方对于同一件事情在同一情境下达成合意[①]，经常与“约定”混同使用。《布莱克法律词典》中对“同意”的解释是，由具备相应能力的自然人作出的对某一行为或目的的协议、赞同或许可行为，具有相应的法律效力。[②] 按照这种说法，有效“同意”的作出前提是行为人具有相应的行为能力，或者至少具有作出此具体意思表示的能力，由此，行为与意思能力直接相关，法律效果直接与其意思相关。《伦理学百科全书》对“同意”的解释是，同意是一种行为，一个人通过这种行为改变了其与他人相处之涉及他们可能做什么的日常关系。在这个语境下，如果一个人的某一行为没有得到对方同意，那么其就没有权利或者有极其有限的权利做这一行为。而该词条的撰写者 John Kleinig 在《同意的伦理学》中给出的说法是：同意“是响应他人提议并借以分担其中责任的一种合作形式。”[③]按此解释，行为人作出“同意”时，具有设立某种法律关系的意图，具有相应的目的性，并且行为相对人的权利来源于行为人的“同意”而非来源于法律规定，同时也可以看出似乎“同意”与约定的性质几无差异，因此在学界有诸多学者将其认定为法律行为。那么同意是否能作为一个独立的法律行为？在个人信息保护领域“个人同意”又有怎样的法律性质？

笔者认为，对于法律上“同意”的性质不能一概而论，要在具体的法律语境中进行具体分析。而在个人信息保护领域，将“个人同

---

① 高琳迪：《论英美侵权法上的同意制度》，浙江工商大学硕（博）士学位论文，2017。

② Black' Law Dictionary, 8th ed. West Group, 2004, p323.

③ John Kleinig. The Ethics of Consent. Canadian Journal of Philosophy, Supplementary Volume VIII, 1982: 1.

意”视作一种意思表示更为妥当。首先,在个人信息保护领域的同意能力不同于行为能力,与行为能力并不必然挂钩。在法律行为制度中,为了维护交易安全而要求从事法律行为的当事人必须具备行为能力,但是其他领域的情形则并不尽然相同。比如干预身体的行为,除涉及重大手术须经法定代理人同意外,原则上无须具备行为能力。[①] 那么,举重以明轻,在涉及与人身关系紧密程度往往更弱的个人信息问题上,消极同意的作出同样无须具备行为能力,而只需考察其是否具备相应的意思能力。其次,“同意”所产生的法律效果并非来源于法律规定。前文已经说到,“个人同意”的权利实际上是来源于对自身信息的控制和使用,其所产生的法律效果即信息控制者具有可以采集、使用信息主体的个人信息的权利,是来源于信息主体的信息自决权。最后,欧盟 GDPR 中将“同意”界定为数据主体依照意愿自愿作出的任何指定的、具体的、知情的意思表示。通过声明或者明确肯定的行为作出的这种指示,意味着其同意与他或她有关的个人数据被处理。这也符合比较法意义上“同意”的概念。

2.“个人同意”的形式要件

前文已经说明“个人同意”应当作为一种意思表示,那么其相应的形式要件也要符合意思表示的要求,具体而言是意思表示的外在要件,即表意人的表意行为。其形式包括口头和书面;明示和默示。在《布莱克法律词典》中明示同意是指清晰无误地表示同意;默示同意是指根据一个人的行为而不是一个人的直接表达来

---

① 陆青:《个人信息保护中“同意”规则的规范构造》,载《武汉大学学报》(哲学社会科学版)2019 年第 9 期。

推断其同意。[1]

在很多涉及个人信息保护的法律法规中,关于"个人同意"的形式要件大多都很模糊,规定也不一,并没有明确到底何为"同意"。[2] 通用做法是按照一般信息和敏感信息进行分类。2013 年《信息安全技术公共及商用服务信息系统个人信息保护指南》中规定,处理个人信息前要征得个人信息主体的同意,包括默许同意或明示同意[3],并且在信息的不同处理阶段,对"同意"规定了不同的要求。在信息采集阶段,其规定采集个人一般信息时达到信息主体的默示同意即可,采集个人敏感信息时则必须要得到明示同意。而在信息披露和流通阶段,则必须经过明示同意。2017 年《信息安全技术个人信息安全规范》中同样要求采集个人敏感信息的时候需要得到明示同意。[4]

2013 年《征信业管理条例》中并未区分明示或者默示的同意形式,而是以书面与否区分同意标准。其在个人征信信息采集阶段仅规定了需经信息主体的同意,只有限制采集的信息种类需要经过书面同意[5],其他允许采集的征信信息则并未规定书面的要求。

---

① John Kleinig. The Ethics of Consent. Canadian Journal of Philosophy, Supplementary Volume VIII, 1982:1.

② 2017 年《网络安全法》第 22 条第 3 款规定:"网络产品、服务具有收集用户信息功能的,其提供者应当向用户明示并取得同意……"第 42 条第 1 款:"……未经被收集者同意,不得向他人提供个人信息……"2013 年《消费者权益保护法》第 29 条第 1 款:"经营者收集、使用消费者个人信息,应当……并经消费者同意……"2013 年《电信和互联网用户个人信息保护规定》第 5 条第 1 款:"未经用户同意,电信业务经营者、互联网信息服务提供者不得收集、使用用户个人信息。"

③ 《信息安全技术公共及商用服务信息系统个人信息保护指南》"5.2.3"。

④ 2017 年《信息安全技术个人信息安全规范》"5.5"。

⑤ 2013 年《征信业管理条例》第 13 条第 1 款:"采集个人信息应当经信息主体本人同意,未经本人同意不得采集……"第 14 条第 2 款:"征信机构不得采集个人的收入、存款、有价证券、商业保险、不动产的信息和纳税数额信息。但是,征信机构明确告知信息主体提供该信息可能产生的不利后果,并取得其书面同意的除外。"

在第三人查询阶段也就是征信信息提供和流通的阶段[①]，则明确规定了需要经过信息主体书面同意，在整理、保存、加工阶段甚至并未规定需经信息主体的同意。此外，需要注意的是，中国人民银行征信中心作为公共征信机构与国务院征信业监督管理部门，其收集个人征信信息时不需要征得信息主体同意。

3. “个人同意”的实质要件

同理，“个人同意”的实质要件也必须符合意思表示的要求，具体而言是指主观要件，即表意人的内心意思。在《民法》上，意思表示必须真实、自由，法律行为才能生效，从而引起法律上的效果。其要求行为人是在自觉、自愿的基础上作出符合其意志的表示行为，一方面，行为人的意思表示是自愿的，即任何个人和组织都不得强迫行为人实施或者不实施某一法律行为；另一方面，行为人的意思表示必须是真实的，即行为人的主观意愿与外在意思表示是一致的。

但是在个人信息保护领域作出的“同意”决定，信息主体的内心意思可能发生变化，往往不符合《民法》上意思表示的要求。即如果信息主体完全明知自己所作出的“同意”的内涵和外延，包括信息控制者的身份、个人信息的种类、信息被利用的目的和方式、信息流转和提供的对象、所形成的法律效果等，此时其所作出的“同意”则跟《民法》或者《合同法》上真实的意思表示的要求相吻合。但是，实际上大多数信息主体的信息被采集时，信息主体并非完全知晓此“同意”的含义，原因各不相同。一是征信机构或者说信息控制者并不会完全明确直白地将此“同意”的法律后果告知信

---

① 2013 年《征信业管理条例》第 18 条：“向征信机构查询个人信息的，应当取得信息主体本人的书面同意并约定用途。但是，法律规定可以不经同意查询的除外。征信机构不得违反前款规定提供个人信息。”

息主体，大多表述都比较模糊，比如所采集信息的种类、被使用的方式等；二是信息主体为了尽快获取征信服务或者其他服务，一般不会完整地理解甚至阅读征信机构所提供的条款；三是大多“隐私保护条款”和“信息采集协议”条文表述带有强烈的法律专业性，对于一般大众而言晦涩难懂，难以理解；四是“个人同意”往往成为信息主体接受相关服务的前提条件，“不同意”所带来的不利益导致信息主体是否真正理解其真实含义显得不再重要。

因此，对于个人征信领域的“个人同意”来说，态度一致或意向一致既不是必要条件也不是充分条件，而当同意伴有这些因素时，往往可以称之为“全心全意的”或“完全的”同意。在其他情况下，同意则可能是不情愿的、勉强的、轻率的、内疚的或半心半意的。[①]这就是说，在个人征信领域，即使在没有“心理上的赞成态度”或这种态度不明朗、不完全的情况下，人们也可能作出“同意”的表示。

二、现有“个人同意”原则对两种价值考量的不足

我国征信立法中虽然引入了“个人同意”原则，主要是对于信息采集阶段、信息查询流通阶段的把控，但是不可否认其对于该“同意”的内涵和外延的规定都非常简单，在实际运用中会出现很多模棱两可的问题。在信息主体和信息采集者实质不平等关系中，“个人同意”是个人对抗信息处理者的唯一对话途径，反映了信息处理者与个人的互动过程；是信息主体进行有效信息保护和控制的守门员，同时也是征信机构合法取得个人征信信息的敲门砖。“个人同意”肩负着平衡个人和社会之矛盾的任务，必须需要完善和明智的制度规定。

---

① John Kleinig. The Ethics of Consent. Canadian Journal of Philosophy, Supplementary Volume VIII, 1982:6.

（一）信息主体对于被采集的征信信息种类不可选择

2013 年《征信业管理条例》第 13 条规定，采集个人信息应当经信息主体本人同意，未经本人同意不得采集。但是，依照法律、行政法规规定公开的信息除外。第 14 条规定了禁止采集和限制采集的个人信息种类，限制采集的只有征信机构明确告知不利后果并取得信息主体的书面同意时，才可采集。总结起来，在个人征信信息种类上，《征信业管理条例》是这样规定的：依照法律法规规定公开的信息、禁止采集的信息都不存在“个人同意”的问题；限制采集的征信信息需经过信息主体的书面同意；不属于以上三类的其他征信信息则需经过同意（并未规定书面形式）。

这样的规定看似是合理的，但实际上并不符合信息主体“同意”的实质要求。个人同意作为一种意思表示，信息主体必须在自觉、自愿的基础上做出符合其意志的表示行为，即《合同法》上强调的自愿原则，否则基于此的法律行为可能就存在瑕疵，也就不符合意思自治的规范要求。

具体到个人征信领域，欧盟 GDPR 对于数据主体“同意”的界定为，数据主体依照其意愿自愿作出的任何指定的、具体的、知情的及明确的指示。通过声明或明确肯定的行为作出这种指示，意味着其同意与他或她有关的个人数据被处理。由此可见，GDPR 也是将“自由作出”作为“个人同意”的实质要素。第 7 条中规定：当评估同意是否是自愿作出时，应尽最大可能考虑合同的履行，包括服务的提供是否以基于不必要的同意个人数据处理为条件。又进一步说明：“为确保同意是自愿作出的，在特定情形下，数据主体与控制者之间是不平等的，特别是当控制者是公权力一方且基于特定情形下予以考虑的所有条件认为同意不可能是自愿作出的，该同意并不能成为该特定情形个人数据处理的有效法律依据。如果不允许对不同的个人数据处理操作分别作出同意,尽管这对于个别案例来说是恰当的,或者尽管同意并不是合同履行的必要条件,若包括服务条款的合同履行是以同意为基础的,则同意被推定为并非自愿作出的。”①

欧洲法对“自愿作出”的规范逻辑,重在强调“尽最大限度地考虑合同的履行包括服务的提供是否以基于不必要的同意个人数据处理为条件”。2013 年《电信和互联网用户个人信息保护规定》第 5 条规定,电信业务经营者、互联网信息服务提供者在提供服务的过程中收集、使用用户个人信息,应当遵循合法、正当、必要的原则。第 9 条规定,电信业务经营者、互联网信息服务提供者不得收集其提供服务所必需以外的用户个人信息。2013 年《消费者权益保护法》第 29 条规定,经营者收集、使用消费者个人信息,应当遵循合法、正当、必要的原则。2017 年《网络安全法》第 41 条同样规定,网络运营者收集、使用个人信息,应当遵循合法、正当、必要的原则。

回顾我国《征信业管理条例》,其并没有对个人信息处理操作的分别同意作出规定,甚至没有沿用类似个人信息保护立法中的“必要”原则的表述。而在实践中,信息主体往往也没有机会选择何种信息允许被征信机构采集,何种信息不允许。征信机构采集个人征信信息往往是通过格式条款进行,不论信息主体所需要的信用服务到底是什么,也不探究哪些征信信息对于信用评价来说是必要的,而是一味地追求越多越好。这就有可能导致不必要的个人信息被征信机构采集,信息主体的意思自治也就没有充分得到保障,征信信息的个人价值也就没有充分得到保护。

① 京东法律研究院:《欧盟数据宪章:〈一般数据保护条例〉(GDPR)评述及实务指引》,北京:法律出版社 2018 年版,第 197 页。

（二）个人征信信息的转移、流通成本高

对于征信信息的采集、保存、加工、提供等处理流程上，《征信业管理条例》并没有明确要求都要经过信息主体同意。而是在第13条规定了征信机构采集个人信息需要经过同意，在第18条规定，向征信机构查询个人信息的，应当取得信息主体本人的书面同意并约定用途。但是，法律规定可以不经同意查询的除外。征信机构不得违反前款规定提供个人信息。即第三人查询个人征信信息，以及征信机构向第三人提供个人征信信息都需要信息主体的书面授权同意。这样的规定意味着不仅个人征信信息进入征信机构需要经过信息主体的同意，同时，其信息从征信机构流出也需要经过明确授权。如此，信息主体对于自身的征信信息就会多一层控制权。在答记者问时，相关负责人也回答这样的规定是为了严格规范个人征信业务规则，体现了对个人信用信息的保护。

但不能否认，这样的规定无疑会增加信息流通的成本，增加第三人甚至是其他征信机构获取征信信息的难度，征信机构与第三人、征信机构之间的信息共享都将更加困难，“信息孤岛”问题的解决也就多了一层屏障，个人征信信息的社会价值也就难以发挥。虽然现在市场上持牌的征信机构只有百行征信一家，但是这不代表其今后也是唯一一家。征信业“政府＋市场”模式双轮驱动，必须要求百花齐放的市场化主体参与进来，所以立法必须具有前瞻性。这就意味着不论是信用机构，还是今后出现的其他征信机构若想得到征信主体的信息，必须与单个信息主体进行逐一洽谈，并取得其书面授权，这个过程中耗费的时间成本、人力成本巨大，给信用机构以及其他征信机构都增添了不必要的负担。另一方面，有时由于很多信息具有时效性，在征得信息主体同意的过程中的时间成本浪费也可能导致最后获取到的信息质量不高，由此进行的信用评价以及风险评估就不具备科学性，也就丧失了获取征信信息的初衷。这样的规定虽说能够有效保护信息主体的信息自决权，但是却给征信信息的社会价值的发挥增加了难度。

（三）“个人同意”的时间效力不明

《民法》上规定了意思表示的撤回规则，使作出的意思表示不发生效力，附期限的民事法律行为也给予了民事权利义务的法律效力消灭的理论基础，在重大误解、显失公平等法律环境下也赋予了当事人撤销民事法律行为的权利。以上规定实际上都是行为人所作出意思表示法律后果的缓冲带，使行为人在行为后对行为时所做的法律行为仍有一定可操控的余地。

在这个问题上，欧盟 GDPR 的规定非常严格。GDPR 第 4 条第 11 款指出信息主体有效的“同意”是包含五大要素，其中最重要的就是自由要素，其要求“同意”必须是在信息主体完全自主且不受限制的情形下做出的。也就是信息主体可以自由地决定自己的信息被采集，同样，其也可以自由决定自己的信息被收回，也就是同意的撤销权，并且其规定撤销同意要和作出同意一样的自由。在此项权利之下，信息主体在任何时候都有权撤回同意。

而我国《征信业管理条例》中仅规定了信息主体允许征信机构采集征信信息时的“同意”自由，并未规定该“同意”作出之后的时间效力，或者可不可以撤回。这样简陋的规定显然是存在一定问题的。在个人征信领域，信息主体同意自己的个人信息被采集、使用，往往是基于一时一事的原因，那么在该同意作出以后，倘若情境发生变化，比如信息主体不再需要某一信用服务，又或者信息主体意识到某项信息的采集可能会对自己的信用状况产生不利益，那么在这种情况下，信息主体之前所作的“同意”是否可以撤销。在现有法律框架下，征信机构征得信息主体同意之后采集的个人征信信息往往会被永久保存,这就使个人信息的自决权一次用尽,失去了对未来利用的控制。另一方面,信息主体作出某一项“同意”是基于其需要特定的信用服务,当某项信用服务或者以此为条件的借贷、租赁等法律关系已经结束之后,信息主体往往不再需要征信机构提供的某项征信产品,此时保存于征信机构数据库的个人征信信息对于信息主体来说已经失去了其应有的经济价值,征信机构有无可能将该征信信息进行再次加工、转移,继续发挥其经济效益?

无论如何,这对于信息主体来说是一种潜在的威胁:一是信息主体对自身的征信信息的储存、转移等处于一种失控的状态,这显然不符合信息自决权与意思自治的要求;二是这潜在的信息泄露甚至隐私泄露的风险是不可控的,极有可能对信息主体的财产利益甚至人格利益造成损害。

三、改进建议

笔者认为,解决以上问题可以从三个方面入手:第一,信息采集阶段,在满足信用评价和信用服务所必要的信息种类的前提下,允许信息主体对被采集的信息自由选择;第二,将信息主体的知情权和控制权相分离,在信息采集时就约定信息可流通和转移的对象范围,在信息转移、流通时仅需保证信息主体的知情权;第三,设置“个人同意”的有效期限,到期之后根据当初条款的变化与否,由信息主体再次作出明示或默示的“同意”决定。

(一)信息种类可有限勾选

其包含两层含义:第一,在个人征信信息采集阶段,信息主体可以根据意思自治自由勾选同意被采集的信息种类;第二,但其可勾选的范围是有限的,即为征信产品或信用服务所必要的强相关信息种类是必须同意的，除此之外的信息种类是可被信息主体自由勾选的。这是因为考虑到两方面因素：

一方面，现有采用格式条款采集个人征信信息时，信息主体只能全盘接受或者全盘否定，但如果不接收可能无法获得所需要的信用服务，会导致一定的不利益，所以信息主体几乎没有选择的余地。就算是信息主体同意了，但这样的“同意”并不符合其内心真实的意思表示，只能是妥协的、无奈的、不情愿的“同意”，这显然不符合信息自决权的内涵。因此在征信信息的采集阶段应当允许信息主体对其真实愿意提供的信息被采集，这才符合真正的意思自由，符合个人征信信息的个人价值要求。

另一方面，如果全盘允许信息主体进行选择，则可能出现以下情况：第一，信息主体的负面信用信息无法被采集。如果给予信息主体完全自由选择的权利，当信息被用作信用评价或获取信用服务等用途的时候，其自然会避重就轻，选择能使利益最大化的信息进行采集，那么此时其首要考虑的就不再是自身隐私保护问题，而是其所需要的信用评价的好坏以及信用服务的优劣，这显然不符合采集征信信息进行信用评价的目的和逻辑。如此一来，以保障信息主体充分的信息自决权为目的的“个人同意”原则，就被扭曲化成了信息主体获取良好信用评价和优质信用服务的工具，虽说是充分保证了意思自治，但却违背了建立信用评价体系进行风险防控的初衷。第二，信用评价或信用服务所必要的强相关数据无法采集。这种数据往往能够真正反映一个信息主体的信用状况，并且与最后的信用评价结果密不可分。当信息主体拥有完全不受拘束的决定权时，出于各种原因，比如出于信息保护的目的等，征信机构很有可能无法收集到这一类数据，如此一来，其所出具的信用报告或者信用评价的准确性、科学性就难以保证，由此产生的信用风险同样是难以预测的，一样难以起到进行风险防控的作用。

总之，征信机构在采集个人征信信息的时候，应当根据信息主体所需要信用产品或者信用服务的特点进行具体分析，指定其必须采集的强相关信息，而除此之外的其他征信信息则可允许信息主体进行自由勾选，勾选的越多信息越全面，最后呈现的信用评价就会更科学，可信度就越高，形成激励机制，信息主体便可以以此享有更优质的信用服务。如此，不仅保证了信息主体一定程度上的信息自决权，保证信息主体获取其应有的最优服务和最大利益，也保证了征信机构进行信用评价所必要的实际需求，相应的激励机制也促使信息主体提供更多的个人征信信息，更有利于其进行风险防控，从而发挥征信信息的社会价值。

（二）信息流通对象前置同意原则

其内涵是指，征信主体最初采集征信信息的时候就与信息主体约定个人征信信息被采集后可被提供的对象范围，当其他单位和个人请求查询该信息主体的信息时，如果其在该范围内则不需要再次经过信息主体书面同意，而仅需通知即可；如果其不在该范围内，则需再次经过信息主体的书面同意。这个原则不仅适用于查询某一信息主体的信息，也适用于征信机构之间或者征信机构与其他机构之间的信息流通与共享。

首先我们必须要认同的是，信息主体应当对其自身的征信信息的状态和流向享有知情权以及控制权，这符合信息自决权的要求。《征信业管理条例》中特别规定其他单位和个人查询个人征信信息必须征求信息主体的书面同意，是通过信息主体对个人征信信息流向的实时控制，来防止信息泄露，保证信息安全，这是需要肯定的。但是另一方面，良好的征信体系要求信息互联互通，对信息资源的利用应当最大化，充分发挥现有征信信息的经济价值和社会价值,充分实现信息的流通和共享,这要求信息在不侵犯个人权益的条件下自由流动,实现信息自身价值的最大化。那么在这样的规定之下,上述规定虽然可以保证信息安全,但是却给信息流通制造了障碍。

而信息流通对象的前置同意原则便可以有效兼顾个人信息保护和信息自由流通二者的需求。这意味着将信息提供对象范围问题前置,在征信机构采集个人征信信息的时候,就经过信息主体的同意,其可以根据自己所需要的信用服务等预测可以提供的对象。比如若其正面临买房买车的压力,那么就可以将提供对象的范围设定为发放房贷车贷的贷款平台,或者是房屋租赁机构。如果其需要求职就业,就可以将范围设定为相应的就业单位。日后,如若在该范围内的单位和个人需要获取其征信信息,那么就不再需要经过信息主体的书面同意,而是仅需要保证信息主体及时知晓信息流向,并且给予其提出异议的权利和要求征信机构作出说明的权利。若非该范围内的单位和个人需要获取其信息,则同样需要信息主体的书面同意。也就是说,将信息主体对自身信息的知情权和控制权分离,在信息采集阶段就前置行使对特定信息流向的控制权,在信息的流通阶段则仅需要保证其知情权和异议权,但若信息主体在信息采集阶段并没有对某些信息流向作出选择和控制,那么其控制权就仍存在,在信息流通阶段就需要同时保证其知情权和控制权。这样的做法也并非不可行,仅需要在采集时的双方约定中,增加相应条款,征信机构履行相应的告知和提醒义务即可;选择的内容由信息主体自由决定,在不干涉信息自决权的同时,也为日后相关机构及时获取其信用评价、信息主体及时获取相关服务提供了便利。

当然这样的原则也可应用于征信机构之间、征信机构与其他机构之间的大量信息传送,同样只要事前取得了信息主体同意的,便可以进行流通,这也为打破数据孤岛,增进信息共享提供了可能之策。

(三)设置“个人同意”有效日期

其包含两层含义:第一,个人征信信息在采集阶段征求信息主体同意的时候,就为该“同意”或者该约定设定一个有效期限,在此期限内征信主体可以从事约定的一切信息采集、使用、处理等行为;第二,超过此期限,也就是有效期限已到之后,征信机构对信息的储存和继续处理则需经过信息主体的再次同意,并且根据条款的变化与否决定该“同意”的明示或默示形式。

在这个问题上,许多人主张引入同意的撤销或撤回。这个观点当然有一定合理性,欧盟 GDPR 规定信息主体对同意的撤销应与同意的作出一样自由。事实上,当个人有机会同意使用他们的个人信息作为行使他们的权利和保护他们隐私的主要手段时,应该有相应的选择,可以撤回或撤销该同意。[①] 但笔者更倾向于设置同意的有效期限的做法,原因有四:

第一,在许多情况下,个人同意在实践中很难完全撤回。撤销持有权可以通过将特定记录标记为“不再存在”或可能需要删除记录来实现,并且在极端情况下,它可能需要从备份中删除信息并物理地对硬盘进行研磨。并且,如何提供可供审核的证据以证明现有个人征信信息何时以及如何撤销在技术上和法律上都是一个挑战。

第二,撤销权的行使是预设当时作出同意决定所基于的条款没有发生任何改变,信息主体决定撤销该同意,不再享受征信机构

① 李锦华:《个人信息保护中同意的有效期限》,载《山西省政法管理干部学院学报》2019 年第 1 期,第 61 页。

提供的征信产品等。但是很多时候，征信机构自身运营战略的改变、征信市场环境的变化、法律法规以及国家政策的导向都可能使信息主体当初作出同意时的条文款项发生变化，那么此时再使用同意的撤销权显然是不符合法理的。而同意的到期就可以避免这个问题，其包含几种情形：第一，当初的条款没有改变，或者在原来的条款范围内作出少许变动，但是同意已经到期，那就给予信息主体重新选择的权利，督促信息主体对权利的行使重新作出权衡；但此时的“同意”则不需要给予过高的要求，仅需默示同意即可，即征信机构履行一定的通知义务，信息主体如若没有作出反对意见，则默认为其同意征信机构对其征信信息继续进行采集和使用。第二，当初的条款已经发生变化，那么此时同意的到期就给予了信息主体再一次行使权利的机会，征信机构需要履行相应的告知和解释义务，征求信息主体的同意。而此时由于当初的条款已经发生变化，相比于前一种情况信息主体承担的风险将增加，因此需要其明示同意才可。

第三，赋予信息主体自由、随时撤销同意的权利将使征信机构对征信信息进行合法处理的法律状态变得不确定和不可控，这必然会增加征信机构的法律风险，增加征信机构进行持续的、体系化的征信业务的成本，不利于征信行业的稳健发展。而有期限的同意就可以避免这个问题。对于信息主体来说，其可以多一层对信息的控制权利；对于征信机构而言，其可以进行有时间、有计划的信息处理，及时预防同意到期后的经济和法律风险，对于双方都是互利的选择。

第四，同意有效期限的设置将提高同意的时效性，类似于产品到期和车辆年检。同意是个人对其个人信息处理失去控制的最后防御手段。更频繁地更新的同意也可能潜在的让信息主体对自身信息如何处理产生进一步认识,保护一些已经脱离信息主体的个人信息。很多信息主体在需要信用服务时同意个人征信信息被采集,但是当其不再需要时,往往被信息主体所遗忘。而同意的有效期截止,若未征得信息主体的再次同意,征信机构需删除数据库中的个人信息,当信息主体再次需要某信用服务时,可将相关信息再次引入。

四、结语

实际上学界对“个人同意”原则的看法不一。有学者认为个人同意的理论根基不牢靠,并且缺乏真实性和必要性,因而否定同意是个人信息处理的正当性基础。① 有学者认为同意机制已然失灵,同意的基础地位不保。② 相反,也有学者认为同意是保护个人信息的正确路径。③ 此外,也有学者认为因同意原则在具体适用和理论基础上的困境而拒绝适用同意原则的观念和做法太过于绝对和“激进”,并不能推翻其在个人信息处理中的正当性。④ 笔者认为,且不论“个人同意”原则在理论上是否有其正当性基础,在现阶段个人隐私边界无法界定、而个人信息经济效益巨大的情况下,“个人同意”原则无疑是平衡征信信息的个人价值和社会价值最好的桥梁。我们不能全盘否定其存在的价值,而是应当对其进行改进以适应个人信息保护和发挥信息社会价值的需要。本文在肯定个

---

① 任龙龙:《论同意不是个人信息处理的正当性基础》,载《政治与法律》2016 年第 1 期,第 126-134 页。

② 范为:《大数据时代个人信息保护的路径重构》,载《环球法律评论》2016 年第 5 期。

③ 李勇:《论消费者个人信息之保护——以告知后同意为中心》,载《理论月刊》2014 年第 8 期,第 124-128 页。

④ 王籍慧:《个人信息处理中同意原则的正当性——基于同意原则双重困境的视角》,载《江西社会科学》2018 年第 6 期,第 177-185 页。

人同意原则存在价值的基础上，对该原则的规范构造进行探究，并分析现有征信立法中该原则存在的不足之处，以求提出合理改进之方，最大化发挥个人征信信息的个人价值和社会价值。

论大数据时代侵犯公民个人信息罪之告知同意原则

江海洋*

摘　要：大数据时代，告知同意原则是个人信息收集、使用最重要的合法性原则之一，就侵犯公民个人信息罪而言，同意原则亦是不法阻却事由。由于信息科技的发展，告知效果的虚化、同意之“理性人”基础受到冲击、同意原则与大数据技术模式功能相抵牾，告知同意原则的正当性与合理性受到质疑。然而，告知同意原则在现实中具有不可替代性，其理论基础不可放弃，告知虚化问题可以解决，因此只需要对其进行适度改造即可。对个人信息按蕴含的利益进行类型化区分，可分为与人格尊严直接相关的个人信息（敏感信息）和与人格尊严没有直接关系的个人信息（一般个人信息），对不同类型的个人信息进行有梯度的保护。灵活运用不同的同意模式、采用多视角解

* 北京大学法学院2018级博士研究生。本文系国家社科基金重点项目“金融犯罪的立法与司法研究”（项目编号：18AFX012）阶段性成果。

释方法以及注重多种利益衡量，对目前大数据技术对数据二次利用及组合利用、同意或离开二选一情境下同意的任意性等问题进行类型化分析，进而判定同意是否有效、是否可以作为侵犯公民个人信息罪的不法阻却事由。告知同意原则不是万能的，欲实现个人信息的保护与流通的平衡，也应注意使用其他合法性事由。

关键词：大数据；告知同意；侵犯公民个人信息；出罪事由；类型化区分

一、告知同意原则——侵犯公民个人信息罪不法阻却事由

在当今大数据时代，个人信息的保护与流通矛盾开始突显。一方面，个人信息蕴含着社会成员隐私权等各种权利，需要法律对其进行保护；另一方面，个人信息的流通、共享与利用又是当今商业发展创新、社会治理的必然要求。为此，世界各国往往都会绞尽脑汁平衡个人信息保护与流通之间的关系。告知同意原则往往被认为是第三方合理使用个人信息的基础，以 2018 年 5 月生效的欧盟《一般数据保护条例》(GDPR) 为例，虽然其第 6 条规定了数据主体同意、履行法定义务、合同履行、保护重要利益、公共利益以及控制者优先利益 6 种数据合法性处理事由，但是由于除“同意”原则外的其他 5 种合法性原则适用条件严苛，而且具有高度不确定性，无论在理论上还是实践中，都很难撼动“同意”原则的主流和基础地位。[①] 与欧盟单一立法全面适用不同，美国采取的是一种部门式立法，这是根基于美国较少依赖政府管制力量而较多依赖市场力

---

① 京东法律研究院：《〈欧盟数据宪章〉评述及实务指引》，法律出版社 2018 年版，第 52 页。

量与市场自律的传统。虽然美国仅在特定领域就特定类型个人信息或其特别处理方式由特殊立法进行规定，但是也要求在处理个人信息之前取得信息主体的同意。总体而言，将同意作为个人信息处理之正当性基础已渐成一种趋势，并获得了普遍承认。

我国并没有专门的个人数据或信息保护法，对个人信息的保护与利用的规定都散见于其他法律之中，“同意”原则也在各个法律中有所规定。《消费者权益保护法》第 29 条规定：“经营者收集、使用消费者个人信息，应当遵循合法、正当、必要的原则，明示收集、使用信息的目的、方式和范围，并经消费者同意。”《网络安全法》第 41 条规定：“网络运营者收集、使用个人信息，应当遵循合法、正当、必要的原则，公开收集、使用规则，明示收集、使用信息的目的、方式和范围，并经被收集者同意。”《刑法》第 253 条侵犯公民个人信息罪专门为个人信息的保护与利用划定了刑事边界，刑法第 253 条并未明文规定“同意”作为出罪事由，那么根据目前学界通说是否“同意”原则为本罪不法阻却事由？这就需要基于本罪法益出发，考虑是否本罪法益的不同界定对“同意”原则的影响，若是将本罪法益界定为个人法益，则无论是消极隐私权说①，还是积极隐私权说②，抑或是公民人格尊严与个人自由说③，信息主体之同意都可以作为侵犯公民个人信息罪的出罪事由；若是将本罪法益界定为超个人法益，只要采超个人法益都可与个人法益相连接并推导出个人法益的主流观点，即法益必须与人相关联，由人所制定或认可的法，不可能与人没有关系，刑法的目的显然是为了保护“人”

---

① 参见蔡军：《侵犯个人信息犯罪立法的理性分析——兼论对该罪立法的反思与展望》，《现代法学》2010 年第 4 期。

② 刘艳红：《刑法学(下)》，北京大学出版社 2016 年版，第 253 页。

③ 参加高富平、王文祥：《出售或提供公民个人信息入罪的边界——以侵犯公民个人信息罪所保护的法益为视角》，《政治与法律》2017 年第 2 期。

的利益,只有人的利益才能称为法益。[①] 那么,就可以认为信息主体之"同意"仍然是不法阻却事由,因为个人信息无论是被界定为隐私权还是信息自决权,此种权利个人都有处分的自由,因此对个人信息蕴含的权利集合的处理自然可以为所有信息主体共同之"同意"所正当化。

二、大数据时代告知同意原则之质疑

告知后同意原则建构的基础主要来自两种理论思考。一是本于信息隐私概念乃意指控制与自身相关信息之权利,因此信息隐私保护就在确保信息主体的信息控制权限 。[②]另一理论基础来自自由市场概念。在自由市场下,信息主体、信息控制者与信息使用者,自然会就信息的使用与信息隐私保护间,找到最佳的平衡点。[③]目前最热的欧盟《一般数据保护条例》第 13 条、14 条详细规定数据控制者在向数据主体获取其个人数据或并非从数据主体处获取个人数据时应向数据主体告知的信息,其中包括控制者的身份和联系方式、个人数据处理目的以及处理的法律依据、个人数据的存储期限与期限的确立标准、数据保护官的联系方式、数据主体对其数据获取修改一系列权利以及个人数据接收方的种类等。

但是,在大数据时代,无论告知还是同意都在某种程度上偏离了原先制度设定的轨道,个人信息的收集方式与运用发生了翻天覆地的变化。在当今,个人信息收集无处不在,无论是工作、生活

---

① 参见张明楷:《法益初论》,中国政法大学出版社 2003 年版,第 166-170 页。

② See Helen Nissenbaum, A Contextual Approach to Privacy Online, Washington Law Review, Vol. 79, Issue1 (2004), pp. 140.

③ Paula J. Bruening & Mary J. Culnan, Through a GlassDarkly: From Privacy Notices to Effective Transparency, North Carolina Journal of Law & Technology, Vol. 17, Issue 4 (2016), pp. 515-519.

抑或者学习,个人信息都会为各种公私主体有意无意地收集。个人信息频繁的收集和处理以及信息控制者多方共享,既提升了获取每个信息主体同意的难度与成本,同时作为信息主体的个人在面对海量的隐私政策告知信息时,基本很少有人会认真阅读,大多都直接点击同意,告知的有效性往往会大打折扣。另一方面,个人信息的风险不仅仅来自盗用者,也来自大数据的运用。以前数据收集能力远高于分析解读能力,许多数据收集后就只是摆放着,但是现在这种趋势正逐渐改变。尤其在某情境脉络下所提供的数据,可能会以完全想不到方式被他人运用,甚至造成严重后果。例如,美国百货业者 Target 由完整购物纪录加上购买的人口统计数据库整合比对后推断,而缔造了业者比父亲还更早知道女儿怀孕奇闻。另外,英国研究人员根据手机主人过去的数字足迹,再使用基本分析技巧,即可推断 24 小时后该手机主人大概身处何方,误差不超过几平方米,这对广告营销业者(或跟踪狂)来说将无比实用。① 面对大数据科技的冲击,告知同意原则被广为质疑。

(一)告知效果的虚化

在大数据时代,个人信息的价值日益凸显,企业商家等各种机构总是通过各种各样的途径收集个人信息,除去那些没有通过隐私条款告知信息主体的信息收集者,很多信息收集者的隐私条款晦涩、冗长、难懂,隐私条款涉及繁杂专业的术语,一般人很难看懂。即使在国家的推定下采取对消费者有利简化、易懂的隐私条款,隐私条款数量过多的问题也很难解决,因为当今社会的普通人可能一天就会浏览上百个网站,与无数公司(公用事业公司、保险公司、技术公司、旅游公司、金融公司等)进行线上和线下的商业活

① 参见[英]维克托·迈尔-舍恩伯格、肯尼思·库克耶:《大数据时代》,盛杨燕、周涛译,浙江人民出版社 2013 年版,第 5-9 页。

动,假设一个网站的隐私政策是 1000 字,那么每个人每天的约定量就在 10 万字左右。而且许多网站又经常修改其隐私政策,这就造成信息主体不得不重新阅读。抛开信息主体自身的阅读意愿不谈,仅仅从时间金钱成本考虑,也得不偿失。美国的一项研究表明,如果每个人在一年内都能在他们访问的网站上阅读每一份隐私政策,一年内花费的时间将达到 538 亿小时,换算成经济成本大概是 7810 亿。①

(二)同意理论基础之"理性人"质疑

告知同意原则的理论前提是预设信息主体是"理性人","理性人"的信息主体在被告知的情况下,有能力就是否同意他人收集、使用处理其个人信息作出自身利益最大化的决策。但是在大数据时代,信息主体的"理性人"假定,面临着内部性信息决策困境与外部性决策困境,从而削弱了信息主体作出知情的理性决策的实际能力,大大影响了"告知同意"原则的实效。② 理查德·塞勒(Richard Thaler)和卡斯·桑斯坦(Cass Sunstein)教授指出,几乎所有人在所有时间都在作出最符合自己利益的选择,或者至少比别人作出的选择要好的假设是错误的。③ 传统理性主体模型在人类决策过程中有其固有缺陷,因为人们通常是根据启发式和构建选择的方式来作出决定的。人们的理性具有有限性,与生俱来的有限理性限制了人们获取、记忆和处理所有相关信息的能力,它使我们依

① See Leecia M. McDonald & Lorie Faith Cranor,"The Cost of Reading Privacy Policies",A Journal of Law and Policyfor the Information Society,Vol. 4,No. 3 (2008),pp. 540-541.

② 吴泓:《信赖理念下的个人信息使用与保护》,《华东政法大学学报》2018 年第 1 期,第 28 页。

③ Solove,Daniel J.,Introduction: Privacy Self-Management and the Consent Dilemma, Harvard Law Review,Vol. 126, Issue 7 (2013), pp. 1887.

赖于简化的思维模型、近似策略和启发式。对信息风险的评估也被“可用性启发式”(availability heuristic)所扭曲,即人们认为熟悉的危险比不熟悉的危险更危险。[①] 隐私偏好不是抽象的,而是具体的。隐私政策制定的方式,以及许多其他因素,塑造并倾向于扭曲隐私偏好,信息主体感到其自身能够控制时,更愿意分享个人数据,无论这种控制是真实的或虚幻的。更普遍的说法是,“当人们感到掌控局面时,他们更愿意承担风险,并认为这些风险不那么严重。”[②]但是,许多信息损害在本质上是累积性的,随着时间的推移,以及个人信息的不断整合和再使用,损害可能会在将来的某个时点爆发,而这都是信息主体当初并不能预见的。[③]

在大数据时代,信息主体即使在被告知的前提下,其同意的决定除了受本身内部有限理性的限制外,也会受外部性因素的影响。一方面,信息主体由于大数据技术的挖掘、分析能力而难以预估个人信息的价值,难以理性地作出判断。个人信息一旦以数据形式储存,就能与其他信息相结合,信息主体将对其用途失去控制,因为电子化个人信息几乎可以实时同步进行交易,人们无从得知个人信息的利用将终结于何处。即使当事人知悉信息收集者的最初单一使用目的,但倘若个人信息的最终用途或去处不明,则当事人亦不可能评估其个人信息的真正价值。尤其对于信息收集者(如市场营销者)而言,汇整个人信息后所产生的个人画像,其价值远高于数笔单一个人信息独立价值之和。然而,一般消费者却未注

---

① Richard H. Thaler & Cass R. Sunstein, Nudge: Improving Decisions About Health, Wealth, and Happiness, Yale University Press, 2008, p. 25.

② Solove Daniel J, Introduction: Privacy Self-Management and the Consent Dilemma, Harvard Law Review, Vol. 126, Issue 7 (2013), pp. 1887.

③ 吴泓:《信赖理念下的个人信息使用与保护》,《华东政法大学学报》2018 年第 1 期,第 28 页.

意到个人信息汇整后所增加的价值，因此，在每一笔交易中，消费者仅以失去信息隐私的边际成本个别地来衡量其个人信息的价值，然而，信息收集者将以该个人信息与其他信息结合后所附加的价值为衡量基准。因此，信息主体对于其个人信息价值的估算总是低于信息收集者，信息主体常以信息收集者愿意支付的低价来处分其个人信息。[①] 另一方面，现代生活已经离不开个人信息的流动与共享。特别是在当下网络快速发展、付款基本依靠手机支付的中国，个人信息的共享往往是不抗拒的。假如信息主体以非常小的边际价值来衡量其个人信息，则拒绝揭露该个人信息的价值通常将低于独立协商一个适用于双方当事人的个人信息保护契约或放弃该笔交易的价值。当消费者购买及运送大型家庭电器而必须提供住址时，相对于因此拒绝购买该家电所造成的成本而言，住址的信息隐私价值显得微不足道，故多数的消费者通常同意提供个人信息予信息收集者。[②]

（三）与大数据技术发展模式、功能及现实相抵牾

现行的告知后同意原则，乃是基于信息主体在信息收集之前或当时所被告知的信息，作出同意信息被收集、使用的决定。亦即收集时的同意效果，将贯穿在受告知内容下的所有信息处理、利用阶段。然而，随着科技的不断发展，尤其是大数据技术的不断精进，对于已收集取得的信息作原收集目的外的使用，或拿来与其他个人信息作组合分析使用，逐渐成为市场的常态。申言之，以自由市场机制支持当事人自主选择原则的主张，将因大数据技术的不

---

① Shaun B. Spencer, Reasonable Expectations and the Erosion of Privacy, San Diego Law Review, Vol. 39, Issue 3 (2002), pp. 843.

② 翁清坤：《告知后同意与消费者个人资料之保护》，《台北大学法学论丛》2012年第3期，第265页。

断发展创新,而无法有效运作。在信息的收集、处理或利用的任一阶段,随时都可能发生当初信息主体在信息收集同意时,所未预期到的处理、利用方式,或所未预期的第三者使用其个人信息的情形出现。此种对于信息为原始目的外的使用行为,正是大数据挖掘分析运用的一项主要特征:大数据技术的运作原理就是立基于尽其可能收集愈多的信息以应未来无法预期的使用。① 因此,原则上讲,只要没有获得同意,信息处理就是违法的。而大数据技术具有高频次、自动化、专业化、场景复杂性等特征,若是要求信息处理者对每一次利用都要再次获得信息主体同意,则将会极大地损害效率,更重要的是在实践中往往是很难做到的,在某些情况下甚至是不可能的。② 若要彻底贯彻告知后同意原则以保护信息隐私,则无可避免地将对大数据的发展造成阻碍。

在大数据时代,信息主体在原始的收集、使用目的下所为之同意,产生无限扩张至往后信息所有的再使用或组合使用之效果,著名案例有谷歌流感预测。③ 此种以收集阶段的同意,无限贯穿或扩张至所有的(不论是目的内或目的外)信息处理、利用行为之告知后同意原则,造成人们对信息隐私权保护之担忧。因为虽然个人某些片段信息属于同意使用或者已经公开的信息,但是大数据针对这些片段信息的聚合与分析技术仍会产生意想不到的效果。利用大数据技术分析,从现有信息中可以收集归纳出的新信息的类型,以及从现有这些数据中可以作出的预判的类型,都太过庞大和

---

① Cranor, Lorrie, Panel I: Disclosure and notice practices in private datacollection, Cardozo Arts & Entertainment Law Journal, Vol. 32, Issue 3 (2014), pp. 807.

② 田野:《大数据时代知情同意原则的困境与出路——以生物信息库的个人信息保护为例》,《法制与社会发展》2018 年第 6 期,第 118 页。

③ 参见[英]维克托·迈尔-舍恩伯格、肯尼思·库克耶:《大数据时代》,盛杨燕、周涛译,浙江人民出版社 2013 年版,第 3-4 页。

复杂,而且变化发展得太快,以至于人们无法全面评估所涉及的风险和好处。很难评估将任何信息与其他信息结合在一起时,是否会在以后的某个时候暴露出一些敏感的东西。每一种情况的成本和收益取决于先前披露决策的集合。在时间1,一个人可能披露事实A。在时间2,这个人可能决定披露事实B。很难确定的是事实A和B是否可以结合起来揭示事实C,以及这个人是否会因为他人知道或使用事实C而受到伤害。但在揭示事实A和事实B时,可能所有人都不知道事实A加事实B会得到事实C。①

因此,面对告知同意的困境,有民法学者认为在大数据时代,应全面放弃告知同意原则。② 虽然上述对告知同意原则的质疑与批判主要是民法学者,就刑法而言,也具有重要意义。一方面,考虑到法秩序的统一性,若是其他法律认为在大数据时代,告知同意原则已经没有修补调整的可能性,信息主体作出的同意不是具有任意性或者不可能自由作出同意,那么刑法也不得不重新审视信息主体同意作为侵犯公民个人信息罪出罪事由的合理性。在考虑信息主体同意是否可以作为侵犯公民个人信息罪出罪事由时,不可避免地需要考虑大数据时代个人信息的收集与运用的变化对信息主体同意效力以及同意方式的影响。一般认为,同意要具有任意性与真实性,基于胁迫而被压制的同意无效,以及基于被欺骗而产生认识错误也会影响同意的效力。③ 另一方面,就同意的方式而言,刑法理论中有意思表示说与意思方向说,同意方式的选择也会

---

① Solove, Daniel J. Harvard Law Review, Introduction: Privacy Self-Management and the Consent Dilemma, Vol. 126, Issue 7 (2013), pp. 1884.

② 任龙龙:《论同意不是个人信息处理的正当性基础》,《政治与法律》,2016年第1期,第126页。

③ 参见[日]山口厚:《刑法总论》,付立庆译,中国人民大学出版社2018年版,第167页。

对个人信息的保护与流通造成极大影响;换个角度也可以认为,信息主体同意方式的选择对于个人信息的保护与流通之间的平衡具有重要意义。

三、大数据时代告知同意原则放弃不可行

大数据时代,面对告知同意原则的缺陷,有学者提出应对告知同意原则进行改良,以基于场景的风险管理理念重构告知同意原则。[①] 还有学者综合考虑各种改良方案,指出应对个人信息进行分类并设立隐私评估系统,适当拓宽择入式同意的适用范围,以行业引导方式提供隐私政策模板。[②] 更有激进的学者通过否定告知同意原则解决“信息不对称”的能力以及个人信息自决权,进而认为同意本身缺乏必要性和真实性且不符合经济考量;而且大量的例外规定会削弱同意效力,因此主张同意原则应被放弃;认为对个人信息处理行为的规制不能一味严格,应以防止滥用为原则,对个人信息处理行为是否具有正当性,应基于判断的方式并坚持采用责任规则。[③] 若是应时代变化,对个人信息的流通与处理而言,告知同意原则不具有正当性,且就侵犯公民个人信息罪而言,同意亦不能为不法阻却事由。不可否认,上述对告知同意原则的批判在某种程度上以当前大数据时代的某些现象为基础,具有一定的现实性。但是,并不能因此一叶障目,且不说无论是理论上的通说抑或实践中的通行做法,众多国际组织和国家均将个人信息处理的正

---

① 参见范为:《大数据时代个人信息保护的路径重构》,《环球法律评论》2016 年第 5 期,第 92 页。

② 参见万方:《隐私政策中的告知同意原则及其异化》,《法律科学(西北政法大学学报)》2019 年第 2 期。

③ 任龙龙:《论同意不是个人信息处理的正当性基础》,《政治与法律》,2016 年第 1 期,第 126 页。

当性建立于同意之上①,就针对大数据时代告知同意原则的不足,也不是没有办法予以弥补。

(一)告知虚化问题可以解决

首先,针对告知虚化的问题。针对告知信息主体的隐私政策的繁杂、冗长,信息主体不愿看、看不懂的情况,事实上并不难解决,可采取简短、白话语句的使用及分层次说明方法。比较早期的尝试乃着眼于设计较短内容的隐私权政策,并要求使用白话语句与文字说明,使人易于理解。此外,欧盟数据保护工作小组(Article29 Data Protection Working Party)于2004年提出的《更加协调的信息规定意见书》中,支持以"多层次告知"(multi-layered notice)概念取代过长的告知内容。由于欧盟个人信息保护小组认为,告知信息并不必须要显示在同一份文件上或同一网页页面上,只要各个分开的告知信息结合起来后,可以满足欧盟数据保护95指令规定的告知要求即可②;而分层次的说明方式,对信息主体而言,能够在短时间(当事人比较愿意在不过度花费时间的前提下阅读隐私权政策)内快速地初步理解信息被谁、基于何种目的收集、使用。欧盟数据保护工作小组提出的分层次告知法,可分为下列三种层次:第一层属于"简短告知"(the short notice),告知内容是欧盟数据保护95指令第10条规定要求的必要信息或核心信息,即信息控制者的身份与联络信息,及收集、使用信息之目的的信息。甚至当可作为展示告知的空间受限制时,例如行动购物网站上的隐私权政策受限于设备的画面窄小的情况下,可使用"超简短告知"(the very short notice)方式;第二层属"浓缩告知"(the condensed no-

① 任龙龙:《论同意不是个人信息处理的正当性基础》,《政治与法律》,2016年第1期,第126页。

② Article 29 Data Protection WorkingParty.

tice)，所告知的内容包括所有欧盟数据保护95指令要求须告知的信息。这些信息包括公司名称、信息处理目的、信息收受者的类别、回复与否是强制性或是自愿性以及未回复的可能后果、信息移转第三人的可能性、接近、修改及反对的权利、个人可享有的选项；第三层为“完整告知”(the full notice)，告知内容必须包括所有欧盟国家的法律要求与特异性，告知方式例如可选择添附各国联系信息的连接网址。①另外，使用标准化格式进行隐私权政策告知，对于信息主体而言，比较容易理解；且若企业间都使用大致相同的格式进行隐私告知，信息主体也具有更强的预见可能性。②有学者主张，还可以体验式告知(visceral notice)，因为问题的关键不在于告知的简短或易懂，而在于如何引起消费者阅读隐私权政策的意愿，亦即告知的内容应少一点文字、多一点互动交流。因此提出体验式告知法(visceral notice)，以心理学方法，着重人们曾经的行为经验，以过往的行为经验为基础，提升人们重视隐私权政策的可能。③

(二)同意原则之理论基础不可放弃

有必要指出的是信息自决权是源于德国的概念，与源于美国的信息隐私权区分在学界存在争议。④ 但是，无论是信息自决权还是信息隐私权都强调一种个人信息自主控制权。信息自主控制体现了个人主体的地位，个人对其个人信息的控制决定是一种自治

---

① See Article 29 Data Protection WorkingParty (WP29), Opinion 10/2004 onMore-HarmonisdInformation Provisions.

② See Federal Trade Commission, Protectingconsumerprivacy in an era of rapid change: recommendations for businesses and policymakers (2012), pp. 61-64.

③ See M. Ryan Calo, Against Notice Skepticism in Privacy (and Elsewhere), Notre Dame Law Review, Vol. 87, Issue 3 (2012), pp. 1027-1032.

④ 参见王泽鉴：《人格权法》，北京大学出版社2013年版，第208页；王利明：《论个人信息权的法律保护——以个人信息权与隐私权的界分为中心》，《现代法学》2013年第4期。

的表现。有学者指出,在大数据时代,信息主体对于个人信息的控制本身就是一种利益。由于现今存储高度有关之人个人信息的技术手段在时间上不受限制,而且借助大数据处理技术,无论距离远近,可以在几秒之内获取信息。而且这些信息可以和收集的其他数据相组合,尤其是当建立综合性系统数据时,可以产生部分或者相当完整的人格图像,而信息主体却没有有效的手段控制其准确性和用途。在此种情况下,公众关注可能会造成个人心理言论,进而可能还会影响个人的行为,而获取信息和施加影响的可能性会增加到什么程度现在还不得而知。[①] 因此,对于个人信息赋予控制利益的保障,具有担当信息隐私保护控制阀的效果。否认个人对自身信息的控制能力,是对个人主体地位的否定,是建立在对个人不信任的基础之上。主张废除告知同意原则的学者往往将对个人信息保护的希望寄托于某种外部力量,诸如信息处理者信义义务的履行、主管机构的监督。这些学者的内在逻辑是,只要个人信息处理对信息主体是无害的,就可以任意处理。然而,即使是“无害”的信息处理,如果信息主体不愿意,亦不能强行为之,不顾信息主体自身意愿直接进行“无害”的个人信息处理,本身就是一种自决机会丧失的尊严损害。[②]

(三)同意模式具有现实的不可替代性

无论是将数据隐私视为基本权利和自由的一种,而采“权利话语”(rights talk)的欧盟,还是将数据隐私视为市场利益的一种,而

---

① 刘金瑞:《个人信息与权利配置——个人信息自决权的反思和出路》,法律出版社 2018 年版,第 71 页。

② 田野:《大数据时代知情同意原则的困境与出路——以生物信息库的个人信息保护为例》,《法制与社会发展》2018 年第 6 期,第 120 页。

采“市场话语”(market discourse)的美国[①],告知同意原则在平衡个人信息保护与流通中都具有不可替代的作用。欧盟自不待言,其主要以告知同意为基础,辅之以例外构建其个人信息法律制度。就美国而言,其对个人信息的规制采取的为一种部门立法形式,即在某些特定领域就特定类型个人信息或其特别处理方式由特殊立法进行规定,在很多情况下也要求在处理个人信息之前征得信息主体的同意。联邦贸易委员会(Federal Trade Commission, FTC)向国会所提出报告指出,有助于建立公平信息惯例(fair information practices)的 5 项核心原则,其中,最重要者为通知注意及选择同意。[②] 类似地,美国某些法律例如《金融服务现代化法》《儿童在线隐私权保护法案》《影视隐私保护法》等法律也规定了信息主体同意原则。[③] 可以看出同意基础作为一种趋势,在美国也得到了认可。事实上,正如有学者所言,同意原则是“事先预防”型个人信息保护机制的重要体现,废除同意原则的后果必然是整个社会将注意力转向侵犯个人信息的“事后救济”。但是,“事后救济”一般救济成本高昂,更为重要的是某些个人信息的不当流通和处理将对信息主体造成难以挽回的伤害,这种伤害或损失可能难以通过物质补偿等形式得到救济。[④] 不可否认的是,无论是“事先预防”还是“事后救济”,在个人信息的规制中,都有其地位,只不过每个国家根据自身文化习惯、历史传统等因素会有所偏重而已。在目前,可

---

① See Paul M. Schwartz&Karl-Nikolaus Peifer, Transatlantic Data Privacy Law, Georgetown Law Journal, Vol. 106, Issue 1 (2017), pp. 116.

② Fred H. Cate, Protecting Privacy in Health Research: The Limits of Individual Choice, California Law Review, Vol. 98, Issue 6 (2010), pp. 1765-1766.

③ 高富平:《个人数据保护和利用国际规则:源流与趋势》,法律出版社 2016 年版,第 24-28 页。

④ 王籍慧:《个人信息处理中同意原则的正当性》,《江西社会科学》2018 年第 6 期,第 181 页。

以说还找不到一种比同意更有效的保护个人信息的方法。“在个人和信息处理者的不对等关系中，权利人同意是一个最好的制约性权利。”①特别是对于《刑法》规定侵犯公民个人信息罪的出罪而言，同意原则在刑法理论中作为出罪事由，可以说已经为理论界与司法实务广为承认，若否定该原则，以其他原则代替，其出罪的正当性问题存在疑问，极容易出现定罪易、出罪难的司法乱象。

四、大数据时代告知同意原则之改造

为应对大数据时代告知同意原则困境，有必要对告知同意原则进行符合时代特征的改造，使之符合大数据的发展模式，充分实现告知同意原则对个人信息保护与流通平衡的调节机能。不可否认，告知同意原则存在一定的不足，就“告知”的虚化而言，解决方案已经很清晰，只要信息主体提升权利意识以及信息收集者创设简单易懂的隐私政策，问题应不是很难解决。正如学者所言，在法律制度实施中成本总是难免的，知情同意因大数据而增长的成本与负担，如果对于维护人格尊严是必要的，那么就是应当承受的。②

（一）刑法中同意原则新问题

对“同意”原则的质疑本质上即是个人信息收集利用效率与个人信息的保护的平衡问题，主要体现在以下几方面：

1. 大数据时代信息组合利用或二次利用问题

目前“同意”原则是以信息主体在信息收集当下所被告知的信息，作出同意个人信息被收集、使用的决定，收集时的同意效果，将

---

① 徐丽枝：《个人信息处理中同意原则适用的困境与破解思路》，《图书情报知识》2017 年第 1 期，第 110 页。

② 参见田野：《大数据时代知情同意原则的困境与出路——以生物信息库的个人信息保护为例》，《法制与社会发展》2018 年第 6 期。

贯穿在受告知内容下的所有个人信息的处理、利用阶段。然而,随着科技的不断发展,尤其是大数据挖掘与分析技术的不断精进,对于已收集取得之个人信息做出原收集目的外的使用,或拿来与其他个人信息作组合分析使用,已经逐渐成为市场的常态,这也是大数据技术的功能和魅力所在。这就造成在个人信息的收集、处理或利用的任一阶段,随时都可能发生当初信息主体在作出个人信息收集同意决定的时候,所没有预期的处理、利用方式情形的出现。此时,信息收集者是否需要再次获取信息主体的同意?若严格遵循告知同意原则,不可避免地会影响到个人信息的利用效率,也在某种程度上影响国家的大数据发展战略的实现;若是采一次同意、无限利用的观点,则过于弱化个人信息的保护,有损信息主体的人格尊严,甚至造成其他严重后果。

就刑法而言,超出当初告知信息主体个人信息使用目的,在告知使用目的外使用个人信息的或者组合使用以及二次使用的,由于侵犯公民个人信息罪的规制的行为并不包括“非法使用”行为,所以信息收集者只要是未将个人信息非法出售或者提供给他人,那么基于罪刑法定原则就不会构成侵犯公共个人信息罪。为了处理此种情况,可以采取两种思路:第一种即是立法增设非法使用个人信息罪,用以规制利用大数据技术对个人信息组合使用或者二次利用以及目的外使用等非法处理数据的行为,同时也应将因故意或因重大过失从匿名或化名数据中重新确认个人身份的行为纳入本罪规制。我国《刑法》第 253 条侵害公民个人信息罪只是规定了非法获取、非法出售与非法提供的行为,并未对非法使用行为进行规制,这与其他国家的立法模式不同。德国《数据保护法》第 44 条第 1 款明文规定为了获取报酬,或者意图为自己或他人牟取暴利,或者意图损害他人利益而出于故意,未经授权,处理非一般皆可得的个人数据构成犯罪。第二种方式即是对侵犯公民个人信息罪中的“非法获取”行为做扩大解释。2017 年英国数字、文化、媒体和体育部发布的《英国新数据保护法案:改革计划》(A New Data Protection Bill: Our Planned Reforms)就尝试扩大解释“非法获取数据罪”,使其可以涵盖那些违反控制者的意愿而留存数据的人(即使他们最初获取数据是合法的)。[①] 基于罪刑法定的要求,以及大数据产业创新的需要,对非法使用个人信息的行为最理想的方式还是基于科学调研,以立法的形式确定新的罪名、合理的构成要件为宜。

至于告知时欺骗信息主体,以其他目的收集使用个人信息,即告知收集个人信息的目的是 A,但实际上目的是 B,信息主体出于认识错误同意,此时的同意是否有效? 按照刑法通说则需要判断信息主体的认识错误是法益认识错误,还是动机认识错误,若是前者,自然可以认为同意无效。

2. 同意模式之选择问题

同意的方式的不同也会影响个人信息的保护与收集利用效率。目前,同意的方式主要有选择加入与选择退出两种。选择加入模式,个人信息收集者于收集、利用或分享个人信息前,应先取得当事人的明示同意。选择加入模式因此于个人信息上创设一种权利赋予当事人,且对于信息收集者课以引诱当事人放弃权利的负担。相反,选择退出模式要求信息收集者必须提供当事人选择退出关于个人信息收集、利用或分享之机会,因此,当事人怠于行使选择退出之权利,将被视为对于个人信息收集、利用或分享的默示同意。选择退出乃将负担移转至信息主体身上的机制,当其对

① 英国数字、文化、媒体和体育部(DCMS)编:《英国新数据保护法案:改革计划》,邓辉译,《中国应用法学》2017 年第 6 期,第 174 页。

此欠缺同意的意思时，当事人必须积极主动通知信息收集者停止关于其个人信息之收集、利用或分享。[①] 可以发现，选择加入和选择退出对个人信息的保护与收集利用具有不同的价值倾向，那么是否对所有个人信息都应该采取统一的同意模式？就刑法而言，选择加入模式与刑法同意理论中的意思表示说相对应，即认为同意的意思必须以语言、举动等方式向行为人表示出来，选择退出模式与刑法同意理论中意思方向说相对应，即认为只需要有现实的同意即可，即使没有表示于外部也有效。[②] 因此，同意模式的选择也影响着侵犯公民个人信息罪中同意效力的有无。

3. 同意任意性判断问题

无论是作为刑法中不法阻却事由的同意，还是个人信息流通中同意原则，都要求信息主体同意时处于任意性自由决定。《德国联邦个人信息保护法》第 4a 条第 1 项明文规定，只有基于信息主体自由决定的同意才是有效的。亦即当事人必须得以自行决定是否同意对于其个人信息之收集处理利用以及如何为之，而非受到任何强制或外界压力。依据德国联邦最高法院的观点，当事人同意非出于自主决定的情况还包括，当事人因为处于经济或社会之弱势的状况或因从属关系而同意对其个人信息的收集处理利用，或者是当事人因为超乎寻常的经济上或者其他性质的刺激或诱导，例如广告赠品，诱使当事人提供其个人信息，则当事人之同意即非出于自主决定。对于超乎寻常的刺激或诱导应该如何认定存在争议。一般认为，如果信息主体因为此诱导，而无法作出理性评估，则可以认定其意思自主受到不当影响。但是个人的理性应该

① 翁清坤：《告知后同意与消费者个人资料之保护》，《台北大学法学论丛》2012 年第 3 期，第 179 页。

② 张明楷：《刑法学》，法制出版社 2016 年版，第 225 页。

如何评估，很难有答案。事实上，在许多合同关系中，当事人往往处于一种类似压迫关系之下，当事人不但无法拒绝信息收集者的收集的要求，甚至连信息处理的方式也无法选择。[①] 可能正是由于信息主体的任意性或理想难以评估，欧盟《一般数据保护条例》第7条第4项规定，当评估同意是否自愿作出时，应尽最大程度地考虑合同履行包括服务的提供是否以基于不必要的同意个人数据处理为条件。可以发现欧盟《一般数据保护条例》已放弃直接判断信息主体的任意性或自愿性，而改采一种客观需要说。互联网时代，大多数网络服务提供者，无论是App抑或是门户网站，大多采取同意提供信息或者放弃接受服务这种二选一的方式，此时信息主体的同意是否出于自愿性？是否可以成为侵犯公民个人信息罪的不法阻却事由？若否认信息主体的自愿性，则是否符合一律构成侵犯公民个人信息罪？

（二）应对之道：个人信息利益类型化分解

在大数据时代，信息领域内隐私权内涵发生了改变。信息隐私的客体并不局限于业已存在的隐私信息，而是广泛表现为个人数据挖掘加工过程产生的各种数据权益。[②] 因此，有必要对个人信息保护的权利基础基于对个人信息的区分进行分类考察。正如有学者所言，权利就是法律上承认并予以保护的利益，利益是权利的本质要素，对个人信息权利体系的构建以及个人信息的分类应以个人信息上存在的利益为基础。[③] 随着时代的发展与科技的进步，

---

① 张陈弘：《新兴科技下的信息隐私保护：告知后同意原则的局限性与修正方法之提出》，《台大法学论丛》2018年第47卷第1期。

② 刘泽刚：《欧盟个人数据保护的“后隐私权”变革》，《华东政法大学学报》，2018年第4期，第55页。

③ 刘金瑞：《个人信息与权利配置——个人信息自决权的反思和出路》，法律出版社2018年版，第134页。

个人信息中所蕴含的利益已经超过了原本意义上的单纯与人格尊严有关的信息隐私权，为此有学者正确地指出有必要将个人信息分为两大基本类型，即“与人格尊严有直接关系的个人信息”（敏感个人信息）和“与人格尊严没有直接关系的个人信息”（一般个人信息）。①

1. 个人信息分类标准：敏感个人信息与一般个人信息

与人格尊严有直接关系的个人信息（敏感个人信息），包括个人私密信息、亲密信息和个人特征信息。个人私密信息即一旦披露就会导致人格受损的个人信息，如生理缺陷、性生活细节。② Solove 教授指出个人信息私密性是通过隐藏相关个人的事实，作为限制他人接近自己的其中一种方式；至于亲密信息，则不仅为个人自我创造所必要，亦为人际关系发展所需。③ Charles Fried 教授认为，要成为朋友或爱人，人与人间必须到达一定程度的亲密关系。关于个人的行动、信念，或情绪信息，个人不会选择与所有人分享，亲密性信息就是保障个人不与任何人分享这些个人信息的权利。透过赋予此项权利，创造了我们经营友情与爱情关系的道德资本。④从上述的论述中可发现私密性与亲密性的关键区别在于：亲密信息强调的是个人与他人间的关系利益，而私密信息则着重在个人自己。当个人企图建立一个屏障以保护他人对于自己私密生活的干扰时，两种利益概念表面上看起来或许有相似之处：除了保护自己不被干扰，同时亦阻绝与他人关系的建立。然而，私密性信息在

---

① 刘德良：《论个人信息的财产权保护》，人民法院出版社2008年版，第27-28页。

② 刘金瑞：《个人信息与权利配置——个人信息自决权的反思和出路》，法律出版社2018年版，第135页。

③ Daniel J. Solove：Understanding privacy，Harvard University Press，2008，pp. 21-24.

④ Charles Fried：Privacy，Yale Law Journal，Vol. 77，Issue 3（January 1968），pp. 475-482.

于维持个人事务的私密性，因此，保护私密性无可避免地将阻碍个人与他人产生社会接触，当此接触会危及该个人事务的秘密性。但相反地，亲密性信息乃立基于与特定人分享特定信息以经营亲密关系的愿望；亲密性信息是在确保个人能在不担忧（或感到更加舒服）的情况下，迎接与他人建立友爱、信任关系，因为此亲密关系能受到隐私屏障。[①] 个人特征信息是指可以直接识别主体身份的个人信息，包括肖像、声音等个人信息以及姓名等。个人在社会生活中的个人标示信息往往需要和个人人身特征信息一起才能识别出特定主体的身份。[②]

与人格尊严没有直接关系的个人信息（一般个人信息），可以分为“可能影响人的消极自由（生活安宁）的个人信息”和“可能影响人的积极自由（行为自由）的个人信息”。可能影响人的消极自由（生活安宁）的个人信息主要是个人联络信息，如手机号码、电子邮箱，知道这些信息本身不会损害人格尊严和人的自由，但是滥用这些信息侵扰他人会损害当事人不被打扰的消极自由。可能影响人的积极自由（行为自由）的个人信息，是指个人的行为包括作为不作为所伴生的个人信息，这包括不涉及个人尊严的个人生活经历信息和个人数字足迹信息，如个人在电商网站的点击浏览信息。

随着大数据时代的到来，有必要将个人信息按其利益属性进行类型区分，进而对其采取不同程度的保护。个人信息控制利益仅是所有个人信息都具有的一项利益，但并非唯一利益。个人信息除了本身的自主控制利益，还包括个人信息背后蕴含的其他隐

① 张陈弘：《新兴科技下的信息隐私保护：告知后同意原则的局限性与修正方法之提出》，《台大法学论丛》2018 年第 47 卷第 1 期，第 266-230 页。

② 刘金瑞：《个人信息与权利配置——个人信息自决权的反思和出路》，法律出版社 2018 年版，第 135 页。

私利益，如与人格尊严有关的私密、亲密利益。因此，不必过于强调个人信息主体的个人信息控制权，妄图以个人信息控制权实现所有类型个人信息的保护。一味过分强调个人信息保护的利益在于确保个人信息主体的个人信息控制权，而对不同类型的个人信息给予无差别的保护，容易造成一旦个人信息控制权满足，即认为达到个人信息保护目的的结果，而造成一旦失去与人格尊严有关的个人信息的控制权，也就失去个人信息中亲密性或私密性利益保障的基础。这明显弱化了与人格尊严直接相关的个人信息的保护。因此，针对上述分类，可以认为与人格尊严直接相关的个人信息处理具有个人信息控制权外，私密性信息与亲密性信息尚存在私密性利益与亲密性利益，即便个人信息主体的个人信息控制利益受到满足或未受满足，仍须进一步关注亲密性或秘密性利益的保护，进而给予不同类型的个人信息不同梯度的保护。事实上，上述分类也体现在我国的相关法律法规之中，国家质量监督检验检疫总局和国家标准化管理委员会于2012年发布的《信息安全技术公共及商用服务信息系统个人信息保护指南》明确规定个人信息可以分为个人敏感信息和个人一般信息；随后2017年又颁布了《信息安全技术个人信息安全规范》，将个人敏感信息认定为“一旦泄露、非法提供或滥用可能危害人身和财产安全，极易导致个人名誉、身心健康受到损害或歧视性待遇等的个人信息”。2017年两高颁布的《关于办理侵犯公民个人信息刑事案件适用法律若干问题的解释》（以下简称《解释》）中也对不同类型的个人信息进行了区分保护，《解释》第5条根据个人信息本身所蕴含的利益分别规定了符合本罪情节严重的标准。

2. 个人信息类型化之多层次保护

由于不同类型的个人信息所体现的利益有所不同，自然受到保护的程度就有所差别，特别是在大数据时代，个人信息的流动无论对个人的生活还是对科技创新、国家治理都具有重要意义。但是对那些与人格尊严没有直接关系的一般个人信息的保护不可过度，应适当考虑社会利益，通过利益平衡考量此种一般个人信息的流动与利用是否具有不法性。对于那些与人格尊严直接相关个人信息的保护则不可轻视，这是保证个人自由发展，自己决定自己生活的前提。根据个人信息类型化理论，对上述大数据时代个人信息保护与利用如何平衡的疑问应有一个比较清晰的解决思路。

(1)个人信息组合利用与目的外利用

大数据技术的发展是以数据挖掘组合分析为其基础的，不可避免地会将各种个人信息组合使用或者超出信息主体同意时利用目的，若任何个人信息都需要信息主体二次同意，难免造成低效，阻碍科技创新，影响国家的大数据发展战略。因此，有必要采取区分性保护，对那些分析目的或分析结果为与人格尊严直接相关的个人信息(敏感个人信息)，应事后告知信息主体，并告知信息主体具有的删除权等一系列权利。为应对大数据技术对个人信息的需求，动态同意模式值得提倡，即运用现代网络信息技术手段，在信息主体与信息收集利用之间搭建一个交流平台，使信息披露与知情同意成为一个持续、动态、开放的过程。借助这一技术平台，参加者可以随时了解研究的最新信息，并自由选择同意加入或退出。[①] 当然，就侵犯公民个人信息罪而言，大数据技术这种典型的事后组合利用与目的外利用，只要不是在第一次告知信息主体时

① 参见田野:《大数据时代知情同意原则的困境与出路——以生物信息库的个人信息保护为例》,《法制与社会发展》2018 年第 6 期。

采取了欺诈手段，造成信息主体产生法益认识错误，则不会构成本罪，因为本罪行为类型并未规定“非法利用”个人信息行为。

（2）不同类型个人信息同意模式的选择

正如上文所述，选择加入模式与选择退出模式对个人信息的保护力度有所不同，对与个人尊严直接相关的个人信息（敏感信息）的收集使用应采取最高级别的保护，采取选择加入模式告知信息主体是合适的。同时，为了强化对亲密性、私密性个人信息的保护，对此类信息的同意必须是具体、特定的意思表示，即当事人对于收集、处理、利用其个人信息的目的和范围有明确认识后的同意；亦即对当事人而言，必须清晰可辨，在何种条件下何种个人信息会被收集利用，以及是否会提供给第三人，如此才能确定其同意的影响范围。而对于敏感信息中的个人特征信息，则可以对具体特定的同意在解释上允许有一定弹性，事前将利用信息的对象加以类型化，使得当事人可以知悉并预估，一方面兼顾信息自主权，另一方面也可免去反复征得信息主体同意的程序。例如某慈善团体为相关低保人群联系不同企业进行不同的援助，需要低保人群提供个人信息，即可以通过类型化的方式取得当事人同意，而无须针对不同企业的援助，逐次征求当事人的同意。

针对与人格尊严没有直接关系的个人信息，理想的方式是采用选择退出模式，在刑法中信息主体的同意方式可以采取意思方向说，即不需要表现于外部，以一种默示形式同意即为有效。但是，由于网络的发展，人们对网络的依赖增加，此类一般个人信息的社会属性较强。现实生活中对一般个人信息的利用和收集，比如个人联络信息、个人网络足迹等，即使采取选择退出的模式仍然具有很大的困难。不可否认对于这些一般个人信息，信息主体仍具有控制权益，只不过这类一般个人信息与人格尊严没有直接关系，此类个人信息的控制权只是为了防范与人格尊严直接相关的信息权利受侵害的危险，因此在某种程度上可以弱化保护。① 对此种一般个人信息可以尝试利用刑法中的推定同意。② 通说认为推定同意，是指为了被害人的利益或第三者利益牺牲被害人一部分利益，被害人知道真相后将会同意。推定的同意具有补充性，只有在无法询问信息主体的意见并取得信息主体的同意或者取得同意要付出极不合理的代价时，才有适用推定同意的可能性。这在某种程度上为个人信息的保护划定了底线，即只有在不可能获得信息主体同意或者获得信息主体同意的代价极不合理才可以考虑适用推定同意。在满足此前提下，需要考虑是否有其他利益可以与信息主体的控制权以及行动自由相衡量。

正如上述，一般个人信息与人格尊严没有直接关系，但却可能影响人的自由，如手机号码、电子邮箱等个人联络信息被收集后滥用损害当事人不被打扰的消极自由（生活安宁），不涉及人的尊严的个人线下生活足迹和个人在线网络数字足迹信息等个人信息可能会影响人的积极自由。③可以发现，这类个人信息被收集之后绝大多数都被用于广告营销。以当今最具代表性的线上网络足迹为例分析，随着互联网和电子商务的发展，个人数字网络足迹已经成为数字数据洪流的重要组成部分，源源不断地产生于我们日常生活，通过日益剧增的网络传感器而被收集、存储、处理。从经济利

---

① 杨芳：《个人信息自决权理论及其检讨》，《比较法研究》2015 年第 6 期，第 32 页。

② 这里可能存在争议到底是适用推定的同意还是假定的同意，因为两者的区别在于假定的同意是可以很容易地得到对方的意见，而推定的同意是以必须无法取得或者只有通过极不合理的方式采可以取得为前提。为了对平衡个人信息的保护与流动利用，应该说推定的同意理论是合适的。

③ 刘金瑞：《个人信息与权利配置——个人信息自决权的反思和出路》，法律出版社 2018 年版，第 229 页。

益角度观察,可以发现信息主体这些个人信息相当于是对当前互联网免费服务的对价,互联网服务的提供者正是凭借收集这些个人信息来吸引广告获取利润,再将一部分利润作为免费提供互联网服务的成本。可以说,互联网免费软件和服务很大程度上就是依靠互联网广告的支撑。因此从经济利益视角,基于理性人假设,可以推定大多数信息主体会同意付出自己与人格尊严没有直接关系的个人信息作为免费使用网络软件和服务的代价。当然针对一些谨慎独特的有个性的客户可以采用学者的建议,在网络信息服务领域实施“普遍免费 + 个别付费”的模式[①],针对那些对一般个人信息保护有独特需求的信息主体使用网络软件及服务收费的模式。

除了上述经济利益视角外,也需要基于网络信息服务者的言论自由视角考虑。当然首先要回应的是个人信息的流通是否属于商业言论?有学者给出肯定回答,其指出实际上所有发生于次级市场的个人信息转移、散布或分享,其目的多半是为将来推销商品予以该个人信息所涉及的主体,故应属于商业言论。[②]对于一般性个人信息流通,美国诸多法院都将其视为商业言论。在商业交易或其他经济活动中,商业言论除保护商业言论表达者积极表意或消极不表意之自由外,消费者(信息提供者)取得充分信息之“知的权利”或“接收沟通的相对应权利”亦在宪法保障范围之内,以利于有意义的“告知后同意”之决策。可以认为,网络信息服务者对个人信息的收集是商业言论自由的一种形式,商业言论既属于言论

---

① 参见张新宝:《普遍免费 + 个别付费:个人信息保护的一个新思维》,《比较法研究》2018 年第 5 期。

② Vera Bergelson, It's Personal, But Is It Mine? Towards Property Rights in PersonalInformation, U. C. Davis Law Review, Vol. 37, Issue 2 (2003), pp. 379-400.

自由的一种，就应受宪法保障，纵使其保障程度低于宪法所保障的其他言论或表现自由，在与其他利益衡量时，也应对其进行考虑。为此可借鉴美国 Central Hudson Gas and Electric Corp. v. Public Service Commission of New York 案中评估管制商业言论之合宪性的利益衡量模式，即(1)是否属于受宪法增修条文第 1 条保护之言论，如属不法活动或误导性之商业言论则不受保护；(2)对于管制该商业言论是否具有实质重要利益(substantial interest)；(3)该管制是否能直接提升(directly advance)利益；(4)该管制是否过当、超过提升该利益所必要范围。① 因此，就网络服务商收集一般个人信息投放精准广告而言，首先得不属于不法活动或误导性言论，若不符合则不需进行下一步判断；之后再判断管制商业言论、限制个人信息的流动是否具有实质重要利益，而对一般个人信息而言，由于与人格尊严并没有直接关系，故不应属于可以和言论自由相抗衡的实质重要利益。申言之，就言论自由限制而言，对个人信息的收集流通利用予以限制，则必须证明欲限制之个人信息的流通，将对于当事人造成特定及实质重要的损害(如令人困窘、恐吓、造成财产人身危险)。当我们知道一般个人信息在世界流动时，虽然我们也可能感到不舒服，但我们乃生活在信息可以自由流通的一个开放社会。对他人可以轻易地接触到涉及我们的一般个人信息时，感到的一般性程度的不舒服，并不是能与言论自由抗衡的实质重要利益。② 因此也就没有必要进行余下步骤衡量。因此，可以认为，信息主体为了获取免费服务，以及为保障自身对信息获取的能

---

① Central Hudson Gas & Electric Corp. v. Public Service Commission of New York, 447U. S. at 557, 561-562 (1980).

② 翁清坤：《商业言论自由与个人资料保护之冲突》，《台大法学论丛》2018 年第 3 期，第 726 页。

力以便作出对自己最有利的决策,同时兼顾他人的商业言论自由,会同意对其个人在线网络足迹等一般个人信息的获取利用。

(3)同意或放弃服务二选一之同意任意性考量

当今网络时代,网络软件和服务基本都是免费模式,以收集利用个人信息作为对价,绝大多数服务都是采取同意被收集利用个人信息或放弃服务二选一的模式,此时信息主体往往没有选择权,正如上述依据德国联邦最高法院的观点,此种情况难免对信息主体同意的任意性有所疑虑。就侵犯公民个人信息罪而言,若是信息主体的同意不具有任意性,则其同意自然无效,不可成为不法阻却事由。那么任意性标准如何确定?倘若当事人只能面对既成的事实或没有机会进行真正的选择,则其同意的效力将会受质疑。例如,现实生活对于受雇人而言,真正的选择即可以拒绝同意而不会遭逢任何的伤害(如丧失工作)或可以事后改变心意而撤销同意。然而,在层级化的依赖关系中,受雇人(当事人)处于雇用人(资料收集者)的影响支配之下,对于其个人资料的收集、利用、分享或移转,假如受雇人拒绝或保留同意,可能将受到或多或少的损害。据此,就雇用人与受雇人之间具有从属的关系,谈判力量具有不对称性,故当事人的同意是否出于自由意志,实有探讨空间。①在网络世界,此种双方地位不对称的现象更为常见。对此学者 Margaret Jane Radin 提出"契约即为同意"(contract-as-consent)与"契约即为产品"(contract-as-product)两种模式。"契约即为同意"模式,指传统上两个人心灵的交会乃出于自由意愿,当事人知悉且明了彼此所为为何,而且要求相关契约条件应处于可被理解的状态或者是否有其他项目可供选择。相反地,"契约即为产品"模式下,

① 翁清坤:《告知后同意与消费者个人资料之保护》,《台北大学法学论丛》2012年第3期,第277页。

交易条件本身即为产品的一部分，故消费者若急需该服务，对于所开出交易条件只能“接受或离开”（take-it-or-leave-it），别无其他选择。①

在现行商业交易中，尤其网络虚拟世界的网站经营者，将“契约即为产品”模式作为营运的基础，完全未赋予消费者（信息主体）选择的余地。此种地位不对等的二选一模式是否具有任意性？任意性与否是当事人的一种主观感受，自然不能直接得出，为此欧盟《一般数据保护条例》第 7 条第 4 项规定，当评估同意是否自愿作出时，应尽最大程度地考虑合同履行包括服务的提供是否以基于不必要的同意个人数据处理为条件。《加拿大个人数据保护法》第 6 条也规定，数据收集者不得要求当事人同意个人资料为原始交易目的以外的使用为其提供产品或服务的前提要件。德国学者进一步提出，若是民生所必须之基础服务的提供是以当事人同意对其个人信息的收集处理利用为条件，则应推定该同意不符合当事人自由意志而无效。② 可以发现，欧盟与德国已经采用一种偏客观的评价标准，即以服务目的以及服务内容为标准判断当事人是否出于任意性而同意。此种方式值得借鉴，但是仍有必要根据不同类型个人信息进行分梯度保护。对敏感个人信息，特别是亲密性与私密性个人信息，收集处理此类信息的目的必须明确清晰，即使不是民生所必需的基础服务，只要以信息收集为提供服务的前提，则有理由认为信息主体的同意不具有任意性，这在某种程度上是国家家长主义的体现，对与人格尊严有关的个人信息给予适度的规

---

① See Margaret Jane Radin, Humans, Computers, and Binding Commitment, Indiana Law Journal, Vol. 75, Issue 4 (2000), pp. 1125-1126.

② 林玫君：《论个人资料保护法制当事人同意》，《东海大学法学研究》2017 年第 4 期，第 148 页。

范干涉。然而，对于一般个人信息收集后之使用目的可具有一定的弹性，以应对大数据时代的变革；且只有是以民生所必须之基础服务为前提胁迫信息主体时，当事人的同意才不具有任意性。因为一般个人信息本身具有一定的社会属性，是个人在社会共同体生活所必须提供的对价，若个人出于自身原因不愿付出此种对价，法律规范也不反对；但是其必须以放弃非生存所必需的其他利益，若其接受这种非民生所必须服务，则表明其已经同意交付其一般个人信息为对价，当然此种交付只在原本目的的范围有效。

五、结语

在大数据时代，平衡个人信息的保护与流通、利用绝非易事，个人信息的保护往往涉及公法、私法等多部法，在我国未制定《个人信息保护法》的前提下，侵犯公民个人信息罪作为目前刑法对个人信息收集处理最主要的规制罪名，有必要注意其他法的相关理论变化和争论，适时地吸收其中有益的成果。告知同意原则对平衡个人信息的保护与流通处理具有不可替代的作用，基于大数据时代的特征，根据个人信息所蕴含的利益对个人信息进行类型化分类，据此再对信息主体之同意有效与否进行类型化判定，应该可以解决个人信息告知同意原则的绝大多数问题。当然，不可否认的是，告知同意原则不是万能的，对个人信息的收集利用是否合法，还需要注意其他合法性依据的存在，如欧盟《一般数据保护条例》第 6 条规定的其他几个合法性原则。就侵犯公民个人信息罪而言，在判定信息主体同意是否有效时，也应坚持个人信息类型化区分保护，根据个人信息所蕴含的利益采取有梯度的保护，区分情况界定信息主体同意有效性与否，同时也应提升对其他合法利用个人信息合法性事由的解释能力，实现对个人信息的保护与利用的平衡。

区块链在征信领域的“底层”应用研究

郑　杰*

摘　要：在当前新兴科技的不断发展、加快建设和完善我国社会信用体系的背景下，征信作为关键一环，作用日益凸显。但我国传统征信领域仍然存在征信数据二次加工、信息孤岛、收集数据耗费大量成本、征信数据安全受到威胁等诸多弊端，而区块链技术恰巧为我国征信领域的优化提供了新思路。区块链作为一种底层记录技术，其去中心化、去信任化、防篡改等特性，在区块链上所记录的数据信息和所发生的动态过程都会按照时间顺序被验证、记录、提取、使用，探索建立区块链征信网络系统，可以达到获取原始数据、打破信息孤岛、降低征信成本、提升数据安全的目的。但区块链应用于征信领域后仍面临一些技术挑战需要我们去研究破解。

关键词：区块链技术；信用；征信

---

* 湘潭大学法学院硕士研究生。

引　言

近年来,大数据、人工智能、区块链等新技术正在引领着新一轮科技革命。数字经济逐渐地影响、甚至改变着人类的生产和生活方式,推动着经济向前发展。区块链作为一项引领变革的技术,对于全球各个产业、行业向前发展将产生颠覆性的影响,将成为推动技术创新、模式创新的“加速器”。我国《“十三五”国家信息化规划》中把区块链作为一项重点前沿技术,鼓励加强对区块链技术的创新与应用,区块链技术逐渐应用于各个领域。

随着我国社会的快速发展,经济持续增长,我国已成为全球第二大经济体,但我国信用立法的发展却严重滞后,信用体系迟迟不能建立,与我国经济发展不相匹配。从某种角度看,市场经济就是信用经济,高度发达的信用体系无疑是现代经济的基石。① 在构建我国信用体系的过程中,征信作为关键环节,决定着我国信用体系是否能顺利建成,及其潜能能发挥多大,起着至关重要的作用。传统征信领域仍存在诸多弊端,而区块链技术恰巧为我国征信领域的优化提供了新思路,探讨建立以区块链技术作为底层技术支撑的区块链征信网络系统,实现互联互通、数据共享,克服传统征信领域的弊端,真正实现区块链技术在征信领域的“底层”应用,有利于推动我国社会信用体系的建设和完善。

一、我国传统征信领域存在的问题

在我国大力推进信用体系建设的背景下,征信所发挥的作用越来越重要。但传统的征信领域与当前我国加快推进信用体系建

① 陈芊汝:《区块链与大数据技术的结合对互联网征信发展的启示》,《甘肃金融》2016 年第 11 期,第 53-55 页。

设的需求不相匹配，仍存在征信数据二次加工、数据孤岛、征信成本、数据安全等问题。

（一）征信数据存在二次加工

在目前传统的征信领域中，征信机构在收集、获取大量征信数据后，每个征信机构都会对自己数据库的征信数据进行一定的筛选、处理和统一格式等二次加工，然后形成属于各自征信机构特点的数据形式，再对外提供征信服务。但在征信机构进行二次加工过程中，必然会过滤掉部分征信数据，对于征信信息的使用者获取的征信数据的完整性是一种减损。在企业或个人需要使用征信数据时，如获取信用报告、信用评估、进行信用信息咨询等，我们所获得的征信机构给出的征信报告等结果就是经过其二次加工的产物。信用信息的使用方不能直接获取原始数据，只能获取经二次加工后的征信数据，而其二次加工后的数据在数据的全面性、信息的详细程度方面又十分受限，对于要依据征信结果进行判断、作出决策、信用风险的防控的信用信息使用者来说，会产生一定的影响。

（二）存在信息孤岛

从 1997 年起，我国对个人征信一直在进行探索实验。2015 年 1 月中国人民银行下发《关于做好个人征信业务准备工作的通知》，要求芝麻信用管理有限公司、腾讯征信有限公司等八家征信机构做好个人征信业务的准备工作，准备时间为六个月，但之后的三年里这八家都未能独立拿到牌照。直到 2018 年 2 月 22 日，中国互联网金融协会与这八家机构共同持股的百行征信获得央行许可设立个人征信机构，并于 5 月 23 日挂牌成立。虽然在中国人民银行监管指导下，八家征信机构进行了一定程度的融合，成立了百行征信机构，但客观上仍然无法有效破除信息孤岛间的坚冰。

表1 八家征信机构情况汇总

征信机构	股东	数据来源	应用
芝麻信用	蚂蚁金服旗下	阿里电商、蚂蚁金服、用户上传、合作互联网平台、金融机构和公共机构	信贷、航旅、生活租赁、社交、公共服务
腾讯征信	腾讯	QQ和微信用户、财付通、用户上传、京东和第三方合作平台	信贷、生活租赁、社交、反欺诈
前海征信	平安集团	平安集团综合金融数据、合作机构	金融机构、互联网金融公司、非金融机构等
考拉征信	拉卡拉、蓝色光标、拓尔思、旋极信息、梅泰诺、51job	拉卡拉集团旗下的金融业务、银联等合作机构和公共机构	P2P、电商平台、小额贷款公司等
华道征信	银之杰、北京创恒鼎盛、清控三联、新奥资本	银之杰金融服务体系、亿美软通移动商务平台等第三方合作机构	租房房东等
中诚信征信	中国诚信信用管理集团	银行、保险公司、合作的中小金融机构和企业平台	银行、电商、P2P平台、小贷公司等客户
鹏元征信	天下宝资管、南京圭图等	合作的金融机构、各级政府、公共事业单位	银行、P2P平台、小贷公司、第三方支付、消费分期及其他泛金融领域、电商等

续表

征信机构	股东	数据来源	应用
中智诚征信	阿米巴资产管理、盛希泰	合作的P2P平台和其他第三方机构	P2P\消费金融等,将会接入银行和汽车金融公司等

由表1我们回顾这八家征信机构的股东、数据来源、应用场景等情况,可以看出八家征信机构由不同的股东控制,而其数据来源也主要依靠其股东所从事行业,其所收集的数据也仅限于其涉及或合作的某几个领域,八家征信机构所获取的征信数据也应用于不同场景,有重合场景,但大多各不相同。笔者认为由于企业的特殊性,企业与企业之间就会天然地形成壁垒,即使进行所谓的股份的融合,这一天然形成的壁垒也不会随着企业间投资融合而彻底消失。表现出的只是表面上的融合,而其深层的壁垒并未被打破。征信机构间及征信机构与其他机构间缺乏有效的共享合作,无法实现征信数据高质量的互联互通,难以铲除信息孤岛间的坚冰。而且信用数据是一个多维度数据的集合,如果仅从少量维度进行信用评价,则信用评价的客观性、准确性都会有所受损,不能把信息主体的信用状况的全貌展现出来。各征信机构存在的信息壁垒,使得各机构仅根据自己在所涉及的领域收集的信用信息对一个信息主体进行评价,显然这一评价是不全面的,并且评价结果的准确性、客观性会降低。仅仅从几个维度进行评价的这种“以偏概全式”的评价结果在应用于不同场景时,也会存在细微的偏差。

(三)收集数据耗费大量成本

征信机构对自己所掌握的独家数据有较强的保护意识,因为这是其核心竞争力,各方都希望能够共享他人信息而独享自身掌握的信息以获得更多的利益。前面提到的 2015 年初，对八家征信机构予以 6 个月的准备时间，但八家征信机构在之后的三年里，都未能拿到独立的个人征信牌照，最终以入股百行征信收场。其中原因在 2017 年 4 月 20-21 日在北京举办的“个人信息保护与征信管理国际研讨会”上中国人民银行征信管理局万存知局长给出了答案：“8 家每一家都想追求依托互联网形成自己的业务的闭环，这样在客观上就分割了市场的信息链，而且每一家的信息覆盖范围都受到限制，因为信息不广、不全面，这样带来产品的有效性不足，不利于信息共享。”①八家机构只注重自己的数据保护，且根据其现有的信息进行不同形式的评价并对外使用，但评价是片面的、不准确的。

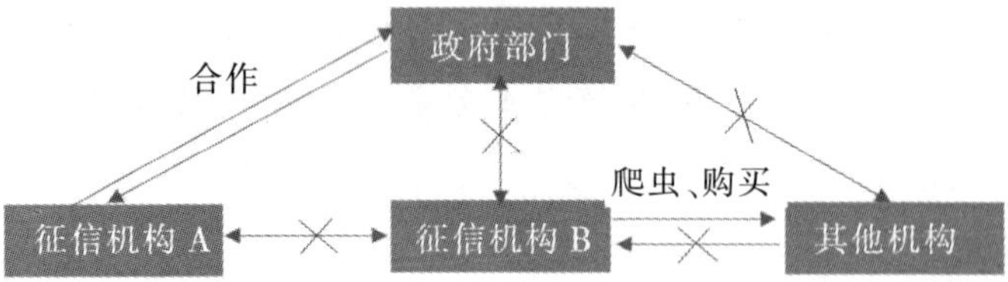

图 1

图 1 显示，传统的征信机构之间以及与其他部门之间并不会进行互联互通、资源的共享，而是他们通过爬虫技术、合作、购买等方式，进行高成本的、部分信息互通资源共享，目的是从其他征信机构、其他机构或部门获取数据，以提升自己在征信市场的竞争力，这直接使得征信机构在收集数据上耗费了大量成本。在这样一种情况下，花费大量成本进行资源的获取，但所掌握的数据仍不能刻画出信息主体的立体画像。如果想尽可能地将信息主体的画

---

① 张奇、谢水旺、侯潇怡：《个人征信业下半场：综合征信 + 专业征信格局将现?》，《21 世纪经济报道》2017 年 4 月 25 日第 9 版。

像立体化,则需要投入更大的成本,笔者认为这是一种不必要的成本浪费。

(四)征信数据安全受到威胁

随着新兴技术的不断发展,“互联网+”模式在各个领域的交叉应用,征信领域的发展也不例外,无论是征信信息的采集、传输还是存储等过程越来越依赖于互联网技术。数据库、云储存等储存技术的发展,使得征信机构将收集到的大量信用信息集中存放在数据中心或其信息数据库中,征信数据的采集量和集中程度极大地扩展。与此同时,对征信数据的保护要求更加严格,征信数据的安全性进一步受到威胁。

一是有遭到黑客攻击或感染病毒的危险。在征信数据采集、加工、传输、储存等过程有可能遭到截取篡改等恶意攻击,导致信用主体的征信数据的泄漏或被篡改,严重的甚至会破坏征信系统的运作,使整个体系处于瘫痪状态,影响信息主体征信数据安全。二是储存征信数据的数据库本身的安全受到威胁。随着大数据和云储存技术的发展,征信数据的数据量几何级增长,大量的征信数据进入到征信机构以数据库或云储存为储存载体的数据中心,数据中心是一个征信机构的核心和关键,一旦出现问题对征信机构的影响是非常大的。随着数据数量的增长,其储存空间的需求也会不断扩大,有很多机构将数据库的扩容外包给技术公司,那么在外包这一过程中,可能出现征信数据被外包公司工作人员窃取泄漏的风险。以上两种情况的出现都会增加征信数据泄漏的风险。

传统的征信问题依靠传统的方式解决,往往会出现成本较高、效率较低、效果较差的情况,而恰当地运用科学技术可能会带来意想不到的效果。科学技术是第一生产力,新兴科技的出现往往推动生产方式的变革。区块链技术的出现,依靠其关键技术及特点,恰巧为我们解决传统征信领域存在的问题带来了契机。

二、区块链关键技术及特点

区块链(Block chain)是一种按照时间顺序将数据区块以顺序相连的方式组合成的一种链式数据结构，并以密码学方式保证的不可篡改和不可伪造的分布式账本技术。从广义上来讲,区块链技术是利用链式数据结构来验证与存储数据、利用分布式节点共识算法来生成和更新数据、利用密码学的方式保证数据传输和访问的安全、利用由自动化脚本代码组成的智能合约来编程和操作数据的一种全新的分布式基础架构与计算范式。①

区块链技术具有应用于征信领域的能力,来源于区块链系统的关键技术及其特点。

(一)区块链的关键技术

1. 共识算法

共识算法是指在分布式网络系统中一个节点或多个节点提出一个提议之后,整个网络中对这个提议达成协定的算法。一般来说共识算法具有如下功能:一是参与共识的节点无须相互信任就可达成共识;二是在不依赖任何其他节点数据和状态的情况下,节点可独立进行算法运算;三是保证各节点对上链数据打包区块的计算收敛后达到最终一致性;四是在一定规模的节点环境下声明达成共识所需的理论时间;五是应有明确的抗恶意攻击指标。② 通过以上功能,使得区块链的各节点达成共识,各节点数据保持一致性。

2. P2P 网络技术

P2P(peer-to-peer)技术,即点对点的对等网络技术,它是一个

---

① 工信部:中国区块链技术和应用发展白皮书(2016),2016 年 10 月 18 日。

② 可信区块链推进计划:《区块链司法存证应用白皮书》,2019 年 6 月。

没有中心服务器、依靠用户群进行信息交换的互联网体系。[①] 网络中的每个节点都处于相同的地位，具备服务器和客户端的双重属性，每个节点既为其他节点提供服务，同时也接受着其他节点提供的服务。P2P 网络中的各个节点都有一定的存储能力和计算能力，网络中的节点越多，网络的服务质量就越高。P2P 网络技术的应用，使得区块链技术具有了去中心化、分布式的结构，用户之间可以以最直接、最方便的方式进行资源、信息数据的传递。

3. Hash（哈希）算法

Hash（哈希）算法在信息技术领域中是非常基础也是非常重要的技术。它可以在有限的时间和有限的资源内将任意长度的信息数据映射成较短的固定长度的二进制字符串，例如 SHA256 算法就是将任意长度的信息数据映射出一个 256 位的二进制字符串[②]，这个二进制字符串则称为哈希值（Hash 值）。在区块链中，储存的是数据的哈希值，而不是原始数据，且哈希值可以用来检验数据的完整性。

Hash 算法有以下三个特点：第一，正向快速，即在有限的时间和有限的资源，输入一定的信息经过哈希算法就会输出一段固定长度的哈希值。第二，逆向困难，即输入信息很容易通过哈希算法计算出哈希值，但根据哈希值很难（基本不可能）逆推出原来的输入值。第三，数值敏感，即修改原始输入的一点信息，其产生的哈希值将有很大的不同。正是由于哈希算法正向快速、逆向困难、数值敏感等特点保证了区块链中数据的完整性、安全性。

---

① 何蒲等：《区块链技术与应用前瞻综述》，《计算机科学》2017 年第 4 期，第 1-7 页。

② 同上。

4. 数字签名技术

数字签名技术是非对称密钥加密技术和数字摘要技术的应用,是一个加密解密的过程。数字签名技术是发送方用私钥将数字信息加密,并将数字摘要和信息的原文一起发送给接收方,接收方要用发送方的公钥对被加密的摘要信息进行解密得到数字摘要;同时接收方用与发送方相同的哈希函数将原始信息进行哈希计算出数字摘要,再将这两个摘要进行对比,如果相同即可证明收到的数字信息是完整的,在传输过程中没有被篡改过,反之则说明数字信息不完整被篡改过。

5. 时间戳技术

时间戳技术是指将电子数据摘要和权威时间源绑定,由国家授时中心负责授时和守时,从而为该电子信息数据在某个特定的时间的准确时间提供证明[①],防止电子文件被篡改,保证电子数据时间内容的真实性、完整性及可验证性。通过时间戳技术的应用,可以轻松地确认某份加有数字时间戳的电子信息数据产生的时间,根据时间先后顺序搭建完整的、可信的数据链条。

(二)区块链技术的特点

1. 去中心化

区块链技术是由 P2P 网络技术搭建的去中心化的分布式网络结构,在区块链网络中每个节点地位都是相同的,享有同等的权利义务,不依赖于中心化的硬件或管理机构,每个节点互相交易备份;如果其中某个节点数据丢失或被篡改而导致该节点停止工作,

① 张飞等:《基于时间戳服务的电子签章验证方法研究》,《浙江工业大学学报》2009 年第 3 期,第 300-305 页。

并不会影响整个区块链网络的运行①，而且网络的节点可以随时加入或离开网络。

2. 去信任化

区块链技术基于共识算法使得整个网络上的节点达成共识协定，网络中的节点无须取得相互信任，而是基于达成的共识，进行交易、数据交换等活动。并且区块链技术是一种分布式记账技术，整个网络的运作及数据交换、传输都会被盖以时间戳记录下来，并广播到全网，使全网的人共同记录，网络的运作和交易都是公开透明的，各节点无法对其他节点进行任何欺骗或不正当的行为。

3. 防篡改

在区块链网络中，一旦数据被记录到区块链上，经过全网广播，再经链上节点多次确认后，会对数据进行完整的拷贝。除非攻击者控制全网总算力中超过 51% 的节点，而这在网络节点足够多的情况下，几乎是不可能的事情。同时，区块链采用分布式储存技术，每个节点都独立保存完整的区块数据，单节点上的数据修改是无效的，同时也无法影响其他节点的数据内容，因此区块链上储存的数据具有极高的安全性和稳定性。

4. 集体维护

区块链网络系统是由全网所有具有维护功能的节点共同维护，系统中的所有人都可以参与到具有维护功能的节点中来进行维护工作。每个节点在参与记录的同时也来验证其他节点记录结果的正确性，以实现区块链网络系统安全、有效运行。

---

① 刘钊：《区块链基础技术的特点及潜在应用》，《数字通信世界》2019 年第 5 期，第 193-194 页。

三、区块链技术在征信领域中的应用

（一）建立区块链征信网络系统

基于区块链技术，我们可以尝试建立一个区块链征信网络系统。

在区块链网络中，因为其去中心化的特点，每个节点上的主体都是平等的。但当前根据我国信用法治的建设以及征信领域的发展，中国人民银行征信管理部门作出的贡献有目共睹，发挥了巨大的引领和推动作用。笔者认为基于我国国情，可以尝试建立如图2、图3（图2为模型整体，具体运行见图3）所示的以中国人民银行征信管理部门继续作为社会信用体系建设的主导者，其他各个机构、各个部门、各个主体共同推动征信信息互联互通的区块链征信网络信息系统。以中国人民银行征信管理部门为主导，并不是又建立一个中心，而是在一个平等共享的区块链征信网络信息系统不断发展过程中，让中国人民银行征信管理部门起到引领、推动作用，推动着整个征信行业向前发展，推动着社会信用体系建设更加完善。

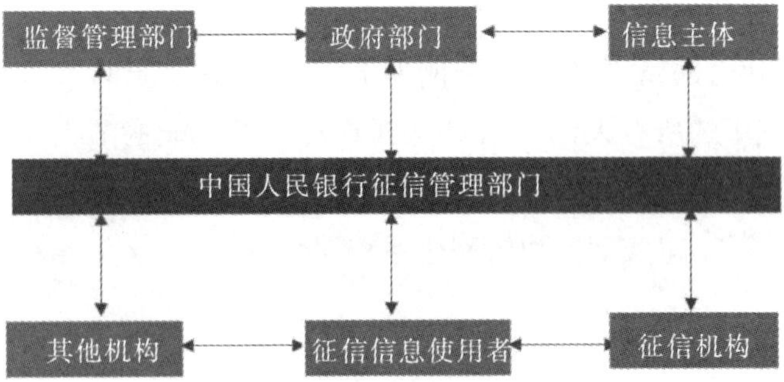

区块链征信网络系统模型

图2

（二）具体运行

对于一个系统的运行，应当首先明确其运行规则。在区块链征信网络系统中，我们首先要将系统的合法操作规则嵌入系统。第一，规则要明确在系统中可以进行哪些操作，其他操作在系统中是不被允许的；第二，规则应明确操作的合法路径是什么，使整个系统只能按照合法的路径进行操作，其他任何违反信用规则的路径都无法开始。

为了理解区块链征信网络系统的运作，笔者将进行一次简单的模拟如图 3。过程如图 3 标号所示，详细解释为：

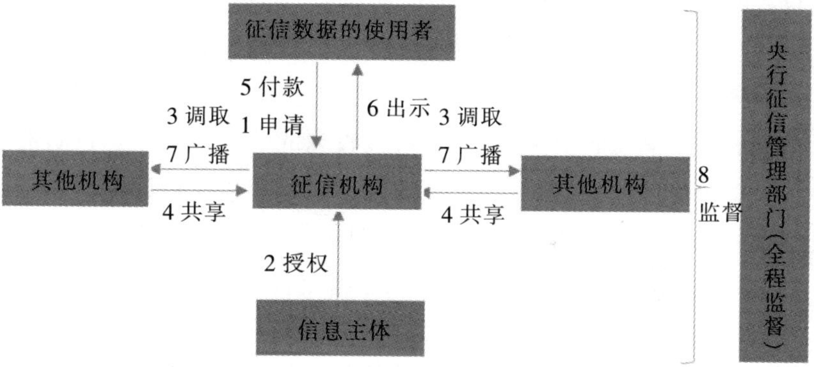

图 3

1. 征信数据的使用者想要获取征信数据，首先要向区块链征信网络系统中的征信机构申请。

2. 信息主体对自己的征信数据享有数据所有权，其他征信数据的使用者想要获取信息主体的征信数据，需要获取信息主体的授权同意，其授权的内容包括三方面：一是授权信息主体的哪些征信数据可以被使用；二是授权征信数据在什么场景使用；三是授权征信数据的使用次数。

3. 征信机构在得到信息主体授权的情况下，有可能该机构掌握的数据不全面，该机构可以依据该授权通过区块链向其他机构其他部门申请调取。

4. 接到调取申请的其他机构部门，对授权的摘要信息进行验证后，会依据授权信息、调取申请将相关信息共享给之前的征信机构，对分散在其他机构其他部门的征信数据进行整合。

5. 征信数据的使用者依据中央人民银行征信管理部门制定的征信收费标准向征信机构支付相关费用。

6. 征信机构在收到征信数据使用者支付的费用后，才会将整合好的征信数据向其出示。

7. 征信机构出示征信数据后，紧接着就会将这一次的查询方、被查询方、征信机构和授权的内容一起打包写入区块链，再将这一信息的数字摘要向全网进行广播，接收到的节点通过公钥进行验证后保存到区块上，并追加到区块链中。这样可以保证每次征信数据的使用都可追溯，同时也防止信息主体的征信数据被滥用。

8. 中央人民银行征信管理部门全程监督。对于区块链征信网络系统的监管，传统征信监管体系法律依据不足，监管方式落后，监管手段单一，已经不能满足当前征信领域的实际监管需求。因为区块链征信网络系统是以中央人民银行征信管理部门发挥带头作用的系统，所以可以依托区块链技术实时记录、操作留痕、全程透明的全过程记账的特点，实现中央人民银行征信管理部门在区块链上对征信的全过程实行全程监督，保证整个区块链征信网络系统在有效监管的前提下稳健运行。

四、区块链技术在征信领域中的应用优势

(一)信息主体可直接获取数据

当前社会，信用作为一种个人资本，在人与人之间的交往、企

业间的交易过程中，更是作为决策和风险防控的重要依据，人们为了达到决策和风险防控的精准性、合理性，越来越追求征信数据的全面性和详细程度。区块链技术运用了 P2P 技术，使得在区块链网络上的每个节点都处于相同的地位，实现了数据与信息“点对点”的传输，减少了中间不必要的环节。正是由于这些特点，使得区块链技术运用于征信领域，天然地满足了用户和信用信息使用者对于征信数据全面性和详细程度方面的需求。在区块链网络中，信用信息的使用者可以作为网络上的一个节点，以最直接、最方便的方式在链上读取信用信息，直接接触信用数据，再对这些直接数据进行分析，作出精准合理的决策决定，以实现其目的。

（二）打破数据孤岛

区块链技术应用到征信领域中，能够在征信数据不泄露不被篡改的基础上实现征信数据共享，成功瓦解数据孤岛这一难题。目前，除中国人民银行征信中心之外，大部分信息主体的征信信息都掌握在征信机构、互联网公司、政府部门以及其他机构手中。而征信机构之间、征信机构与其他机构部门之间，由于行业企业之间的不互通，形成了一个个孤立、封闭的数据孤岛，自己所掌握的数据只在自己的“孤岛”上低效率地运用，并未发挥出征信数据真正的价值。区块链技术的运用，其去中心化的分布式记账的结构与数据共享这一需求完美的结合，通过一种链式结构将征信领域的各个主体（中国人民银行征信中心、征信机构、政府部门、其他机构、信息主体、征信信息的使用者等）串联起来，有机地进行互联互通，再通过一系列如哈希算法的加密算法保证征信数据不被泄露，通过可信时间戳技术、非对称加密技术防止征信数据被篡改，真正地进行安全有效的数据共享，实现数据的最大化利用。

在区块链征信网络信息系统建立后，各个机构主体之间实现了互联互通，征信数据也实现了安全有效共享，每个信息主体的征信信息无论是空间上还是维度上都实现了海量增长。在对信息主体进行信用评价时，可以进行多维度、立体化、全方位的评价，使信息主体的信用状况具象化，避免了“以偏概全式”的评价，信用评价的准确性和客观性都得到了极大的提高。

（三）大大降低征信过程中的运营成本

企业存在天然的利己思维，都是为了谋求自己利益最大化，担心自己的数据资源被泄露，而机构与机构之间、机构与部门之间只是通过爬虫、合作、购买等这一些高成本方式进行部分资源共享，区块链技术的应用可以降低征信过程中的运营成本。

一是获取数据成本大幅减少。在基于区块链技术建立的区块链征信网络信息系统中，运用了大量的加密算法，保证了链上每个节点主体征信数据的安全性，无论是征信机构还是政府部门，都可以在数据资源不泄露的前提下实现数据安全共享，各个机构各个部门就可以不再花费大量成本在数据的获取上。通过数据共享获取数据，减少了不必要的花费，机构间的数据交易成本大幅减少。

二是征信机构之间、征信机构与其他机构部门之间用于组织协作的成本也会减少。因为机构间、机构与部门间的组织协作，需要一定的人力、物力、财力投入其中，这一过程又是漫长的，也花费了大量的时间成本。区块链技术通过共识机制（或共识算法）的运用，达到整个区块链征信网络系统的去信任的效果，即在区块链征信网络系统中参与共识的节点无须相互信任就可达成共识，在达成共识的基础上，进行组织协作、数据共享。这一过程是通过共识算法等技术支持，而非依靠大量人力、物力、财力、时间的投入，节省了投入成本。

（四）有效保证征信数据安全

在这个数据、信息“爆炸”的时代，信息安全或者说数据安全越来越重要。传统的征信领域在数据安全方面的隐患越来越大，而区块链技术作为一种分布式记账技术，加以哈希算法等密码学的许多成熟技术的应用，对信用信息、征信数据进行加密处理，达到去中心化、防篡改等技术特性，能够保证征信数据安全，有效防止信息主体的个人信用信息被篡改、泄露的风险。

一是区块链去中心化的特点，不同于以往的征信数据储存在数据库、云端的储存方式，区块链的各个节点以分布式存在于整个区块链网络中，各个节点都是相互独立的，单独一个节点受到攻击或出现故障并不会对整个区块链网络产生影响。而且区块链网络系统的数据链由全网中的所有节点共同维护，不会发生某个节点出现异常而影响整个区块链网络系统运行的情况。只有在区块链网络上 51% 的节点出现问题或遭受攻击，才会对整个网络产生影响，征信数据才有被篡改的可能性。由于区块链网络中算法的复杂程度，想要同时攻击 51% 的节点十分困难，在节点足够多的情况下更是一件几乎不可能的事。

二是区块链防篡改的特点，在区块链技术运用大量如哈希算法、非对称密钥加密技术等密码学方面的加密技术，在征信数据在区块链网络系统中储存、传输等过程会通过一系列加密算法进行加密，以达到链上征信数据防篡改的目的，保证征信数据的安全。

五、区块链技术在征信领域应用的不足

区块链技术应用于征信领域与传统的征信模式相比确实存在明显的优势，但我们也必须清醒地看到基于区块链建立的区块链征信网络系统带来诸多优势的情况下，仍有一些与当前征信框架相矛盾的技术问题，需要我们不断研究，化解难题，进而完善区块链征信网络系统。

（一）私钥丢失或泄漏与信用资产长期保存的矛盾

在区块链技术中运用了大量的密码学方面的加密算法，如哈希算法、非对称加密技术等，使得区块链技术在数据交易共享的安全性方面，相较于其他技术而言更具优势。在区块链网络系统中基于非对称加密技术，每个信息主体都会自动生成一对私钥和公钥，私钥由信息主体自己保管，公钥公开公布在区块链网络上，私钥在理论上只有自己知道。私钥是信息主体对其系统内相应的数字资产、数据进行操作的唯一凭证，也是连接信息主体与系统重要的桥梁。在比特币圈内流传着一句话：“如果你不拥有你的私钥，你就不拥有比特币。”可见私钥对于用户来说是多么重要。无论用户或信息主体在区块链中储存着比特币或是征信信息，如果私钥丢失，就无法对储存在区块链中的比特币或征信数据进行任何操作支配，其权益就会受到损失。

在征信系统中，信息主体丢失私钥，信息主体就不能在区块链网络征信系统中进行征信数据的许可授权等相应的操作，其征信数据也不能为征信机构使用、传输，征信机构也不能追溯其征信数据。即使信息主体重新加入区块链网络信息系统，但由于重新加入区块链后信息主体的私钥也会发生变化，导致信息主体还是无法读取其储存于区块链的原始征信数据，征信机构也无法实现对信息主体之前征信数据进行追溯，对于信息主体来说，是一种信用资产的损失。

目前，区块链钱包在一定程度上满足了信用资产长期保存的需求。区块链钱包发明并不是存放比特币或数据信息的，而是用于储存私钥的。目前区块链钱包又有找回功能的专利技术应用其中，帮助丢失私钥的用户找回私钥，防止用户或信息主体因为私钥丢失而对其数字资产造成损失。

（二）区块链技术的不可篡改特性与信用数据定期更新的矛盾

根据我国《征信业管理条例》第十六条规定：“征信机构对个人不良信息的保存期限，自不良行为或者事件终止之日起为 5 年；超过 5 年的，应当予以删除。”随着我国社会信用法治体系的不断建设与完善，无论是个人、企业还是其他主体在社会交往、经济交易过程中，信用评价的影响比例越来越重，重要性日益凸显。如果因为之前较早的不良信息记录而对信息主体信用状况变好之后的生产生活产生不应有的负面影响，这对于我国社会、经济的发展也会产生一定影响，也不利于社会信用法治体系的建设和完善。所以在进行信用评价时，征信数据的使用要讲求一定的实效性，正是出于这样的考虑，我国对不良信息的保存时间作出了一个 5 年的保存期限的规定，超过 5 年的要予以删除。

如果采用区块链征信网络系统对信用数据进行记录，基于目前的规定同样也需要保存 5 年内的征信数据，同时删除超过 5 年的不良信用数据。但区块链的结构是基于密码学算法，加以可信时间戳技术进行记录所形成的一个无法删除、环环相扣的数据结构，这就导致区块链技术不可篡改的特性与《征信业管理条例》规定的信用信息更新的需求相矛盾。如何在区块链征信网络系统中实现及时删除信用主体的不良信息成为一个技术挑战，需要我们重点研究突破。

结　语

现代科学技术快速发展，我国社会信用法治体系建设不断完善，征信领域也正在由传统的征信模式向区块链、人工智能、大数据等科技前沿探索。本文分析了我国传统征信领域存在的问题，并从区块链相关技术及其特点出发，探讨了区块链技术应用于征信领域并建立区块链征信网络系统,以其独特的优势解决传统征信领域存在问题,但仍有亟待化解的矛盾需要我们进一步探讨研究。我们都知道,任何技术革新并非一蹴而就,改革不仅涉及区块链底层技术的配置革新,还涉及其他各个方面的综合考量。区块链技术应用于征信领域在技术上还有一些难题,需要我们进一步研究和探讨。

守信联合激励与失信联合惩戒立法问题研究

论失信联合惩戒措施的合法性控制

聂帅钧*

摘　要:失信联合惩戒措施作为一种新型的行政管理方式,在社会治理中得到广泛运用,但可能限制公民的人格尊严、隐私权、平等权、财产权等基本权利,其有效性与合法性之间存在张力。目前学界对其法律性质作出了诸多判断,但均是局限在传统的外部行政法视角,无法完全揭开其本质属性。引入行政过程论,看到失信联合惩戒措施的法律性质具有双重面向。基于依法行政、职权法定、禁止不当联结、比例原则以及生存照顾义务等公法原理的检讨,可以发现失信联合惩戒措施存在合法性不足的问题。为了防止失信联合惩戒措施的泛化与滥

* 上海交通大学凯原法学院宪法学与行政法学专业博士研究生。

用，确保其符合法治国家的建设方向，有必要从立法设定、实施程序、权利救济三方面对其进行合法性控制。

关键词：失信联合惩戒措施；行政行为；内部行政；公法原理；合法性控制

一、问题提出：解决有效性与合法性之间张力

当前，我国正处于经济高速发展和社会急遽转型的时期，多元价值并存、利益诉求迥异、社会结构分化等因素共同加剧了社会治理的难度与风险。面对纷繁复杂的社会治理问题，传统的行政执法手段日渐式微，无法应对逐年激增的行政管理事务，“徐玉玉电信诈骗”“高铁霸座”“长生生物疫苗造假”“翟天临学术造假”等事件的接踵发生即为明证。于是，失信联合惩戒措施作为社会信用体系建设中的具体制度安排，在我国行政执法的诸多领域被广泛运用且适用范围迅速扩张，现已成为整个国家治理体系的重要组成部分。从制度史上考察，失信联合惩戒的形成①至少得益于三点因素：一是由计划经济向市场经济的转轨。市场化改革打破了国家与社会高度一体化的格局，从而为市场经济交易中信任机制的发挥提供了生存土壤。二是消除司法执行赤字的需要。伴随《关于限制被执行人高消费的若干规定》《关于公布失信被执行人名单信息的若干规定》等文件的相继发布，以失信被执行人为中心的惩

① 亦有全国人大常委会法工委相关负责人指出多种因素综合促成了失信惩戒制度的形成和不断强化。具体参见朱宁宁：《发挥失信惩戒功效应适度且合法》，《法制日报》2019年6月18日，第5版。

戒制度初步建立[①],此后,地方立法[②]进一步将失信惩戒制度从司法执行扩散到行政管理活动的各个领域[③],失信惩戒制度的行政权力特征不断强化。三是大数据、云计算、人工智能等[④]互联网科技发展的助推。便捷的信息技术使行政机关能够及时、有效地获取自然人和法人的失信信息,从而精准定位失信主体并增强惩戒措施的边际威慑力。

实践表明,作为一种社会治理的创新手段,失信联合惩戒措施在确保义务履行、提高行政效能、增强信用意识、维护公共利益等方面发挥了重要作用[⑤],但其适用范围不断扩大的态势随时可能会突破基本权利限制的边界并打破行政法治的基本框架,从而在一定程度上面临着合法性危机。不应质疑的是,失信联合惩戒措施的设定与实施不能仅仅考量有效性指向,还应追求以保障个人权

---

① 参见上官俊峰:《失信被执行人信用惩戒制度的完善——以惩戒与保护的衡平为视角》,《人民司法(应用)》2018 年第 28 期,第 64-65 页。

② 如《上海市社会信用条例》《河北省社会信用信息条例》《福州市社会信用管理办法》。事关社会信用地方立法的大规模出现,开始促使地方政府主导社会信用体系的建设,失信惩戒措施的行政管理特征不断增强。其中,《上海市社会信用条例》是上海出台的全国首个综合性地方信用立法,是对国家信用改革战略性任务的落实。具体参见东闻:《我国首部综合性地方信用法规正式实施》,《中国改革报》2017 年 10 月 24 日,第 9 版。

③ 如《荣成市禁止燃放烟花爆竹管理规定》第二十二条、《上海市生活垃圾管理条例》第五十四条。

④ 国家机关可依托信息技术(如信息共享)扩大失信联合惩戒措施的威力,以达到“一处失信,处处受限”的效果。鉴于此,《人民法院执行工作纲要(2019-2023)》(法发 201916 号)指出:“在 2020 年底前完成将失信被执行人名单信息嵌入各联合惩戒单位‘互联网 + 监管’系统以及管理、审批工作系统中,实现对失信被执行人名单信息的自动比对、自动监督、自动惩戒。”

⑤ 国家公共信用信息中心发布的《2018 年失信黑名单年度分析报告》指出:“开展联合惩戒以来,全国法院执行案件到位金额达 4.4 万亿元,累计有 351 万失信被执行人慑于信用惩戒主动履行法律义务,被执行人自动履约率提高;1417 户税务‘黑名单’当事人主动缴清税款、滞纳金和罚款后从‘黑名单’中撤出;证券期货市场特定严重失信联合惩戒措施实施仅半年,就有 37 名违法当事人主动缴纳罚没款近 1.5 亿元。”

利为主的合法性基础，全国人大常委会法工委在关于2018年备案审查工作情况的报告中也明确指出了这个问题。[①] 鉴于近年来失信联合惩戒措施的泛化滥用已严重侵犯私权领域，其有效性与合法性之间呈现出张力、撕扯乃至冲突的状态，公法学界对此应当予以重点关注并积极回应。正是源于对失信惩戒措施滥用的警惕以及公民基本权利保护的忧虑，本文试图首先从宏观上描摹我国失信联合惩戒措施的实践图景，然后基于既有行政法学的概念体系分析该措施的法律性质，同时根据公法原理探讨失信联合惩戒措施的合法性，并回归法治国家立场，提出如何对该措施进行合法性控制，从而保障失信联合惩戒措施实施的有效性和合法性。

二、规范分析：失信联合惩戒措施的主要实践

在对失信联合惩戒措施的实践状况进行客观梳理之前，有必要首先对其概念内涵进行法律界定以明确研究对象。其一，本文将围绕针对相对人具有侵益性的失信惩戒措施展开合法性分析，而不包括具有受益性的守信激励措施。尽管后者也涉及法律保留原则、自由裁量权行使等法治议题，但二者逻辑机理不同，分属于两个层面。[②] 其二，本文所讨论的是由政府主导（非市场自发形成

---

① 全国人大常委会法制工作委员会主任沈春耀指出：“有关方面通过出台规范性文件，建立信用惩戒制度，推动社会信用体系建设；同时也引发了一些滥用信用惩戒侵犯公民隐私权和其他合法权益的担忧……针对这些情况，我们加强对有关规范性文件的审查研究，跟踪了解有关立法动态，防止出现侵犯公民合法权利的情况，防止出现超越立法权限和违背上位法规定的情形。”具体参见朱宁宁：《收到公民组织审查建议来信来函1229件》，《法制日报》2018年12月26日，第2版。

② 《社会信用体系建设规划纲要（2014—2020年）》（国发201421号）提出“构建守信激励和失信惩戒机制”；《国务院关于建立完善守信联合激励和失信联合惩戒制度加快推进社会诚信建设的指导意见》（国发201633号）则进一步阐释了“激励诚信行为机制和惩戒失信行为机制”。由于守信激励措施具有受益属性，相较于侵益性的失信惩戒措施而言，所面临的合法性问题较少。

的)实施的失信联合惩戒措施[①],而不是司法机关。尽管司法权也具有公权属性,但其与行政权在行为性质、救济途径等方面存在明显不同。[②] 从联合惩戒措施的实施主体上看,不仅包括行政机关及法律、法规授权的组织,还包括一部分私人主体(如滴滴出行、阿里巴巴等)[③];不仅是同一地区不同行政主体之间的分工合作,还是跨地区、跨部门之间行政机关的执法联动。其三,本文聚焦于行政机关或授权行政主体针对行政相对人所实施的具体惩戒措施,显然并不是分析整个社会信用制度[④],但应包括信用状况评价。[⑤] 因为行政评级结果(守信或失信)通过在整个行政系统内部共享,对所有相关行政主体的行政活动产生影响,成为信用联合奖惩措施的

---

① 有学者根据党和国家的信用政策,将我国失信惩戒措施分为市场性惩戒、行业性惩戒、社会性惩戒、行政性惩戒和司法性惩戒5个层面。具体参见王伟:《失信惩戒的类型化规制研究——兼论社会信用法的规则设计》,《中州学刊》2019年第5期,第45页。本文主要探讨中央与地方之间、横向部门之间、政府与私人部门之间的行政性惩戒。

② 对此,已有法院判决指出司法惩戒与行政惩戒的区别:在生效法律文书执行过程中,被执行人是否存在不履行法律文书确定的义务的情形,是否失信,属司法权范畴,不属行政权范畴。具体参见:江苏省南通市中级人民法院行政裁定书(2015)通中行诉初字第00053号。

③ 例如,国家信息中心与滴滴出行签署《信用信息共享合作协议》,旨在推动各类信用信息共享共用,严厉惩戒失信行为,扩大联合奖惩应用效果。http://www.yncredit.gov.cn/credit-china-yunnan/staticPage/9B334F4F763CC76D3DFD1A881831D5EA.html,2019年7月28日访问。又如,国家发改委与阿里巴巴集团签署《关于推进商务领域诚信体系建设合作备忘录》,双方围绕信用信息数据共享、守信联合奖励与失信联合惩戒等方面加强合作。http://www.ndrc.gov.cn/tpxw/201612/t20161208_829615.html,2019年7月28日访问。

④ 有学者将社会信用制度分为两部分:第一部分是整合政府和非政府组织所持有的数据,并扩大数据的收集范围;第二部分是促使公民和组织更加诚信的胡萝卜加大棒制度(比如联合奖惩措施)。See Martin Chorzempa, Paul Tirolo & Samm Sacks, China's Social Credit System: A Mark of Progress or a Threat to Privacy? Peterson Institute for International Economics, June 2018, pp. 2.

⑤ 实践中,信用状况评价分为对外公布与不对外公布两种,其中,对外公布的信用状况评价即为通常所说的"黑名单"。

前提。[①] 从实施步骤上看,虽然行政主体在公布黑名单之后才采取惩戒措施,两者存在时间上的先后顺序,但由于黑名单事实上已经具备了惩戒性质[②],所以仍将其视为一种惩戒措施。本文通过梳理12 部[③]关于社会信用的地方性法规,将失信惩戒措施不周延地分为四类,并总结出各类包含的具体内容和所涉及的基本权利(见表1)。

表 1　失信惩戒措施的实践样态[④]

类型	具体的措施内容	所涉的基本权利
资格限制	1. 限制相关任职资格 2. 限制进入相关行业 3. 限制或取消参加政府采购等市场活动 4. 取消依据信用承诺获取的资格 5. 限制享受财政资金补助	财产权、劳动权、社会保障权、平等权

① 王瑞雪:《论行政评级及其法律控制》,《法商研究》2018 年第 3 期,第 33 页。

② 李富莹:《信用惩戒在地方立法制度设计中的应用研究》,《北京人大》2012 年第 6 期,第 34 页。

③ 这 12 部地方性法规分别是《广东省社会信用条例(草案送审稿)》《贵州省社会信用条例(草案)》《河南省社会信用条例(草案)》《河北省社会信用信息条例》《湖北省社会信用信息管理条例》《厦门经济特区社会信用条例》《陕西省公共信用信息条例》《上海市社会信用条例》《泰州市公共信用信息条例》《无锡市公共信用信息条例》《宿迁市社会信用条例》《浙江省公共信用信息管理条例》。事实上,中央和地方层面关于失信联合惩戒的法律文件不胜枚举,笔者之所以选择地方性法规作为分析对象,原因在于地方性法规经过立法听证、专家论证、座谈会等程序事项,并由地方人大或常委会审议通过,立法的科学性与民主性较高。

④ 需说明的是,本表仅是列举了现行法律规范中具有代表性的几种失信联合惩戒措施,并不全面,可能有所遗漏。就本表所涉基本权利的种类而言,是采用了《宪法基本权利:原理·规范·应用》(周伟著,法律出版社 2006 年版)一书的分类标准。当然,各种教科书的关于基本权利分类不一,有些权利(如出行权、个人信息权等)是否能作为基本权利在学界也未形成通说。至于本表列明的出行权、个人信息权等属于宪法上未列举的基本权利,是笔者借助《宪法》第三十八条人格尊严规范,通过宪法解释推导出来的。

续表

类型	具体的措施内容	所涉的基本权利
日常监管	1. 列为重点监管对象,增加检查频次 2. 在行政许可等工作中不适用简化程序 3. 取消已经享受的行政优惠措施 4. 书面警示、约谈告诫 5. 列入重点关注名单 6. 限制出境	平等权、人格尊严、人身自由、隐私权(个人信息权)
剥夺荣誉	1. 撤销相关荣誉称号 2. 取消参加政府组织的各类表彰奖励资格	人格尊严
限制消费	1. 限制乘坐高级交通工具 2. 限制购买不动产 3. 限制旅游度假	财产权(出行权)

从表1可以看出失信联合惩戒措施具有以下显著特征:

第一,从具体内容来看,失信联合惩戒措施已广泛运用于财政补助、政府采购、市场准入等诸多政府监管领域,正呈现一种泛化的趋势。这同时也从反面说明,在执法资源稀缺与监管任务繁重的双重压力之下,传统行政执法手段的治理效果愈发显得捉襟见肘,失信联合惩戒措施已在事实上承担着社会管控功能。但值得深思的是,失信联合惩戒措施是否真的能够做到包治百病?对其过度依赖是否会架空已建立起来的行政管理法律制度?进一步讲,其究竟是对原有监管手段的修正、补充、改造,还是要替代原有监管手段?厘清这一点对于旧有法律制度与作为政府规制手段的信用工具①之间的衔接设计具有重要现实意义。对此,有学者指出社会信用体系的"信任规则"治理模式正从根本上改变我国法律体

① 王瑞雪:《政府规制中的信用工具研究》,《中国法学》2017年第4期,第160页。

系：一方面，“信任规则”通过对失信行为施加额外制裁来增强我国薄弱执法制度的执行效果；另一方面，“信任规则”实际上在很多方面破坏了法治理想，并极有可能取代“依法治国”的宪法原则。[①] 从行政活动流程上观察，失信联合惩戒措施的兴起已经促使行政决定的作出产生了两点结构性变化：(1)将信用信息嵌入到行政行为作出决定之中。即行政机关在作出决定之前需要主动核查行政相对人是否存在失信情形[②]，并根据相对人的信用状况作出增加检查频次、取消评奖评优或从严审批程序等相应措施。(2)实现失信联合惩戒的自动化决定。即行政机关借助联合奖惩监管系统，在办理行政许可、资金安排等管理活动过程中，对失信主体信息进行自动比对、自动警示、自动拦截、自动惩戒。[③] 然而，鉴于惩戒措施属于负担行政，可能会对相对人权利造成严重损害，所以应保留人工介入的要求。[④]

第二，从影响效果来看，失信联合惩戒措施已经涉及公民的多项基本权利。概括而言：(1)人格尊严。在声誉机制的作用之下，

---

① See Yu-Jie Chen, Ching-Fu Lin, Han-Wei Liu, "'Rule of Trust': The Power and Perils of China's Social Credit Megaproject", Columbia Journal of Asian Law, Vol. 32, No. 1, 2018, pp. 3.

② 《国务院关于建立完善守信联合激励和失信联合惩戒制度加快推进社会诚信建设的指导意见》(国发201633号)明确要求“各级人民政府及其部门应将全国信用信息共享平台信用信息查询使用嵌入审批、监管工作流程中，确保‘应查必查’、‘奖惩到位’。”地方性法规贯彻了这一要求，如《湖北省社会信用信息管理条例》第二十四条；《厦门经济特区社会信用条例》第十四条；《浙江省公共信用信息管理条例》第二十一条。

③ 《厦门经济特区社会信用条例》第十八条第二款规定“行政机关、法律法规授权的具有管理公共事务职能的组织应当与市公共信用信息平台建立网络链接，实现对失信的社会信用主体的自动比对、自动拦截、自动监督、自动惩戒和自动反馈。”具体事例可参见姚延敏：《天津市行政机关联合奖惩监管系统正式启动》，《中国质量报》2018 年 6 月 27 日，第 A01 版。

④ 查云飞：《人工智能时代全自动具体行政行为研究》，《比较法研究》2018 年第 5 期，第 176 页。

失信信息公示会不当减损信用主体的人格尊严，使其标签化、污名化，造成类似于罗马法上“人格减等”[①]的法律效果。进一步分析，无论是侵犯自由权（如人身自由）还是社会权（如社会保障权）的惩戒措施都可能会触及人的尊严这一人权核心内涵，所以说其一般化影响是侵犯人格尊严。从社会结构层面观察，当前我国已从身份社会走向契约社会[②]，但这种基于信用状况而采取分类惩戒措施的制度安排，在一定意义上将公民分为三六九等，重塑了个人身份，某种程度上可视为从契约关系到身份关系的倒退。（2）隐私权（个人信息权）。[③] 失信联合惩戒的逻辑在于让可识别的信息为社会公众所知晓并接受社会的评判，进而调动私人决策，可这恰恰在某种程度上损害公民的隐私权，因为其不是去识别化，而是特定化。比如，中国人民银行副行长陈雨露表示，“我们看到很多女孩找男朋友，未来的岳母说你得把人民银行的个人征信报告拿来让我看看。”[④]（3）平等权。联合奖惩是依公共信用状况的不同，在履行职责或提供服务过程中对公民予以区别对待，此种“区别对待”

---

① 在罗马法上人的身份是有级差的，完整的人格乃包括自由权、市民权、家族权三项内容，从自由人身份到市民人身份再到家族人身份是逐一递进的。如果其中有一项权利丧失或变化，即谓之人格减等，共有“人格大减等”“人格中减等”“人格小减等”三种人格变更情况。具体参见江平，米健：《罗马法基础（第三版）》，中国政法大学出版社2004年版，第110-111页；查士丁尼著，张企泰译：《法学总论：法学阶梯》，商务印书馆1989年版，第35-36页。

② 张树义：《中国社会结构变迁的法学透视——行政法学背景分析》，中国政法大学出版社2002年版，第159页。

③ 本文将隐私权视为个人信息权的上位概念，但也有学者认为个人信息这一概念远远超出了隐私权的范畴。参见王利明：《论个人信息权的法律保护——以个人信息权与隐私权的界分为中心》，《现代法学》2013年第4期，第62-72页。

④ 刘孙恒：《“丈母娘看征信报告”或将成社会常态》，《春城晚报》2019年3月11日，第A16版。

实际上关乎平等权限制的问题。[①] 当然,针对某一特定失信联合惩戒措施所引发的“区别对待”是否属于“合理差别”也不无探讨的空间。此外,平等权具体通过政治平等权、经济平等权、文化平等权与社会平等权体现其权利的价值[②],这就意味着损害平等权时,必然会限制其他基本权利。例如,限制任职资格会同时损害劳动权和平等权。(4)财产权。实践中,行政机关和公共事业组织往往会限制失信主体买房、乘坐高铁飞机等消费行为。从理论上讲,限制高消费的实质是对财产处分权的限制。[③] 当然,失信联合惩戒措施还会限制其他基本权利,以上仅是不完全列举。从行政法学的框架思考,需要继续追问此种限制措施的合法性并实施严密的法律控制。但在此之前,有必要先对失信联合惩戒措施的性质进行法律上的合理定位,这是一项重要的前提性工作,其可为设置该措施的合法性控制机制提供方向指引。

三、双重面向:失信联合惩戒措施的性质认定

目前学界针对失信联合惩戒措施的法律性质争议不断,至今仍未有定论。并且,现有研究均是立足“行政机关-行政相对人”的框架观察明面上的外部行政活动,[④]少有论者关注到处于暗面里的内部行政活动。事实上,现代行政法不能仅仅局限于外部行政法,

---

① 沈毅龙:《公共信用立法的合宪性考察与调整》,《行政法学研究》2019年第1期,第108页。

② 胡锦光,韩大元:《中国宪法(第三版)》,法律出版社2016年版,第191页。

③ 谭秋桂:《论限制债务人高消费的法理基础及其制度完善》,《时代法学》2011年第6期,第23页。

④ 有学者特别指出信用监管是以信用信息为基础,对行政主体以外的行政相对人所实施的行为。但令人遗憾的是,该观点过于片面、狭隘,遗漏了行政机关为实施惩戒措施而相互联合的内部行政活动。具体参见袁文瀚:《信用监管的行政法解读》,《行政法学研究》2019年第1期,第19页。

与其相关联的内部行政法也是它不可或缺的一部分。[①] 因此,下文旨在从外部行政与内部行政的二元思考模式出发,考察失信联合惩戒措施法律性质所具有的双层结构。

(一)外部行政:作为多种行政行为的制度叠加

从方法论意义上讲,从外部行政法视角针对失信联合惩戒措施法律性质的学理探讨,通常是建构在行政行为这一"阿基米德支点"之上,并采用行政行为形式理论的研究范式。依据研究者立场的不同,可将其分为着眼制裁特征的"行政处罚说"、考察权利义务的"事实行为说"以及关注实际效果的"类型化说"。

1. 着眼制裁特征的"行政处罚说"

"行政处罚说"主要着眼于失信联合惩戒措施对行政相对人所产生的制裁效果,并试图将其纳入行政处罚的序列,从而借助行政处罚的治理体系来解决其合法性、程序规则、救济渠道等棘手问题。如有学者认为失信惩戒措施具有惩戒性,是符合行政处罚特征的行政行为。[②] 再如有学者根据文义解释,认为行政机关给相对人上"黑名单"的行为,属于《行政处罚法》第八条第(七)项所规定的"法律、行政法规规定的其他行政处罚"。[③]

尽管这种将失信联合惩戒措施统一定性为行政处罚以实现合法性控制的努力方向值得肯定,但也存在以下三点不妥之处:其一,通过扩大行政处罚范畴意图涵盖所有惩戒措施的做法,既不科学,也不严谨,会消解行政处罚这一概念工具的精准性。如《关于

① 章剑生:《作为担保行政行为合法性的内部行政法》,《法学家》2018 年第 6 期,第 67 页。

② 丁毅:《行政法视野下失信惩戒制度研究》,安徽大学 2019 年硕士学位论文,第 22 页。

③ 胡建淼:《"黑名单"管理制度——行政机关实施"黑名单"是一种行政处罚》,《人民法治》2017 年第 5 期,第 83 页。

对失信被执行人实施联合惩戒的合作备忘录》规定了由公安部实施“协助查封、扣押车辆”，该措施在学理上更多是一种暂时性控制行为，而非制裁性行为，若将其视为行政处罚，则会模糊行政处罚的制裁性特征。[①] 其二，该说忽视了部分惩戒措施与行政许可、行政协议等行政行为之间的牵连关系，无法完全揭示此种复合型行政活动方式的全部内涵。如《关于对用人单位劳动保障失信行为实施联合惩戒的通知》(石人社规20185号)规定“劳务派遣企业申请劳务派遣经营许可延续时，不予受理”[②]，相较于《劳务派遣行政许可实施办法》第十八条而言，增加了不失信这一延续行政许可的条件，可见，该措施与行政许可存在交叉重叠。其三，部分失信联合惩戒措施的实施与我国行政处罚的基本原理相龃龉。我国行政处罚归责制度中规定的是主观过错归责原则[③]，但是部分措施的惩戒对象不存在主观过错[④]，而仅是因为信用评价较低而被惩戒，惩戒措施与失信人主观恶性程度并不匹配，违反了“过罚相当”原则。如《关于对婚姻登记严重失信当事人开展联合惩戒的合作备忘录》规定婚姻登记失信人会被“限制补贴性资金支持”，而婚姻登记失信人在申请补贴性资金支持时显然并不存在主观过错。因此，在相当程度上，失信联合惩戒措施并不完全等同于行政处罚。在这

---

① 有学者提出判断行政处罚的实质标准是：行政性、具体性、外部性、最终性、制裁性和一次性。参见胡建淼：《“其他行政处罚”若干问题研究》，《法学研究》2005年第1期，第74页。

② 需要指出的是，该规定违反了《行政许可法》第16、17条，存在着较为严重的合法性问题。一方面，该通知仅是规范性文件，无权设定行政许可；另一方面，即便能够设定，也不得增设违反上位法的其他条件。

③ 李孝猛：《主观过错与行政处罚归责原则：学说与实践》，《华东政法大学学报》2007年第6期，第30页。

④ 李振宁：《信用惩戒的特性及对地方立法的启示》，《中共南京市委党校学报》2018年第2期，第86页。

一点上，有学者十分敏锐地指出："行政处罚作为失信惩戒的一种方式，其在整个信用监管行为中占很小比重，不能将二者完全混淆。"①

2. 考察权利义务的"事实行为说"

"事实行为说"主要侧重于考察失信联合惩戒措施是否直接产生外部法律效果，即行政主体是否通过意志行为直接设定、变更、消灭或者确认某种权利义务关系。② 该说坚持认为惩戒措施既没有行政主体表现于外部的意志行为，也没有改变惩戒对象的权利义务内容。如有学者认为由政府部门作出的惩戒缺乏意思表示，属于行政事实行为；而由失信信息公开所导致的不利评价是依赖法律事实对相对人发生间接法律效果，属于准行政行为。③ 再如有学者认为违法信息行政公告的行为目的是在追求一种社会效果、事实上的效果，而非法律效果，其虽带有"信息惩罚"的意味，却没有强制约束力，是一种典型的行政事实行为。④

从逻辑思维上看，"事实行为说"与"行政处罚说"截然相反，二者区分的关键在于是否具有法律效果，分别对应着行政事实行为和行政法律行为这两种分类。⑤ 实践中，确实存在不少惩戒措施既没有产生、变更或消灭行政法律关系，也未减损或限制惩戒对象的

---

① 袁文瀚：《信用监管的行政法解读》，《行政法学研究》2019 年第 1 期，第 21 页。该学者还从处罚种类、立法权限、特定程序与实施效果四个方面比较了信用监管与行政处罚的区别。

② 叶必丰：《行政行为原理》，商务印书馆 2014 年版，第 154 页。

③ 陈峰：《论作为行政措施的失信惩戒行为及其法律规制》，《中国法学会行政法学研究会 2018 年年会论文集》，第 1784-1786 页。

④ 禹竹蕊：《权利保障视野下的违法信息行政公告研究》，知识产权出版社 2017 年版，第 67-68 页。

⑤ 姜明安：《行政法与行政诉讼法（第六版）》，北京大学出版社 2015 年版，第 151 页。

权益,如增加检查频次、作审慎性参考等。但仔细考察,发现也有很多惩戒措施对行政相对人带来不利负担,如限制参与招投标活动、撤销荣誉称号等。可见,“事实行为说”陷入了以偏概全、顾此失彼的误区,无异于盲人摸象,其只看到惩戒措施的“冰山一角”,无法反映失信联合惩戒措施之全貌。所以,无论“行政处罚说”还是“事实行为说”,其虽具有启发意义,但自我论证可能存在一定的缺陷,不能对失信联合惩戒措施的实然状况进行准确定性。

3. 关注实际效果的“类型化说”

“类型化说”意识到失信联合惩戒措施内涵的宽泛与模糊,认为各类惩戒措施的外观差别很大,不能简单地将其归结为行政处罚抑或事实行为,其法律性质需要结合具体种类逐一研判。该说运用类型化分析的方法,以惩戒措施对行政相对人权利义务所产生的实际效果作为判断标准。如有学者将行政信用惩戒分为发出信用惩戒信息与相关主体参与配合惩戒两个阶段,并根据参与主体的差异,将第二阶段中由普通主体配合实施定性成“公布违法事实”,而由其他行政主体配合实施分为相关性惩戒和非相关性惩戒两种类型。[①] 又如有学者根据行政行为类型,将联合惩戒视为由多重行政行为叠加而成的制度整体,实践中既可能呈现为行政检查、行政指导等行政事实行为,亦可呈现为行政处罚、行政许可、行政合同、行政补贴等行政法律行为。[②] 再如有学者分析了几类重要的惩戒措施,认为行政“黑名单”措施、限制资格权益类措施构成行政处罚,而加强管理类、不予授益类等不以减损权利为目的的失信惩

---

① 王树良:《互联网背景下行政信用惩戒的理论和问题》,《中国法学会行政法学研究会 2018 年年会论文集》,第 2188-2190 页。

② 沈毅龙:《论失信的行政联合惩戒及其法律控制》,《法学家》2019 年第 4 期,第 126 页。

戒措施不构成行政处罚。[1]

尽管相对于前两种学说而言,“类型化说”的描述已经比较精细化,但是以行政行为形式理论作为分析工具还存在三方面的固有缺陷。首先,无法在行政行为坐标系中对所有惩戒措施予以妥当安置。因为惩戒措施定位精准与否取决于“行政行为库”的完备程度,然而,面对多样复杂的行政现实时,行政行为形式理论已“令人无法忍受地与现实严重脱节”。[2] 也就是说,部分惩戒措施(如限制取得政府供应土地)无法与型式化行政行为相匹配,只能纳入未型式化行政行为。其次,以行政活动过程中某一固定时点之行为,作为审查行政活动适法性之基本单元,已无法充分因应现代行政之现实环境。[3] 简言之,“类型化说”只是截取失信惩戒措施的末端景象进行静态刻画,并未动态分析整个行政活动过程,尤其是没有溯及惩戒措施作出之前的内部行政。最后,对于行政法上之法律关系的探讨严重不足。[4] “类型化说”仅评价了行政主体与行政相对人之间的双面关系,忽略了社会公众参与其中的事实。

4. 对“类型化说”缺陷的填补修正

如上所述,伴随现代行政任务和行政法律关系的日趋复杂,行政行为形式理论作为法解释思维方式的内在局限不断凸显。因此,须切换研究视角并引入新的分析工具对“类型化说”所表现出的缺陷加以填补修正。其一,扩大行政主体的关注对象,将实施惩

---

① 王伟:《失信惩戒的类型化规制研究——兼论社会信用法的规则设计》,《中州学刊》2019 年第 5 期,第 47-48 页。

② 赵宏:《法治国下的目的性创设:德国行政行为理论与制度》,法律出版社 2012 年版,第 452 页。

③ 赖恒盈:《行政法律关系之研究——行政法学方法论评析》,元照出版有限公司 2002 年版,第 61 页。

④ 朱新力,唐明良:《现代行政活动方式的开发性研究》,《中国法学》2007 年第 2 期,第 44 页。

戒措施的私人部门纳入研究范围。在公私合作的治理模式下，私人部门能接受国家委托执行特定行政任务而行使惩戒权，如京东金融可对受惩戒企业及个人进行严格审查并采取相应的限制措施。[①] 此时，公权力受托人在受托范围内为间接国家行政的一环，具有行政程序法上实质行政机关的地位。[②] 这种惩戒权的法律基础是双方签署的行政协议，比如国家发展改革委与蚂蚁金融服务集团签署的《关于落实联合奖惩措施的合作备忘录》[③]，其中，受托私人部门处于行政协助人的地位，而为了确保惩戒权行使的民主正当性，委托人行政机关仍负有监督私人部门的公法责任。其二，引进行政过程论，将一直以来被忽略的内部行政现象纳入考虑范畴。从行政过程论的观点来看，行政内部运行过程也是构成行政过程的组成部分，其合法性直接影响作为行政过程结果的行政行为的合法性。[④] 因此，只有注重考察与惩戒措施密切关联的内部行政，才能准确界定其法律性质。其三，运用具有“整体性”与“动态性”的法律关系分析方法[⑤]，将传统行政主体-行政相对人的双边关系扩展到行政主体-行政相对人-行政相关人的三面关系，探讨不同主体之间的权利义务（或权力职责）关系。以公布违法事实为例，里面存在着行政机关（信息发布者）、行政相对人（被公布者）和社

---

① 中国新闻网：《国家发改委国家信息中心将与京东金融共享信用信息》，http://www.chinanews.com/fortune/2017/11-13/8375302.shtml，2019 年 8 月 5 日访问。更多公私合作的例子可参见：搜狐网：《合作备忘录再签一单 信用信息共享点线成面》，https://www.sohu.com/a/190749379_777813.

② 邹焕聪：《公私合作（PPP）法律问题研究》，人民出版社 2017 年版，第 195 页。

③ 本刊讯：《国家发展改革委与蚂蚁金融服务集团签署联合奖惩备忘录》，《中国经贸导刊》2016 年第 24 期，第 17 页。

④ 江利红：《行政过程论研究——行政法学理论的变革与重构》，中国政法大学出版社 2012 年版，第 309 页。

⑤ 鲁鹏宇：《论行政法学的阿基米德支点——以德国行政法律关系论为核心的考察》，《当代法学》2009 年第 5 期，第 57 页。

会公众(信息接收者)三方主体并形成了三对法律关系。①

(二)内部行政:基于行政一体原则的分工合作

上文借助行政行为形式理论,探讨了目前学界关于失信联合惩戒措施性质的各种学说,但遗憾的是,这种解读仍是局限在国家-社会之间的外部关系,遮蔽了行政机关之间的内部关系。实际上,失信联合惩戒措施的有效实施离不开行政机关之间的分工合作,否则,就无法实现"一处失信、处处受限"的惩戒效果。可以说,行政机关的内部联合与惩戒措施的外部作出之间有着不可割裂的逻辑关系。因此,有必要在行政过程论的指引下将失信联合惩戒措施法律性质的界定延伸至行政机关之间的内部行为,具体可分为签订行政协议、召开联席会议以及成立领导小组三种。

1. 签订行政协议

联合惩戒的放大效果不是单一的行政机关就能完成,而应该是不同行政机关之间的分工合作,因而需要以签订协议的方式来建立部门间的协同机制。以中央层面为例,发改委牵头发布了32部联合惩戒备忘录。② 这类备忘录的内容大都包括联合惩戒对象、联合惩戒措施、联合惩戒实施方式、联合惩戒动态管理以及其他事宜五个部分。其中,实施方式部分明确了失信领域的行业主管部门向其他监管部门共享信用信息的义务以及其他监管部门定期反馈联合惩戒实

---

① 施立栋:《行政法上的公布违法事实活动研究》,浙江大学2012年硕士学位论文,第13页。

② 如《关于对文化市场领域严重违法失信市场主体及有关人员开展联合惩戒的合作备忘录》(发改财金20181933号)。笔者以"法规标题:惩戒 and 备忘录"为检索表达式在北大法宝上进行首轮检索,得到33部法规,排除1部失效法规后,得到32部法规,其中4部有党的工作机关(如中央组织部、中央文明办)参与,可归为党内法规。参见北大法宝,http://www.pkulaw.cn.(最后访问时间:2019年8月6日)需说明的是,由于党的工作机关并非行政机关,行使的也不是行政权,因此本文并不讨论其所参与签订的合作备忘录。

施情况的义务。在法律性质上,这类备忘录属于对等权合同[①],也就是所谓的行政协议。[②] 原因在于:首先,签署备忘录的行政机关之间不是权力支配性关系,而是横向行政关系,缔约主体各方的法律地位平等;其次,在缔结协议过程中,缔约主体都具有相应的自主权,自愿地参与到这个过程当中,而不受其他缔约主体的支配[③];再次,协商贯穿在整个缔结协议过程中,具体内容和履行方式由缔约主体协商决定;最后,备忘录的签署是不同行政机关之间一致的意思表示并蕴含着合作意愿,是为了实现共同的行政目标。简言之,行政协议不同于单方面的决定,不是以命令与服从为理念,而是一种以平等、自愿和协商为理念而形成的法律机制。[④] 但是,这种行政协议不应被定性成行政协助,因为行政协助原则上限于个别事务,行政机关为执行特定任务而进行的长期合作超越了行政协助的"协助性",不属于行政协助。[⑤] 很显然,行政机关通过签订备忘录的方式惩戒失信主体是长期性、普遍化的,并不是临时性、个案化的。从法律效果上看,这类备忘录并不直接设定外部行政相对人的权利义务,而只对签署这类备忘录的行政机关具有直接约束力,所以可将其视为不具有法律规范功

---

① [德]哈特穆特·毛雷尔:《行政法学总论》,高家伟译,法律出版社2000年版,第353页。

② 本文的行政协议是指签订主体均为行政机关,而不包括签订主体一方为行政相对人的协议。

③ 叶必丰等:《行政协议:区域政府间合作机制研究》,法律出版社2010年版,第113页。当然,在推行社会信用建设的政策压力之下,各职能部门之间签订备忘录是否完全出于自愿、可以自愿加入或退出也是不无疑问的,需参加的部门也很可能是事先酝酿选定,但至少存在相对的意思自治空间。

④ 叶必丰:《我国区域经济一体化背景下的行政协议》,《法学研究》2006年第2期,第61页。

⑤ [德]汉斯·J.沃尔夫、奥托·巴霍夫、罗尔夫·施托贝尔:《行政法(第三卷)》,高家伟译,商务印书馆2007年版,第176页。

能的行政规定。① 然而,根据平等原则和行政惯例,行政机关在实施备忘录内容时会产生效力外化的效果,间接影响到相对人的权利义务。在行政诉讼中,法院也多有在判决理由部分援引备忘录内容作为裁判依据的情况。②

2. 召开联席会议

为了解决因条块分割所导致的监管碎片化困境,联席会议制度在实践中得以广泛运用。在中央层面,社会信用体系建设部际联席会议是我国失信联合惩戒领域中最高级别的联席会议制度,其建立和调整需要经过国务院的严格审批。③ 部际联席会议不诉诸建立组织实体,而是通过相应的工作制度和协调程序进行部际协调。④ 此种联席会议在性质上属于部门之间的行政协作关系⑤,其具有以下特点:第一,从参加主体上看,召集人(发展改革委主任和人民银行行长)与成员单位之间不存在隶属关系,是同级别行政主体之间的平等协商,其目的在于信息沟通与协调执行。第二,从会议形式上看,既可以固定时间召开,也可以根据工作需要临时召开;成员单位可根据与自身的业务联系决定是否参加会议,召集人亦可根据工作需要邀请其他部门参加会议。第三,从会议内容上看,以会议纪要的形式明确会议议定事项,并按程序报上级政府审

---

① 朱芒:《论行政规定的性质——从行政规范体系角度的定位》,《中国法学》2003年第1期,第46页。

② 参见福建省高级人民法院(2017)闽行申509号;福建省三明市中级人民法院(2016)闽04行终57号;中山市第一人民法院(2017)粤2071行初365号。

③ 参见《国务院办公厅关于建立国务院社会信用体系建设部际联席会议制度的通知》(国办函200743号);《国务院关于同意调整社会信用体系建设部际联席会议职责和成员单位的批复》(国函201288号)。

④ 朱春奎,毛万磊:《议事协调机构、部际联席会议和部门协议:中国政府部门横向协调机制研究》,《行政论坛》2015年第6期,第41页。

⑤ 金国坤:《行政权限冲突解决机制研究:部门协调的法制化路径探寻》,北京大学出版社2010年版,第252页。

定;基于诚实信用原则,协调决议对于成员单位具有自我约束力,但不具备外部效力。[①] 在地方层面,受单一制国家结构形式的影响,联席会议的组织形式、运行方式与中央层面具有同质性。联席会议一般由地方发改委信用办牵头,也有由业务部门牵头的,如银川市物价局发起建立的社会停车场价格失信联合惩戒工作联席会议制度。值得说明的是,有些地方的联席会议在实质上起到了“过滤”机制的作用,即通过召集成员单位、相关部门以及专家团队,共同针对失信主体进行科学评判,将真正需要实施联合惩戒的失信主体筛选出来。[②] 在这一点上,联席会议作为装置的程序,能够最大程度上防止失信联合惩戒措施被随意启动和滥用。

3. 成立领导小组

不同于上述两种横向型的行为方式,各地还纷纷成立领导小组来推进落实联合惩戒工作。[③] 领导小组通过其特殊的组织结构和运作机制,将领导权威进行组织化嵌入,使得横向的组织间协调问题转化为纵向的政治动员问题。[④] 易言之,借助行政机关内部的科层压力,领导小组将不同成员单位之间的横向沟通转换成上下级机关之间的命令-服从,从而确保跨部门联合惩戒措施的有效落实。实践中,领导小组往往采取下发通知、定期督察、信息通报等方式要求下级机关或工作人员实施特定的作为或不作为。该类行

---

① 唐祖爱:《我国行政协调机制的法律分析和法治化构建》,《武汉大学学报(哲学社会科学版)》2007 年第 4 期,第 528 页。

② 具体参见《内江市东兴区建立完善守信联合激励和失信联合惩戒制度加快推进社会诚信建设实方案》(内东区府办发 20194 号)。

③ 如《新密市人民政府关于成立新密市守信联合激励和失信联合惩戒工作领导小组的通知》(新密政文 2016158 号)《上杭县住房和城乡规划建设局关于成立联合惩戒失信被执行人工作领导小组的通知》(杭建综 2017129 号)。

④ 原超:《“领导小组机制”:科层治理运动化的实践渠道》,《甘肃行政学院学报》2017 年第 5 期,第 36 页。

为是行政主体内部行使行政职权,实现行政职能的行为,可以将此类命令行为称为“职务性命令”。[①] 应该说,领导小组是极具中国特色的本土资源,这类行政组织有以下特征:首先,从行政职权的金字塔结构来看,组长的职务与级别高于成员,这就能借助其权威充分调动各种行政资源以协调各成员单位的业务工作,从而克服部门分割、沟通不畅的弊端,并完成特定的任务目标。其次,从组织形态上来看,领导小组不另设立实体的办事机构,不改变职能部门的隶属关系,具体工作仍由相应的行政机关承担。领导小组的“硬件”和“软件”,来自对正式序列机构相关因素的“定向选取”和“重新组合”,各种运作仍需依赖已有的党政组织系统。[②] 最后,从法律地位上来看,作为一种“亚正式制度”的领导小组[③],游离于法定的行政组织结构之外。现行的《国务院组织法》《地方各级人民代表大会和地方各级人民政府组织法》并未明文规定领导小组这一组织形式,唯有《国务院关于清理非常设机构的通知》将其定性为非常设机构。

4. 完成失信联合惩戒目标的需要

从行政法体系来看,作为失信联合惩戒措施前端的内部行政行为更多地是一个行政组织法的问题。这是因为,无论是横向层面的签订行政协议(部门协同机制)、召开联席会议,还是纵向层面的成立领导小组,均可视为一种确保完成失信联合惩戒目标的组织形态。这些组织设立的目的主要不是为了减少职权冲突,而是

---

① 胡晓军:《论行政命令的型式化控制——以类型理论为基础》,《政治与法律》2014 年第 3 期,第 86 页。

② 周望:《超越议事协调:领导小组的运行逻辑及模式分化》,《中国行政管理》2018 年第 3 期,第 114 页。

③ 赖静萍:《当代中国领导小组制度变迁与现代国家成长》,江苏人民出版社 2013 年版,第 34 页。

为了促进各政府部门在其职权范围共同采取惩戒措施，通过内部信息共享将惩戒效果从单一领域辐射至社会生活的各个领域。否则的话，行政机关对失信行为的惩戒仍是限定在特定领域，无法实现处处受限的综合目标。其背后法理在于，行政权力是按专业配置并日益精细，呈现出行政权分割的情形，任何一个部门都难以独自达成联合惩戒的总体目标，其需要通过各个行政机关的具体行政行为来落实。而且，在行政科层制背景下时常出现因职权划分所产生的合作不足问题，此时唯有通过设置协调组织才能整合行政资源，发挥整体优势，从而共同围绕贯彻联合惩戒的行政事务展开通力合作。应该讲，这些协调组织设立的必要性是为达成处处惩戒的目标，而正当性基点则是行政一体原则。尽管分官设职，但行政一体原则要求构成一个整体，行政机关之间，无论同级或上下级机关，应有职务协助的义务。[①] 在此原则指引下，各职能部门之间需密切配合，形成行政合力，以促使惩戒权力高效行使。

（三）小结：失信联合惩戒措施的双层结构

从外部行政与内部行政的双重研究角度切入，能够更为全面地观察到失信联合惩戒措施法律性质的“真实面貌”（见表2）。

表2 失信联合惩戒措施法律性质的双层结构

研究视角	法律关系主体	法律性质
外部行政	行政机关-行政相对人-行政相关人	行政许可、行政处罚、行政给付等多种行为的集合叠加
	行政机关-私人部门-行政相对人-行政相关人	行政委托、传统的行政法律关系
内部行政	行政机关-行政机关	行政协议、行政协作、职务性命令

① 黄锦堂：《行政组织法论》，翰芦图书出版有限公司2005年版，第64页。

可以看到,这种双层结构,不是学理上的逻辑推演,而是现实中的客观描述。一方面,立足于国家-社会结构中的外部行政法视角,借助行政行为形式理论的分析框架,发现失信联合惩戒措施在规制行政相对人过程中自身属性浮现出多重面孔,很难从理论上予以精准定性。无论作为裁量因素还是当作构成要件,其最终要么依附于行政处罚、行政许可等法律行为,要么表现为行政检查、违法信息公告等事实行为,所以在一定程度上可将其视为多种行政行为的集合叠加,统合了多种型式化与未型式化的行政行为。在公私合作情形下,私人部门以与行政机关签订协议的方式获得行政任务,双方之间是行政委托关系①,私人部门则因取得行政主体资格而与行政相对人之间存在传统的行政法律关系。另一方面,传统行政法的视角过于狭窄与局限,仅仅是观察到外部行政法律关系,忽视了行政机关分工合作这种极为重要的内部行政行为,无法对失信联合惩戒措施的法律性质进行全景式描述。由此,亟须引入行政过程论的研究范式,将研究视角从处于末端的外部行政及时转向位于前端的内部行政。根据是平行还是垂直关系,可将行政机关之间的内部行为方式分为两大类:一类是契约协商型,如签订联合惩戒备忘录、召开联席会议,前者性质是行政协议,后者为行政协作关系;另一类是命令控制型,如成立领导小组,其内部行政活动可定性为职务性命令。

四、症结诊断:失信联合惩戒措施的合法性检讨

作为一种极具"杀伤力"的新型行政管理方式,失信联合惩戒

---

① 一般认为,行政委托可将行政权力委托给非行政组织行使,但也有学者认为根据"国家垄断公权力原则",公权力原则上不能委托给非行政机关行使。具体参见王天华:《行政委托与公权力行使——我国行政委托理论与实践的反思》,《行政法学研究》2008 年第 4 期,第 99 页。

措施会对公民的合法权益产生重大影响,其必须具备合法性,这是毋庸置疑的。尽管其具有赖以存在的社会基础,但这仅能说明惩戒措施的必要性与有效性,而不能成为证成惩戒措施合法性的论据。对此,本部分将根据公法原理,从形式和实质两个层面考察失信联合惩戒措施的合法性,以诊断出症结之所在。那么在检讨惩戒措施是否符合依法行政、职权法定这两项原则的要求属于形式层面上的审查,而检讨其是否违反禁止不当联结、比例原则以及生存照顾义务将涉及对惩戒措施是否合理的实质判断,因为这个层面涉及主观价值判断的因素。当然,应从广义上理解惩戒措施的合法性问题,其不仅包括形式上的合法性检讨,还包括实质上的合理性判断。

(一)形式层面的合法性检讨

1. 偏离依法行政原则的要求

失信联合惩戒措施作为一种行政措施,理应纳入依法行政的规制范围。而依法行政原则具有两大构成要素,其一为法律优先原则,其二为法律保留原则。[①] 是故,下文将从法律优先和法律保留两个维度拷问失信联合惩戒措施的合法性。

(1)法律优先原则的拷问

法律优先原则要求,一切行政活动均应符合法律的要求,而不得违反现行的法律。[②] 其中的“法律”是指由全国人大及其常委会通过立法程序制定的法律。从这个意义上讲,法律优先实质上强调的是法律效力高于其他法律规范。据此原则,失信联合惩戒措施的实施依据不得与法律相抵触,否则无效。这也就意味着,惩戒措施的设定权不得与《行政处罚法》《行政许可法》《行政强制法》

---

① 陈敏:《行政法总论(第九版)》,新学林出版有限公司2016年版,第156页。

② 王贵松:《论行政法上的法律优位》,《法学评论》2019年第1期,第40页。

等上位法的规定相冲突。但若根据“行政三法”的框架检视实践中的惩戒措施,则不难发现一些违法之处。

其一,置于行政处罚的框架内,存在扩大处罚种类与形式的情况。例如,《社会团体登记管理条例》第二十九条规定社会团体在申请登记时弄虚作假的,由登记管理机关予以撤销登记,但《社会组织信用信息管理办法》第十七条却规定撤销登记情形被列入严重违法失信名单2年后才可移出,该部门规章在撤销登记的基础上又增设了失信公示这一申诫罚,明显违背了《行政处罚法》第十二条关于部门规章的规定权限。其二,置于行政许可的框架内,存在改变许可要件的情况。例如,《郑州市城市管理领域信用信息管理暂行办法》第十三条规定“对列为较重失信行为的单位和个人,三个月内不予办理郑州市城市管理领域的各项行政许可事项”,很显然,该办法在原有行政许可条件的基础上增加了三个月这一时间要件,违反了《行政许可法》第十七条之规定。其三,置于行政强制的框架内,存在超越设定权限的情况。例如,《门头沟区企业失信行为联合惩戒实施办法》规定“对有履行能力但拒不履行的严重失信主体实施限制出境”,而限制出境已具有限制公民人身自由的外观,根据《行政强制法》第十条之规定,此类措施应由法律设定,而不能由该办法设定。综上,鉴于当前惩戒措施多数由规范性文件设定,仅有少数为部门规章或地方性法规所创设,这就决定了失信联合惩戒措施很容易逃逸出“行政三法”设定权的分配框架,违反不抵触原则,其难以通过法律优先原则的拷问。

(2)法律保留原则的拷问

如前所述,失信联合惩戒措施涉嫌构成对公民基本权利的限制,而此种限制可能会在一定程度上剥夺公民的基本权利。根据基本权利限制的法律保留,对于基本权利的限制必须由法律来规定,或者说公权力对于基本权利的限制行为必须有法律的授权。[①]换句话说,凡是限制基本权利的失信联合惩戒措施必须由全国人大及其常委会通过法律作出明文规定,或者在法律授权的情况下才可由行政机关作出规定。很显然,在既有法律尚未对惩戒措施法律地位予以明定以及全国层面尚未出台统一《社会信用法》的情况下,无论是中央各部门联合签订的备忘录,还是地方人大出台的社会信用条例,都无法为实施惩戒措施提供正当化的法律依据。因此,鉴于相关法律、行政法规的缺位,失信联合惩戒措施也很难经受住法律保留原则的拷问。

更重要的是,地方分散立法的格局还会引起惩戒措施违反平等原则的后果。根据行政法上平等原则之要求,“相同的,相同对待;不同的,不同对待”[②],同领域的失信惩戒应当适用同一标准,而不得有差别对待,否则即属违法。但在实践中,各地各部门的惩戒标准不尽相同,这就会导致因同一事由[③]被列入惩戒对象的失信主体在不同地区遭受不同的惩戒措施。如此一来,既会增加跨地区协同推进联合惩戒的难度,又会降低失信惩戒措施的可接受性,还会破坏法秩序的统一。具体而言:一方面,不同省份针对同一领域的惩戒标准相差较大。以兵役义务领域的失信惩戒为例,天津市的惩戒对象相较于陕西省而言排除了民兵这一主体,并且比后者

---

① 张翔:《基本权利的规范建构(增订本)》,法律出版社2017年版,第109页。

② 陈新民:《中国行政法学原理》,中国政法大学出版社2002年版,第40页。

③ 有学者认为当前我国各地的经济发展水平不均衡,在认定严重环境失信行为时,不宜采取全国统一“一刀切”的做法。具体参见王文婷、熊文邦:《我国环境信用制度构建研究——兼论对社会信用法治的理论反哺》,《阅江学刊》2019年第4期,第99页。但笔者以为此种因地制宜的观点没有认真考虑平等原则,有待进一步修正。

多了限制交通工具和限制电信服务这两种惩戒措施。[①] 另一方面，即使是在同一省份，各地的惩戒标准也不相一致。以教育领域的失信惩戒为例，江苏省规定对学校较重失信行为列入黄名单3年、严重失信行为列入黑名单7年，而常州市则规定对学校较重失信行为列入黄名单2年、严重失信行为列入黑名单3年；就教职员工较重失信行为的认定而言，常州市的规定相比江苏省增加了以侮辱歧视方式变相体罚学生、在教学活动中有违背国家方针政策言行等情形。[②]

2. 对职权法定原则的松动

显而易见，以上仍是基于外部视角考察失信联合惩戒措施的合法性，接下来将视角转向内部，可以看到这些以完成联合惩戒目标为导向的行政组织结构极可能会背离法治的要求。具体来讲，这些内部行政活动虽能大幅提高行政效率、加强部门互动合作以及有效完成行政任务，但从实质面上考察，由于其牵涉人财物等行政资源的重新分配以及既定行政权力的再次组合，不免违反职权法定原则的约束。例如，签订的行政协议会“授予”行政机关所不拥有的行政权力，召开的联席会议因不具明确组织法地位而缺乏法律保障实施机制，成立的领导小组也可能会“创设”某些非法定的工作机构而处于违法状态。

可以说，职权法定原则为行政机关的内部行政活动划定了边界，这些行政机关内部的协调组织作为失信联合惩戒措施的运行

---

① 分别参见《关于对全省履行兵役义务领域失信主体实施联合惩戒的合作备忘录》(陕发改财金20181185号)《关于对全市履行兵役义务领域失信人员实施联合惩戒的实施方案》(警动201936号)。

② 分别参见《江苏省教育系统失信惩戒办法(试行)》第十、十二、十七条;《常州市教育系统失信惩戒办法(试行)》第九、十一、十四条。其中,《江苏省教育系统失信惩戒办法(试行)》的适用范围是整个江苏省,理所当然地包含常州市。

载体,也理应服从该原则的基本要求。根据职权法定原则,行政机关的行政权必须依法授予,任何法外的行政都不具有合法性。[①] 该原则包含三层含义:一是行政职权来源于法;二是行政职权受制于法;三是越权无效,并应承担法律责任。[②] 进一步解释,此处的“法”是指“法律、行政法规、地方性法规、自治条例和单行条例、国务院部门规章和地方政府规章”三类五种的集合体。[③] 如果从反面理解,行政组织的权限、机构设置、具体任务等是不能由行政机关通过的会议纪要、备忘录、通知等规范性文件加以设定或变更的。这也就是说,目前以规范性文件的形式宣布召开联席会议、成立领导小组的做法有失妥当,并且还存在一定的合法性问题。因此,如果只注重职能部门的协调沟通,过分重视失信联合惩戒措施的有效性,却忽视对内部行政行为的监督与约束,不仅会加剧行政组织的混乱,还会违反职权法定原则。

(二)实质层面的合法性检讨

1. 违反不当联结禁止原则

不当联结禁止原则要求行政机关在追求一定行政目的之同时,须认真考虑对相对人之侵害,是否合理妥当,以保障人民宪法上之基本权利。[④] 具体到失信联合惩戒措施的实施而言,它要求行政机关采取的惩戒措施与所欲实现的行政目标之间须具有合理、正当的关联,不能根据不相关因素选择行政手段。倘若手段与目的之间不具有实质内在关联,惩戒措施即可能构成违法,且行政机

---

① 章剑生:《现代行政法总论(第二版)》,法律出版社 2019 年版,第 49 页。

② 周佑勇:《行政法基本原则研究》,法律出版社 2005 年版,第 167-169 页。

③ 方涧,邢昕:《论权力清单与职权法定的内在逻辑》,《广西政法管理干部学院学报》2016 年第 5 期,第 8 页。

④ 参见赵义德:《析论不当联结禁止原则》,载城仲模主编:《行政法之一般法律原则》(一),台湾三民书局 1994 年版,第 223 页。

关有滥用职权之嫌；反过来讲，如果两者之间具有事理上关联，则不为该原则所禁止。但在实践中，政府为了更有效率地完成行政任务，并尽可能地节省行政成本，所采取的措施与追求的目的之间往往不具有内在合理的实质关系。例如，我们很难在“限制司机购房买车”与避免出租车司机拒载议价之间找到合理关联[①]，同样地，也很难在“限制担任金融行业公司的高管”与促进公民在婚姻登记领域诚信的目的之间发现合理关联。[②] 不可否认，上述两个例子中的联结执法行为确能提高执法效率，并从整体目的上考察也符合公共利益的要求，但根据普通公众的经验与直觉，很难认定这种联结具有本质上的因果联系，毕竟限制购房买车、限制担任高管的目的可能是为了实行宏观调控、稳定金融市场，与治理出租车行业、维护婚姻登记秩序的目的并不相同。此外，对这种联结是否具有内在合理性也缺乏令人信服的实证数据作为政策支持。简言之，如果根据失信主体在特定领域的行为，无法预测（即可期待性）该主体在其他社会生活领域也会同样失信，那么此种联结就是不当的，是行政裁量权的滥用。表面上看，这种内在合理关联的判断，是根据社会常识作出的认定，但本质上也是掺杂有价值判断的因素。

就不当联结禁止原则与比例原则之间的关系而言，二者虽然极为相似，都是从实质层面判断失信联合惩戒措施合法性的技术工具，且均着眼于目的与手段之间的关系，但这两个原则还是有本质上的区别，不能混为一谈。具体来讲，前者要求目的与手段之间

---

① 参见成希：《的哥信用差将致贷款入户难》，《南方日报》2016 年 5 月 5 日，第 A06 版。

② 《关于对婚姻登记严重失信当事人开展联合惩戒的合作备忘录》（发改财金 2018342 号）规定了婚姻登记领域严重失信当事人可能会受到限制招录（聘）为国家公职人员、限制登记为事业单位法定代表人等十四项惩戒措施。

具有合理关联，是一种质的要求，而后者要求的是成比例的关系，是一种量的判断。从这个意义上讲，不当联结禁止原则的审查强度要高于比例原则。如果将其置于“四阶论”比例原则[①]中加以定位，可以发现不当联结禁止原则嵌入了比例原则的第二层次，与妥当性原则发生了某种程度上的竞合。如果从适用合法性审查工具的逻辑顺序来看，应当是先判断目的与手段之间是否违背了不当联结禁止原则，无法通过其检验的，则无须进入比例原则的下个层面进行判断；若通过检验的，一般也自然满足妥当性原则的要求。

2. 不符合比例原则的要求

立足实质法治的立场，公权力的行使须受到比例原则的约束，失信联合惩戒措施自不例外。新近以来，比例原则已由传统上的“三阶论”发展为“四阶论”，因此，下文将依据目的正当性、妥当性、必要性以及狭义比例原则的审查顺序分析惩戒措施的实质合法性。

第一，失信联合惩戒措施的目的难谓正当。如果从立法目的条款考察失信联合惩戒措施的目的，可以看到诸如“增强公众诚信意识”“营造诚实守信的社会环境”“促进社会信用体系建设”等目的具有充足的正当性。但若从体系角度考察这些法律规范，则不难发现信用信息已包含行政处罚信息、不履行生效法律文书的执行信息等违法信息，现有的公共信用立法已将失信与违法这两个概念混同。[②] 立法将一些与信用根本无关的信息纳入公共信用档

---

① 刘权：《目的正当性与比例原则的重构》，《中国法学》2014 年第 4 期，第 133 页。

② 就失信与违法两者之间的关系而言，学界一直颇有争议。有学者认为偏重于经济领域的信用观有失偏颇，违法行为与社会信用存在关联关系，社会信用可以被界定为信用主体履行法定或者约定义务的客观状态。参见罗培新：《善治须用良法：社会信用立法论略》，《法学》2016 年第 12 期，第 104-106 页；罗培新：《社会信用法：原理·规则·案例》，北京大学出版社 2018 年版，第 56-57 页。

案，意图实现一般性社会管控以及促进执法、推行政策的目的是不当的。[①] 因此，当前社会信用立法将违法内容注入“诚信”内涵之中的这种目的难谓正当，其实质上是通过失信联合惩戒措施弥补既有法律约束的不足。当然，是否要将违法行为涵盖进社会信用之中最终取决于立法者的抉择。

第二，失信联合惩戒措施基本达到妥当性。妥当性原则指所采取的措施必须能实现行政目的或至少有助于目的的达成。[②] 以目的导向观察，我国社会信用体系建设成效已逐渐开始显现[③]，“一处失信、处处受限”的惩戒效果在一定程度上可以实现建设诚信社会的目标。也就是说，各类惩戒措施都能或多或少地促进社会信用体系建设，但是也存在部分与失信领域诚信建设无关联的惩戒措施。针对这些惩戒措施，其违反了不当联结禁止原则，自然也不符合妥当性原则的要求。

第三，失信联合惩戒措施是否符合必要性仍值得商榷。必要性原则要求行政机关在有多种行政手段可供选择时，应选择一种对失信主体基本权利侵害最小的措施。然而，各地所实施的失信联合惩戒措施未必损害最小。首先，还可以通过加强原有行政管理措施的执法力度来治理失信问题，如果此种方式仍旧奏效，就无须实施惩戒措施。其次，不同惩戒措施的规制力度相差较大，如增加检查频次的损害程度就远远小于限制行业准入，但实践中并未依循规制力度由弱到强的次序并拾级而上，而是多种惩戒措施相

---

① 沈毅龙：《公共信用立法的合宪性考察与调整》，《行政法学研究》2019 年第 1 期，第 114 页。

② 胡建淼：《论公法原则》，浙江大学出版社 2005 年版，第 538 页。

③ 《2018 年中国社会信用体系建设回顾与 2019 年展望》报告指出我国社会信用体系建设成效已逐渐开始显现，http://www.sohu.com/a/311819062_99957909，2019 年 8 月 11 日访问。

辅而行。最后,不是所有的失信行为都需要多部门联合惩戒,如果单个部门的惩戒措施已能取得治理效果,就无须启动失信联合惩戒。

第四,失信联合惩戒措施是否符合狭义比例原则仍有待讨论。狭义比例原则要求惩戒措施应与失信主体的失信行为相当。但现有惩戒措施已不局限在相对人的某一失信领域,而是浸入到其社会生活的方方面面,甚至限制失信主体的子女就读高中①,这种殃及子女的惩戒措施已明显具有连坐的嫌疑,违反了罪责自负的现代法治精神。基于此,惩戒措施对失信主体的限制是否与所追求之目的成比例还是有讨论的余地。

综上,失信联合惩戒措施在比例原则的四个层面都存在不同程度的诘问,需要结合具体情形作进一步论证。

3. 克减生存照顾义务的疑虑

随着民营化改革的推进,惩戒措施除了由行政机关直接实施外,还有部分措施交由公共事业主体来执行,诸如铁路航空公司、供水供电企业、高速公路公司。很显然,这些民营化企业所提供的服务与应履行的职能都具有公共属性,在一定条件下可被定性为授权的行政主体,要承担许多行政法上的义务。② 具体来讲,根据《行政许可法》第六十七条第一款③的规定,公用企业应当提供普遍

---

① 《潍坊一中学惩戒失信新规引热议 考生家长须无失信记录》,https://baijiahao.baidu.com/s? id=1599363228222048415&wfr=spider&for=pc,2019年8月11日访问。

② 高秦伟:《私人主体的行政法义务?》,《中国法学》2011年第1期,第171页。

③ 《行政许可法》第六十七条第一款规定:“取得直接关系公共利益的特定行业的市场准入行政许可的被许可人,应当按照国家规定的服务标准、资费标准和行政机关依法规定的条件,向用户提供安全、方便、稳定和价格合理的服务,并履行普遍服务的义务;未经作出行政许可决定的行政机关批准,不得擅自停业、歇业。”从这个意义上讲,因为航空公司取得了《公共航空运输企业经营许可证》,铁路公司取得了《铁路运输许可证》,所以它们均需承担提供普遍服务的责任。

公共服务以保障公民的生存权和发展权，而所提供的普遍服务就是对公民履行生存照顾义务的体现。所以，为了满足公民的基本生活需求，公用企业不能随意拒绝提供这些服务。但在实践中，失信主体被限制乘坐火车、民用航空器、禁止驶入高速公路，甚至被断水断电、暂停通信服务的现象屡见不鲜。这些惩戒措施无疑剥夺了公民在现代社会生活中的行为能力，在一定程度上造成了对生存照顾义务的克减，从而面临着合法性质疑。从私法角度观察，公用企业的生存照顾义务其实就是合同法中的强制缔约义务，因此，克减生存照顾义务的合法性问题就被转化为公用企业能否解除强制缔约义务这一命题。

从法律角度来看，强制缔约制度中受要约人的强制承诺义务实质上是一种法律上的作为义务，即对相对人的要约，非有正当理由不得拒绝承诺。[①] 这就意味着，基于公用企业在市场经济条件下的优越性、垄断性和服务性特征[②]，其仅享有有限的缔约自由。但这种强制缔约义务并不是绝对的，公用企业在具有正当理由的情况下可以拒绝与要约人签订合同。因此，判断公用企业实施惩戒措施合法性的关键就在于认定要约人的失信行为是否构成正当理由。若失信行为确实构成正当理由，公用企业豁免强制缔约义务就是正当行使权利，惩戒措施即为合法；反之，即为违法，其还可能涉嫌侵犯消费者的合法权益。至于何为正当理由需要借助不当联结禁止原则、比例原则加以判断，鉴于上文已详述，故在此不再进行赘述。

---

① 刁伟民：《航空旅客“黑名单”的法律分析》，《法学杂志》2012 年第 7 期，第 127 页。

② 贾翱：《基于义务主体的强制缔约制度类型化研究》，《经济法论丛》2018 年第 2 期，第 454-455 页。

五、完善路径：失信联合惩戒措施的合法性控制

综上所述，基于依法行政、职权法定、禁止不当联结、比例原则和生存照顾义务五个方面检视失信联合惩戒措施，可以发现其存在合法性不足的问题，因而有必要对其设定和实施进行合法性控制，以遏制政府运用失信联合惩戒措施的冲动。而在设置失信联合惩戒措施的合法性控制机制时，应带着一种体系性反思的视角，正确评估其对我国既有行政管理法律制度所带来的冲击与变革，然后矫正与完善失范之处，使制度走向公权控制与私权保护的平衡。为此，下文将在行政过程论的指引下，从立法设定、实施程序、权利救济三个方面展开对惩戒措施合法性的有效控制。

（一）对惩戒措施设定的立法控制

根据依法行政原则，失信联合惩戒措施应当由法律和授权行政法规加以设定，而不能通过地方性法规加以创设。然而，大量地方性法规在整个行政管理领域中设定了失信惩戒这一新的行政处罚种类。[①] 这种地方先行立法的模式已严重破坏了《立法法》所采取的设定权分配方式，并极大削弱了全国人大及常委会的立法权威。坦诚地说，惩戒措施的设定不是地方事务，而须由中央设立统一标准，如果完全交由地方决定，则不仅会带来违反平等原则的问题，更不利于解决跨行政区的联合惩戒问题。所以，应及时通过制定法律的方式明确失信联合惩戒措施的设定权。对此，有学者立足中央与地方之间立法权划分的视角，建议《行政处罚法》第八条第（七）项修改为“法律、法规规定的其他行政处罚”，给地方性法规留出创设处罚的空间，并提出《行政处罚法》应规定符合比例、动

---

① 李晴：《论地方性法规处罚种类创设权》，《政治与法律》2019 年第 5 期，第 120 页。

态适时调整等基本要求。[①] 但是，这一观点值得商榷。原因在于，社会信用体系建设具有一定的综合性，在《行政处罚法》中明确失信联合惩戒措施的设定权，虽能为地方立法中的惩戒措施提供法律根据，但并不能对社会信用信息的收集共享、失信行为的认定标准以及失信主体的权利救济等问题作出制度安排。因此，保障失信联合惩戒措施的最佳路径是制定一部全国统一的《社会信用法》，对整个社会信用制度法律框架进行全面的顶层设计。[②] 如此，方能与现有 26 部法律、28 部行政法规中的信用条款妥当对接协调，并实现《行政处罚法》《社会信用法》之间的有效联动。

当前，全国社会信用立法位列第三类立法项目。[③] 短期之内不会出台。与此相反，也有学者认为推动社会信用立法条件已较为成熟[④]，在此情形下，为促使社会信用立法的实质性推进，建议尽快将《社会信用法》纳入全国人大常委会 2020 年或 2021 年的立法计划之中。《社会信用法》应采用框架立法的模式，准确界定信用、社会信用、失信行为等基础概念，明确社会信用信息收集共享和联合奖惩的原则、组织、程序、救济等法律框架，赋予地方人大或政府因

---

① 余凌云：《地方立法能力的适度释放——兼论“行政三法”的相关修改》，《清华法学》2019 年第 2 期，第 160-161 页。

② 有论者认为社会信用体系涉及的范围太广，可能遇到的阻力太多，更需要依靠顶层设计。参见谭浩俊：《社会信用体系建设为何需要依靠顶层设计》，http://opinion.china.com.cn/opinion_85_167085.html，2019 年 9 月 4 日访问。

③ 《十三届全国人大常委会立法规划（共 116 件）》，《中国人大》2018 年第 18 期，第 19-20 页。

④ 具体参见新浪网：《中央党校王伟教授：社会信用立法条件已基本成熟》，http://k.sina.com.cn/article_213815211_0cbe8fab02000lqjg.html? from = news&subch = onews，2019 年 9 月 3 日访问；新华社：《周雨：推动社会信用立法的条件已基本具备》，http://home.xinhua-news.com/gdsdetailxhs/share/5953345-pageflag = iframe，2019 年 9 月 3 日访问；王砾尧：《信用立法已具备广泛共识和坚实基础》，《中国改革报》2019 年 9 月 3 日。

地制宜的设定权限,至于更为细致的规范内容可授权其他单行法律或行政法规予以补充。同时,还要通过立法过程中的专家论证、公众参与等程序提高地方立法的质量。此外,大量惩戒措施还由中央部门、地方政府及其工作部门印发的规范性文件加以创设,这就需要借助前置审查制度和备案审查制度纠正越权设定惩戒措施的规范性文件,从而维护国家法制的统一。一方面,通过建立规范性文件前置审查制度,由地方政府法制机构将失信惩戒规范性文件中与上位法相抵触的内容过滤掉,从而在源头上预防违法规范性文件的公布实施;另一方面,通过修改《监督法》第二十九、三十条的规定将备案审查范围扩大至所有规范性文件,同时引入说明理由与适当性审查制度。进一步说,各级人大常委会要在规范性文件的审议报告中就该规范性文件的合法性作出科学、详细的说明,使合法性审查结论作为审议报告的组成部分;并且,各级人大常委会在进行备案审查时,须对失信联合惩戒措施的种类、幅度进行适当性审查,并就未通过适当性审查的规范性文件,向制定部门提出审查意见。

(二)对惩戒措施实施的程序控制

行政主体对失信主体实施联合惩戒,涉及对公民基本权利的限制与克减,应严格遵循正当程序作出,方能确保惩戒措施的实质合法与可接受性。不可否认,正当程序原则应贯穿失信联合惩戒措施实施的全过程之中,但是不同类型惩戒措施对行政相对人权益的减损程度有所差别,所以应建构层级化的正当程序,针对惩戒措施内容或所涉权利类型的不同设置差异化的程序保障。其中,针对严重影响行政相对人权利的惩戒措施应采取较高的行政程序要求,反之,则须简化相应的程序规定。

首先,行政主体收集、利用与共享信用信息应获得信用主体的授权。这是最低限度的程序要求，因为所有惩戒措施的作出均是以信用信息作为基础。行政主体在采集失信主体信息时，应明确告知其信用信息的使用范围、目的与方式，并取得信用主体的同意。即便是为了实现联合惩戒的目的，行政机关之间实施的通报、抄送违法信息等内部共享也需要取得信用主体的授权，遵循知情同意规则，因为信用信息共享可视为一种收集信用信息的方式。也就是说，信息的收集者和持有者未经信息权利人同意，不得实施信息共享行为①；如果未经信用主体授权而共享信用信息，就会使被共享信息的行政主体依据信用信息作出惩戒措施的合法性受到质疑。

其次，行政主体作出惩戒措施前应履行告知义务。行政主体应当把作出惩戒措施所依据的规则、查明的事实、决定的理由以及有关证据材料以书面形式送达失信主体，同时还要在作出惩戒措施的法律文书中载明救济渠道和救济期限。当然，并非所有惩戒措施均需履行告知义务，对失信主体不产生权利义务影响的措施就无须告知，比如增加检查频次等措施。

最后，行政主体应当保障失信主体的陈述申辩以及听证权利。当然，听取陈述申辩和举办听证也仅限于对失信主体造成实际影响的惩戒措施。各地的社会信用立法有必要制定专门程序规则明确陈述申辩的方式、内容和时间，以及规定失信主体有权就涉及重要权利的惩戒措施申请听证。只有失信主体有效参与失信联合惩戒措施的实施程序之中，才能保证失信主体的合法权益，提高惩戒措施实施的正当性与可接受性。

（三）对联合惩戒对象的权利救济

失信联合惩戒措施对失信主体的权益影响巨大，应建立行之

---

① 王利明：《数据共享与个人信息保护》，《现代法学》2019 年第 1 期，第 49 页。

有效的权利救济途径,可着重从以下两个方面展开:一是信用信息的行政救济,二是行政诉讼的司法救济。

其一,健全信用救济制度。在惩戒措施作出之前的信用信息收集利用阶段,若信用主体认为行政机关收集披露的信用信息有错误、遗漏或侵犯个人隐私的,其可向有关部门提出异议,要求其更正相关信用信息。而在运用惩戒措施完成预期行政目标后,应允许失信主体按照一定条件、程序撤销自身的失信记录,行政机关应及时更新失信主体的信用状态,并解除失信联合惩戒措施。这既是保障失信主体被遗忘权的举措,又是重建社会信用的要求。对此,行政机关需根据失信行为的不同情形设定相应的信用修复条件,针对较为严重的失信行为可不予修复信用,但应对失信主体充分说明理由。在信用修复过程中,若行政机关拒绝失信主体的信用修复申请,失信主体可以通过复议或诉讼进行救济。[①] 同时,为了防止行政机关在信用修复过程中滥用裁量权,还须明文规定行政机关处理信用修复的期限和方式,加强国家权力机关(如各级人大及其常委会、人民检察院等)和社会媒体对信用修复行为的监督。

其二,发挥行政诉讼功能。就具有法律效果的惩戒措施而言,失信主体可像遭受传统行政行为侵害一样提起诉讼[②],法院应将其纳入司法审查范围,并撤销违法的惩戒措施。就不具有法律效果的惩戒措施而言,法院的制约作用就很难实现。比如,作为要件裁量、增加检查频次等惩戒措施。这是因为出于对行政机关专业判

---

① 胡元聪,闫晴:《纳税信用修复制度的理论解析与优化路径》,《现代法学》2018年第1期,第82页。

② 参见最高人民法院(2017)最高法执复50号执行决定书;最高人民法院(2016)最高法委赔监65号赔偿决定书。

断的尊重，法院难以对行政决定的作出过程进行实质性审查，否则就会导致司法权僭越行政权的边界，产生司法不当干预行政管理事务的后果，此时也就形成了决策黑箱。但是，针对明显不当的惩戒措施，法院还是要压缩行政机关的裁量空间，并再次审视行政机关的首次判断权。而对于因为错误信用评价结果所引发的失信联合惩戒措施，法院可基于“违法性继承”的考量对信用评价行为进行审查，因为前阶段的信用评价行为与后阶段的惩戒措施之间在整体上构成了多阶段行政行为。

六、展望未来：确保符合法治国家的建设方向

诚然，失信联合惩戒措施是一把“双刃剑”，就行政机关而言，其能够补足原有管制手段的欠缺，提高行政效能，契合有效实现目标和效益最大化原则①；就行政相对人而言，其不当或过度使用将会误伤公民及法人的合法权益，瓦解行政法治的基本精神，引发法治大厦的坍塌。现实中，尽管失信联合惩戒措施极大提升了国家治理能力并有效实现了多元行政任务，但对行政相对人的权利保护仍不容乐观。例如，因父亲失信而被取消录取资格②、录取后不入学将限制志愿填报数量③、因体罚学生而进信用黑名单④、闯红灯

---

① 沈岿：《论行政法上的效能原则》，《清华法学》2019 年第 4 期，第 19-20 页。

② 澎湃网：《儿子考上知名大学，差点因爸爸的这个行为无法被录取》，https://www.thepaper.cn/newsDetail_forward_2258456，2019 年 7 月 31 日访问。

③ 参见杜晓：《河南规定考生被录取后不入学将受信用惩戒引关注》，《法制日报》2018 年 8 月 6 日，第 05 版。

④ 环球网：《山东五莲县“教师体罚进信用黑名单”：官方撤销追加处理决定》，http://society.huanqiu.com/article/2019-07/15210849.html? agt=959，2019 年 7 月 31 日访问。

将会记入个人信用①、不当信访将会纳入黑名单②……诸多事例表明,失信联合惩戒措施已经全面铺开实施,并且出现了异化、脱法的现象,其既未恪守合法性底线,亦未接受公法原则的约束与调适,也已些许偏离法治国家的建设方向。面对此种偏离,若再去追问其正当性与必要性,实际意义不大;真正重要的是,公法学界应努力作出回应和纠正,重新将其拉回到法治轨道之上,以使惩戒权合法合理地行使;如果不及时加以纠正,其完全可能会与法治国家的建设方向背道而驰。失信联合惩戒措施的设定与实施应在法治框架下运行,并要解决有效性与合法性之间的张力。所以,加快社会信用立法势在必行,失信联合惩戒措施的法治化建构将会成为现代行政法学研究的新增长点,里面还存在许多值得深入挖掘的理论问题,需要做进一步精细化研究。就此而言,本文可能的智识贡献在于以下两点:第一,对学界关于失信联合惩戒措施法律性质的讨论做了比较全面的整理,并引入行政过程论,将失信联合惩戒的内部行政行为纳入研究视野之中,提出实现联合惩戒目标需注重行政组织之间的协调;第二,根据公法原理检讨了失信联合惩戒措施的合法性,并从立法、程序、救济三方面为惩戒措施的合法性控制提供了新思路。

① 《南京市文明交通信用管理实施细则》第十条第一款第一项。

② 财新网:《多地出台文件惩罚失信访民 学者称于法无据》,http://china.caixin.com/2019-09-12/101461655.html,2019 年 9 月 15 日访问。

论行政黑名单制度的现实困境及其法治化路径

——基于对相关地方法规的检视

巢永乐*

摘　要:随着行政审批制度改革的不断深化,黑名单制度广泛运用于行政领域,其既是社会信用体系的有机组成部分也是失信惩戒机制的手段之一,具有制度优越性。检视有关行政黑名单制度的立法现状及其现实困境,其设定主体、实施依据层级不一、实施程序不规范、适用范围不明确以及缺乏完善的救济机制,限制其发挥积极效用。故健全相关立法规范、统一实施主体,完善相关程序以及救济机制,并引入专家评审制度是行政黑名单制度法治化建设的必经之路。

关键词:行政黑名单制度;法治化;失信惩戒;社会信用

* 湖北地方立法研究中心助理研究员。本文系2019年中南财经政法大学研究生教育创新计划项目硕士生实践创新课题“央地关系下粤港澳大湾区的立法保障”部分研究成果。

一、问题的提出

黑名单制度滥觞于我国行政审批制度改革的浪潮中,到目前为止,至少有12个部委建立了黑名单制度①,如,安监部门针对重特大事故的企业黑名单、商务部门针对侵犯知识产权的企业黑名单等。在减少行政审批的设置后,对社会自律的要求更高。但由于信息不对称是市场经济的一大特点,有的主体利用其能够获取更多信息的优势地位而出现一些败德行为,行政黑名单制度的建立是对败德行为的规制与反抗。为加快我国社会信用体系的建设,地方也作出了相应的举措,相继出台了有关黑名单制度的管理办法或实施细则,可谓汗牛充栋②,但却缺乏统一的立法规范对其进行统一的规定。黑名单制度是我国社会信用体系的重要组成部分,作为失信惩戒机制的主要手段,业已充斥生活的方方面面,对众多领域产生持久而深刻的影响。学界对于行政黑名单制度的法律属性作出了相应的争论,从不同角度、层次厘清了其究竟属于行政处罚、行政事实行为、替代行政许可或者仅仅是一种行政指导行

---

① 参见周琳.我国信用黑名单建设主体五花八门,惩戒形同虚设.https://new.qq.com/rain/a/20141125002009. 2019年6月18日访问.最高人民法院建立失信被执行人名单制度,实行公开曝光、中国人民银行的信用黑名单、环保部门的环评黑名单、安监部门针对重特大事故的企业黑名单、商务部门针对侵犯知识产权的企业黑名单、食品药品监督部门针对食品药品安全的黑名单、住建部等十部委针对房企囤地违规信贷违规销售等行为的黑名单(房地产开发企业诚信信息共享系统)、最高人民检察院针对行贿犯罪的黑名单(行贿犯罪档案库)、证监会针对证券业内违法违规案件的黑名单(中国证监会诚信档案数据库)、教育部门针对招生和办学秩序有不良记录的学校黑名单,以及工信部意在整治泄露个人隐私、垃圾广告等安全隐患拟推的《移动互联网黑白名单规范》等一系列黑名单管理制度。

② 以“黑名单制度”作为关键词在北大法宝上检索,检索条件限定为“地方法规规章”,有126件地方规范性文件,60件地方工作文件,从标题看,涉及范围广泛,包括:专利、工商、行政管理、文化、道路运输、电梯维修等。2019年6月18日访问。

为，在明确法律属性的基础上提出了相关的完善建议。目前，行政黑名单制度执行主体不一及各主体对信息“主权”的争夺，列入程序不规范、列入标准不明确以及适用范围模糊等问题的存在，限制并削弱了发挥其制度优越性，并存在突破现有法律法规框架的风险，面临合法性危机，危及公民、法人及其他组织的合法权益。

2014 年国务院出台了有关社会信用的重要文件①，文件提及对黑名单制度建设的重要性，明确要求建立黑名单制度作为增进我国社会信用的一种重要的手段，并提出应当建立市场退出机制。2016 年，国务院印发的文件则直接针对联合惩戒，明确四大重点领域②应当依法依规加强对失信行为的行政性约束和惩戒，各行业应当规范信用红黑名单制度，不断完善诚信典型“红名单”制度和严重失信主体“黑名单”制度，依法依规规范各领域红黑名单产生和发布行为，并建立健全退出机制。国务院对于是否建立行政黑名单制度已有明确的指示，并强调需在法律法规的框架内建立行政黑名单制度。除此之外，有关取消行政许可事项的决定亦明确予以列举③，共取消 63 项行政许可事项，其中要求“工程咨询单位资格认定”“物业服务企业一级资质核定” 等 13 项建立黑名单制度。黑名单制度建设旨在发挥其与行政审批制度改革的互联互通与协同监管的积极作用。从中央出台的文件看出，对于规范以及如何健全完善黑名单制度已经成为社会信用体系建设的重中之重，社会信用体系建设要求加快黑名单制度法治化建设，制度的稳步发展与建设都应当在法律法规的框架内进行。

---

① 《社会信用体系建设规划纲要(2014—2020)》(国发[2014])。

② 《国务院关于建立完善守信联合激励和失信联合惩戒制度加快推进社会诚信建设的指导意见》(国发[2016]33 号)。

③ 《国务院关于取消一批行政许可事项的决定》(国发[2017]46 号)、《国务院关于取消一批行政许可等事项的决定》(国发[2018]28 号)列举了取消事项。

在实践当中,相关事件的发生,限制了黑名单制度发挥积极作用。农夫山泉“砒霜门”中海口市工商局通过检验相关产品并确认为不合格产品后向经销商以及厂家发出了下架以及召回的警示,但后来又作出了撤销的决定。但是其中缘由却令人深思,经严格检验后所作出的决定,更改极简。该警示可被认为广义的行政黑名单制度的实际运用,如此举动,使得其威慑力以及公信力遭到了质疑,其中是否存在权力寻租引起热议 。南京华鼎“员工黑名单”中华鼎公司作为非行政机关亦设置黑名单制度,并对38名女职工产生了极大影响,其作为一般的法人是否有权设立黑名单并予以公示被质疑。诸如此类的现实事例层出不穷。黑名单制度是否面临着滥用以及泛化危机,其处理程序不规范以及执行主体五花八门导致公众对黑名单制度的作用以及意义提出了质疑。行政黑名单制度作为一种信用监管手段,其主要由行政机关实施,与其他主体制定的黑名单制度存在着一定的区别。

基于上述背景,行政黑名单制度法治化建设已成为不可忽视的话题,行政黑名单制度的片段化、零碎化发展要求我国从其功能属性、实施主体、程序规范、规制机制等方面搭建一个系统性的制度。系统性制度的建构有助于在利害关系人之间寻求价值平衡以及实现良好的法律效果和社会效果。

二、行政黑名单制度之基本分析

(一)行政黑名单制度概念之厘定

黑名单制度其定义究竟是什么,学界尚无统一定论。一般而言,事物的定义是研究的逻辑起点,厘清一事物的定义有助于在研究中明确相关概念的界限与作用。胡建淼教授认为:“黑名单系统是指依法合法设立犯罪分子或对社会造成特殊伤害的人。通过一定的法律程序,行为和权利的法律制度在一定时期内受到有关部门的约束。”有学者认为,所谓的“黑名单”是指在有关当局或授权的基础上违反损害公共利益或他人利益的法律法规的公司,个人或组织,通过公开或设置不良记录来限制行为或揭示不良信用的管理行为。① 有学者从经济法语境下进行分析,认为“黑名单”是指政府对经营者、经营者对消费者的严重违法、违约等不良行为,予以记录,通过公开曝光,限制、剥夺其权利等措施进行惩戒的规则。② 有学者认为“黑名单”是指行政机关向社会公开发布未依法履行义务或存在违法违规行为的企业、个人、组织名录的一系列制度安排,涵盖录入、公布、惩戒、移除等多个环节。③《布莱克法律词典》对“黑名单”作如下定义④:不受欢迎,因此应予以避免或惩罚的人员、产品、国家等的清单,尤其是名册制造者或使用者认为令人反感的政治或社会不端(不良)行为的名单。从不同的角度出发对“黑名单”进行定义,但众多定义中共享一套逻辑即将危害公共利益或违法违规的义务主体予以不良记录并根据具体情节予以公布或不公布并对其行为进行某种程度的限制,促使义务主体修正其不良行为的一种管理活动。黑名单制度实质上属于一种管理活动,并主要通过公布以及限制其行为实现其目标,以此促进义务主体的自律,维护公共利益。对于黑名单制度的准确定义亦有助于规范对制度的运用与理解,事物的定义是研究该事物的逻辑起点

---

① 刘平,史莉莉:《行政“黑名单”的法律问题探讨》,载《上海政法学院学报》2006年第2期。

② 参见张家宇:《经济法语境下黑名单制度滥用的法律规制——基于案例的整理与研究》,载《中南大学学报(社会科学版)》,2016年第4期。

③ 参见吕同舟:《政府职能转变背景下社会组织“黑名单”制度的建构》,载《上海师范大学学报(哲学社会科学版)》2018年第4期。

④ Bryan A. Garner. Black's Law Dictionary. (Tenth Edition). St Paul:Thomson Reuters,2014:203.

并有助于对该事物进行深入的理解。基于此,行政黑名单制度可定义为:行政机关对危害公共利益或违法违规的义务主体予以不良记录并根据具体情节予以公布或不公布,对其不良信用的揭示或进行行为限制的一种管理活动。① 在实践当中,存在行政黑名单制度、失信被执行人黑名单制度、行业企业黑名单制度等,行政黑名单制度与其他黑名单制度的区分主要在于实施主体以及产生的法律效果与社会效果不同。

（二）行政黑名单制度之功能定位

有学者根据其功能性质进行类型划分:惩罚性功能、警示性功能、备案性功能以及普法性功能。② 有学者从行政过程论的视角将黑名单制度划分四个过程行为:拟列入行为、列入行为、公布行为、惩罚行为。③ 从不同角度划分具有其意义,功能性质划分着眼于对社会产生的效果,以行政过程为划分标准能全面展示行政活动各个过程以及每一具体过程的法律属性进而厘清其中的权利义务关系。因此,对于行政黑名单制度之定位,在不同的维度体现不同的面向。但主要通过对其进行结构解构进而厘定行政黑名单制度的

---

① 参见周琳.我国信用黑名单建设主体五花八门,惩戒形同虚设.https://new.qq.com/rain/a/20141125002009. 2019年6月18日访问.最高人民法院建立失信被执行人名单制度,实行公开曝光、中国人民银行的信用黑名单、环保部门的环评黑名单、安监部门针对重特大事故的企业黑名单、商务部门针对侵犯知识产权的企业黑名单、食品药品监督部门针对食品药品安全的黑名单、住建部等十部委针对房企囤地违规信贷违规销售等行为的黑名单(房地产开发企业诚信信息共享系统)、最高人民检察院针对行贿犯罪的黑名单(行贿犯罪档案库)、证监会针对证券业内违法违规案件的黑名单(中国证监会诚信档案数据库)、教育部门针对招生和办学秩序有不良记录的学校黑名单,以及工信部意在整治泄露个人隐私、垃圾广告等安全隐患拟推的《移动互联网黑白名单规范》等一系列黑名单管理制度。

② 同上。

③ 参见范伟:《行政黑名单制度的法律属性及其控制——基于行政过程论视角的分析》,载《政治与法律》2018年第9期。

功能及法律属性,并予以规制。从行政黑名单制度的内容出发,其应当主要包括两个方面:一是信息处理,二是行为惩戒。信息处理包括采集、评价、备案三个环节。建立系统化的黑名单名录是发挥其管制作用的关键与基础。实践中大多遵循“谁管理、谁负责、谁采集、谁勘误”的原则管理黑名单制度。[①]

首先,信息采集是指搜集有关损害公众利益或违反法律法规的义务主体的基本信息,包括对经营主体信息的采集以及从业人员信息的采集。经营主体的信息主要包括但不限于以下内容:名称、统一社会信用代码、住所、法定代表人或负责人的姓名、主要事实与理由。从业人员信息包括姓名、身份证号码、相关事由等。信息采集应当全面、真实、完整,以及应当保持所采集信息的客观性与正当性。该步骤属于基础性工作,对后阶段的任务产生重要的影响,也是作出合法科学结果的基础。

其次,需要对采集的信息进行评价以及严格的核查。评价和核查主要是对义务主体违法违规行为以及原因等进行分析评价。行政机关将义务主体列入“黑名单”制度被定性为行政处罚[②],但有的学者认“黑名单”制度的阶段构造不同,其法律属性亦呈现出一定的差异,认为其中的惩罚行为才具有行政处罚的性质,在学理上属于“资格罚”或“人身罚”[③],至少不置可否的是行政机关“黑名单”制度在某种程度上具有行政处罚的性质,具有处分性与制裁

① 《旅游市场黑名单管理办法(试行)》《体育市场黑名单管理办法》《江苏省工商行政管理系统黑名单管理制度》《黑龙江省电梯安装改造维修企业安全质量失信“黑名单”制度(试行)》等。

② 胡建淼:《“黑名单”管理制度——行政机关实施“黑名单”是一种行政处罚》,载《人民法治》2017年第5期。

③ 《旅游市场黑名单管理办法(试行)》《体育市场黑名单管理办法》《江苏省工商行政管理系统黑名单管理制度》《黑龙江省电梯安装改造维修企业安全质量失信“黑名单”制度(试行)》等。

性,对相对人的权利义务会产生一定的不利影响。对待其应当秉承严谨的态度,特别是在现如今社会信用体系不断完善的背景下,诚信作为个人、企业的安身立命之本,对各主体的发展产生重要的影响,从而应当对其信息进行缜密的核查以及慎重评价,是否应当被纳入“黑名单”名录的范畴中。

最后,经评价核查后,应当将具有法律法规规定情形的义务主体信息载入“黑名单”档案中,进行备案。[①] 可以与按功能划分中的备案行政黑名单制度呼应。备案作为公布前的一项重要工作,其主要以储存与记载的功能为主,是后续阶段的基础性工作。可见,“黑名单”制度的信息处理这一面向所包含的三个环节,环环相扣、层层递进。

行为惩戒建基于信息处理,主要有披露[②]和共享两种手段。行为惩戒在于向社会揭示失信主体的不良行为,从而贬低其信誉或商誉,同时也会限制基于某些领域进行生产经营活动或者其他行

① 在我国现有的有关黑名单管理的规范性文件中,有的将企业的不良行为列入不良行为记录名单,譬如《财政部政府采购货物和服务招标投标管理办法》第 74 条、75 条;有的根据违规企业违规情节的轻重将违规企业的行为划分为不良行为记录和黑名单,譬如《淮南市政府采购不良行为记录和黑名单管理暂行办法》,并以此为基础分别设定相应的管理制度;有的将企业的不良行为全部列入黑名单管理,譬如《甘肃省食品安全黑名单管理办法(试行)》。国务院注册资本登记制度改革方案则推行经营异常名录制、黑名单制和重点监控名单。将有未按规定期限公示年度报告、通过登记的住所(经营场所)无法取得联系等情形的市场主体载入经营异常名录,将有违法记录的企业列入黑名单,将违反认缴义务、有欺诈和违规行为的境外投资者及其实际控制人列入重点监控名单,并严格审查或限制其未来可能采取的各种方式的对华投资。

② 譬如《甘肃省食品安全黑名单管理办法(试行)》第 7 条规定,经确定列入“黑名单”的,由省级各食品安全监管部门通过新闻媒体或者各监管部门网站对外公布。原则上每年公布两次。

为受到一定程度上的限制。[①] 尽管行政机关并未强制要求义务主体为或不为一定行为,但是就从其可期待利益而言,其权利受到了一定程度的减损或限制。对于会造成权利减损的行政行为,由于权力历来为人们所追逐,其滥用的可能性较大,应当设定一定的程序予以控制,以免因滥用权力而造成严重的损害。一方面,披露是指行政机关将"黑名单"名录以一定的方式将其公之于众的行政活动的总称,可视为行政事实行为,其对相对人的权利义务产生一定的影响但是不具有强制性和命令性。该行为虽未以"命令-服从"的方式要求失信主体为或不为一定行为,但却间接地以披露行为为手段,对其商誉或信誉造成一定程度的贬损,而商誉作为企业一项重要的无形资产,进而直接增加了其违法成本。但是单个职能部门公布后难以发挥"黑名单"制度的威慑作用,不如应当建立其联合惩戒机制,方能使失信主体寸步难行。行为惩戒的另一维度:共享,在这里会发挥相应的作用。林均跃教授认为,失信惩戒机制涵盖"黑名单系统"以及"市场联防机制"两个阶段,当前"黑名单系统"已初步形成,而"市场联防机制"处于建设阶段,由大型信用信息数据库设施支撑的黑名单系统是建立市场联防机制的必要前提条件。[②] 而共享信息则是联合惩戒机制的重要抓手。联合惩戒

① 譬如《财政部政府采购货物和服务招标投标管理办法》第 75 条规定,中标供应商有下列情形之一的,招标采购单位不予退还其交纳的投标保证金;情节严重的,由财政部门将其列入不良行为记录名单,在一至三年内禁止参加政府采购活动,并予以通报:(一)中标后无正当理由不与采购人或者采购代理机构签订合同的;(二)将中标项目转让给他人,或者在投标文件中未说明,且未经采购招标机构同意,将中标项目分包给他人的;(三)拒绝履行合同义务的。《甘肃省食品安全黑名单管理办法(试行)》第 10 条规定,对恶意生产销售不安全食品的企业责任人坚决逐出食品市场,列入"黑名单",终身禁止从事食品行业。

② 参见林钧跃:《市场联防机制:充分发挥社会信用体系功能的一项基础工程》,载《征信》2012 第 5 期。

措施具有“面线结合”的特点①，将惩戒延伸至其他相关管理领域。我国于2015年建立全国信用信息共享平台，共接入部门37个，接入地方32个。联合惩戒主要由国家发展与改革委员会、中国人民银行牵头，会同税务总局、工商总局、监证会、最高人民法院、安监总局等部门签署了5个联合惩戒合作备忘录②，落实联合惩戒。截至2019年5月，税收违法“黑名单”共计22750件，累计推送联合惩戒30多万户次。③ 有关税务违法行为的信息将与其他管理领域进行共享，其他领域予以配合，对其权利进行相应的限制，具有制裁性。除此之外，地方陆续出台相关规范性文件，以规范促进“黑名单”信息共享与联合惩戒。④ 通过披露与共享，达到一种威慑预防性的功能，通过反面事例的揭示对失信主体带来的不利，倒逼其他市场主体自觉遵纪守法。截至2017年年底，约40万老赖主动还款，行政黑名单制度成效显著。

以行政黑名单制度的主要内容为着力点进行分析，其功能定位渐次明晰。作为行政黑名单制度的前端的信息处理，通过采集、评价、备案三个环节建立起“黑名单”系统，为行为惩戒发挥具体作用奠定基础。行为惩戒以披露和共享两种方式发挥其惩罚与威慑预防的功能。通过对行政黑名单制度内容进行阶段性解构，可以

---

① 徐晓明：《行政黑名单制度：性质定位、缺陷反思与法律规制》，载浙江学刊2018年第6期。

② 5个备忘录包括：《关于重大税收违法案件当事人实施联合惩戒措施的合作备忘录》《失信企业协同监管和联合惩戒合作备忘录》《关于对违法失信上市公司相关责任主体实施联合惩戒的合作备忘录》《关于对失信被执行人实施联合惩戒的合作备忘录》《关于对安全生产领域失信生产经营单位及其有关人员开展联合惩戒的合作备忘录》。

③ 《国家税务总局累计公布22750件税收违法“黑名单”》. https://www.creditchina.gov.cn/lianhejiangcheng/honghei mingdanzhidujianshe/201906/t20190614_158665.html. 2019年6月19日访问.

④ 《陕西省违法失信“黑名单”信息共享和联合惩戒办法》《宁夏食品药品安全“黑名单”信息共享和联合惩戒办法》等。

比较细微具体地分析其须经过何种程序或阶段进而达到最终的效果，并以此为基础，分析其在各阶段中存在的困境以及难题。

三、行政黑名单制度的地方立法检视及现实困境

检视相关地方法规对黑名单制度的规定，从地方法规规章性质、黑名单制度实施主体以及涉及的相关内容、领域进行分析，反思其中不足，并厘清其中缘由。

表1：黑名单制度的相关地方性法规规定

名称	性质	实施主体	领域、内容
《广东省养老服务条例》	省级地方性法规	县级以上人民政府及其有关部门	社会保障；建立黑名单制度和退出机制，实施多部门、跨地区的联合惩戒
《河北省人民代表大会常务委员会关于加强扬尘污染防治的决定》	省级地方性法规	省人民政府、设区的市人民政府	生态环境；根据扬尘污染防治工作需要，依法建立健全建设施工“黑名单”制度
《重庆市招标投标条例（2018修正）》	省级地方性法规	发展改革部门会同其他有关行政监督部门	市场管理；建立行业信用黑名单制度
《江西省食品小作坊小餐饮小食杂店小摊贩管理条例》	省级地方性法规	县级人民政府食品药品监督管理部门	食品卫生；建立食品小作坊、小餐饮、小食杂店和食品小摊贩黑名单制度

续表

名称	性质	实施主体	领域、内容
《贵州省大扶贫条例》	省级地方性法规	相关部门	社会保障;将采取弄虚作假或者胁迫等不正当手段,骗取扶贫政策待遇等行为列入黑名单
《陕西省优化营商环境条例》	省级地方性法规	发展改革部门会同其他有关行政主管部门	营商环境;对招标人、投标人等建立行业信用黑名单制度
《昆明市工资支付条例》	设区的市地方性法规	市、县(市、区)人力资源社会保障部门	工资福利与劳动保险;完善用人单位守法诚信管理制度和拖欠工资企业“黑名单”制度
《大同市电梯安全条例》	设区的市地方性法规	特种设备安全监督管理部门	国家安全工作;对未能按期整改或者整改后仍然不合格的单位列入黑名单向社会公示
《黑河市市容和环境卫生管理条例》	设区的市地方性法规	市容环境卫生主管部门	环境卫生;将拒不改正违法行为、拒不履行行政处罚决定和屡次实施违法行为的单位和个人列入黑名单,并向社会曝光
《南京市院前医疗急救条例》	设区的市地方性法规	卫生计生行政主管部门	医疗;建立严重失信单位黑名单制度和公示制度

续表

名称	性质	实施主体	领域、内容
《昌吉回族自治州乡村治理促进条例(试行)》	自治条例和单行条例	村民委员会	社会治理;违反法律、法规、规章及村规民约的行为(列入黑名单)
《五峰土家族自治县农产品质量安全条例》	自治条例和单行条例	自治县人民政府农业、工商行政管理	食品安全;建立农业投入品监管信息平台和"黑名单"制度
《珠海经济特区政府投资项目管理条例》	经济特区法规	行业行政主管部门	营商环境;建立政府投资项目的招标代理、勘察、设计等的相关单位的黑名单制度

说明:以"黑名单"为主题词在"北大法宝"上进行检索,并限定在"全文、地方法规规章"中,检索结果共28篇地方性法规包含黑名单制度的设置,其中省级地方性法规18部,设区的市地方性法规6部,经济特区法规2部,自治条例和单行条例2部。上述表格列举部分地方性法规,但所列举法规涵盖面较为全面,包括省级、设区的市、经济特区以及自治县所制定的地方性法规;法规所涉领域较为宽泛,包括:生态环境、营商环境、医疗卫生、食品安全等;实施主体也各不相同。

表2:相关地方政府规章规定

名称	性质	实施主体	领域、内容
《辽宁省推进"最多跑一次"规定》	省级地方政府规章	行政机关	营商环境优化;行政机关应当依法建立申请人诚信档案和虚假承诺黑名单制度
《江苏省社会救助家庭经济状况核对办法》	省级地方政府规章	核对机构	社会福利与社会保障;核对对象不如实提供经济状况信息骗取社会救助的,情节严重的,列入失信"黑名单"

续表

名称	性质	实施主体	领域、内容
《陕西省企业信用监督管理办法》	省级地方政府规章	各级行政机关和行使管理公共事务职能的组织	机关工作；建立行业红、黑名单制度，通过省公共信用信息平台实现信息共享，跨地区、跨部门、跨领域对企业信用表现进行综合评判，实行联合奖惩
《茂名市城市道路管理规定》	市级地方政府规章	城市道路行政主管部门	道路运输；从施工前期、施工过程、现场管理等方面对其信誉度进行考查，并以诚信红黑名单方式公示
《福州市社会信用管理办法》	市级地方政府规章	各级国家机关、法律法规授权的具有管理公共事务职能的组织	市场管理；发布诚信典型“红名单”和失信主体“黑名单”
《深圳市政府投资建设项目施工许可管理规定》	市级地方政府规章	各行业主管部门	营商环境；各行业主管部门建立黑名单制度，对企业和从业人员违法违规、不履行承诺的不良行为在深圳网上办事大厅向社会公开
《珠海经济特区牛羊定点屠宰管理办法》	市级地方政府规章	市畜牧主管部门	畜产品；建立守信激励和失信惩戒机制、黑名单制度，定期向社会公布全市牛羊屠宰情况

续表

名称	性质	实施主体	领域、内容
《定西市采砂管理办法》	市级地方政府规章	县区国土、水务、环保、安监等部门	建材产品;建立健全采砂巡查监管台账制度、联合执法制度、黑名单制度
《新疆维吾尔自治区货物运输车辆超限超载治理办法》	自治区地方政府规章	交通运输、公安机关交通管理部门	交通运输;建立健全违法超限超载运输黑名单制度

(一)设定主体、实施依据层级不一

首先,从制定机构的角度来看,它包括行政机构和非行政机构。在某种程度上,可以看出,行政黑名单制度的使用概括夸大了行政黑名单制度在各行各业中的作用。市场监管需要多维度的共力,并非仅依靠单一制度即可维护市场秩序。黑名单制度作为社会治理的手段之一,其作用是有限的,需要道德、公德等方面予以配合。事无巨细地都以黑名单制度加以管制,会导致其泛化而适得其反。基于此,对于现今设定主体的多样化,所呈现出的滥用趋势应当予以限制及规范。

其次,从实施依据上看,从中央到地方都有有关行政黑名单制度的实际运用,其所设定依据主要为规章以下的规范性文件,而"黑名单"制度在一定程度上具有行政处罚的性质,具有制裁性和处分性,会使得相对人具体权利义务受到不利影响。从现有依据上看,法律层面上规定黑名单制度的有《食品安全法》《环境与资源保护法》《药品管理法》《安全生产法》等,行政法规层面上的有《食品安全法实施条例》《营业性演出管理规定》《政府信息公开条例》等,绝大多数的设定依据为规章以下的规范性文件。制度的创设应当符合法律的规定,并且应当在宪法和法律的范围内运作,违反法律的制度是无效的并且造成的影响是巨大的。“黑名单”并不属于我国《行政处罚法》所列举之处罚类型,对于未设定的类型,需要由法律、行政法规进行设定,其他级别的规范无权设置新的行政处罚类型。因此,行政“黑名单”制度面临着对其合法性的怀疑。

(二)适用范围不明确

目前,行政黑名单制度的应用极其广泛。所涉领域涵盖专利、工商、税务、食品安全、建筑等领域,但是何种行为需要黑名单制度予以规制并不明确,并且对于适用的标准亦存在一定的争议。现存的规范性文件大多以列举的方式规定哪些行为应当列入黑名单,但就同一领域,所列举事项存在差异性,不存在一致的标准。有的领域甚至将应用社会道德调整的事项以黑名单制度进行管制,黑名单制度的适用应当有其明确的界限与范围。社会治理的方式是多元的,黑名单制度仅仅是其中一种,其带来的影响与效果是有限的,道德、习惯等各方面因素在社会治理中亦发挥重要作用。滥用黑名单制度可能会带来相反的效果。

(三)实施程序不规范

表3:黑名单制度运行程序

规范名称	信息采集	告知	讨论决定	公布	移出	备注
《河北省建筑市场主体严重失信名单管理暂行办法》	√	√		√		
《广东省农产品质量安全“黑名单”管理办法(试行)》	√	√	√	√	√	

续表

规范名称	信息采集	告知	讨论决定	公布	移出	备注
《山东省质监局“黑名单”制度管理办法(试行)》	√		√	√		合法性审查
《福州市农产品质量安全黑名单制度》	√		√	√		时限:“黑名单”期限为三年,限期届满时,自然解除。
《许昌市安全生产黑名单制度实施办法(试行)》	√			√	√	
《甘肃省药品医疗器械监督管理黑名单制度》	√		√	√		
《辽宁省工商联建立守信红榜和失信黑名单制度工作方案》				√	√	黑名单信息应用

制度的正常运转有赖于科学、合法的程序性控制。现有的有关行政黑名单制度的适用程序不尽相同并且差异较大,这在一定程度上削弱了其规范性以及权威性。如《河北省建筑市场主体严重失信名单管理暂行办法》规定了信息采集、列入、发布、管理四项程序;《山东省质监局“黑名单”制度管理办法(试行)》规定了列入名单、提报“黑名单”主体相关情况、集体研究决定、合法性审查、公布五项程序;《广东省农产品质量安全“黑名单”管理办法(试行)》规定了信息采集、告知、公布、交换、移出五项程序。首先,就所列举的三种管理办法,其对于黑名单制度的实施程序都作出了不同的规定。可以看出在不同领域、不同地区适用程序不同并且各程

序之间存在一定的差异。但是就该制度而言,应当存在某些程序是必经程序,即缺少该程序即构成程序违法,因而影响相对人的权利。其次,就程序的完备性而言,存在以下障碍:第一,并非所有的管理办法都规定了黑名单“移出”程序,“移出”程序是对失信主体限制的解除,对其权利义务产生具体的影响。一些办法对于“移出”适用情形作出了列举式规定,是对权利保护的重要举措,亦应当作为该制度的重要部分。但是列举式的规定仍然存在一定弊端,主要是列举有限性。缺乏原则性或概括性的规定,不能全面地涵盖。第二,黑名单制度非自我封闭的运行机制,其应当具备“沟通交流”的程序,以便相对人参与其中,更好地体现其民主性。但现有的实施程序中,缺乏对该具体程序的规定。该程序的重要性不言而喻,沟通交流机制在现代行政活动中极其重要,其可以建立双方之间意见之交流桥梁,在信息不对称以及信息交流不经常中显得格外重要。第三,是否列入“黑名单”存在着广泛的自由裁量权,裁量权历来容易被滥用,囿于列入须根据具体情节予以决定,极易导致权力寻租的现象,健全规范的实施程序能够有效遏制自由裁量权的滥用并应当遵循比例原则。

(四)缺乏救济机制

“无救济即无权利。”救济机制可分为私力救济与公力救济。陈述、申辩等依靠相对人自身作出的请求,这一类属于私力救济,而行政复议、诉讼等属于公力救济。行政黑名单制度的救济机制应当贯穿于整个制度的全过程,不仅限于失信主体名单被揭露或者联合惩戒后可经申诉、行政复议或行政诉讼等方式维护合法利益,还应当在信息处理中享有救济的途径。行政黑名单制度可分为:信息处理与行为惩戒。在信息处理过程当中,对于经评价审核后准备记录于黑名单档案的主体应当具有被列入前的救济机制,对于列入后发布黑名单前以及被揭露或联合惩戒后也应当设定规范的救济机制。《江苏省文化市场“黑名单”管理办法（试行）》《烟台市建筑市场信用管理“红名单”“黑名单”发布管理制度》《湖北省黄石市信用“红黑名单”及联合奖惩对象管理制度》等有关管理制度规定了异议信息申诉与复核制度、信息更正与权益保护机制。首先，这一类救济机制更多地以事后救济为主，但是未规定对于列入前以及列入后发布前的救济机制。其次，对于异议信息申诉、信息更正等救济机制，接受异议主体仍为原作出公布行为的行政机关，是一种自我审查的内部行为，其对于权利人的救济效果极为有限。从权力保障的视角看，不完善的权利救济机制间接造成对他人合法权益的侵犯。

四、行政黑名单制度的法律规制

行政黑名单制度在一定程度上会对相对人造成不利影响，其存在日益泛化的趋势，必须加以规制以发挥其良好的社会效应。

（一）依据合法，主体一致

首先，行政黑名单制度的建立应以“法律和行政法规”为基础。行政黑名单制度作为一种手段而非目标，主要起着市场监督在行政审批制度改革互联中的作用。它作为不诚实学科机制的主要手段，旨在建立和完善中国的社会信用体系。目前，我国的行政黑名单制度立法水平低，范围广。具有统一立法的黑名单管理规定了对黑名单公司的市场准入限制和禁令，更应明确其适用条件与范围。统一的立法规范有助于增强黑名单制度的权威性与规范性，有效遏制黑名单制度的泛化。①

① 参见王克稳：《论行政审批的分类改革与替代性制度建设》，载《中国法学》2015年第2期。

其次，行政黑名单制度具有增设公民义务、减损公民权利的性质。我国《立法法》第80条规定[①]，只有法律以及国务院制定的行政法规、决定以及命令方可作出增设义务、减损权利的行为，其他依据不可。除此之外，《行政处罚法》亦规定新的行政处罚类型职能由法律、行政法规创设。由于各地区各行业存在不同程度的差异，在上位法设定“黑名单”制度后，规范性文件以及规章可以在上位法的范围内对其作进一步细化规定。

最后，实施主体的层级各不相同，由信用主管部门对黑名单制度的实施作统一管理更具专业性，并能保证人力、物力的充足。[②]由统一的信用主管部门进行管理，依托其充足的人力、物力，会大大提高对于信息收集、评价、备案等环节的效率以及准确度。此外，由信用主管部门统一管理还可以减轻政府等其他实施主体的负担。

(二)程序规范且正当

1. 告知、听取陈述与申辩

实践中，在将义务主体列入黑名单前或在将其列入后，一般会进行公示并告知。[③] 但对于列入后公布前则没有规定相关的告知程序。从权利保护的角度出发，基于对权利人享有充分的知情权

---

① 《立法法》第80条第2款：“没有法律或者国务院的行政法规、决定、命令的依据，部门规章不得设定减损公民、法人和其他组织权利或者增加其义务的规范，不得增加本部门的权力或者减少本部门的法定职责。”

② 刘文丽：《对黑名单制度实体法律问题的几点思考——以地方黑名单立法规定为依据分析》，载《公民与法(法学版)》2016年第10期。

③ 《福州市信用红黑名单管理暂行办法》规定，“红黑名单”认定部门依据认定标准生成的“红黑名单”初步名单，应通过认定部门门户网站、“信用福州”网站或其他适当方式予以公示，公示期不少于20个工作日，经公示无异议的，由“红黑名单”认定部门负责人批准，认定为“红黑名单”；有异议的，由“红黑名单”认定部门进行核实，“红黑名单”认定部门应以书面和短信事前告知相关主体。

与参与权的考量,应当在列入前(准备列入)、列入后以及列入后准备公布前都应当履行告知义务,告知权利人并听取其陈述和申辩,在沟通交流后,所作决定更具科学性与民主性。除此之外,对于列入前以及列入后公布前的公示期限的限度有必要进行明确规定,应当规定一个时间范围,明确最短期限与最长期限以及对最长期限延长的例外情形,在尊重公平的同时亦保持效率。

2. 引入听证程序

《行政处罚法》规定了三种情形可以启动听证程序,分别是:责令停产停业、吊销许可证或执照、较大数额罚款。在作出这三种决定前,相对人有权要求听证。听证制度是对行政机关所作决定合法性、科学性以及民主性的有效把关。个案中的听证所要达到的是一种互惠互利的目标,听证程序可以作为参与者之间利益协调、平衡的一种方法,以求双方利益达至最大化。[①] 在黑名单制度中引入听证程序,作为参与方之间的沟通机制。最高人民法院指导性案例 6 号也确认了听证程序范围的扩展。[②] 该案中认为没收数额较大的财物也应当启动听证程序。听证制度在作出行政决定的过程中能够发挥其有效的制约作用,其主要听取利益各方的意见,在沟通交流中实现利益协调与平衡,是一种开放的、有效的沟通交流机制。

3. 健全移出修复程序

移出修复程序对激励被列入黑名单名录或公布的监管主体遵纪守法有良好的促进作用。目前,对于黑名单的管理实行动态管

---

① 石肖雪:《作为沟通过程的行政听证》,载《法学家》2018 年第 5 期。

② 《黄泽富、何伯琼、何熠诉四川省成都市金堂工商行政管理局行政处罚案》. https://www.chinacourt.org/article/detail/2012/04/id/478574.shtml. 2019 年 6 月 21 日访问。

理，既有进入程序也有移出程序以及信用修复程序。[①] 但有关移出与修复的规定过于原则化，鲜有管理办法对移出标准或修复标准进行规定，同时对于移出修复也很少采取列举式的规定，一般只确认该程序的存在，但是具体如何启动移出修复程序、哪些情形适用移出与修复以及确认移出后是否需要公告等情形都不明确。这就亟待对移出修复程序作出更为详尽的规定以促进激励机制发挥作用，使失信主体自觉遵纪守法，进而不断促进社会信用体系的完善。

（三）引入专家评审制度

专家评审制度早在 2003 年政府采购中被引入，其主要采用"统一条件、分级管理、资源共享、随机选取、管用分离"的管理办法。在涉及被监管主体重大利益的事项时，对于是否以黑名单进行管制存在争议，双方基于各自利益的慎重考量，常常会出现不同的选择，如何在不同利益中寻求平衡成为解决问题的关键。可以借鉴政府采购中的专家评审制度，通过来自各领域的专家提供智力支持，第三方的智力支持以其具有的中立性、专业性等方式增强黑名单制度的公平公正。

（四）完善救济机制

前述已提及须完善告知、听取陈述与申辩等程序。对于救济机制而言，主要分为两个部分。第一，设定预防性诉讼机制。预防性诉讼是指："公民，法人或其他组织将来会受到某些行政行为或预期的侵权行为，可以依法以预防方式启动行政诉讼，以防止以诉讼形式提起行政诉讼或事实行为，以保护其特殊权利。"[②]若行政主

---

① 《旅游市场黑名单管理办法》第十条规定了黑名单的移出情形；《河北省建筑市场主体严重失信名单管理暂行办法》第九条、第十一条分别规定了黑名单移出以及信用修复；《浙江省社会组织失信"黑名单"管理办法（试行）》第八条、第十条分别规定了黑名单撤销与信用修复。

② 章志远，朱秋蓉：《预防性不作为诉讼研究》，载《学习论坛》2009 年第 8 期。

体未在规定的阶段履行告知等程序,相对人可立即与列入、发布主体进行沟通与协商,若行政主体仍坚持原有做法未作出实质性更改,则可以向人民法院提起预防性行政诉讼。但若该行为对相对人权利产生较大的影响,即便行政主体作出更改,相对人亦可以提起行政诉讼。第二,事后的救济机制,常以行政复议与行政诉讼作为救济的方式,结合行政黑名单制度的具体性质,将其纳入行政复议、行政诉讼的受案范围,复议机关或人民法院审查的重心应当是行政机关黑名单确认依据、程序、职权等方面。[①]

五、结语

信用处于社会稳定健康发展的核心地位,其对社会活动产生重要的影响。“人无信不立”,信用社会的建构,能够促使资源更加有效地利用,避免因信用产生的问题而浪费资源。我国社会信用体系的建构于2011年首次以国家政策的形式登台,其逐步发展出一个较为完善的体系。失信惩戒机制是其中重要的一环,而行政黑名单制度则是失信惩戒机制中重要的手段之一。行政黑名单制度以其制度优越性不断增进社会信用。一方面,其与行政审批制度改革互联互通,使得政府干预的一部分领域得以解放;另一方面,其作为失信惩戒机制的一部分,对市场监管等领域以其特有的制度属性发挥积极作用,维系市场机制良好运转,不断促进社会信用体系的完善。但其张力也是巨大的,稍有不慎,即对公民、法人、其他组织的权利造成侵害,必须加快其法治化的建设步伐,使其在法律、法规的框架下发挥更加积极良好的作用。

---

① 参见徐晓明:《行政黑名单制度:性质定位、缺陷反思与法律规制》,载《浙江学刊》2018年第6期。

政府信用问题的维度扩展与议题转换

——失信行为类型化的视角

朱雨昕　朱永远*

摘　要：政府信用问题可宽泛指称由政府或公共机构参与市场经济活动、履行法定管理职责、提供社会公共服务的实践而引发的各类经济、政治、法律、社会乃至伦理问题。法学界对政府信用问题的关注仍聚焦于如何规范表述、证成政府信用的制度内涵之上，但市场经济的发展与公私合作理念的兴起，已使政府信用问题在民事领域、行政领域和社会领域三个维度上全面展开。本文以政府失信行为的类型化构建为视角，全面分析了政府在作为平等民事主体、优位行政主体以及公共服务提供者的不同角色下，失信行为的特点和规制。政府活动的不同身份造成了不同领域和性质的失信，信

* 四川大学法学院2017硕士研究生。

用评估的一个重要内容是要将失信责任类型化，必须区分经济类失信、行政类失信以及其他类型失信，将所有的失信类型混为一谈的后果就是片面地认为政府失信不可控。只有积极参与与政府合同监管、失信风险管理、事前预防和事后纠错措施等事项相关的市场与制度机制设计工作，法律工作者在回应社会面临的错综复杂的政府信用问题时，才有可能作出具有实质意义的智识贡献。

关键词：政府信用问题；失信被执行人；滥用行政优益权；市场监管

当代语境下，政府信用问题可宽泛指称由政府或公共机构参与市场经济活动、履行法定管理职责、提供社会公共服务的实践而引发的各类经济、政治、法律、社会乃至伦理问题。[①] 近年来，法学界对政府信用问题给予了高度关注，而常见的研究和探讨集中在如何规范表述、证成政府信用的制度内涵，进而在社会信用体系下建构政府信用的教学议题上。2018 年党的十九大提出“增强政府公信力和执行力，建设人民满意的服务型政府”，但并未如学界和实务界期待的那样，给出“政府信用”这一明确说法，将区别于传统民事主体（公民、公司等）信用的新型信用体系类别构建尘埃落定。虽然政务诚信度离人民群众的期待还有一定的差距，但是由于政府拥有信用主体和信用管理者的双重身份，政府信用问题被各界视为社会信用体系建设的关键。可以预见，政府信用作为一项制度与实践的课题，在私法（如民事诉讼法）和公法（如行政程序法）等两条战线上，都是法律人着力的重点。

在形式层面尽可能完善地构建政府信用概念，当然有其制度

① 参见毛道维：《中国社会信用制度体系建设及其次序研究》，中国金融出版社 2015 年第 1 版，第 80 页。

价值。但从失信行为类型化的视角切入，借助实证数据梳理与分析，本文旨在提示，政府信用领域中值得法学界关切、思考与研讨的，远不止如何构建政府信用概念体系这一表层议题，学界应当对政府信用问题的解决方案倾注更多的精力。伴随着政府职能转化和公私合作的发展，政府信用问题不断向更深层次、更多维度拓展。即使在最底层的民事交往领域，为兼顾政府与其他民事主体的利益，实现民事活动的实质平衡，学界和实务界也应清醒地认识到将不同领域失信的民事责任、行政责任和政治责任混杂糅合这一思路的局限性。而在行政执法领域，政府信用问题已充分拓展至行政合同、行政奖励、信息公开等子议题，行政优益权行使的合理限度与程序约束亟待解决。更进一步，随着市场经济的发展与服务型政府理念的兴起，政府信用问题也开始深入到公共服务供给与以公民为面向的市场监管服务的维度，仅围绕在行政层面构建政府信用体系和讨论政府信用问题，其理论和实践意义的局限性都已越发显现。

综合而言，政府信用问题可以在公私合作体系中得到解释。行政契约是公私合作的主要法律形式，私法契约是公私合作法律形式的补充。① 民事领域公私之间的平等合作模式，包含政府原因导致 PPP② 项目失败、拖欠私人款项被列入失信被执行人等政府信

① 参见陈军：《变化与回应：公私合作的行政法研究》，中国政法大学出版社，2014年第1版，第51页。

② PPP是 Public-Private-Partnership 的缩写，中文一般翻译为“公共和私人部门合作伙伴关系”“公私伙伴关系”“公私合营”等。广义的PPP模式是一种公共服务提供机制，是指公共部门和私人部门共同提供公共产品，介于完全由公共部门提供公共产品和私有化后完全由私人部门提供公共产品两个极端之间。而狭义的PPP是一系列项目融资方式的总称，由该私人部门根据PPP项目协议，负责项目的筹资、建设与运营等的一种集建设、运营和管理的公共产品或服务的提供方式。参见曹珊：《政府和社会资本合作(PPP)项目法律事务》，法律出版社2016年第1版，第2页。

用风险。行政领域的公私合作分为两种基本模式:其一是公私之间的管理-服从模式,此模式下执法不当是主要的政府信用风险;其二是平等契约+行政优益的公私合作模式,此模式下政府单方变更与解除行政合同是政府失信的主要表现。随着民营化理念的兴起与公私合作的纵深发展,公法向私法逃遁这一政府失信行为逐渐引起了公众的关注。社会领域的公私合作表现为服务-受领模式,因而政府在未能够全面、及时地提供公共服务或稳定安全的秩序环境时,将面临不作为或能力质疑的信用风险。政府的身份具有多重维度,不同身份的定位和责任。政府既是公权的行使者,同时也具有合法的个体性,即为实现公权目的必不可少的合理需求,如建设办公建筑、招录清洁人员等。[①] 在从事此类活动时,政府并非基于公共利益作出行政行为的高权者,而是平等的民事主体,也要受到民事规范的调整。因而,政府活动的不同身份造成了不同领域和性质的失信,信用评估的重要内容之一是要将失信责任类型化,必须区分经济类失信、行政类失信以及其他类型失信,将所有的失信类型混为一谈的后果就是片面地认为政府失信不可控。

基于此本文提出,法学界和实务界应当尽快将其在政府信用领域关切、研讨的中心议题,从如何在形式上建构内部统一、外部和谐的政府信用概念体系,转向如何进行更具创造力和适用性的机制设计。只有积极参与与政府合同监管、失信风险管理、事前预防和事后纠错措施等事项相关的市场与制度机制设计工作,法律工作者在回应社会面临的错综复杂的政府信用问题时,才有可能做出具有实质意义的智识贡献。

---

① 参见方孔:《实在法原理——第一法哲学沉思录》,商务印书馆2007年第1版,第50页。

一、维度扩展：作为平等民事主体的政府

政府与社会资本合作项目（PPP）是实践中常见的政府以民事主体身份从事经济活动的形式。PPP 模式在宏观、中观和微观层面存在着不同类型的风险，有的项目因遭遇重大风险以至于失败，政府信用风险是其中最大的风险类型。据天和智库统计，50% 的 PPP 项目因为政府信用风险而失败。[①] 公私合作项目的失败又成了政府无力支付合同对价从而被纳入失信被执行人的巨大诱因。2018 年 8 月 28 日，债券在线发布报道称全国有 480 多个城市人民政府被纳入失信被执行人名单，引发公众对政府信用问题的关注。[②]

（一）政府失信被执行人制度概说

2013 年 7 月 1 日最高人民法院审判委员会发布《最高人民法院关于公布失信被执行人名单信息的若干规定》（以下简称《若干规定》），标志着我国失信惩戒机制的初步建立。其第八条第四款规定“国家机关、事业单位、国有企业等被纳入失信被执行人名单的，人民法院应当将失信情况通报其上级单位、主管部门或者履行出资人职责的机构”，从而将国家机关、事业单位和国有企业等区别于自然人的特殊主体统一纳入失信惩戒规范体系。这一设计体现了我国建设集政务诚信、商务诚信、社会诚信和司法公信为一体的统一社会信用体系的决心。政府作为失信被执行人的执行方式是同时公示政府名称及政府负责人姓

---

① 廖瑞：《PPP 操作指南：政府和社会资本合作实务》，中国人民大学出版社 2016 年第 1 版，第 84 页。

② 债券在线：https://mp.weixin.qq.com/s?__biz=MzI1OTczODU1MQ==&mid=2247486892&idx=1&sn=199fc03fe8cd68bb262d6fc6e2237561&chksm=ea751374dd029a62f5994989b913d2261c173a03ab30775cbfbdb8b08ba8523f5a903b8cfae0&mpshare=1&scene=1&srcid=0828KEMgl9WrZyBb4iR15npA&pass_ticket=eukMOwznnZq5Msz50iQvjkJYQKuphwUXhLkfd3jyFvjokDG6Bvk7n0I%2Fxmxfd4ia#rd. 访问时间：2019 年 3 月 26 日。

名,由二者分别承担惩戒措施中的组织责任与自然人责任。但基于政府身份的特殊性,相关措施十分有限,对政府能够适用的惩戒措施仅是荣誉和授信限制,而对政府负责人仅能适用任职资格限制及限制高消费及有关消费,对其他市场主体行之有效的准入资格限制、从事特定行业或项目限制、政府支持或补贴以及特殊市场交易限制都无法适用于政府。因此,此项制度主要依靠公示造成的声誉受损机制以及通报上级带来的行政压力对政府发挥作用。与此同时,反对将政府纳入失信被执行人制度的声音也时常见诸报端。如有人认为,"法院将地方政府列入失信被执行人名单,限制失信地方领导乘坐特定交通工具等做法有违法理、损害党和政府的形象,通过绩效考核、党纪处分等方式治理此类问题,可以在更大程度上减少其负面影响[①]"。这一观点的论据恰恰是失信被执行人制度困局之所在,如政府财产的不可强制执行性以及失信惩戒措施对公共履职需要的限制等。谬误在于:其一,因果混淆与本末倒置。政府形象受损并非是因为政府失信行为被公示,而是源于政府失信行为本身,堵不如疏 。其二,政府作为民事主体承担的民事责任不能通过民事途径解决,"传统中国社会中政府与个人在信任关系中处于不平等地位的传统惯性迟迟 不能消除"[②],将损害统一的社会信用体系建设。其三,司法最终原则决定了司法是社会公平的最后守护线,法院对不同类型民事主体的区分对待,最终将导致政府信用问题扩展为司法信用危机。[③] 最后,政府被纳入失信被执行人有着明显的成效,政府失信

---

① 佚名:浅议法院将地方政府列入失信被执行人名单,访问地址:https://sifa.sina.cn/2018-09-28/detail-ifxeuwwr9210599.d.html? from = wap 访问时间:2019 年 3 月 16 日。

② 张静:《建立政府信用法律机制的思考》,《河北理工大学学报》2008 年第 2 期。

③ 参见陆永棣:《从立案审查到立案登记:法院在社会转型中的司法角色》,载《中国法学》2016 第 2 期,第 206 页。

被执行人的数量从2018年8月的480余个缩减至2019年3月的67个。[①]因而,政府失信被执行是一项创举,它有必要,有效果,也有问题,但制度能够发展与改良,不可削足适履,因噎废食。

(二)政府失信被执行的现状

为了解司法实践中政府失信情况,笔者以"政府"为关键词,在最高法院网检索政府失信被执行案件,并对政府型失信被执行人的确定义务、执行标的、履行情况、所属省份以及公布时间等多方面进行了梳理。[②] 笔者检索到67个政府失信被执行案件,涉及全国20个省份,约占全国省级行政区的58.82%,每个省平均1.97个失信案件,其中,失信案件最多的省份属河南省,共有18个案件(图1)。可见政府失信范围较广,失信现象普遍,各省份之间差距明显。失信理由五花八门,主要涉及拖欠工程款、拆迁补偿款、残疾人抚恤金和伪造证据妨碍、抗拒执行以及不履行生效判决确认的法定职责等。[③] 失信被执行人制度虽然从属于民事执行制度,但在实践中有所扩容,将部分行政义务的执行也纳入其中。从执行标的上看,既包括金钱类标的,也包括非金钱类标的,同时失信被

① 2018年8月数据来源于债券在线:https://mp.weixin.qq.com/s?__biz=MzI1OTczODU1MQ==&mid=2247486892&idx=1&sn=199fc03fe8cd68bb262d6fc6e2237561&chksm=ea751374dd029a62f5994989b913d2261c173a03ab30775cbfbdb8b08ba8523f5a903b8cfae0&mpshare=1&scene=1&srcid=0828KEMgl9WrZyBb4iR15npA&pass_ticket=eukMOwznnZq5Msz50iQvjkJYQKuphwUXhLkfd3jyFvjokDG6Bvk7n0I%2Fxmxfd4ia#rd. 访问时间:2018年8月30日。2019年3月数据源于笔者3月26日最高法院的查询结果。

② 因为在最高法院网检索失信被执行人必须至少输入被失信人名称的前两位或者完整的填写信用账号,因而无法通过任意输入"政府"一词进行类别检索。笔者采用百度提供的来源于最高法院网的失信被执行人检索工具进行检索,检索出具体名称和信用代码后进入最高法院网进行检索。检索时间为2019年3月26日。

③ 笔者统计到的法院要求政府履行的职责包括:(2017)湘0923执138号确认政府返还铺面、(2016)辽0214执968号确认的政府准予强制执行、(2016)鲁0305执3016号确认的办理房屋过户登记手续以及(2018)津0111执521号确定的执行行政处罚。

执行人公示中还不够规范,存在一些未列明的情况。[①] 观察金钱类标的政府失信案件,政府欠款数额最低为7315元,最高为7217,6550.18元,10万至50万以及100万至500的欠款区间政府数目最多,各有13个,1000万以上的大额案件有4个(图2)。从履行情况来看,全部未履行的情况占据97%,可见无论执行标的大小,政府履约的意愿都比较低(图3)。从已公示时间上看,失信被执行人制度自2013年实施至今已5年有余了,现在被公示的案件都在4.5年以内,其中1.5~3.5年这一公示区间的案件数目最多,部分案件已经公示了3.5~4.5年仍未得到执行。显示出执行的困难,也印证了仅仅依靠绩效考核与党纪处分无法解决相关问题,特别是金钱类债务涉及时间成本。如何建立一种有效的催促机制,规定政府失信问题解决的最长年限,实现有效的政府信用治理是应当关注与研讨的重点(图4)。

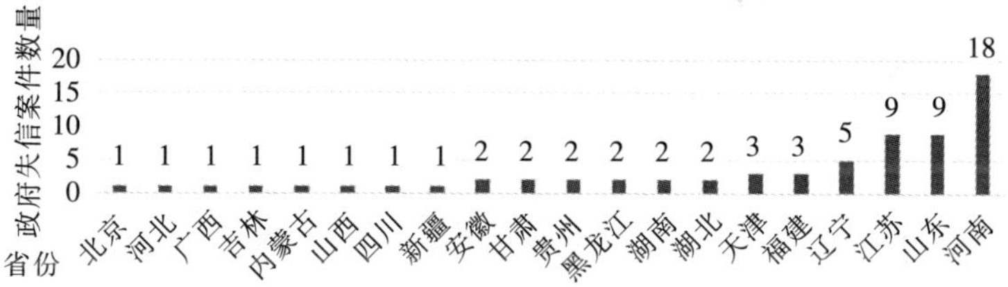

图1:各省份失信案件数量

① 《最高人民法院关于公布失信被执行人名单信息的若干规定》要求列明生效法律文书确定的义务和执行依据的制作单位和文号、执行案号、立案时间、执行法院,但这两部分偶有缺失。

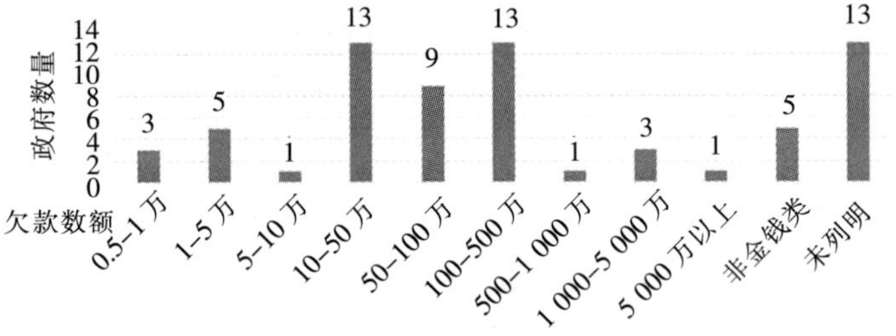

图 2:政府欠款数额分布统计图

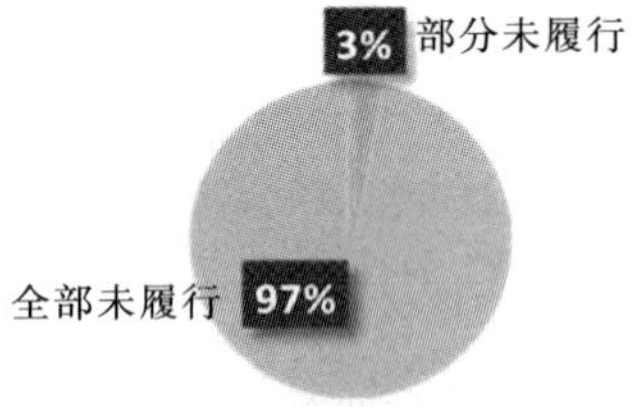

图 3:被执行人履行情况统计

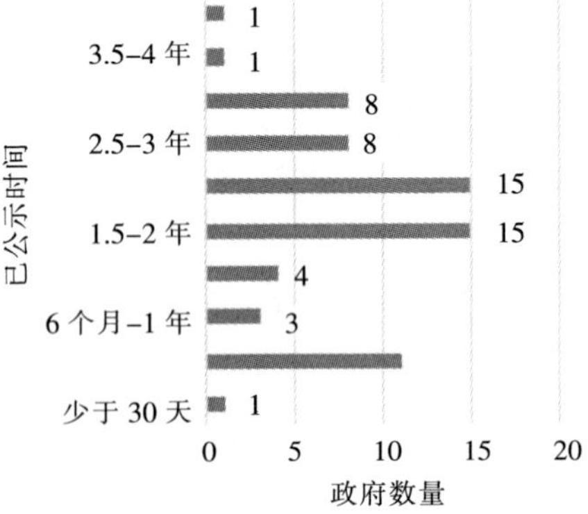

图 4:已公示时长统计图

(三)政府失信被执行人制度存在的问题

首先是政府信用悖论问题。《征信业管理条例》第四条第二项规定县级以上地方人民政府和国务院有关部门依法推进本地区、本行业的社会信用体系建设,培育征信市场,推动征信业发展。《国务院关于印发社会信用体系建设规划纲要(2014—2020年)的通知》也将充分发挥政府的组织、引导、推动和示范作用作为社会信用体系建设的主要原则。"从信用角度看,政府在市场经济中具有双重身份:一方面,政府是社会的经济管理者,是市场经济规范的制定者,充当裁判者的责任角色,担负着宏观干预并调节经济运行的任务;另一方面,当政府实施采购行为或发放国债时,其与企业、个人一样是市场的一般主体。"①事件性质的可变性使得政府身份在行政管理机构与市场行为主体之间不断转换,当政府以平等身份参与市场活动时仍然保留行政管理角色的惯性思维和做法,使得对其民事执行难以维系。② 政府在信用领域不仅面临着自我监督与自我惩戒,政府失信时,甚至会出现失信者监管守信者的情况,形成政府信用悖论。

其次是制度应用问题。失信被执行人制度在应用过程中由于部分规定的笼统性而存在解释上的疑难。第一,根据惩戒措施与失信行为相适应的原则,在针对政府失信的惩戒措施极为有限的情况下,一个政府同时存在多个失信案件或同时存在政府失信与政府负责人个人失信③,如何实现从重惩戒。政府换届时失信责任

---

① 秦保燕,江雄:《信用法概论》,上海财经大学出版社2015年第1版,第3页。

② 参见陈永嘉:《政府失信被执行效果与机制改良探析》,首届《"信用法治·韶山论坛"优秀论文集》第202页。

③ 即同时存在政府失信情形下领导人行政责任与个人失信的民事责任。关于政府负责人承担责任的性质,虽然其是代表行政机关承担民事责任,但对其个人而言,应当是一种行政责任。

在“新官”与“旧官”之间如何承继也是应用中的难点。第二，这一制度面临重大的现实困境，即一方面政府作为建设信用社会的表率，其失信行为应当受到严厉惩戒；另一方面，政府作为公共机构，没有独立财产，公物不具有执行可能性，对其惩戒很容易造成公共利益的损失，而民事失信的惩戒不能影响到行政公共职能的发挥，民事事由引发的失信往往因无可供执行的财产而以政治责任告终。第三，公示信息畅通性尚存问题。政府被纳入失信被执行人名单缺少具体的实施细则，同时公示的公开透明度有待提高，如部分政府的信用代码作隐名处理，每天名单中的政府变化巨大，名单的公开和退出的机制不甚明确。

（四）失信被执行人制度的改良及配套方案

政府失信对于法治政府与市场经济建设、国内国际形象以及执法配合度等方面都有负面影响。政府行为虽然存在民事行政二分，但二者失信责任的效果共同归属于政府一体。尤其是经济信用非常清晰，与政治信用相互影响。政府在与公众的整个互动关系之中树立政府信用，提高政府公信力也是应有之义。如果政府在民事合同履行过程中不能做到信守承诺、言而有信，势必影响其在从事行政管理、提供公共服务过程中公众对政府的信任和政府对公众的信用。① 政府信用的一个方面即政府担当，即使是政府亦难免犯错，但必须建立合理的事前预防安排与事后纠错机制，使得错误可以补救，错误和政府可以分离，而不是使错误成为政府本身固有的不可分割剔除的组成部分。行政诉讼法规定了政府拒不履行法院生效裁判的民事责任、行政责任甚至是刑事责任，但实践中

① 参见彭浩、合肥市瑶海区明光路街道办事处房屋拆迁安置补偿合同纠纷二审民事判决书（2018）皖01民终507号。

并无适用。[①] 笔者希望能够突破制度的壁垒,进行一些具有想象力、创造力和适应性的机制设计。

第一,加强政府预算监管,明晰政府可执行财产。政府财产执行的理论难点在于守约一方的亏损需要得到填补但公共利益不能受损,因而需要用政府独立于公共利益的部门利益进行填补,而这一单独的部门利益是否存在?执行政府财产隐含的公共利益受损预设使得相关执行投鼠忌器,似乎陷入困局。杨建顺教授认为,政府财产可细分为行政财产和普通财产。行政财产用于保障行政机关正常运转和履行职责,普通财产是与之相对的其他财产。潘剑锋教授认为普通财产包含三类:与争议标的有关的专项财产、用于非履行行政职能的财产和地方财政收入。二人皆认为政府普通财产与民间其他财产无异,可以作为执行标的。曹守晔从预算内外出发,提出预算内资金不得予以执行而预算外资金由于具有补充性作用和自主性特点,可以作为执行标的。[②] 对此,笔者认为,根据《中华人民共和国预算法》以及《中华人民共和国采购法》的规定,工程款等款项可能会纳入预算的经济建设支出部分,以相关专有款项清偿民事债务,既符合法理,又不违背法律。同时,政府在作为普通民事主体时所进行的民事交易仍然不是一种纯粹的个体利

---

① 《中华人民共和国行政诉讼法》第九十六条规定:行政机关拒绝履行判决、裁定、调解书的,第一审人民法院可以采取下列措施:(一)对应当归还的罚款或者应当给付的款额,通知银行从该行政机关的账户内划拨;(二)在规定期限内不履行的,从期满之日起,对该行政机关负责人按日处五十元至一百元的罚款;(三)将行政机关拒绝履行的情况予以公告;(四)向监察机关或者该行政机关的上一级行政机关提出司法建议,接受司法建议的机关,根据有关规定进行处理,并将处理情况告知人民法院;(五)拒不履行判决、裁定、调解书,社会影响恶劣的,可以对该行政机关直接负责的主管人员和其他直接责任人员予以拘留;情节严重,构成犯罪的,依法追究刑事责任。

② 蒋昕:《析明政府财产理顺执行关系——对于政府作为民事被执行人的研讨》,https://mp.weixin.qq.com/s/Ets6sGXCM-4IO03ru0ihnQ 访问时间:2019 年 3 月 31 日。

益,政府与私人部门兴建公共工程产生的债务是其为实现公共利益,即使以公共财产部分支出也具有正当依据,以公共利益为名不执行会更加强调政府失信的公共身份。

第二,扩充国家赔偿制度,拓展政府失信救济途径。一般民事案件生效判决执行终结无可供执行的财产即告终结,与政府相关的案件类型特殊:一方面政府是政策的制定者,在政策实施和解读方面具有优势,其他民事主体与之相比处于弱势;另一方面,政府是国家的代表,其活动以国家公信力为担保,政府是一整个体系,政府信用是国家公信力的一个部分,其应当成为所有信用主体中信用评级最高的一个,即使存在偶然的失信,也必须有有效周全的救济体系,否则何以主导信用建设。目前国家赔偿制度对于特定的政府违法造成的财产、人身利益受损予以补偿,利用国家赔偿制度对受损害者先行弥补,再进行内部追责,对于政府信用恢复是一种有益的尝试。地方政府应当采取积极的、灵活的信用恢复措施。在不损害公共利益、无不良影响、可自由裁量的范围内最大可能地进行补偿,如基于受损害利益给予受损者相应的政策优惠或补偿,从而拓展政府失信的救济途径。

第三,创新失信惩戒制度,构建有效的政府信用机制。对于一些大额款项,政府一时无法周转的,在与受损害者达成和解积极偿还的基础上,在失信被执行人名单上予以“积极还款”的标注,作为区分,避免无区分处理造成政府偿还意愿低或是形成政府“老赖”刻板印象。领导个人责任与决策集体责任,事后追究机制与补偿机制应当一并建立,不应以公布失信为结点。政府失信问题绝对不能搁置、拖延,特别是政府有履行能力而拒不履行的情况,极大地损害了政府的信誉,必须着力解决。

第四,建立政府信用担保基金,或由商业机构开发政府信用保险。根据风险负担理论,风险归属于能够对风险实行控制的一方。对于非政府主观原因但客观上归属于政府原因的失信行为,政府确实要承担责任,同时又不能影响其公共职能发挥,限制当地人民的生活水平,因此,另辟蹊径的做法,各政府都应该努力创新积极尝试。如果单纯的信誉已经无法担保政府守信,可以尝试以省为单位建立政府信用担保基金,受损害的人可以提出申请,省政府受理后记录在案,成为地方政府政绩评估和政治处分的备案资料。[①] 信息传导机制在政府与公民之间发挥作用的效果有限,但在上级政府与下级政府之间的传递效果更为充分。[②] 政府出资购买商业机构开发的政府信用保险也是一种可能的尝试。

二、维度扩展:作为优位行政主体的政府

行政合同是我国公私合作的重要形式,在高权行政向合作行政、参与行政不断发展的背景下,行政合同作为公务机关执行公务的重要方式,是传统管理手段的一种补充,得到了广泛的运用。我国行政合同在概念界定、法律适用、司法审查等诸多方面存在争议,如何协调行政合同的行政性与契约性,平衡公共利益与个人利益,兼顾行政机关的行政特权与相对人的平等保护,是构建具有中国特色的行政合同规范体系的重点问题。我国既没有统一的《行政程序法》对行政合同的缔结、履行及救济进行过程控制,也没有专门的《行政合同法》确立行政合同的特有规则。因而行政机关滥用优益权、任意改变行政合同履行方式及内容的现象层出不穷,如地方政府通过解释政府公告、规范性文件和行政合同,不兑现向社

---

① 《中华人民共和国预算法》第二十二条:预算收入应当统筹安排使用;确需设立专用基金项目的,须经国务院批准。

② 颜少君:《我国失信惩戒机制构建研究》,中国经济出版社2013年第1版,第52页。

会及行政相对人依法作出的政策承诺；在招商引资、政府与社会资本合作等活动中与投资主体依法签订的各类合同，以政府换届、领导人员更替等理由违约毁约；因国家利益、公共利益或者其他法定事由需要改变政府承诺和合同约定的，未依照法定权限和程序进行，甚至存在地方政府或部门拖欠民营企业款项的行为。对此，笔者提出以下建议：

（一）政府随意解释的法律规制

行政协议是行政主体为实现其管理职能，实现其特定的管理目标而与公民、法人或其他组织经过协商一致而达成的契约，具有一定特殊性。一方面，行政主体是有权解释的主体，其对行政事务掌握和知晓的程度更为清晰和全面，当原有文本的含义不清楚时，行政主体当然有权在具体适用过程中去阐明界限；另一方面，行政合同不仅仅是双方一致意思的表示，还包含了行政机关公信力给协议相对人带来的合理信任和依赖，协议相对人往往基于此而对自己的财产或权利作出处理安排。[①] 故行政机关在签订、履行行政协议的过程中，应当尤其重视信赖利益保护原则。对于已经签订的行政协议，非经法定理由不能擅自变更，对于协议中约定不明的条款，不能随意作出不利于协议相对人的解释。[②]

合同解释权在行政主体与相对人之间的分配是不均衡的，行政协议的内容本质上是公务的执行，行政主体作为公务的管理者在执行行政事务上具有专业性。行政协议中关于公务执行的程序、方式都体现出行政主体的专业判断。因而，行政主体在行政协议签订和履行过程中的解释范围是广泛的，既包括具体概念的解释，也包括关键内容的解

① 参见步兵：《行政契约履行研究》，法律出版社2015年第1版，第86页。

② 参见永州经济技术开发区管理委员会因诉王平英等人房屋征收补偿行政协议案判决书(2018)湘11行终124号。

释。行政协议相对人仅拥有根据一般人的理解在行政主体作出明显不符合常理的解释时进行抗辩的权利。

遵循正当的解释程序。在对行政协议关键内容的解释上,应当以事实依据、法律依据作为佐证,并且遵守诚实信用原则。同时应当限制行政主体在无其他证据佐证的情况下,任意行使解释权。否则,将可能导致该行政行为产生的基础,即双方当事人当初的意思表示一致被动摇。行政机关行使解释权根据时间阶段的不同,分为事前解释、事中解释与事后解释。事前解释为合同签订前的解释,行政主体在这一阶段应着力于明晰权利义务关系,明确核心概念与关键内容。事前解释的内容可以被视为是合同内容的补充或是合同本身。事中解释是在合同履行过程中的解释,目的在于监督和促进行政相对人更好地履行公务。事后解释是在合同履行产生争议的情形下对争议问题进行的解释,合同的履行不反对行政主体的事后解释,但对于不利于行政相对人的事后解释应当进行严格限制。行政主体所作的事后解释,不能作为行政主体拒绝履行合同义务的合法性、合约性依据。[①]

采用合理的解释方法,解释结论具有可接受性。文义解释、目的解释和体系解释等都是实践中常用的解释方法。行政合同的相关文字条款是合同解释的事实依据。虽然合同的解释过程中可能涉及多种解释方法,但都不能超脱于合同的文义范围。以扩大解释或限缩解释合同关键内容的方法,人为地增加合同履行的难度,从而使相对人不满足取得合同利益的条件,是行政主体滥用解释权的具体表现。同时,行政主体根据合理解释方法所得出的解释结论,不能背离普通人的一般理解。

---

① 参见崔龙书因与被告丰县人民政府产生招商引资奖励允诺纠纷最高法公报案例,2017 年第 11 期。

（二）滥用单方变更、解除权的法律规制

我国关于行政机关单方变更与解除权行使的规定包括三个层面:其一是相关法律中的行政规范,其中既包括普遍的行政立法,又包括专门领域的立法。从效力位阶上看,包括法律、法规、规章、地方性法规和规范性文件。不同位阶的法律规范在赋权效果上有所不同,即在司法审查中是否作为适用的规范并不确定。同时法律规范对单方变更情形的规定有时并不明确地使用“单方变更”这一用语。较高位阶的法律、法规较少规定单方变更与解除权行使的程序与具体条件,多是进行原则性的规定。例如《中华人民共和国城镇国有土地使用权出让和转让暂行条例》第四十二条规定国家对土地使用者依法取得的土地使用权不提前收回。在特殊情况下,根据社会公共利益的需要,国家可以依照法律程序提前收回,并根据土地使用者已使用的年限和开发、利用土地的实际情况给予相应的补偿。其二是行政法的基本原则,行政合同作为具体行政行为的一种,受到行政法基本原则的约束。司法实践中,较常引用的行政规则包括正当程序原则、比例原则、信赖保护原则和诚实信用原则。其三是民法规范。《最高人民法院关于适用〈中华人民共和国行政诉讼法〉若干问题的解释》第十四条规定人民法院审查行政机关是否依法履行、按照约定履行协议或者单方变更、解除协议是否合法,在适用行政法律规范的同时,可以适用不违反行政法和行政诉讼法强制性规定的民事法律规范。审查上体现在法院对于行政合同的审查既有合法性审查又有合约性审查。对于合约性审查往往需要适用民法规范。

我国相关法律并未规定单方变更与解除权行使的要件,但法律规定的缺乏并不能够拒绝司法,因而在司法审判中形成了一定的规则。最高人民法院在湖北草本工房饮料有限公司诉荆州经济技术开发区管理委员会、荆州市人民政府行政协议纠纷案中提出：基于行政协议和行政管理的公共利益目的，应当赋予行政机关一定的单方变更权或解除权，但这种行政优益权的行使，通常须受到严格限制。首先，必须是为了防止或除去对于公共利益的重大危害；其次，当作出单方调整或者单方解除时，应当对公共利益的具体情形作出明确解释；再次，单方调整须符合比例原则，将由此带来的副作用降到最低；最后，应当对相对人由此造成的损失依法或者依约给予相应补偿。

三、维度扩展：作为公共服务提供者的政府

古罗马最伟大的历史学家，曾长期担任执政官和保民官的塔西佗曾断言："当一个政府或部门失去公信力时，不论说真话还是假话，做好事还是坏事，都会被认为是说假话。做坏事。"这个卓越的见解后来即成为西方政治学定律之一——"塔西佗陷阱"。[①] 食品和药品领域既是公众关注的重点，也是市场饱受诟病的领域，更是塔西佗陷阱多发的诱因。地沟油事件、三鹿奶粉事件、山东疫苗案、成都四中食品安全事件，桩桩件件都牵动着政府信誉。这些失信事件中，生产者是市场失信的首要责任人，民众认为政府监管不力，应与失信市场主体承担连带责任，更有甚者，将政府作为第一责任人，先于生产者承受更重程度的谴责。

（一）政府失信原因分析

这种现象产生的原因之一在于我国实行社会主义市场经济，同时加强国家的宏观调控的基本制度，但市场主体重视信誉、责任自负的机制尚未建立起来。而在宏观调控领域还存在一些明显的

---

① 于新循：《政府信用理论与法制保障要论》，中国政法大学出版社2013年版，第1页。

问题:第一,政府干预导致市场信誉机制失灵。出于对经济负外部性的担忧,宏观调控贯穿于市场准入审批、市场动态管理和市场退出机制的全过程。能否进入市场并不是市场竞争的结果,而是政府筛选过滤的结果。经济活动规模亦受到产业政策等限制,由此引发的问题是在生产者与消费者直接进行交换之前,政府管理成为市场交易的前置程序,与消费者进行交易的生产者是政府筛选的、符合政府要求与标准的市场主体,政府更是构成了市场主体与消费群体之间的媒介,市场主体首先向政府负责,满足政府的要求,而非消费者,基于二者之间信任的交易机制无法建立。政府的市场准入机制既是其权力,亦使其成了产品安全的检验者和担保者。第二,政府作为交易主体间的信任媒介不仅削减了市场发挥作用的空间,而且无法建立市场主体自负责任的机制。基于政府积极管理的意愿及对市场活动的影响力,市场主体的单独责任开始向市场和政府共同责任转化,产品责任向监管责任转移,甚至市场主体责任向政府责任转移,而政府没有能力实现全方位的监管,从而无法为市场秩序承担全部责任。① 第三,当政府不是以监管者身份而是以特殊的市场主体参与经济活动时存在部分失范现象。如对于食品问题监管不及时、处理不准确等。第四,政府公共舆情处理能力不足,公共事件公告处理欠妥。突发事件爆发并在网络传播后,关键信息匮乏、政府公信力缺失、政府应对失当造成网络谣言盛行,普通的执法案件演变成公共舆情事件。

原因之二:执法资源有限,违法事件过剩,政府面临能力不足的质疑。层级阻隔与内部控制失灵、条块冲突与执法地方化与职能分割与部门“孤岛”困境共同作用,使执法能力在制度运作过程

① 参见朱雨昕:《我国宪法上社会主义市场经济的规范含义》,《兵团党校学报》2019 年第 4 期。

中不断发生损耗。[①] 同时，部分法律制度在设计时忽视本土环境，执法对象基于自身生活经验与认识，无法形成法律认同，从而导致相关法律成为一纸空文，被束之高阁。如果社会中违法现象的数量过于庞大，其整体规模超过了守法现象，甚至，在特定情境下无人不违法或某项法规无人遵守时，社会便会陷入违法过剩的危机。[②] 具体到食品、药品领域，食药市场长期普遍存在规模小、分布散、经营乱的问题。虽然个体规模微小，但监管规模却宏大。同时出于规避执法风险的考量，执法人员柔性执法、协商执法居多，强制性和规范化不足，从而导致执法成本的上升与执法效率的低下。基层执法的过程中，对于食品药品"安全"的尺度判断有一定的裁量权，从而存在各地标准不一的问题。在违法现象具有普遍性的情况下，新进市场主体将延续商务失信行为，以避免"劣品驱逐良品"，进一步加深市场失信的"破窗效应"。

原因之三：市场信息严重不对称，社会公众监管缺位。市场经济就是信用经济，市场经济条件下商品交换的范围由熟人社会发展为陌生人社会。在陌生人社会中，若交易双方的信息未能在较大范围内共享，一次失信的营利将远大于守信所能带来的继续交易的收入，交易优势方能够通过不断实践失信行为而实现利益的最大化。然而基于信息的不对称性，市场主体的此种失信行为不会得到任何惩戒，或者其被发现并惩戒之时，失信行为已经罄竹难书了。政府的失信表现为以下几点：第一，未能主导建立信息共享机制，使得类案频发，消费者无可救济，政府屡遭诟病；第二，未建成守信行为的激励机制和失信行为的惩戒机制，使得守信意愿不

---

① 刘杨：《执法能力的损耗与重建——以基层食药监执法为经验样本》，《法学研究》2019年第1期，第25页。

② 王波：《执法过程的性质》，法律出版社2011年第1版，第57页。

高,违反成本极低;第三,食药安全公共事件频发,政府未能吸取相关教训,快速实现标本兼治;第四,执法缺乏主动性、能动性,因而形成了食品药品公共安全事件-公众舆论指责-政府公告处理-食药安全事件再次发生的循环逻辑。一个关于政府效能信用的统计报告中指出,受访民众对于食品监管满意态度的个案百分比低于50%,城市居民对于食品监管表现出明显的不满意态度(持不满意以及中立态度的人数超过持满意态度的人数),是公众对于政府不信任的主要来源。①

(二)完善相关领域监管措施

第一,建立食品药品流程监督机制,实现来源可查、责任可归。山东疫苗案令人不寒而栗,不仅仅是因为涉案疫苗买卖规模之大、流传范围之广,而且在于无法清楚地了解到何人是这批非法疫苗的受害者,以至于人人自危。更为重要的是打破了张维迎教授提出的“大企业信任论”,使消费者产生所有企业都不可信任的消极认知。交易流程的庞大复杂以及无所规制,使得失信犯罪的每一个个体在整个非法经营的活动中得到隐名化处理,重构了一个陌生人社会,任何人都不需要对任何人负责,除了交易链的末端,无人受到惩处。必须建立食品药品生产、销售、使用的全流程记录,借鉴增值税制度,每一个环节的人员在自我负责的同时必须明晰自己的上一环节,从而做到每一份药从何而来、到何处去、为何人所用都有迹可循,未能完成上级监督的环节负责人将承担未尽到注意义务之责任。通过这种方式,使得食品药品的每一个环节的负责人都是独立的责任主体,需要承担非己致害的证明责任以及提供线索的辅助责任,从而化解陌生人社会的失信危机。

---

① 翟学伟:《中国社会信用:理论、实证与对策研究》,中国社会科学出版社2017年第1版,第161、164页。

第二,建立严格的食品药品失信惩戒机制,实现一次食药失信、终身无法进入。在食品药品这一非常重要领域失信的人员不仅要执行行业限制与职业禁止条款,还需要纳入专门的失信名单。必须完善失信公示制度。其一是实现失信类型化,其二是实现惩戒措施的多样化 ,特别是对不同的领域实施不同的、有针对性的惩戒措施。综合适用民事责任、行政责任和刑事责任,能够对失信人员同时适用行政强制措施和行政强制执行,施行行政处罚、惩罚性赔偿和限制自由等措施。

第三,建立完善的食品药品的追回、补偿机制。在建立过程监督的基础上,政府监督失信者通过过程回溯对受害者承担赔偿责任。政府必须加强事前预防,严格市场准入;加强过程管理,实现抽检约谈常态化;落实事后监督机制,厘清类别追究责任。政府形式审查与实质审查相结合,建立审查过失的责任追究机制。同时在食品卫生消费领域切实履行政府公共警告职能。

第四,政府引导相关企业主动提供信用记录,以政策优惠、财政奖励等方式改善信息不均现状。同时,政府应当建立完善的食品药品违法监督举报机制,对食品药品问题的揭发者实施多方位奖励与人身财产特殊保护,避免发生“为众人抱薪者,已冻毙于风雪”的人间悲剧。①

四、议题转换:政府信用缺失转向公民信用危机

政府信用建设关系到社会信用体系建设全局,政府信用、商业

① 魔叔:《为众人抱薪者,已冻毙于风雪》,https://mp.weixin.qq.com/s/cv7KlKFcPUglGc12d_7wqA 访问时间:2019 年 3 月 15 日。文章主要讲述了地沟油揭露者李翔、乳业造假揭露者蒋卫锁、“三鹿”点名记者简光州、“结石宝宝”父亲郭利、药品打假专业户高敬德、揭露皮革奶的主持人赵普以及调查山西疫苗乱象的王克勤等人因揭露食品、药品问题,为公众利益发声而自身遭遇不幸。

信用、社会信用和司法信用,既是统一社会信用体系的组成部分,又是相互联系、各具特点的独立版块。司法信用有两个面向,其一在于司法机关公正司法,其二是司法对象严格守法。2015 年立案登记制开始实施以来,当事人诉权受到更为充分保护的同时,滥用行政诉权的行为也逐步突显,司法失信频发。政府失信成为公民信用危机和司法信用危机的诱因。

政府失信的影响之一是民众对基层政府不信任,依赖上访等手段将矛盾上移,从而增加了政府的治理成本。在政策的权力体制下,行政体制与司法体制相互配合,相互制约,共同发挥作用。民众若充分信任政府,则行政制度所设计的诸多救济体系都能得到适用,从而实现行政程序用尽,司法程序最终。然而,90% 以上被纳入失信被执行人的政府都属于乡镇级别,政府边失信边治理的行为方式不能让辖区民众信服,从而使得“小事不出村,矛盾不上交”的枫桥经验难以适用,多级上访、跨级上访的现象频发,不利于秩序环境的稳定。

政府失信的影响之二在于对行政的不信任,从而转向司法优先,造成行政救济程序空置,司法救济程序高负荷运作的社会治理资源不均衡状况。因此,立案登记制下当事人优先选择诉讼,而司法最终原则下纠纷很大概率会进入诉讼。诉讼既是救济开始的程序,又是救济终结的程序,当事人出于对诉讼的偏执,实施以不同形式、不同理由对同一事项反复诉讼的滥用行政诉权行为。一部分当事人滥用诉权,利用行政案件诉讼费用较低,大量制造司法案件,以实现给行政机关施压的目的。结合笔者收集整理的 102 个案例,当事人实行司法失信行为的动因主要有三:其一,不满处理结果,变换形式起诉;其二,不满其他事项,通过诉讼施压;其三,以诉讼为工具,谋取不当利益。司法失信行为的当事人更是在实践中发展出了丰富的失信行为类型，包括（一）违反行政诉讼内部的程序：提出有违常理的诉讼请求，实施扰乱庭审的不当行为，规避诉讼时效；（二）违反诉讼类型选择的限制：制造事由提起不同性质的诉讼，追求案件的重复处理，在能够直接诉讼的情况下迂回诉讼；（三）违反不同救济形式的制度衔接：超越复议级别限制，违反复议诉讼衔接、同时进行对复议不作为行为的两种救济途径、违反信访与诉讼的衔接制度。[①] 这些行为一方面使得政府面临数量巨大的行政诉讼，疲于应诉甚至影响正常行政活动的开展；另一方面大量地浪费司法资源，使得真正需要司法救济的人得不到救济。法院堆积了大量案件，司法程序空转，法院精力有限，为了避免拒绝司法，可能会出现司法的粗疏，从而使得民众失去对司法的信任，如此循环往复。

综上所述，政府应当高度重视信用建设，努力实现“到 2020 年，社会信用基础性法律法规和标准体系基本建立，以信用信息资源共享为基础的覆盖全社会的征信系统基本建成，信用监管体制基本健全，信用服务市场体系比较完善，守信激励和失信惩戒机制全面发挥作用。政务诚信、商务诚信、社会诚信和司法公信建设取得明显进展，市场和社会满意度大幅提高。全社会诚信意识普遍增强，经济社会发展信用环境明显改善，经济社会秩序显著好转”的社会信用体系建设目标。[②]

---

① 参见朱雨昕：《滥用行政诉权行为的司法识别与规制——以 102 份申请履行法定职责案件判决书为分析样本》，《南海法学》2019 年第 4 期。

② 《国务院关于印发社会信用体系建设规划纲要（2014—2020 年）的通知》，国发〔2014〕21 号。

信用监管与信用修复
立法问题研究

论自然人破产失权与复权法律制度

——兼论双务契约模式下的约定失权、复权体系

范志勇*

摘　要：破产失权、复权是仅适用于自然人破产债务人的法律制度，与非破产法上的失权、复权，以及破产本身的程序约束相区别。在现代信用经济的社会背景中，破产失权、复权增加了信用的内涵，扩张了适用空间。为弥补破产免责的单方"施与"性缺陷，以增加债务人的破产失权负担作为债权人同意免责等破产让步举措的对价，可以通过贯彻意思自治原则的双务契约的方式，形成破产约定失权、复权体系，成为债务人实现自救的重要手段。破产法定失

* 中国人民大学法学经济法学博士研究生，中国人民大学破产法研究中心助理研究员。

权、复权范围应当根据破产债务人导致丧失债务清偿能力的直接原因的不同进行类型化处理。在采纳破产失权裁判形成主义之后，应当结合破产免责、失权期限制度，选择以当然复权主义为主、许可复权主义为辅的破产法定复权模式。

关键词：自然人破产；破产失权；破产复权；双务契约模式；对价

一、自然人破产体系中的失权与复权

（一）构建我国自然人破产制度的必要性与可行性

建立自然人破产法律制度，是市场经济竞争本身的要求，可以充分保障债权人群体内部实现公平受偿，自然人债务人的基本权利与生存利益获得保护。通过破产制度，使债务人得以有条件地剥离其负担的超越其偿还能力的债务，取得宝贵的促进社会事业重生的机会。针对自然人主体与拟制民事主体的特点在破产法框架下适用不同的破产程序规则，是破产法治发达国家的普遍做法。弥补我国自然人破产立法的漏洞，完善市场主体法律调整体系，也是提高我国市场竞争力，加强国际交往的需要。当前，我国司法实践中普遍存在着因为连带担保形成的个人债务链问题，在现有的企业破产法与其他相关法律规范框架下是无解的，加之司法机关长期面对的民事“执行难”问题，均需要全面构建我国的自然人破产法律制度予以化解。

反对构建者往往认可上述论据，但基于我国社会信用体系建设的现状与个人借破产逃废债的顾虑，认为我国目前尚不具备构建自然人破产法律制度的社会条件。然而，不针对自然人破产需要进行立法规范，试图逃债的个人也同样甚至更具有逃避债务的可能性。制定个人破产法可以加强对个人破产行为的制度约束，加大对恶意逃避债务者的惩戒力度，通过破产程序中特有的破产无效与破产撤销权等制度[①]，可以有效地防止个人恶意逃避债务，实现债权人利益的最大化。即便不存在自然人破产法律规范，在一般的、合理的情况下，债权人的利益也不会得到较债务人正当破产时更有利的获偿条件。倘若在自然人破产法律制度中，较非破产状态不存在利益受损的群体，一定程度上能够实现“帕累托效率”，还有何理由阻止自然人破产立法的历史潮流呢？反对者过分执着于自然人具有借破产逃废债的天然“原罪”的先见，将这一与真实完全相悖的投射实践“倒影”误以为是客观情况，反对派所持的观点是一种貌似理性的非理性主张。

当然，不同法域因法律所植根于的经济政治等社会条件之不同，其自然人破产法律规则无不具有自身特色，对自然人破产法律制度构建必要性与可行性的论证不能够推理出其规则体系的统一性。我国破产法律制度的构建是以传统“礼法”的本土文化与西方大陆法系外来规范为基础形成的“中华法系”为背景，构建中国特色的自然人破产法律制度体系是必然选择。《中华人民共和国物权法》（以下简称《物权法》）晚于《中华人民共和国企业破产法》（以下简称《企业破产法》）7 个多月通过，属于同一时期出台的基本法律规范，物权法实施过程中“定纷止争”，权利人的各项财产权利得到充分的保护，为自然人破产立法创设了明晰产权的前提条件。与此同时，国务院 2014 年 6 月公布的《社会信用体系建设规

---

① 又如有学者建议建立健全个人财产申报制度，以增加恶意债务人逃废债的成本。据此，在破产程序中，个人应当如实申报财产，如有虚假申报，应当承担包括刑事责任在内的法律责任。参见汤维建：《“老赖”会因为个人破产法成功“逃债”吗？——建立个人破产制度的必要性及立法建议》，载《人民政协报》2019 年 7 月 30 日第 12 版。

划纲要(2014—2020)》(国发[2014]21号文),从整体宏观角度明确提出了社会信用体系建设的总体要求与构想;2016年经中央全面深化改革领导小组审议通过,国务院发布的《关于建立完善守信联合激励和失信联合惩戒制度加快推进社会诚信建设的指导意见》(国发[2016]33号),提出建立完善守信联合激励和失信联合惩戒制度,加快推进社会诚信建设的要求。我国社会信用体系建设在各级政府部门的重视与推动下逐步完善,我国自然人破产法律制度获得了初步的社会信用基础。

(二)破产失权与复权的制度逻辑

破产失权、复权归属于自然人破产法律制度序列,是一套重要的自然人破产法律制度,当我国全面构建自然人破产法律体系的正当性得以充分论证之后,对于破产失权、复权理论逻辑与规范设置的研究被提上日程。债务人在自然人破产程序中因破产宣告而在权利、资格等方面受到相关的限制,法律禁止其在特定领域从事某些行为,这一制度称之为破产失权。针对破产债务人权利、资格进行限制的强制性法律规范往往为非破产性法律。破产复权是针对破产失权的事项,破产债务人在满足法律规定条件或者请求法院依照法定程序,消除其因破产宣告所被施加的公、私权利的限制,恢复其圆满的权利状态的制度。

“创立失权制度的目的在于,一方面是对债权人利益的保护,另一方面是对债务人的威慑和教育,避免债务人利用个人破产恶意逃债,并促使债务人养成朴素的生活习惯。”[①]被法院宣告破产的自然人债务人,丧失债务清偿能力即意味着个人信用的缺失,破产债务人失去了债权人的信任。倘若宣告破产前债务人存在着不诚

---

① 沈俊森:《我国个人破产制度研究》,载《金融法苑》2018年第9期,第44页。

信的逃避债务或者破产犯罪行为，其诚信度、个人品质也令人产生怀疑，不依法限制其行为，社会公共利益将受到危害。虽然自然人破产法律制度主要面对的是“诚实而不幸”的债务人，但是若不经过法定的程序或者法定期间的考验，也难以证实破产债务人的诚实与不幸。[①] 在注重破产债务人权利保障，摒弃永久性或不当权利限制的同时，又需要在破产复权中关注对社会公共利益的维护，破产立法有必要针对特殊情形，通过许可破产复权机制，以防范破产债务人产生规避性复权的动机以及复权后的道德风险。[②]

自然人破产是会带来正负两方面效应的“双刃剑”，一部优秀的自然人破产立法的最大的“正”价值在于立意债务人权益的保障，挽救诚实而不幸的自然人债务人失败的财务状态，促进其社会经济事业的重生。同时，立法又需要“着重”规制不诚实的自然人债务人借此逃废债的行为，切实维护广大债权人利益，此“负”价值的意义不亚于“正”价值，有时后者领域将成为衡量立法质量高低的“放大镜”，在“负”价值上有所欠缺的自然人破产立法体系将功亏一篑；即便在其他方面有多么出彩，也只会成为债务人规避债权人正当行权诉求的动机形成与付诸实践的“推进器”与“加分项”。破产失权、复权制度在减少债务人逃废债的破产“负”价值方面有着不可比拟的优势，其与破产免责等制度有着密切的关系。作为独立运行的两项破产制度，不仅在程序规则上以因果关系相互衔接，在价值理念上也有着“异曲同工之妙”。可以说，缺乏失权、复权制度合理配合的破产免责制度是不健全的，也注定将成为自然

① 参见邹海林：《破产法——程序理念与制度结构解析》，中国社会科学出版社，2016 年，第 547 页。

② 参见邹海林：《破产法——程序理念与制度结构解析》，中国社会科学出版社，2016 年，第 548 页。

人债务人借破产免责逃废债的温床。同时,在免责不当复权的立法例中,免责往往“以破产人的失权为代价和基础,是不彻底的或者说相对的免责”。①

二、破产失权与复权制度的价值考量

(一)破产失权与复权制度的历史观

自然人破产制度确立之初充满了人身惩罚的色彩,彰显了严格的破产有罪主义色彩。《汉穆拉比法典》的“债务奴役制度”规定,在债务人出现债务违约的情况时,债务人及其家人将沦为债权人的奴隶,债权人有权对其出卖或者杀死。② 而在罗马法上,破产有罪主义有所放松,逐渐转向了非罪的破产惩戒主义。罗马法中“名誉减损”是在保全自由权、市民权和家族权的前提下,使一个人的权利能力受到限制的制度,其包括“不能作证”“丧廉耻”“污名”三种类型。其中,因被宣告破产而导致债务人发生“丧廉耻”是破产失权制度的历史雏形。“丧廉耻”会导致受罚者丧失选举权和被选举权,诉讼权受限,无权杀死妻子通奸对象或对之起诉,禁止元老院议员及其子孙与丧廉耻的妇女结婚等后果。优帝一世时规定,“丧廉耻”的效力仅包括诉讼权与担任公职权的受限。同时,罗马法也规定了恢复名誉的情形,成为破产复权制度的滥觞。丧廉耻者可经皇帝恩准或法院判决而恢复名誉,但在大赦或服刑期满时,名誉并不自动恢复,仍须经皇帝特许或法院判决。③

当人类社会迈过古罗马简单的商品经济社会,经历了漫长的

---

① 汤维建:《论破产法上的复权制度》,载《法学家》1996年第5期,第19页。

② 参见刘萍:《个人破产:立法价值、国际比较及制度解构》,载《西南金融》2009年第6期,第4页。

③ 参见周枏:《罗马法原论》,商务印书馆,2005年,第125-127页。

中世纪之后,在公元一千年左右,欧洲南北商路的再次开通直接推动了欧洲商品流通的复苏和新兴商人阶级的兴起。[①] 其时破产为满足商人阶层内部自我管理的需要,往往仅适用于商人,通过破产修补损害体现了商人阶级的利益,其实现程序已经超越了罗马法财产委付(cessio bonorum)中所体现的债权人自我保护的特征,而由商人组织中的专门机构或市政当局实现。[②] 在此社会背景中破产的债务人失权的内容主要是丧失经商的资格,但是在倘若债务人享有贵族身份,或者债务人为了债权人的利益交出了所有财产,抑或债务人与债权人达成一致的安排等情况例外。[③] 进入近代社会后,主要法治国家普遍施行一般破产主义,自然人破产法律体系获得了新发展,现代化的破产失权与复权制度逐渐确立。

在整个破产法律制度的发展过程中,自然人破产的立法指导思想经历了从破产有罪主义,到非罪的破产惩戒主义,再到破产失权与复权的演变,根源于社会理念的变化。"失权制度实际上是对债务人的一种法律态度。"[④]在破产有罪时代的道德评价中,债务人公司丧失清偿能力不仅是具有经济意义的事件,而且是债务人道德沦丧的表现。由此,是道德因素而非商业风险致使债务人罪责的产生。[⑤] 在学理上,现代社会随着经济学以及法经济学的兴起,效率在立法与司法指导思想中获得了举足轻重的地位,如效率违约等观念逐渐为市场主体所接受,经济生活中的道德感渐趋消弭。

---

① 参见[意]F. 卡尔卡诺:《商法史》,贾婉婷译,商务印书馆,2017 年,第 20 页。

② 参见[意]F. 卡尔卡诺:《商法史》,贾婉婷译,商务印书馆,2017 年,第 49-50 页。

③ 参见刘静:《个人破产制度研究——以中国的制度构建为中心》,中国检察出版社,2010 年,第 241 页。

④ 许凝丹:《论个人债务清理失权与复权制度研究》,深圳大学硕士学位论文,2018 年,第 11 页。

⑤ See Bruce H. Mann. Republic of Debtors: Bankruptcy in the Age of American Independence. Harvard University Press. 2002. pp. 3.

即便如此,破产失权制度中尚存留了破产惩戒主义的些许价值考量。由于自然人经历破产程序后不会被消灭法律主体资格,监控其财产权利变动的难度大,自然人欺诈破产给债权人和社会公众带来了较高的风险,因此,各国普遍设置了自然人破产失权法律制度。①

破产有罪主义与破产惩戒主义,均建立在对破产债务人进行非难、谴责的基础上,而伴随着市场经济的发展,市场竞争越发激烈,市场主体的优胜劣汰成为“新常态”,更多的作为市场竞争失败者的债务人走进了破产程序。而“商业决策中各种不确定性的存在使得讨论商业决策的正确与否毫无意义,重要的是作出决策的过程在程序上的正当性”。② 当破产债务人非因不诚信乃至犯罪行为导致债务清偿能力丧失的,难以对其开展否定性评价,破产有罪主义与破产惩戒主义越发成了“无源之水”“无本之木”,在现代破产法律体系中逐渐式微。当人类社会经历了从身份社会到契约社会、从熟人社会到陌生人社会的转型后,破产中道德因素渐趋得到消解。而自然人破产失权制度已经将对债务人的惩戒降至最小化,使得债务人惩戒主义在现代自然人破产立法中仅仅发挥着宣示性的威慑作用,几无太多实际的惩罚意义。

“可以说,人类文明的进化史,就是一部债务人的宽恕史。这也是为什么随着人类文明的进步,对债务人的宽恕、原谅乃至拯救,逐渐成为人类社会的共识,也成为包括个人破产制度内破产法

① 参见王云鹏、王鹏:《创建我国自然人破产制度的若干问题刍议》,载《河南社会科学》2005 年第 5 期,第 42 页。

② 齐明:《破产法学:基本原理与立法规范》,华中科技大学出版社,2013 年,第 100 页。

体系的底色。”[①]破产失权制度的目的，以其惩戒的“外衣”，实则也是对债务人的保护措施。自然人债务人深陷于财务困境，丧失债务清偿能力，意味着其在财务管理、经营决策、事业运营等方面出现了缺失，很大程度上是由于债务人自我管理、生活消费、投资经营等某些领域能力的不足。倘若放任债务人继续做无价值的试错，纠正其错误的奋斗方向，将导致其债务规模的继续扩大。自然人破产失权制度亦是体现对债务人严厉的“父爱主义”的保护思想，以一种不太温和的方式促使债务人重新全面回顾事业与债务状况，反思相关能力的欠缺，通过在失权期间参加财务教育与咨询，努力推动事业的重生，积极偿还债务，及时满足复权条件，恢复被暂时限制的权利。破产失权与破产免责的慈祥的“母爱主义”形成鲜明的对比，又共同发挥着挽救自然人债务人于沉重债务“泥潭”的效果。自然人破产复权制度为丧失清偿能力以及之后进入破产程序中的债务人提供了明确的债务处理的可预见性标准，鼓励债务人以复权要求为制定债务偿还计划细则的参考标准。破产复权制度在债务人执行偿债计划的过程中，充分发挥出激励的功用，展现出其“父爱主义”下慈爱的一面。

（二）破产失权对债权人利益的维护

破产失权体现出对市场秩序、交易安全等社会公共利益的考量，并“随着债务人救济理念的出现和最终形成，债务免责被视为破产程序的一个重要目标。但无论如何，债权人利益的保护都贯穿破产法的始终，债权人的公平受偿始终是个人破产立法追求的

① 陈夏红：《避免个人破产制度成逃债工具》，载《中华工商时报》2019 年 7 月 22 日第 003 版。

目标”。[①] 为维持债权人利益与债务人权利保障价值的平衡，破产债务人应当在特定领域让渡自己的一些自由和权利，即通过债务人失权，实现自然人破产法律关系中利益博弈的均衡。[②] 破产失权制度可以施加债务人以耻辱感，防止自然人破产制度对债务人利益进行过度倾斜性的保护，增强债务人偿债的效率与守约的诚信度。但近年来许多国家的立法者沮丧地发现，如果寻求对债务人课以过度的耻辱感，这将有力地削弱一个原本精心设计的法律系统，并缩减诸多破产法的价值。[③] 因此，保证破产失权范围与强度的适当是至关重要的。为进一步发挥破产失权制度对债权人债权获偿利益的推动效果，“应当将失权同破产人的主观恶性、破产清偿的成数与比例、破产后果的严重程度以及破产案件的性质类型等因素联系起来规定和适用，而不宜不分轻重划一处理。”[④]

（三）社会信用体系中的破产失权与复权

信用在现代市场经济运行中发挥着举足轻重的作用，信用交易构成了市场交易的基本形态，也成为人们重要的生活方式。“现代市场经济也被称为信用经济，而信用关系也就必然成为维系市场经济正常运转与配置资源的决定性关键。”[⑤]在现代社会完善的信用体系之下，信用成为一种难谓有边界的、外延无限宽广的范畴，个人信用中往往蕴含着丰富的、广泛的个人权利的内容。从个

---

① 殷慧芬：《个人破产立法的现实基础和基本理念》，载《法律适用》2019 年第 11 期，第 72 页。

② 参见殷慧芬：《个人破产立法的利益平衡机制探究》，载《山西省政法管理干部学院学报》2015 年第 4 期，第 66 页。

③ 参见自然人破产处理工作小组起草：《世界银行自然人破产问题处理报告》，殷慧芬、张达译，赵惠妙校，中国政法大学出版社，2016 年，第 55 页。

④ 汤维建：《论破产法上的复权制度》，载《法学家》1996 年第 5 期，第 17-18 页。

⑤ 王欣新：《用市场经济的理念评价和指引个人破产法立法》，载《法律适用》2019 年第 11 期，第 62-63 页。

人信用的角度出发,破产失权是属于面向自然人的信用惩戒机制的组成部分,而破产复权又成为自然人信用修复体系中的重要环节。“破产失权阶段,破产人的信用权益受到法律限制,表现为信用度遭到贬损,信用行为受限;而破产复权则是取消破产人信用权益所受之限制,使其恢复圆满状态,并使破产人以正常身份回归社会的一项制度安排。”[①]破产失权与复权制度是自然人的信用受到破产这一特殊法律机制调整的集中表现,归属于社会信用体系范畴之内。

“自然人破产制度需要建立在严密的自然人信用制度之上。”[②]破产失权的重要目标在于维护社会有效信用,此亦属于社会公共利益范畴。倘若允许具备了破产原因的自然人继续以无效的信用参与重要信用领域的市场竞争,会导致市场信用混乱,产生更多债务链条,像癌细胞扩散一般不断复制、延展无效的信用,影响市场交易秩序与效率。而社会信用体系作为完整的社会运行与社会治理子系统,对于市场主体无效信用的修复是其必然涵盖的环节。当自然人债务人经历了破产还债程序,执行完毕相关还债协议,满足市场主体有效信用所需要具备的条件后,完善的社会信用体系要求对债务人的信用进行修复,以恢复其参与市场竞争的完整的信用主体资格,在破产法视野中即表现为破产复权制度。个人信用与自然人权利,是自然人作为重要的市场主体与法律关系主体,在参与市场经济与被法律规制过程中,其核心价值在市场经济与法律不同层面的反映。

---

① 陈育、赵海程、姚艳:《个人信用与个人破产制度法律关系的分析——兼论我国建立个人破产制度的现实意义》,载《财经科学》2009 年第 8 期,第 4 页。

② 卢子铭、谢皓至:《个人信用复权制度的构建》,载《中国城市经济》2011 年第 20 期,第 266 页。

一部优秀的自然人破产法应当极大地推动破产债务人事业的重生，破产免责制度仅着眼于对债务人进行直接的物质救济，在授予债务人重返信用市场、恢复市场竞争力方面无能为力，而破产复权恰恰弥补了免责制度在债务人信用修复方面的缺陷。[①] 破产复权制度通过恢复自然人信用，为债务人提供了参与市场经济竞争的必要的无形资产。

（四）权利保障理念下的破产失权与复权

破产失权制度对债务人的非基本权利构成了直接的限制，但在事实上，其推动了市场经济的良性、可持续发展，维护了社会公共利益，实现了更广泛的权利保障的整体性要求。[②] 与此同时，自然人债务人所失之权需要有“度”，自然人债务人的基本生活水平需要获得保障，所失去的只是非生活必需的“奢侈”权利。在此，破产失权与自然人破产自由财产等保障债务人基本生存权利的制度紧密结合在一起。自然人的人格尊严不能在失权期间得到贬损，否则山东聊城“余欢案”将会重演，给社会民生带来更多不稳定因素。

破产复权制度则直接满足了债务人权利保障的价值需求。“复权，本质地看，可以视为失权与人权冲突后的平衡。它是失权的终点，又是人权的回归。”[③]美国破产法严格贯彻债务人拯救的价值，坚持彻底的免责主义，债权人意见与最低限度的债务分配率均不构成债务人免责的条件，即便债务人没有成功免责，破产法对其

---

① 参见卢子铭、谢皓至：《个人信用复权制度的构建》，载《中国城市经济》2011 年第 20 期，第 265 页。

② 王星灿：《论我国破产复权制度之建构》，湖南大学硕士学位论文，2012 年，第 10 页。

③ 汤维建：《论破产法上的复权制度》，载《法学家》1996 年第 5 期，第 18 页。

权利也无甚限制。[①] 美国破产法不仅止步于此,其认为债务人受到破产之外其他因素的不利影响可能比债权人在债务人获得免责后的追偿行为,更加有害于债务人事业的“全新开始”。由此,通过§525对破产债务人歧视的禁止性规定层面进一步将破产债务人的权利保障理念“进行到底”,包含了禁止政府机构因为债务人破产而在许可、批准、特许设立、特许经营或其他类似的授权上进行歧视;禁止用工歧视,私人雇主不得仅因债务人的破产而将其解雇或在雇佣当中对其实施歧视;禁止政府或参与学生贷款业务的经营者因债务人申请破产或未清偿已免责债务而在学生贷款上对其进行歧视。[②] 美国破产法引发了对破产法权利保障视野中破产歧视问题的关注与思考。在日本社会中,债务人进入破产程序,既不会在户籍信息上显示相关事项,根据《公职选举法》,也不会影响其选举权;在债务人是职员的情况下,也不会影响劳动合同的履行。债务人选择破产程序后没有必要辞职,雇主也不能利用债务人的破产而获取利益。[③] 禁止歧视规则是充分实现破产免责利益的重要考虑因素,债务人不应该因为只是申请了破产或获得了破产救济就被歧视对待。一些国家的数据保护法规禁止注册和使用已完成的清偿方案中的信息,实际上构成了对破产歧视的有效防范,但更多的国家并未对禁止破产申请信息在其他“负面”信用系统中的展示,往往会造成对自然人破产债务人的歧视。[④] 在权利保障的理

---

① 参见刘静:《个人破产制度研究——以中国的制度构建为中心》,中国检察出版社,2010年,第248页。

② 参见[美]查尔斯.J.泰步:《美国破产法新论(下册)》,韩长印、何欢、王之洲译,中国政法大学出版社,2017年,第1111页-1116页。

③ 参见[日]谷口安平主编:《日本倒产法概述》,佐藤孝弘、田言等译,中国政法大学出版社,2017年,第241页。

④ 自然人破产处理工作小组起草:《世界银行自然人破产问题处理报告》,殷慧芬、张达译,赵惠妙校,中国政法大学出版社,2016年,第142-142页。

念下，脱离于破产失权、复权制度之外，但与之相关的破产歧视问题，是需要引起社会关注的。

（五）双务契约模式下债务人的自救

"私法自治是民法的基本理念，其意义在于法律给个人提供一种受法律保护的自由，使个人获得自主决定的可能性。"[①]秉持私法自治的原则，当事人可以通过充分的自由协商机制，争取对自身权益的实现更有利的机会。破产法本质上属于私法体系内的法律规范，私法自治原则贯穿于破产程序中的各个环节，破产失权与复权制度也不例外。通过双务契约模式的理论建构，可以在破产失权与复权阶段落实私法自治的理念，债务人以自救的形式发挥出更高的积极性，可以获得更多事业重生的可能。

英美合同法原理认为契约的本质在于对价，回顾英国破产法的历史发展过程，可以采撷出对价的思想光华。英国 1705 年刚施行破产免责制度之时，仅面向对债权人采取合作态度的债务人免责，而并非适用于诚实而不幸的债务人。其目的在于鼓励债务人的配合以方便债权人行权，并获得更高的债权清偿率。[②] 之后，破产免责逐渐演变为纯粹债务人获益的制度。相较而言，破产失权与复权制度不会减损债权的利益，只是涉及债务人权利与资格的限制与恢复。破产免责与破产失权、复权制度各自存在着利益不均衡的特点，如若将二者进行有机的结合，"损有余而补不足"，将有利于破产价值的充分发挥。

对价原理在破产失权与复权的法定情形之外存在着适用的可

① 费安玲、龙云丽：《信用担保人权利救济之研究》，中国政法大学出版社，2013 年，第 183 页。

② Thomas H. Jackson, The Fresh-start Policy in Bankruptcy Law, Harvard L. Rev. Vol. 98(1985), Note 5.

能。债务人失去的权利为其维护基本生活与人格尊严,获得事业重生的机会,以及获得债权人免责等“恩惠”的对价,债务人恢复的权利为其积极诚信偿债的奖励对价。债务人在与债权人达成的偿债协议或重整计划中作出的对自我未来权利的限制,增强了债权人的债权清偿的安全感,以求获得债权人对债务人偿债要约内容的认可。二者互为交易的对价,构成了契约的双务性。申言之,破产失权、复权的制度价值也有公共利益维护的考量。所以,需要破产立法对涉及公共利益的权利限制进行法定,排除当事人意思自治的可能。除此之外,属于当事人可以通过双务契约进行约定的“自由王国”。法定之外的失权与复权内容,债务人可以之作为与债权人谈判的“筹码”,通过扩大失权范围,以增加债务人信用,获得债权人对债务人偿债的信任,赢得债权人在债务豁免、债务清偿程序安排方面更大的让步。对于债务人而言,通过破产失权、复权制度中双务契约模式的运用,自然人破产法律程序并非对其的“恩赐”,亦非有条件的“赠与”,而是一种公平的对价交易。

失权主要体现为债务人的消极的不作为义务,具有“对世性”,无法区分义务针对的对象。所以,债务人自我失权必须是针对全体债权人作出的一体化承诺,否则将在债权人群体内部构成不公平对待。由此,债务人与债权人整体构成了双务契约的双方当事人。通过自然人债务人与债权人之间以双务契约形式约定债务人失权的范围,增加了自然人债务人与债权人进行谈判、博弈的筹码,自然人债务人以自我限制的方式努力推动自我救赎的实现。意思自治的私法原则在破产失权制度中的适用,可以使债权人充分感受到债务人诚信偿债的决心与信心,债务人在债权人处的实际体验信用得以加强,增加了债权人对债务人确保履行偿债承诺的“安全感”,构成了一种针对债务人缺失信用的增信手段。

关于债务人与债权人达成双务契约所约定的破产失权、复权的效力,因契约本身即有着相对性的效力,约定内容自然对债务人与债权人双方产生契约约束力。双务契约中可以约定违约金等违约责任的内容,违约方需要承担违约责任,对守约方造成损失,违约责任不足以补偿的,违约方还应当承担损害赔偿责任。同时,因自然人破产失权范围涉及个人信用的权利内容,对其限制与恢复均会影响到市场交易秩序,为保障善意第三人的信赖利益,自然人破产约定的失权与复权内容的效力应当采取“登记对抗主义”。未在相关个人权利或信用系统中进行登记公示的,破产约定失权、复权内容仅对双务契约双方有效,对善意第三人不产生效力。债务人应当按照善意第三人的信赖外观所展示的权利状态履行对善意第三人的义务,由此对债权人造成的损失,承担违约责任。

实践中的问题在于,约定失权内容得以“登记”的条件是社会信用管理系统中收录相关信用/权利项目,在系统的个人信用/权利记载权限方面实行公共-私人两条线。公共权限主要服务于社会治理的需要,仅接受公权力机关对系统记载的个人信用/权利进行操作。而私人权限主要面向约定失权、复权领域,当事人约定破产失权、复权的双务契约中需要对“登记”事项有所约定,双方当事人凭借达成一致的书面契约可以私人权限申请社会信用管理系统记载失权、复权事项。需要关注的是,我国当前自然人权利或信用系统存在分散化的问题,由不同的国家公权力部门基于自身行政管理的便利,而采取了分割化、板块状、链条式等不同表现形式的管理系统。从完善我国社会信用体系,保障自然人权利的根本目标出发,今后政府部门应当推动统一的自然人社会信用/权利信息系统的建设,消除各部门的自然人信用系统“各自为政”的“陋习”。如此不仅可以极大地节约政府管理成本,也降低了市场交易费用,提高了交易便捷性,被管理的自然人权利也可以获得有效的保障。

三、破产失权与复权制度外延的明晰

(一)破产失权、复权与相关范畴的辨析

法律语境中的“失权”,“是被作为‘类概念’使用的,是对权利被限制或被剥夺这一类现象进行概念的构词。”[①]失权、复权并非破产法所独享的概念,在非破产法律中亦有多项失权、复权制度。民法上有动产恶意失权制度[②],是为弥补动产物权善意取得制度的不足而不认可恶意占有人所占有的动产物权效力的制度。恶意占有人所失权利为基于诚实信用原则本不应由其享有的动产物权。对应于民事实体权利的限制,民事诉讼中存在若干失权制度,贯穿于整个民事诉讼过程中,如证据失权[③]、答辩失权[④]、管辖异议失权[⑤]、

---

① 彭益鸿:《论失信被执行人失权》,载《中山大学法律评论》2017年第1期,第24页。

② 特指当原所有权人的动产由意定占有人(出让人)非法转让给受让人(第三人)时,受让人在获得该动产占有时,即使形式上经历了动产公示方式,受让人主观上如果出于恶意,则应丧失已取得的财产权利。动产恶意失权制度,是矫正物权公示条件下物权行为无因性规则价值取向的必要途径。详见眭鸿明:《恶意失权规则的价值分析》,载《现代法学》2005年第5期,第100页。

③ 证据失权规则要求当事人在法定的期限或诉讼阶段内提供证据,若逾期,除法定的特殊原因外,当事人提供的证据将不被采纳。举证时限是判断证据是否失权的前提,证据失权是逾期举证的法定不利后果。详见任俊琳、王迎朝:《证据失权规则价值负效应的应对——基于性价比理论的思考》,载《法学杂志》2011年第10期,第78页。

④ 答辩失权主要是指法律明确规定诉讼中的一审被告和二审被上诉人在规定的期间内,因没有实施答辩行为而丧失以后的答辩权利。详见李志明:《民事答辩失权制度之建构》,西南政法大学硕士学位论文,2010年,第6页。

⑤ 根据我国民事诉讼立法规定,当审判进入二审程序,如果当事人在一审中没有提出管辖异议,那么在二审程序中就会面临管辖异议的失权。详见张竞兮:《民事诉讼当事人失权制度研究》,黑龙江大学硕士学位论文,2018年,第14页。

申请回避失权[①]等。着眼于当事人在参与诉讼中,由于特定事由的发生而永久地丧失诉讼权利,多体现为对失权人怠于行使诉讼权利、恶意拖延诉讼程序的惩罚。由于诉讼复权制度的缺失,当事人丧失的诉讼权利无法得到恢复。刑法上有针对罪犯被剥夺的资格刑的复权制度[②],是一种局限于刑事程序中的提前恢复罪犯被剥夺的政治权利等资格的法律制度。又如对未及时履行出资义务的股东,经过法定的催缴程序之后仍未履行的,剥夺其股东资格的股东失权制度[③];以及保险人已知被保险人存在未履行如实告知义务等保险合同生效条件的情形,而以明示或默示的方式向被保险人表示认可保险合同的效力。被保险人善意信赖该表示,基于允诺禁反言原理,保险人事后不得再以该事由主张保险合同不生效的保险失权制度[④]等。上述失权、复权制度均适用于固定的非破产程序领域,其适用主体、范围、效力、程序规则等方面与破产失权、复权制度存在较大区别,应当明晰各自的适用规则,避免相互混淆。

较以上失权、复权制度,与破产失权、复权制度的关系存在更大争议的是自然人在破产程序之前被施加的信用惩戒与信用修复规则体系,即自然人因在进入破产程序之前从事的市场活动中受到的个人信用的惩戒,即个人信用的缺失以及导致的权利惩戒措

---

① 当事人无正当理由没有在法定期间内提出回避申请,便丧失了回避异议权。详见张竞兮:《民事诉讼当事人失权制度研究》,黑龙江大学硕士学位论文,2018 年,第 15 页。

② 刑事复权是对罪犯被剥夺的某种权利或者资格的恢复。有学者认为,针对死缓限制减刑制度所带来的限制减刑犯的改造以及监狱监管难题,也可以通过引入复权制度加以解决。详见刘德法、范再峰:《论复权制度在限制减刑中的适用》,载《河南师范大学学报(哲学社会科学)》2014 年第 6 期,第 77 页。

③ 参见李建红、赵栋:《股东失权的制度价值及其对中国的借鉴意义》,载《政治与法律》2011 年第 12 期,第 58 页。

④ 参见毕再宏:《论保险人失权》,载《经济研究导刊》2009 年第 11 期,第 181 页。

施。如根据《中华人民共和国民事诉讼法》(以下简称《民事诉讼法》)第 255 条[①]规定,以及《最高人民法院关于限制被执行人高消费及有关消费的若干规定》,对纳入失信被执行人名单,以及被执行人未履行给付义务,人民法院对被执行人采取限制出入境、限制消费等措施,是否属于自然人破产失权范围?以往的破产失权制度所面对的是自然人破产程序本身直接施加的债务人权利限制,而非破产宣告之外的因素导致的广义“失权”。执行程序的限制措施与破产失权各自所依赖的程序环境不同,不宜被纳入破产失权的范畴。信用修复与破产复权制度的关系同理。然而,考虑到信用惩戒、信用修复与破产失权、复权制度进行妥善衔接的需要,以及我国社会信用体系尚不健全的社会背景,叠加规定两套价值相似、核心内容多有重合的制度体系将徒增规范成本,导致实践适用的混乱,降低了制度运行的效果,并违背了“一事不二罚”的处罚法的基本规范原理,一定程度上造成了对破产债务人的双重惩戒,侵害了破产债务人的合法权益。为进一步完善我国社会信用体系建设,保障破产债务人的基本权利,笔者建议将二者进行合并,法院宣告债务人破产的裁定书中应当详细载明法院认定的债务人的法定失权的范围,以及部分复权条件。当法院宣告自然人债务人破产之际,之前依据非破产性法律所施加于债务人的一切失信惩戒措施自动解除。法院有义务向联合惩戒的公权力主体发送破产宣告的裁定公告,公权力主体有义务在接到法院公告后,第一时间恢复债务人非因破产宣告而缺失的信用与权利,同时对法院裁定书中载明的破产失权事项进行记载。完善社会信用联合管理系统可

① 我国《民事诉讼法》第 255 条规定:“被执行人不履行法律文书确定的义务的,人民法院可以对其采取或者通知有关单位协助采取限制出境,在征信系统记录、通过媒体公布不履行义务信息以及法律规定的其他措施。”

以有效增强上述操作的效率,所有环节可以通过系统指令自动完成。对于因系统故障或人为等原因导致破产宣告前的失信记录没有消除的,债务人可以持法院宣告破产裁定书,向有关公权力机关申请更改信用记录。由此,破产失权、复权所涉及的范围因应合并信用惩戒、信用修复制度的要求,应当进行扩大化处理,涵盖个人信用管理的内容。可见,信用在市场经济中价值的彰显,与社会信用体系的建设赋予了破产失权、复权制度以新的生命力,使这一源自罗马法的古老制度在现代社会焕发出别样的光彩。

（二）破产失权与复权制度的适用主体

有学者认为,企业破产不同于自然人破产,其不存在人格受限制的情形,即破产失权。① 这是从历史主义角度,就国内外企业破产法的实定法规范考察作出的结论。但从理论逻辑层面推演,企业,尤其是法人组织的拟制人格,在经历破产重整、破产和解等破产挽救程序之中,或在破产程序终结,实现市场主体资格存续之后,以意思自治原则为主导,通过管理人提议、债权人会议表决、法院批准裁定等环节,集中体现于重整计划、和解协议中,仍然存在主体权利受限的可能。况且,如在破产存续企业信用等领域,尚延续着一些其进入破产程序前的失信惩戒措施。② 该类惩戒在我国主要由公权力机关作出。在美国等市场经济发达国家,社会组织等民间中介力量在社会治理中发挥着重要的作用,第三方社会机构主导了包括市场主体失信惩戒、诚信奖励、信用恢复等全方位的社会信用体系的管理职能。美国《信用修复机构法》(CROA)规定

---

① 参见王云鹏、王鹏:《创建我国自然人破产制度的若干问题刍议》,载《河南社会科学》2005年第5期,第42页。

② 比如我国税收征管部门对欠税企业的税收“黑名单”惩戒制度、国家工商管理部门的经营异常名录与严重违法失信企业名单制度、司法系统的失信被执行人名单制度,以及银行征信系统的不良记录等。

以中介机构定位的个人信用修复机构采取市场化方式为面临信用缺陷的个人开展信用修复程序。[①] 无论企业信用的管理主体为谁，在完善的社会信用管理体系中，企业信用的恢复均需要满足实体要件，遵循严格的法律程序。企业主体的信用受到限制映射到法律权利上则是失权的表现，其信用的复权展现为一个过程，有时曲折，有时顺畅，视破产存续企业的具体经营状况而定。就此而言，企业主体貌似具有适用破产失权、复权法律制度的可能。然而，细致分析破产失权、复权制度的本意可得出，破产失权是因破产债务人被宣告破产而受到的权利限制，且如上文所述破产宣告前债务人的信用惩戒与信用修复，在破产宣告后应当并入破产失权、复权制度体系中，前者在破产法视野中不具有破产失权、复权制度的内涵。在企业主体被宣告破产之际，其将面临被破产清算的命运，主体资格的注销是其必然的归宿。因此，企业主体因宣告破产导致主体资格消灭而无法适用破产失权、复权制度。破产重整、和解程序后存续的企业主体，仍将适用一般意义上的信用惩戒与信用修复机制对其信用进行调整。

另外，对于企业法人的董事、厂长、经理等学界所谓的“准破产人”，在实践中负担着如同破产债务人般的失权后果，其是否也享有破产失权、复权的主体资格，不无争议。我国《企业破产法》第

---

① 参见覃珺：《不良信用修复机制的设计》，载《中国金融》2014年第14期，第82页。

125条[①]、《中华人民共和国公司法》(以下简称《公司法》)第147条[②]、《中华人民共和国证券法》(以下简称《证券法》)第131条[③]、《中华人民共和国商业银行法》(以下简称《商业银行法》)27条[④]规定了准破产人因企业破产程序的启动而受到限制的职业资格。详析准破产人的失权适用规则,可见其与破产失权、复权存在本质上的不同。前者依据公司治理法理,在企业法人经历了被宣告破产或破产重整、和解程序后,对准破产人作出与公司治理有关的资格限制;后者基于破产法的法理逻辑展开,仅限于自然人债务人自身被宣告破产的情形。破产失权、复权制度的法定范围较准破产人失权内容更为广泛。

(三)破产失权与复权适用的时空背景

“破产人所承受的破产法律后果是双重的:其一,破产法自身对破产人设定的法律后果;二是破产法以外的其他法律法规对破产人设定的法律后果。这两种法律后果尽管同产生于破产宣告生效之时,但是,蕴含其中的立法理由和宗旨,以及解除或消失的时间是不一样的。”[⑤]前者主要为提高破产程序开展的效率,通过程序

---

① 我国《企业破产法》第125条规定,企业董事、监事或者高级管理人员,致使所在企业破产的,自破产程序终结之日起三年内不得担任任何企业的董事、监事、高级管理人员。

② 我国《公司法》第147条第1款第3项明确规定:“担任破产清算的公司、企业的董事或者厂长、经理,对该公司、企业的破产负有个人责任的,自该公司、企业破产清算完结之日起未逾三年”“不得担任公司的董事、监事、高级管理人员。”第3款规定:“董事、监事、高级管理人员在任职期间出现本条第一款所列情形的,公司应当解除其职务。”

③ 我国《证券法》第131条规定,存在《公司法》第147条情形的,不得担任证券公司的董事、监事、高级管理人员。

④ 我国《商业银行法》第27条规定:“担任因经营不善破产清算的公司、企业的董事或者厂长、经理,并对该公司、企业的破产负有个人责任的”“不得担任商业银行的高级管理人员。”

⑤ 汤维建:《论破产法上的复权制度》,载《法学家》1996年第5期,第14页。

价值的保障，避免不诚信债务人发生逃废债的行为，维护债权人的债权受偿利益，在破产程序终结之日，效力自动终止。后者面向的是破产法律体系实体与程序整体价值的考量，其效力期间与破产程序期间并无关联，遵循破产失权、复权程序的规则逻辑。如日本《破产法》规定的对债务人在破产程序中相关权利的限制，是一种为保障破产程序顺利开展的临时性措施，要与作为终局性处分决定的、一段时期内相对固定的破产失权中的权利限制相区别。[①] 日本《破产法》对破产债务人所施加的破产程序本身的限制措施包括：针对破产债务人、债务人的法定代理人和经理，以及法人破产人的理事、董事、执行官等准破产人开展的限制居住；针对破产债务人以及与之具有一定联系的人，不到庭、未尽说明义务时，法院在必要情况下可以对其进行传唤，准用刑事诉讼法中拘传的规定。[②] 破产债务人所承受的第一项法律后果是其参与破产程序所承受的程序负担，与第二项法律后果所展现的破产失权、复权制度不同，不应当混淆。

四、破产失权与复权制度的权利内容

（一）破产失权、复权范围的比较法审视

英美法系的破产失权、复权制度与破产免责紧密联系在一起。破产债务人在获得免责的同时，破产复权生效。而英国破产程序中未得到免责的破产债务人要受到一系列人身资格的限制。英国1972年《律师法》禁止未免责的破产债务人从事律师业务的资格。

---

① 参见刘静：《个人破产制度研究——以中国的制度构建为中心》，中国检察出版社，2010年，第245页。

② 参见［日］谷口安平主编：《日本倒产法概述》，佐藤孝弘、田言等译，中国政法大学出版社，2017年，第45-46页。

1986 年《破产法》第 427 条对于债务人任职立法机关资格进行限制。《破产法》第 360 条规定,债务人向债权人隐瞒其为未免责破产人的信息,而取得 250 英镑以上的信用构成犯罪。①

自然人失权,即人格破产的概念由法国提出,专指债务人因破产宣告而失去或被限制职业权或公民权的情形。② 在法国,根据《商法典》第 L653-2 条规定,破产债务人失去直接或间接领导、经营、管理或者监督任何商业或手工业企业、任何农业经营企业或任何从事其他独立活动的企业以及任何法人的资格。③ 在德国,根据德国《法院组织法》第 32 条、第 109 条的规定,破产债务人在复权前不得担任法院的参审员与商事法庭的荣誉法官。根据德国《劳动法院法》第 21 条规定,禁止破产债务人担任劳工法院的荣誉法官。④

日本《破产法》第 255 条第 2 款规定,具体复权的事项依据其他涉及个人资格规定的法律。日本《破产法》并未直接对破产人失权的内容进行集中规定,而是由各相关部门法基于公法与私法上的不同价值考量分散地对破产人的权利作出限制性规范。⑤ 日本旧《商法》第 254 条第 2 款第 2 项否认了破产人担任股份有限公司董事长的资格,但为推动债务人营业事务的重生,在新公司法中予以修正。根据《公司法》第 331 条的规定,废除了破产人不享有任

---

① 参见[英]费奥娜.托米:《英国公司和个人破产法(第二版)》,汤维建、刘静译,北京大学出版社,2010 年,第 235 页。

② 参见胡玲:《债务人生存权益视角下的我国个人破产立法研究》,中国法制出版社,2014 年,第 117 页。

③ 参见《法国商法典(中册)》,罗结珍译,北京大学出版社,译者注,2015 年,第 934 页。

④ 参见刘学平:《破产失权制度研究》,河南大学硕士学位论文,2003 年,第 33 页。

⑤ 参见[日]山本和彦:《日本倒产处理法入门》,金春等译,法律出版社,2016 年,第 115 页。

职董事长的失权事由。[①] 同时,根据日本《律师法》《司法书士法》《专利代理人法》《公认会计师法》《民法》《保险业法》《保安业法》等法律规范,受到破产宣告影响导致失权的范围包括:律师、司法书士、专利代理人、注册会计师、监护人、遗言执行人、特定保险招募人、警卫等。在自然人再生程序中,没有自然人资格限制的规定。因此在司法实践中,为谋求经济事业的重生,自然人债务人有时会规避有资格限制的破产程序而选择自然人再生程序。[②]

我国香港特区破产管理署规定,"个人在宣告破产后的四年中,须将合法收入扣除必要的生活费用后用于还债的同时,不能出任律师、会计师、太平绅士、公司董事等专业人士。此外,破产人不准有较高价的物品,如豪华家具将被变卖或换为普通家具,不准购买房产,不准再借钱,不可过奢侈生活,包括乘坐出租车、上夜总会、游埠、大鱼大肉、买名牌衣物等,不准自费出国旅行,出入境要向法院通报行程、住处及联络方法,并限期返回等。"[③]

(二)破产失权、复权范围的类型化解析

破产复权的范围内含于破产失权之中,但在现代社会人权保障的宏观背景下,破产失权的生效必然意味着全面恢复的可能,破产失权与破产复权往往在适用范围上产生了一致。因此,明确破产失权范围,即可确定破产复权的内容。梳理比较法的经验,破产失权与复权范围包括经营型职业资格、信誉型职业资格、消费行为,以及出入境限制等偿债保障型限制措施。破产失权、复权的法定范围可以采用类型化思维,以导致债务人破产的直接原因为标

---

① 参见[日]山本和彦:《日本倒产处理法入门》,金春等译,法律出版社,2016年,第115页。

② 参见[日]谷口安平主编:《日本倒产法概述》,佐藤孝弘、田言等译,中国政法大学出版社,2017年,第250-251页。

③ 殷慧芬:《消费者破产制度研究》,上海交通大学2008年博士论文,第112页。

准划分不同类型的破产债务人。具体而言，可以区分以下不同的情形明晰法定失权内容，之后在自然人债务人可处分的非基本权利范围内，排除法定失权即为约定失权的领域。

(1)因从事商事活动、遭受市场风险而出现破产原因的破产人，需要限制其从事商事活动前提条件的权利资格，即经营型的职业资格，如公司的董事、监事、高级管理人员的任职资格。破产凸显了"对个人信用的否定，是个人信用的破产，因此受破产宣告的人应受到从事那些对个人信用要求较高的职位、职业或行为的限制"。[①] 破产人与准破产人从事信用交易的权利与资格，如贷款、融资租赁、证券买卖等，法律也有必要施加一定的限制[②]，以维护合同相对方权益，以及交易秩序与交易效率。同时，为保障债权人的债权清偿利益的实现，应对破产债务人施加出入境限制、收入支配限制、信贷限制等保障履约措施，并结合我国民事执行制度运行过程中所取得的司法实践经验。为实现债权人利益的最大化，应当对破产债务人施加限制高消费的资格。对于纳入破产失权范围的具体的限制高消费的内容宜由自然人破产立法予以明确规范，以避免其不当波及破产债务人正当的消费权益，并结合破产程序的特点，与非因破产宣告而引发的自然人债务人失信惩戒措施相区别。如购置不动产、旅游、乘坐交通工具的高档舱位、在高档场所进行高消费、购买非经营必需的车辆或其他高档动产、子女就读高收费私立学校（债务人支付学费）等消费行为可以归为破产失权视野下的高消费行为。"对破产人高消费的禁止以及信贷的限制，体现了

① 张红：《关于我国个人破产制度的立法构想》，载《贵州民族学院学报（哲学社会科学版）》2004年第4期，第102-103页。

② 邹海林：《破产法——程序理念与制度结构解析》，中国社会科学出版社，2016年，第547-548页。

失权制度对破产个人信用权的限制，以避免破产人不谨慎消费和借贷行为造成其信用状况的进一步恶化，从而保障债权人能够得到更多的清偿。"①

(2)过度消费而破产的债务人，因管理个人财务能力的缺失，举轻以明重，其极大概率不具备从事商事活动的实际经济能力。所以，此时债务人受限权利范围应当更广，不仅涵盖前一类型的法定受限权利。基于对其社会行为能力的不信任，为防范债务人所服务的行政相对人、消费者等社会相对弱势群体因债务人不成熟的财务管理资质而受到权益损害，债务人受限资格还应当包括担任国家公职人员、事业单位工作人员以及律师、注册会计师、审计师、评估师等专业技术人员的权利资格，即信誉型的职业资格。因欺诈等不诚信行为或犯罪行为导致个人丧失债务清偿能力的情形，因具有强烈的可谴责性，可以适用过度消费而破产的债务人匹配的范围最广的失权内容。

(3)对于因不可抗力、意外事件、天灾人祸等非归责于破产人过错与市场竞争优胜劣汰机制的事由而丧失债务清偿能力的破产人，不宜以法定形式对其失权事项进行过于宽泛地规定，应该仅限于禁止债务人为高消费行为以及出入境限制等债权清偿的保障性失权内容，其他失权事项交由当事人进行约定。

当破产债务人存在多项竞合的直接原因导致其丧失债务清偿能力，则法定失权、复权范围应秉持吸收性原则，从一法定范围广的类型确定失权、复权的法定内容。各种类型中各自受限的权利具有法定性，除此以及自然人不得处分的权利——大多涉及基本权利，以及人身权等专属权利——以外，债务人可以与债权人约定

① 陈育、赵海程、姚艳：《个人信用与个人破产制度法律关系的分析——兼论我国建立个人破产制度的现实意义》，载《财经科学》2009年第8期，第7页。

受限的权利与针对约定受限权利所复权的条件。

（三）破产失权与复权的效力

破产失权主要对失权的破产债务人和协助义务人产生效力。具体而言，对于尚未取得失权涉及资格或权利的破产债务人，禁止其取得该项资格与享有该类权利。破产债务人已取得的所涉资格与权利，则处于“冻结”的效力中止状态。在失权期间，破产债务人不得以所限资格从事社会活动，不得行使失权所涉权利，待复权生效后，受限资格与权利的效力获得即时恢复，解除效力中止状态。复权效力指向将来，日本《破产法》第255条第3款规定，复权裁定的效力不具有溯及力，自复权之日向将来生效。以上失权、复权效力对法定与约定失权、复权事项均适用。破产失权对于债务人资格的限制效力的立法，例如我国台湾地区《律师法》第4条规定，破产宣告尚未复权者不得担任律师，已担任律师的，停止其执行职务。破产失权对于债务人权利进行限制的立法，例如台湾地区《公司法》第66条规定，无限公司的股东有破产情事的，应当退股；台湾地区《民法》第687条规定，合伙人若受破产宣告，则应退伙。失权的破产债务人违反法院裁定中所涉法定失权限制内容的，可以对其施以司法处罚，情节严重的，追究其刑事责任。如《英国董事失格法》规定，违反失权指令的个人或公司的直接负责人可能被判决单处或并处两年以下监禁或罚金。[①] 但对于约定失权的情形，因秉持意思自治原则，破产债务人违反失权约定的，将主要承担违约责任等民事责任。

---

① 英国《公司董事失格法》（Company Directors Disqualification Act 1986）第13、14条的规定。

五、我国破产失权与复权制度的构建

(一)破产失权、复权模式的类型

对于破产失权的生效模式,在现代破产法治发达国家的破产立法中,主要有两种模式:一是当然形成主义。将破产失权视为自然人破产宣告的必要结果,法院无须再行裁判予以确认,以德、日、美等国为代表,其适用标准统一、方便、快捷;二是裁判形成主义。仅当法院就破产失权事项作出明确裁判之际,破产失权才能够生效。[①] 当然形成主义避免了在宣告破产后至破产失权裁定作出之间,破产债务人权利未受限的盲区,违背了破产失权制度的价值立意,滋生了债务人为不诚信行为的隐患,不利于维护社会公共利益。而裁判形成主义区别对待债务人的处理方式,更有助于实现破产公平。[②]

破产复权制度模式主要分为三种:

第一,当然复权主义,指失权的破产债务人在满足法定的复权条件时自动恢复权利,而不必向法院提出许可复权的申请。当然复权主义的优势在于当事人在破产失权与复权事项上可预见性与自我控制性得以增强,复权程序更为简捷,提升了破产复权的效率。英美法系国家的破产复权制度以破产免责为基础,债务人获得免责的同时取得复权,为当然复权主义。在英国破产立法中,破产债务人在满足以下三个条件之一时自动获得复权:债务人已经获得法院的宣告撤销破产裁定;债务人被允许破产免责 5 年以后

---

① 参见刘萍:《个人破产:立法价值、国际比较及制度解构》,载《西南金融》2009 年第 6 期,第 7 页。

② 参见李秋君:《破产失权制度比较研究》,郑州大学硕士学位论文,2009 年,第 15-16 页。

可以自动获得破产复权许可；三是债务人在已经获得破产证明书的同时获得免责许可的请求。[①]

第二，许可复权主义，指破产债务人即便满足了一定的法定条件，仍需向法院提出复权申请，由法院审核、裁定债务人是否复权。许可复权主义增加了法院介入、监督的环节，对复权的要求更为严格，有利于筛选出不诚信债务人，避免给予其复权的认定，切实保障债权人权益，实现破产当事人之间权利的平衡。大陆法系国家或地区的破产立法大多采取许可复权主义。台湾地区《破产法》第150条采纳了许可复权主义，其规定：“破产人依清偿或其他方法解免其全部债务时，得向法院为复权之申请。破产人不能依前项规定解免其全部债务，而未依第一百五十四条或第一百五十五条之规定受刑之宣告者，得于破产终结三年后或于协调履行后，向法院为复权之申请。”台湾地区《消费者债务清理条例》第144条规定在消费者债务清理程序中亦采纳了许可复权主义。债务人有下列情形之一，可向法院提出复权申请：“(1)依清偿或其他方法解免全部债务；(2)受免责之裁定确定；(3)于清算程序终止或终结之翌日起三年内，未因第一百四十六条或第一百四十七条之规定受刑之宣告确定；(4)自清算程序终止或终结翌日起满五年。”

第三，混合复权主义，指采取以当然复权主义为主，许可复权主义为辅的模式。以日本破产立法为典型。根据日本《破产法》第255条第1款，当然复权事由包括：免责裁定生效；基于第218条第1款的规定作出的终止破产程序的裁定生效；确认再生计划的裁定生效；法院启动破产程序已超过十年，并且在此期间未对破产人作出针对第265条所载罪行的定罪判决。日本《破产法》第256条第

① 参见邹海林：《破产程序和破产法实体制度比较研究》，法律出版社，1995年，第402页。

1 款规定了破产人例外申请复权的情形，破产人通过清偿债务或者以其他方式使其对外债务得以免除时，破产法院应破产人的申请，可以作出复权的裁定。在当然复权主义为原则的基础上，日本大部分的破产债务人得以适用第 255 条第 1 款的规定实现自动复权。在例外的许可复权的狭小适用空间中，以清偿债务作为许可复权的条件对债务人而言也不再那么苛刻，以此进一步固化了许可复权在日本破产法中例外程序地位。“日本法的如此规定是符合法律逻辑的一种选择，在程序制度的构造上充分考虑了许可免责制度和当然复权制度相结合留下的缝隙，利用许可复权的程序填补这个缝隙，以救济破产人应当复权的利益，避免了各种程序的庞杂臃肿。”①

（二）我国破产失权、复权模式的选择

结合笔者在上文中对于破产法定失权范围的类型化区分，破产债务人丧失债务清偿能力的直接原因需要法官根据具体情况予以认定，一定程度上属于自由裁量的范围。每一名自然人破产债务人的法定失权事项可能会不同，破产失权当然形成主义适用的前提条件是所有破产债务人的失权内容完全一致，这不符合法理中法定失权内容的多样化类型划分设置思路。因此，破产失权模式宜采取破产失权裁判形成主义。但为坚持破产宣告的失权效力启动时点的要求与司法程序经济考虑计，法院宣告破产的裁定与破产失权的裁判应当合一，可以将法院认定债务人破产失权的内容合并至破产宣告裁定书中，由法院一并作出裁决。法定失权模式需要与约定失权模式相区分，约定失权排除了法院介入的可能性，交由当事人之间进行充分的意思自治，在双务契约生效之日，

① 邹海林：《破产法——程序理念与制度结构解析》，中国社会科学出版社，2016 年，第 550 页。

约定失权的效力产生。

综合衡量不同的破产复权模式，我国自然人破产法定复权制度采取改良后的混合复权主义较为适宜，可以区分三种不同的复权类型予以区别对待：

第一，自然人破产复权制度应当与破产免责制度相结合，破产免责条件的实际满足应当成为破产复权的重要情形之一。在法院许可免责的前提下，破产债务人的信用状况与是否具有犯罪行为已经过法院的审查，恢复其权利不会危害公共利益，在其后重复审查复权事项没有必要。① 且债权人对债务人的权利在免责之后将消灭，再维持债务人的失权状态对债权人没有益处。无论是基于个人清算，抑或个人重整程序，在法院免责裁定作出之时②，采取当然复权主义，债务人即时复权。

第二，为避免对债务人进行期限过长的权利限制，诸多国家破产立法往往规定了法定复权期限，即破产失权期限。如《法国商法典》第 L653-10 条规定：“法庭宣告个人破产时，可以宣告当事人无能力担任经选举任职的公职。此种无任职能力处分的期间，与个人破产期间相同，但以 5 年为限。法院判决为终局判决时，检察院向当事人通知此种无能力处分，并自该通知之日起产生效力。”③对于未获得免责的债务人，当自然人破产失权期限届满，也应当产生当然复权的效力。债权人等利害关系人有异议的，可以向法院提出取消债务人复权的申请，法院经审理，认定破产债务人有为破产欺诈或其他不当行为的，裁定取消债务人的复权，破产失权期限重

---

① 参见王惠：《论破产复权制度》，载《当代法学》2002 年第 6 期，第 75 页。

② 我国当然复权主义的规则设置有赖于免责规范体系的建立，笔者在此假定免责条件中包括个人重整计划执行完毕的情形，由此，狭义的当然复权主义主要适用于免责的情况。

③ 《法国商法典(中册)》，罗结珍译，北京大学出版社，2010 年，第 941 页。

新起算。异议申请人对债务人的不诚信行为的主张负担举证责任。在法院同意申请人取消债务人复权的裁定作出之前,复权有效。

第三,借鉴日本破产立法经验,在破产失权期限届至前,倘若破产债务人以清偿债务或其他合理方式使其对外债务得以免除,或者在个人破产重整程序下,债务人提前履行完毕重整计划的,债务人可以向法院申请许可复权。

对于破产废止,即破产财产不足以支付破产费用的自然人破产情况,法院裁定终结破产程序。对此是否产生债务人失权的效力,有学者主张,破产废止裁定的程序效力具有溯及力,债务人将回复到破产程序启动之前的状态,不会产生失权的限制,更无复权的可能。[①]笔者同意该观点,破产失权、复权必须是在破产程序语境中产生的制度,当破产程序自始地消灭后,破产失权的效力也将溯及性地消灭。

(三)破产复权的程序规则设置

对于破产债务人申请复权的适用情形,日本《破产法》第256条第2款至第6款针对破产人申请许可复权的程序事项进行了规范。规定破产人提交复权申请的,法院应当对此进行公告;破产债权人自债务人复权公告之日起三个月内,可以就复权申请向法院提出异议;法院作出的复权裁定生效后,应当同时向破产债权人送达书面的裁定书以及说明裁定书主文内容的文件;债权人可以针对法院作出的复权裁定立即提起上诉;法院作出准予上诉裁定的,应当书面送达被上诉一方当事人。日本破产立法针对申请许可复权设置的公告、异议制度是合理的,值得我国借鉴。笔者建议,破

① 参见汤维建:《论破产法上的复权制度》,载《法学家》1996年第5期,第18页。

产债务人向法院递交复权申请书(含副本),法院收到申请书之后,应当通知债权人以及其他利害关系人,并向其送达复权申请书副本,以便于保障其异议权。[①] 债权人等利害关系人可以在三个月的异议公告期间,就债务人尚未以清偿债务或其他合理方式免除对外债务,以及破产债务人存在欺诈等不当行为或犯罪行为提出复议,并对异议主张负担举证责任。异议公告期过后,法院没有收到复议,或者经审查异议主张不成立的,法院裁定许可破产债务人复权,自裁定作出之日起复权生效。[②]

复权效力并非可以绝对地持续下去,不诚信的债务人即便侥幸获得复权,也无法“高枕无忧”。法院在事后应债权人等利害关系人的申请,查明破产债务人存在欺诈或犯罪行为的,应当撤销自然人破产免责裁定,或者重整计划或和解协议,此时破产债务人的复权效力自法院撤销裁定之日起失效。[③] 我国台湾地区《破产法》第151条规定:“破产人经法院许可复权后,如发现有依第一百五十四条所规定应受处罚之行为者,法院于为刑之宣告时,应依职权撤销复权之裁定。”

结　语

“破产程序不是市场竞争的终止,而是市场竞争的延续。”[④]构建我国自然人破产制度是市场经济发展的必然逻辑与发展趋势。

---

① 参见胡玲:《债务人生存权益视角下的我国个人破产立法研究》,中国法制出版社,2014年,第125页。

② 邹海林:《破产法——程序理念与制度结构解析》,中国社会科学出版社,2016年,第551页。

③ 参见兰倩:《破产复权制度研究》,武汉大学硕士学位论文,2005年,第38页。

④ 齐明:《破产法学:基本原理与立法规范》,华中科技大学出版社,2013年,第12页。

破产失权与复权的完美配合，均衡了债权人受偿利益与债务人权利保障的双重价值。在现代社会信用经济的宏观背景下，破产失权、复权制度的内涵得以向信用方向进行扩张，焕发出新的生机与活力。综合考量我国自然人破产立法的学理构建背景与各国立法例，我国破产失权模式宜采取破产失权裁判形成主义，在法院宣告破产的裁定中包容破产失权的事项。对于破产免责的债务人，应当贯彻当然复权主义；未获得免责的债务人，在经过法定破产失权期限后，采取当然复权主义与利害关系人异议相结合的规制思路；并为鼓励债务人积极、诚信偿债，明确在破产失权期限内，非免责的债务人申请许可复权的条件与程序规则。

在完善破产法定失权、复权制度的同时，通过在自然人破产失权、复权制度中贯彻意思自治的私法原则，发挥出鼓励破产债务人主动守信的作用。将破产法定失权、复权这一套以惩戒债务人为主要价值的规范内容，转化为奖惩结合、有效博弈的完善的制度体系，有效降低了监督破产债务人的经济、时间成本，促进债务人与债权人就债务清偿问题达成有效、合理、可行的协议，减少了破产债务人不诚信、违法乃至犯罪行为的发生，推动了破产债务人在还债过程中自发落实“最大诚信原则”。

个人信用评分算法的法律治理

魏远山*

摘　要：大数据实现了个人行为的数据化，智能算法为量化信用提供了新方式，共同助推征信业的转型与升级。但信用评分算法并不像想象般客观中立：在算法设计阶段，算法伦理的缺失和数据的病毒性歧视导致算法偏见；在征信数据收集阶段，数据收集、使用等行为失范正威胁着个人隐私与数据安全；在算法运行阶段，算法权力缺乏正当程序的约束极易异化并侵蚀被征信人合法权益；在信用评分报告应用阶段，算法妨害的隐秘性和算法决策不可理解性使算法使用者逃避法律责任。而个人信用评分算法的法律治理应符合智能时代的旋律，以"相对安全"为理念，坚持算法公平与算法发展相协调：规范算法设计行为、规范个人征信数据的收集

* 湘潭大学法学院博士研究生。本文系湖南省研究生科研创新项目资助"算法解释权及其权利构造研究"与国家社科基金青年项目"算法共谋的反垄断法规制研究(19CFX067)"阶段性成果。

和使用等行为、合理划定算法运行边界以建立事前、事中和事后全方位的监管模式，在保障被征信人合法利益的同时，促进信用评分算法的良性发展，大力发展征信业。

关键词：信用评分算法；算法偏见；算法妨害；个人征信数据

信任因时间差、不对称性、不确定性和缺乏足够客观根据被归为主观的倾向与愿望[①]而不具有公众评价的可能性，但“信用试图对‘信任’进行‘去主观化’评估与认定，让这一评价性信息获得一定形式的社会认证与公示，具有公共识别性，而不再依赖于情绪或情感这些非理性因素”[②]，成为“期待可能性的公共评价信息”以促进社会交易的理性化。正如移动支付构建了信用透明的新方式，推动“信用飞轮”[③]不断带动实体产业进入资本市场。如何真实地量化或透明化信用成为降低商业风险的关键，由此催生出征信行业对个人或企业进行信用调查。因受主观价值评判影响，人在信用评分时难以统一标准易出现偏差，而算法仅基于征信数据得出结果，无谓价值评断而备受推崇。进入大数据时代后，“万物互联”“数据共享”助推数字化进程，加速个人日常信息的数据化，开启了智能算法量化信用的新篇章。如 2015 年，中国人民银行准予 8 家机构利用算法开展个人征信业务，信用评分算法正式踏上我国征信舞台。[④] 但信用评分算法并不像标榜的那般完美无瑕，诸如算法

① 参见郑也夫：《信任论》，北京：中信出版社 2015(2018 年重印本)版，第 14 页。

② 王若磊：《信用、法治与现代经济增长的制度基础》，《中国法学》2019 年第 2 期，第 75 页。

③ 参见罗振宇：《2018 年跨年演讲之未来藏在“小趋势”里》，https://tech.sina.com.cn/i/2019-01-01/doc-ihqhqcis2043963.shtml，最后访问日期：2019 年 1 月 6 日。

④ 参见中国人民银行：《人民银行印发〈关于做好个人征信业务准备工作的通知〉》，http://www.gov.cn/xinwen/2015-01/05/content_2800381.htm，最后访问日期：2019 年 1 月 7 日。

不透明、算法偏见等算法妨害(Algorithmic Nuisance)直接或间接影响信用评分的客观性;个人征信数据的收集、使用等环节也暗藏数据安全问题。为规制算法妨害,2016 年欧盟《一般数据保护条例》构建了算法解释请求权①;2017 年 12 月美国纽约州出台《算法问责法案》②、2019 年 4 月美国国会议员提出《2019 年算法问责法》③,要求主要的科技公司检测并消除其算法模型中的任何歧视性偏见,提高算法透明度与可责性,保护数据主体的数据安全;但我国对信用评分算法并未给予足够重视。因此,在信用评分算法被广泛运用的今天,如何提高信用评分算法的透明度避免算法妨害,不仅是保障被征信人合法权益不受侵害的防护衣,还成为保证信用评分算法良性发展的关键。

一、信用评分算法及其挑战

欲应对信用评分算法带来的挑战,必先了解信用评分算法为何物。

(一)何为信用评分算法

信用评分是征信活动中最核心的数据分析手段,运用数据挖掘技术和统计分析方法,依法对个人或企业的基本概况、信用历史

---

① Bryce Goodman, Discrimination, Data Sanitisationand Auditing in the European Union's General Data Protection Regulation, 2 Eur. Data Prot. L. Rev. 493 (2016).

② See Lauren Kirchner: "New York City Moves to Create Accountability for Algorithms", https://www. propublica. org/article/new-york-city-moves-to-create-accou-ntability-for-algorithms,最后访问日期:2019 年 4 月 27 日。

③ See Taylor Hatmaker: "Democrats draw up bill that would require tech platforms to assess algorithmic bias", https://finance. yahoo. com/m/a1da35dd-0640-3599-aba1-ae-aad4e1022a/democrats-draw-up-bill-that. html,最后访问日期:2019 年 4 月 27 日。《2019 年算法问责法》将赋予美国联邦贸易委员会(FTC)新的权力,并迫使企业研究审查在自己的技术中,是否存在种族、性别或其他方面的偏见。这些规则将适用于年收入超过 5000 万美元的公司,以及拥有超过 100 万消费者数据的数据代理商和企业。

记录、行为记录、交易记录等大量数据进行系统分析，挖掘数据中蕴含的行为模式和信用特征，捕捉历史信息和未来信息表现之间的关系①，以信用评分的形式对个人或企业未来的某种信用表现作出综合评估。② 信用评分并不鲜见，早在算法技术之前就已经存在。传统的征信主要是依靠人力对被征信人进行调查，通过收集被征信人信息对其信用情况进行评价。大致可分为两类：一类是征信机构主动去调查被征信人的信用状况；另一类是依靠授信机构或其他机构批量报送被征信人的信用状况。前者是一种个体活动，且信用调查的力度和广度更大，后者是一种批量处理，规律性和客观性更强。③

在算法技术取得长足进步后，信用评分出现了新模式，即可利用算法对被征信人信用情况进行评分。信用评分算法则是利用算法技术对个人或企业数据进行分析，进而对信用主体未来的某种信用表现作出综合评估，最终以分数值的形式展现。④ 信用评分算法的兴起得益于算法技术的进步与数字化进程的推进。在数字化时代，用户的行为数据、资产数据等海量数据为数据画像奠定了基础，也为算法技术的发展提供了充足的养料。算法技术的日臻成熟与征信机构解放人力、提高效率的需求，共同催化信用评分算法

① 在《民法典总则》出台后，已在立法上对“数据”和“信息”作出了区分。本文并未严格区分二者的不同，除非特殊说明，在本文语境下数据和信息可相互替代。

② 参见中国人民银行征信中心：《征信的原则和基本流程》，http://www.pbccrc.org.cn/zxzx/zxzs/201401/f6bb952a08824a00aed9f99a61bceb63.shtml，最后访问日期：2019年1月7日。

③ 参见中国人民银行征信中心：《征信的原则和基本流程》，http://www.pbccrc.org.cn/zxzx/zxzs/201401/f6bb952a08824a00aed9f99a61bceb63.shtml，最后访问日期：2019年1月7日。

④ 参见佚名：《个人信用评分》，https://wenku.baidu.com/view/a286280ba9114431b90 d6c85ec3a87c240288acd.html，最后访问日期：2019年1月7日。

应用场景的成熟。

信用评分算法是在传统征信的基础上利用算法对被征信人进行评分,其关键在被征信人信用数据的收集和评分算法的设计。信用评分算法的原理与人力信用评分无区别,即需要制定数据采集计划、采集数据、分析数据,再生成信用分数。其中,制定数据采集计划要求征信机构确定要收集被征信人的何种数据,就数据类型作出筛选和安排,并不是被征信人的所有数据均应被收集,与信用无关的数据不可纳入采集范围。采集数据则是征信机构收集被征信人数据的过程,在采集数据环节需重视数据的真实性和全面性。分析数据则是将收集到的被征信人数据输入评分算法以生成信用报告或信用分数。

信用评分算法的工作原理主要分为四个阶段:信用评分算法的训练、信用数据(信息)的收集、将信用数据导入算法得到信用分数、根据信用得分作出相应的决策。信用评分算法与传统信用调查最主要的区别:通过信用评分算法分析被征信人信用数据,统一评价标准避免自然人在评分时受主观影响,极大程度地解放人力和提高效率。

信用评分算法相对较为复杂,需要通过专门的训练才能获得较为成熟的算法模型。首先,训练信用评分算法最为关键的是需要准确定义信用评分问题,寻找适合的变量衡量信用值,将抽象的信用评价转化为具体的变量。其次,要对应算法收集数据并对数据进行清洗、审查和分割以建立精良的训练数据库和验证数据库。再次,确定适合的方式选择或编写初步模型,并以训练数据为基础进行模型训练,根据输出结果不断调参优化模型。最后,检验模型是否准确,若准确可投入使用;反之,反复调参训练直至得到满意的算法模型。[①]

信用评分算法的精准工作除依赖于成熟的信用评分算法外，还需确保信用数据的质与量。在信息化社会，征信机构收集被征信人的信用数据极为方便，其信息收集方式大致可分为三种：一是征信机构自行收集，这主要是通过业务收集或采取的一定手段获取，如利用“爬虫”爬取；二是政府促进信用社会建设而为征信机构提供个人征信数据；三是征信机构通过合作方获取数据。第一种收集的信息多为开源信息，第二、三种收集的多为内部信息。开源信息虽获取较易，但信息“噪音”较大，价值较低，如使用则需对所收集数据进行“降噪”。内部信息一般来说关联性较强，可直接反映被征信人的征信情况，具有较大价值。

在被征信人征信数据收集得当后可利用信用评分算法对被征信人进行评价得到量化的信用得分，最终根据该得分作出相应决策，决定是否对被征信人授信。

（二）信用评分算法带来的挑战

虽然信用评分算法确实为征信领域带来了新的前景，但信用评分算法也存在诸多问题，威胁着算法技术的发展与被征信人合法权益的保护。因考虑到企业与个人之间的差异，信用评分算法对个人的影响更显著，更应值得注意，因此本文以个人信用评分算法为视角展开，按照信用评分算法的四个阶段分别阐述信用评分算法带来的挑战：

1. 信用评分算法设计阶段：数据歧视与算法伦理的缺失影响算法质量

---

① See David Lehr, Paul Ohm. Playing with the Data: What Legal Scholars Should Learn About Machine Learning. University of California Davis Law Review, Vol. 51 (2017): 669-701.

从以上可知,信用评分算法的训练以算法设计者对信用量化的认识为基础,以个人信用数据为训练数据,以机器学习技术为底层技术,通过分类和聚合技术寻找个人信用的量化权重,实现对个人信用量化的模式化。但正是因为信用评分算法开发过程极为复杂,多方因素可导致算法偏见或算法歧视:

算法伦理的缺失导致算法受算法设计者主观价值取向的影响。信用评分算法的训练从问题定义到数据收集、清洗、分割等步骤,再到模型调参均有算法设计者主观判断的倾入,如算法设计者对个人信用量化的认识直接决定了自变量和因变量的选取,进而影响算法的质量;算法设计者对各种因素权重配比的考量决定了算法的合理性;算法设计者的价值取向或自身的偏见、歧视可融入其所设计的算法。[①] 若算法设计者算法伦理缺失,极易将算法设计者的主观价值取向融入算法,导致算法妨害的出现。[②]

数据原教旨主义(Data Fundamentalism)[③]决定了数据歧视或数据隐含的偏见将影响算法决策的中立性。一是训练数据的不利影响。信用评分算法是在训练数据的基础上,基于算法设计者的取舍和训练得到。因此,除算法设计者主观影响外,训练数据中所包含的社会价值也会影响算法的质量。而这种由训练数据引入的偏

---

① See David Lehr, Paul Ohm. Playing with the Data: What Legal Scholars Should Learn About Machine Learning. University of California Davis Law Review, Vol. 51 (2017): 670-672.

② 参见刘友华:《算法偏见的法律规制研究》,《法学杂志》2019 年第 6 期,第 61 页。

③ 数据原教旨主义,即数据仅仅是社会事件或价值取向的客观记录,数据自身包含了社会价值中好的一面和不好的一面。Kate Crawford:“The Hidden Biases of Big Data, Harvard Business Review”,http://blogs. hbr. org/cs/2013/04/the_hidden_biases_in_big_data. html,最后访问日期:2019 年 5 月 9 日。

见或歧视也被称为病毒性歧视(Viral Discrimination)。[①] 比如,COMPASS智能司法辅助系统在保证输入数据不对黑人不利的情况下,依然发现该系统对黑人再犯率评判明显高于白人。[②] 二是信用评分算法应用场景中新数据的影响。机器学习的出现使算法能根据使用场景中的数据自我优化和自我编程。质言之,算法可将应用场景中新数据所蕴含的负面因素编入其中。如微软2016年推出的聊天机器人Tay,在发布不到24小时就被教导成为一个集反犹太人、性别歧视、种族歧视于一身的"不良少女"而被紧急下线。[③] 在信用评分算法的运用中,此种情况依然存在。

2. 个人信用数据收集阶段:数据收集等行为克减个人隐私与数据安全

个人征信数据收集是信用评分的前提。现阶段,社会数字化使得个人信息数量庞大,数据收集成本降低,为征信行业的发展带来了新机遇。但在信用评分算法时代,个人信用数据的收集行为可能侵害个人隐私和数据安全。

信用评分算法削弱个人隐私边界。信用评分算法追求大数据、混杂性、相关性,突破了传统征信数据收集的范围限制,转而通过多渠道、多维度方式尽可能获得用户的全部相关数据。在信息化进程快速推进的当下,个人行为信息越发容易被捕获,用户个人交易信息、地理位置信息、社交信息等全被作为信用评分的基础信

① See AnupamChander, The Racist Algorithm?, 115 Mich. L. Rev. (2017):1036.

② See Sam Corbett-Davies, Emma Pierson, Avi Feller and Sharad Goel:"A computer program used for bail and sentencing decisions was labeled biased against blacks. It's actually not that clear.",. https://www.washingtonpost.com/news/monkey-cage/wp/2016/10/17/can-an-algorithm-be-racist-our-analysis-is-more-cautious-than-propublicas/? noredirect = on,最后访问日期:2019年5月9日。

③ 参见佚名:《微软AI机器人Tay由于发布种族主义言论已被微软关闭》,https://www.cnbeta.com/articles/486679.htm,最后访问日期:2019年5月9日。

息,而这些信息蕴含着用户的个人隐私。一方面,征信机构多通过"爬虫"爬取或交易的方式获取大量信息,提高了信息收集方式的隐秘性,导致侵犯被征信人隐私的行为难以被发现;另一方面,"基于技术实现难度、市场需求、成本和效率的综合考量,征信机构在个人信息收集处理过程中,并没有动力对个人数据、信用数据与隐私信息予以区别对待,信息主体享有的知情同意权、异议权、更正权、删除权等,往往得不到充分尊重和保障。"①

信用数据收集等环节威胁着个人数据安全。信用评分算法的运行需要被征信人的大量与个人信用相关的高质量数据,而这些数据在收集、使用、存储过程中可能有损数据主体的个人数据安全。首先,数字经济的发展凸显个人数据价值,个人数据被过度收集②,且催生个人数据黑色产业链③,导致数据主体对个人数据的控制能力骤减。《征信业管理条例》第13、14条明确规定了个人征信数据的范围,但在数据快速流转的时代,征信机构并不会限制个人数据收集的范围④,也未(充分)遵守个人数据收集的"通知-同意"

---

① 孔德超:《大数据征信与个人隐私保护》,《中国社会科学报》2017年5月17日,第004版。

② 参见黄国彬、刘馨然:《移动网络环境下企业引发的个人数据安全风险研究》,《图书情报工作》2017年第10期,第63页。

③ 参见刘学涛:《个人数据保护的法治难题与治理路径探析》,《科技与法律》2019年第2期,第20页。

④ 参见周秀娟、罗敏娜:《论互联网金融个人征信的法律监管》,《电子科技大学学报(社科版)》2017年第2期,第47页。

和“目的限制”原则。[①] 其次，征信机构收集、管理、储存、使用和转移个人数据的过程因保护措施和力度的欠缺，数据“脱敏”不彻底，易发生个人数据泄露事件。如央行通报银行工作人员安全保护意识淡薄，多次导致个人征信数据泄露。[②] 再次，个人数据储存成本低意味着数据可以长久保存，这种个人数据的持久性导致被遗忘权适用困难[③]，即使现阶段无伤大雅的数据在未来依然被用以评价个人的信用情况，届时众多无伤大雅的个人数据将严重影响个人信用得分，损害被征信人的合法权益。最后，我国个人信息保护专门立法一直举步维艰，实践中确立了个人信息分散立法保护的模式，但总体效力层级较低，规定较为模糊，相关国家标准、行业标准阙如。[④]

3. 信用评分算法运行阶段：算法运行正当程序阙如无法抑制算法权力

算法使用者因算法自动化决策处于事实上的支配地位，极易

---

① 2018 年 6 月 28 日，百行征信与 15 家互联网金融机构和消费金融机构的领军企业在深圳举行信用信息共享合作签约仪式。根据合作协议，这 15 家机构将成为百行征信首批接入代表机构，向百行征信系统全面、准确、及时地报送征信数据。百行征信将对信用信息进行采集、整理、保存和加工，并向接入机构提供信用信息的查询及相关增值服务。这种做法并未遵守“通知-同意”规则，侵犯了数据主体的知情同意权。参见刘双霞、宋亦桐：《“信联”百行征信开业渐近官网已正式上线》，https://www.wdzj.com/news/hydongtai/2824008.html，最后访问日期：2019 年 5 月 23 日。

② 参见银通智略：《中信银行员工涉嫌泄露倒卖个人征信信息被央行通报》，https://zhuanlan.zhihu.com/p/28813403，最后访问日期：2019 年 5 月 23 日。

③ See Catherine Tucker. Privacy, Algorithms, and Artificial Intelligence, The Economics of Artificial Intelligence: An Agenda (2019), Ajay Agrawal, Joshua Gans, and Avi Goldfarb, editors, University of Chicago Press 2019:423-437.

④ 参见王秀哲：《大数据时代个人信息法律保护制度之重构》，《法学论坛》2018 年第 6 期，第 119-120 页。

通过算法权力侵害算法相对人[①]的合法权益[②],因此诸如欧盟和美国等出台法律或政策希望通过构建法律规则和确立正当程序实现对算法使用者的约束,抑制算法权力,以保护算法相对人的合法权益。[③] 但我国缺乏对算法运行的正当程序的设计,在信用评分算法领域主要体现在:

信用评分算法运行的正当程序约束不力。在算法社会,算法权力因资本与技术优势逐渐确立,导致私人权力与公权力的界限日益模糊[④],并与私人权力和公仅力共同管理着社会事务。公权力受到国家或人民对其形式和程序的监督,宪法和行政法的研究也致力于廓清公权力的行使边界,以正当程序将公权力关进法治的牢笼,防止公权力的溢出而侵害公民合法权益。[⑤] 但算法权力作为一种新型的技术权力[⑥],因其跨越性和隔离性的特征而与社会公众的理解与既有法律规则脱离[⑦],缺乏相应的正当程序的束缚,算法权力的滥用或不当扩张将严重影响算法相对人的合法权益。而在

---

① “算法相对人”与“算法使用者”相对,在征信领域,征信机构为算法使用者,被征信人为算法相对人。

② 参见张凌寒:《算法规制的迭代与革新》,《法学论坛》2019 年第 2 期,第 21 页。

③ 参见欧盟《一般数据保护条例》第 21、22 条。美国也有相关实践,如《2019 年算法问责法》和纽约州的《算法问责法案》。

④ 私人权力或私人规制在网络空间中普遍存在,在一定程度上私人权力确实可为法律规制在网络空间的运行提供补充,但碍于权力天然扩张的属性,私人权力也应受到合理的限制,其中正当程序的约束即为典型。相关文章可参见胡斌:《私人规制的行政法治逻辑:理念与路径》,《法制与社会发展》2017 年第 1 期,第 157-178 页;高秦伟:《跨国私人规制与全球行政法的发展——以食品安全私人标准为例》,《当代法学》2016 年第 5 期,第 67-77 页;胡凌:《数字社会权力的来源:评分、算法与规范的再生产》,《交大法学》2019 年第 1 期,第 21-34 页。

⑤ 参见冯健鹏:《论作为我国宪法基本权利保障机制的正当程序原则之建构》,《浙江学刊》2012 年第 2 期,第 139-140 页。

⑥ 参见陈鹏:《算法的权力和权力的算法》,《探索》2019 年第 4 期,第 182-183 页。

⑦ 参见张凌寒:《算法权力的兴起、异化及法律规制》,《法商研究》2019 年第 4 期,第 66-67 页。

信用评分算法的使用过程中，信用评分算法的审查、使用场景、所需数据的事先公示程序，以及算法决策的解释义务等正当程序的欠缺将不可避免地影响被征信人合法权益的行使与保护。

缺乏保护被征信人合法权益的保障措施。欧盟《一般数据保护条例》第 22 条第 3 款规定："数据控制者应当采取适当措施保障数据主体的权利、自由、正当利益，以及数据主体对控制者进行人工干涉，以便表达其观点和对决策进行异议的基本权利。"算法一直披着技术的外衣并持着商业秘密的保护伞拒绝向社会公众解释说明其原理，在算法笼罩下的疆域，资本主义利用数据塑造算法霸权，依靠算法霸权实行算法独裁①，算法使用者因算法享有事实上的支配权而凌驾于被征信人之上，在私人利益的驱动下算法使用者将逐渐侵蚀被征信人的合法权益。为此欧盟以立法的形式保障算法相对人的权利、自由和正当利益免受算法自动化决策的克减，并且允许算法相对人就算法使用者的自动化决策进行人工干预以便维护自己的合法权益。② 相较之下，我国在规范算法运用方面的立法或规则设计远落后于欧盟，这也导致我国信用评分算法的使用缺乏配套措施的保驾护航，不利于被征信人合法权益的保护。

4. 信用评分报告应用阶段：算法决策解释困难导致逃逸算法法律责任

信用评分算法运行的结果是根据被征信人信用得分决定是否授信。信用评分报告应用的过程折射出信用评分算法的弊病：

算法黑箱导致评分原理难以被理解。算法的复杂性使得绝大

---

① 参见陈鹏：《算法的权力：应用与规制》，《浙江社会科学》2019 年第 4 期，第 55-56 页。

② 参见高富平：《个人数据保护和利用国际规则——源流与趋势》，北京：法律出版社 2016 年版，第 130 页。

多数人无法明白算法的工作原理①,因而素有“算法黑箱”一说。算法不可被理解主要由四个方面因素决定:算法或数据的保密性、技术盲点、算法自身的复杂性以及征信机构的刻意隐瞒。② 首先,算法或数据的保密性隔绝了人们的感官。商业秘密制度为算法或数据掌控者提供了天然的保护伞,他人难以获悉算法或相关数据信息,在一定程度上遮蔽了人们的耳目。其次,计算机技术涉及高等数学、编程语言等专业性知识,一般人没有接受专业训练无法理解数据处理、编程等专业知识,这让算法相关知识成为非计算机领域者的技术盲点。再次,智慧算法的成熟须赖以机器学习技术的助推,而机器学习技术通常被描述为“维度的诅咒”(curse of dimensionality)③,面对规模效应的算法,即使是计算机领域专业人士也未必完全明白算法的工作原理。最后,征信机构为了自身利益的最大化,可能故意隐瞒或营造算法的神秘性。④ 算法黑箱导致被征信人无法了解得出其征信报告或信用分数的具体原理或原因,无法知晓其信用评分是否符合自身的情况,承受着授信机构拒绝对其提供服务或提高服务费用的不当后果。⑤ 而在算法社会,我们恰

---

① Christopher P. Guzelian et al. Credit Scores, Lending, and Psycosocial Disability. B. U. L. Rev. ,95, 1818, (2015).

② See Joshua A. Kroll; Solon Barocas; Edward W. Felten; Joel R. Reidenberg; David G. Robinson; Harlan Yu, Accountable Algorithms. U. Pa. L. Rev. . 165, 633, (2017).

③ See Domingos P. A few useful things to know about machine learning. Communications of the ACM, 10,78(2012).

④ See Frank Pasquale. The Black Box Society: The Secret Algorithms that Control Money and Information. Cambridge. MA: Harvard University Press,2015:102-115.

⑤ 以授信为例,通过信用评分算法对贷款申请人进行评分,若得分过低可能被拒绝申请贷款;若得分略低则可能被课以较高利息。这将导致越是处于信用较低水平的人越发难以获得贷款,即使获得贷款也将因更高的贷款利率而越容易出现无法按时还款的情况,将导致信用状况变差。据此,有学者将此种现象称为算法的恶性循环,并把算法称为数学杀伤性武器。参见[美]凯西·奥尼尔:《算法霸气:数学杀伤性武器的威胁》,马青玲译,中信出版社 2018 年版,第 47-68 页。

恰生活在“算法未知”[①]的笼罩之中,不安全感将会越来越强。

算法偏见导致评分不公平且难以救济。大数据技术通过数字画像使算法能据个人职业、收入、喜好等标签精准定制信息、推送服务,提供基于算法的社会决策或商业服务。在评分社会(Scored Society),算法的快速与高效属性使算法得以广泛使用,逐渐形成算法接管社会的现象并决定着社会的诸多事务。[②] 类型化和标签化固然有助于管理,但其中也蕴含着固化、歧视和简单化的倾向。[③] 在信用评分领域,算法虽在一定程度排除了人为歧视[④],但评分过程中也可能出现偏见。譬如,信用评分算法自身的瑕疵或者突发性错误等使算法运行出现偏差,造成不公平、不合理结果,且因信用评分算法适用的广泛性和反复性,这些不当结果会重复出现。当信用评分出现偏见时,因算法不透明,被征信人难以发现其信用报告或信用情况是否出现错误。即使被征信人认为信用评分或信用报告存在错误,因算法的不可解释性而在技术上架空被征信人的异议权,依据现行法律制度难以获得有效救济。

信用评分算法突破了现有监管路径。我国并未出台规制信用评分算法的法律,其监管仍采取传统法律监管模式,即事后监管的

---

① See Tufekci Z. Algorithmic harms beyond Facebook and Google: Emergent challenges of computational agency, Journal on Telecommunications and High Technology Law, 13, 203, (2015).

② See Danielle Keats Citron & Frank Pasquale, The Scored Society: Due Process for Automated Predictions, 89 WASH. L. REV. 1 (2014); David Lehr, Paul Ohm. Playing with the Data: What Legal Scholars Should Learn About Machine Learning. University of California, Davis Vol. 51:653(2017); Tal Z. Zarsky. Understanding Discrimination The Scored Society,89 WASH. L. REV. 1 (2014).

③ 参见郑戈:《国家治理法治化语境中的精准治理》,《人民论坛·学术前沿》2018年第10期,第50页。

④ 信用评分算法虽然在一定程度上排除了传统信用评分时的人为歧视,但算法的训练与编程依然需要人参与,在此过程中人的歧视或价值取向仍会融于算法。

法律规制进路。在事后监管模式主导的法律构架中,当信用评分算法致害时,通过回溯分析信用评分算法致害的具体情况,将责任在信用评分算法开发者或使用者之间进行分配。但在算法社会[①],事后型的监管进路不仅要求将审查范围不断扩大,还认为信用评分算法设计者拥有绝对干预算法的能力。[②] 但在智能算法快速发展的当下,算法已经突破了既有管制路径的前提假设。一方面,算法已经逐渐超越了开发者的能力范畴,即使算法专家也难以完全理解算法的工作原理,算法设计者可能已无法绝对控制算法;另一方面,无监督学习技术的进步使算法具有脱离人类主观意图的可能与趋势,算法能够随着数据的改变而做出相应调整,算法并不仅是执行人类指令的工具,而且有摆脱人类干预的智能程序。

二、信用评分算法的治理理念

信用评分算法使用的普遍性和可重复性,导致信用评分算法造成的损害十分严峻。因此,传统事后监管的法律进路难以有效化解算法妨害。为了更好地处理信用评分算法带来的挑战,需对信用评分算法的治理理念进行更新,清晰准确地认识算法社会的风险特征,构建事前、事中和事后全方位的监管模式,在算法公平与算法技术发展中找到平衡点。

(一)相对安全或公平的算法治理

“无危则安,无损则全”是《周易》对“安全”的最早概括,安全就是没有任何危险。随着人们认知水平的提高,人们逐渐发现这

---

① See Jack M. Balkin, 2016 Sidley Austin Distinguished Lecture on Big Data Law and Policy: The Three Laws of Robotics in the Age of Big Data, Ohio St. L. J., 78, 1219, (2017).

② 参见张凌寒:《风险防范下算法的监管路径研究》,《交大法学》2018 年第 4 期,第 51-53 页。

种绝对安全的观念已无法契合风险社会:技术发展会带来副作用,人们为处理或应对风险所采取的措施本身就会带来新的危险。[①]在技术飞速发展、社会急剧转型、国内外关系格外复杂的今天,除了传统意义上的风险外,新技术伴生风险也分外明显。而且,在以制度化解或降低风险的同时,制度本身也可能滋生新的风险。在风险社会,冒险前进成为整个时代的特征。

就算法社会而言,算法风险无处不在,无时不在。随着社会关注度的显著提高,人们越发担心算法妨害的发生成为必然性事件。在算法接管社会并决定着每个人的信用得分,影响着每个人的日常工作和生活时,人们总是希望将算法风险降到最低。而且,风险不仅限于实实在在的危害,而是人为建构和社会定义的“构想”,是一种想象的现实[②],只要人们主观认为其存在即可带来影响。因此,社会公众对信用评分算法及相关征信决策的担忧会因信用评分算法自身的复杂性、保密性、相关技术盲点以及征信机构的刻意隐瞒而普遍存在。

随着算法、大数据技术的快速发展与广泛使用,算法决策的影响范围逐渐扩大,隐藏在算法红利下的风险与侵害已愈发普遍。[③]既然信用评分算法的风险不可避免地存在且持续变化,作为治理者的国家将不会以“绝对安全”或“绝对公平”作为治理目标,“相对安全”或“相对公平”则成为算法社会风险预防与管控的准线。“相对安全”或“相对公平”作为一种认知转变,只要算法所带来的

---

① 参见杨雪冬:《风险社会理论述评》,《国家行政学院学报》2005年第1期,第87页。

② 参见许可:《〈数据安全法〉的新安全观》,https://mp.weixin.qq.com/s/ly48TQGoGtxgdnxvnQoF5Q,最后访问日期:2019年5月17日。

③ 参见魏远山:《算法解释请求权及其权利范畴研究》,《甘肃政法学院学报》2020年第1期,第147页。

风险被控制在符合人们身心安全需要的限度内，这种治理效果即可被接受。因此，国家构建制度或制修法律并不追求完全根除风险（事实上也无法做到），而是设法控制那些潜在的风险并把它限制在人们可以接受的限度内。信用评分算法的治理并不是对所有的风险或不公平“零容忍”，而是通过持续的危险识别和风险管理，将损失降低并保持在可接受的水平及以下。

（二）算法公平与算法发展相协调

事物具有双面性，我们应辩证看待信用评分算法的外部性。虽然算法导致诸如算法偏见等社会问题，但算法技术作为一项新兴技术其本身并不是坏的，反而因算法将处理同一类问题的过程模式化提高了效率，且其应用场景的扩展为商业或社会发展带来了无限可能。比如，在国家层面，国家制定并出台《“互联网+”人工智能三年行动实施方案》《新一代人工智能发展规划》《促进新一代人工智能产业发展三年行动规划（2018—2020）》《“十三五”国家科技创新规划》等政策文件助推人工智能算法技术的发展，培育发展人工智能新兴产业，带动我国产业升级和经济转型，以期在国际上掌握一定的技术话语权；在商业领域，网络新闻、电子商务、征信等领域因算法技术的加持催生新的商业模式，实现了更大的商业成功。

习近平总书记说：“没有绝对安全，要立足基本国情保安全，避免不计成本追求绝对安全，那样不仅会背上沉重负担，甚至可能顾此失彼。”①在创新引领发展的时代背景下，信用评分算法的治理不应以牺牲算法技术发展的巨大代价追求绝对的算法公平，也不可全然为算法技术的发展大开便利之门而忽略社会公平与社会良善

---

①　习近平：《在网络安全和信息化工作座谈会上的讲话》，《新华日报》2016年4月25日。

价值的实现。而是应坚持挖掘算法技术的优势，尽量控制或化解算法技术的负面效应，在保证必要的算法公平的前提下，实现算法公平与算法技术的协调发展，共享算法技术的福利。

(三)事前、事中和事后全方位监管

在算法社会，算法妨害的风险无处不在，传统的后果式风险监管模式可能无法有效预防和化解算法妨害，为此，需要在传统监管模式上予以更新，建立事前、事中和事后全方位监管。

1. 事前预防

既有法律监管体系以行为作为监管对象，是崇尚结果主义的事后监管。这种监管模式在技术风险型社会中难以有效地化解和转化风险。一方面，信用评分算法因算法或数据的保密性、技术盲点、算法自身的复杂性以及算法使用者的刻意隐瞒导致算法运行的高隐秘性，即使出现算法妨害也可能无法及时被发现。譬如，有用户表示预定同一家同一类型的酒店房间，不同用户所支付的价格并不相同。① 无独有偶，某打车软件也类似，相同路线相同车型，不同消费者使用打车软件支付的价格不同，甚至因手机品牌不同而存在价格差异。② 这种算法“杀熟”具有极高的隐秘性，若非刻意对比将无法发现算法妨害的存在。另一方面，一旦算法妨害出现，因其使用的普遍性和反复性，损害范围难以控制。美国 FICO 的评分规则是美国信用评分领域适用最广泛的一种评分规则；芝麻信

---

① 参见温婧:《用“算法”投放优惠券电商大数据“杀熟”》,https://www.sogou.com/link? url = X4Yt6GhHd2pu9egNxsuVV88mHYyRLi _ EsHZn78WLMeNHdqdH5Fc8UXpBLAfTQI-HBkUnlRBRdDc.,最后访问日期:2019 年 5 月 25 日。

② 参见徐鹰:《滴滴打车苹果居然比安卓贵　大数据“杀熟”防不胜防》,http://toutiao.chinaso.com/zx/detail/20180507/1000200033137441525658407975092070_1.html,最后访问日期:2019 年 5 月 25 日。

用评分规则在我国使用较为广泛。① 若一旦出现算法偏见，致害的范围将十分广泛。

在风险社会，“对于现代各国而言，人工智能发展的政策考量，其实是基于风险的制度选择和法律安排，我们应‘通过法律化解风险’，‘通过法律吸纳风险’，‘将风险社会置于法治社会的背景之中’，即对智能革命时代的法律制度乃至整个社会规范进行新的建构。”②为了更好地预防信用评分算法所带来的负面影响，应将事后型的监管转变为事前型预防，注意风险防控。从事前防控信用评分算法的风险主要是降低信用评分算法设计过程中的偏见，同时事先告知信用评分算法运行的阶段和使用的信息。

一是规范信用评分算法的开发行为。信用评分算法的开发作为评分的基础，只有得到完善的算法或模型方可进行信用评分。人工智能时代，算法总是与机器学习紧密联系，算法告诉机器处理数据的规则使机器按照特定步骤处理数据，而机器学习通过分析数据之间的联系，不断进行模型优化，最终形成成熟的模型并找到最优解。③ 因此，在对信用评分算法进行监管时，需对信用评分算法的开发过程及最终得到的算法进行必要的审查，确保评分算法不是歧视性算法。

二是确立信用评分算法的信息公示制度。信用评分算法的监管必须建立事前预防机制。算法黑箱难以破除，政策导向性算法

---

① 参见刘新海、丁伟：《大数据征信应用与启示——以美国互联网金融公司 ZestFinance 为例》，《清华金融评论》2014 年第 10 期，第 93-98 页。

② 吴汉东：《人工智能时代的制度安排与法律规制》，《法律科学（西北政法大学学报）》2017 年第 5 期，第 130 页。

③ 参见刘友华、魏远山：《机器学习的著作权侵权问题及其解决》，《华东政法大学学报》2019 年第 2 期，第 70 页。

(policy-oriented algorithm)[①]的偏在以及数据自身的歧视与偏见，将导致信用评分算法并不像想象中那般中立、客观。征信机构利用算法处于事实上的支配地位，容易利用算法暗箱操作，得出不利于被征信人的信用评分报告。并且，即使算法评分对被征信人造成不利影响，但因算法的黑箱化导致被征信人无法理解算法的工作原理，也就难以知道为何会出现这样的算法评分结果。为此，确有必要将信用评分算法的相关信息进行公示，即算法的应用场景应当事先向社会公开，比如在哪些环节或部分将使用算法进行评分，在评分中将使用哪些种类的数据等，保证被征信人能够了解其可能受到信用评分算法的“规则”。

2. 事中管控

事中管控需重视信用评分算法的运行机制，注重被征信人的数据收集、处理、储存、转移和使用的合理性与合法性。

规范数据相关行为。数据是算法发挥作用的必备要素，或者说人工智能的本质就是对算法和数据的利用。信用评分算法的运行需要以被征信人的数据为基础，这些数据既包括被征信人自身提供的数据，也包括其他数据提供者向征信机构提供的数据，还包括征信机构自行收集的数据。对用户数据收集行为进行合理程度的限制，将会对隐私权保护、机器学习数据来源、用户操纵行为等产生系列影响，如算法收集的个人征信数据数量下降会降低机器

---

① 政策中立性算法和政策导向性算法的划分是由 Tene Omer 和 J. Polonetsky 提出的。笔者认为，结合机器学习类型可对应划分，监督学习和半监督学习训练出的是政策导向性算法；无监督学习得到的是政策中立性算法。不过，这两种分类并不是绝对的二元对立型的分类，而是一种范围上的划分。划分的意义在于因人力编码的程度不同，由于政策中立性算法的人力编码程度低于政策导向性算法，因此着重规制的应当是政策导向性算法。参见 Tene Omer and J. Polonetsky. Taming the Golem: Challenges of Ethical Algorithmic Decision Making. North Carolina Journal of Law & Technology, Volume 19, Issue 1, 2017: 137-142.

学习的深化程度和信用评价的精准程度。可以说，在事中阶段对被征信人数据的收集、存储、转移和使用等行为的规范是保证信用评分算法安全运行的关键。

算法审查。征信机构所使用的信用评分算法是否符合个人信用评分的使用场景，是否出现过拟合现象，是否融入了算法设计者自身价值取向的算法等均会影响信用评分算法的使用以及算法决策的公平性，进而损害被征信人的合法权益。为此，征信机构在使用信用评分算法时应当对算法进行必要的审查，以避免将有缺陷的算法投入使用。

正当程序。信用评分算法为征信机构塑造了一种以资本为后盾、以数据为驱动、以技术为外衣的新型权力，具有泛化与侵害被征信人合法权益的风险。信用评分算法运行的正当程序阙如，将难以降低这种风险。为规范信用评分算法的使用行为，有必要建立一套完备的算法使用程序，以保护被征信人合法权益。

3. 事后监管

除事前预防与事中监管外，事后监管也是信用评分算法监管中极为重要的一部分。事后监管注重将风险责任直接分配给具体责任方，消除信用评分算法妨害所带来的负面影响。

一方面，信用评分算法的妨害后果需明确的责任承担主体。算法社会或评分社会的实质是特定人借助信用评分算法对社会进行管理，本质上仍是人治，算法只不过是工具而已。由信用评分算法造成的危害并不是公平责任，而是应根据过错的来源进行责任划分，归责于信用评分算法的相关主体。比如，算法和其他因素叠加共同导致算法妨害时，应当正确区分不同因素对算法妨害的影响程度以细分责任。[①]

另一方面,信用评分算法并不会自动更改或修复漏洞以纠正算法偏见,需要人为干预以确保修复算法出现的漏洞。第一,现阶段的算法并不具有价值判断的能力。信用评分算法只能根据信用数据得到信用得分,并不会审查结果的合理性。第二,即使信用评分算法存在算法妨害的可能,征信机构因算法的隐秘性和复杂性也缺乏优化算法的动力。因此,出现算法妨害后,应当明确相关责任,要求及时优化算法,防止算法妨害的持续影响。

三、信用评分算法治理路径构建

信用评分算法作为人管理征信工作的工具,其本质依然是人行为的延伸。对信用评分算法的法律治理应坚持"克制人的行为,将算法责任转化为人的责任"的原则。鉴于信用评分算法的运行涉及信用数据的收集与算法模型的训练等阶段,在治理信用评分算法时,应分阶段注重具体行为人的行为,秉持事前、事中和事后三个维度的全方位监管模式,明确责任分担与权利救济方式,在保证被征信人合法权益的同时促进信用评分算法的发展,大力发展征信业。

(一)信用评分算法设计阶段:规范算法开发行为

如前所述,信用评分算法的设计对算法运行有重要影响。在对信用评分算法进行治理时必须考虑到算法设计者的行为。"为了使计算机系统以规范的方式运作,算法审查必须从一开始就成

---

① 张凌寒认为算法和其他因素叠加共同导致决策错误时,应当正确区分不同因素对于决策错误的影响程度,进而确定责任。腾讯研究院:《第七期 C-Law 午餐会"算法可解释性治理路径探究"成功举办》,https://chuansongme.com/n/2749953438129,最后访问日期:2019 年 5 月 28 日。

为系统设计的一部分"[1],即在信用评分算法的设计过程中就应将算法的审查置于重要位置。具体可从以下方面进行:

加强算法伦理教育。技术发展迅速而立法具有滞后性,在这对矛盾的解决机制中伦理扮演着重要角色。[2] 算法设计者算法伦理的缺失将导致设计者自身价值取向融入算法,影响信用评分算法的客观性。因此,在算法设计阶段应发挥行业协会的管理作用,普及科技伦理知识提升算法设计者的算法德性,规范算法设计者的设计行为。

训练数据的真实可查性。训练数据的收集是算法设计者设计算法的重要前提。第一,在训练前应对训练数据进行审查,剔除离散值和明显带有偏见的数据,尽可能避免因训练数据问题导致算法出现缺陷。第二,为了保证算法的可审计性,明确算法责任,应当妥善保存训练数据,可对数据的收集方式、来源、内容、处理过程及依据进行详细记载。第三,训练数据的收集、使用、存储和转移规则应当以保证个人数据安全为前提,谨防数据泄漏导致个人数据主体利益受损。

算法的审查与评估。算法依靠算法设计者的构思,基于训练数据成型,以验证数据进行检测。但算法训练也因训练数据暗含

---

① 郑智航、徐昭曦:《大数据时代算法歧视的法律规制与司法审查——以美国法律实践为例》,《比较法研究》2019 年第 4 期,第 115 页。

② 朱巍:《技术应用须守法律、伦理底线》,https://3w.huanqiu.com/a/de583b/9CaKrnKmEw9?agt=11.,最后访问日期:2019 年 9 月 5 日。

歧视性的数据[①]、过拟合(Overfitting)或离群值(Outlier)[②]而与预期不相符。因此,在算法开发环节,公司合规律师或法务,甚至是数据保护官[③]等非技术利益相关者必须首先考虑到算法的监督和审查机制[④],对算法进行审查与评估,避免缺陷算法或瑕疵算法流入市场,对社会公众造成不利影响。

算法瑕疵或缺陷说明义务。算法设计者设计出算法后,必须以书面形式就训练所得的算法进行真实而又详细的阐释,说明存在的缺陷与可能出现的风险,提请征信机构注意,并告知其算法运行的条件,特别是对个人信用数据的要求或者可能出现的算法妨害。必要时,算法设计者需对算法瑕疵或缺陷背书,对算法妨害承担损害赔偿责任。

(二)个人信用数据收集阶段:限制征信数据收集、使用等行为

纵观整个信息生命周期,数据过度收集、数据存储混乱、数据利用限度不清等极易导致被征信人个人数据安全问题,故信用数据的合法收集、使用、存储和转移至关重要。

明确个人征信数据收集的范围与规则。因个人信息收集的便

① 如训练个人信用评分算法时,训练数据包含了邮政编码等地域划分性数据,由此得到的算法将区别经济发达与不发达地区居民的经济水平而作出不当对比。

② 机器学习分类模型以特定数据训练,训练数据库中的数据全部符合模型分类,但是与训练数据稍有不同的输入就被识别为不同类别,这样的现象就属于过拟合现象。PedroDomingos, A Few Useful Things to Know About Machine Learning, 55 COMM. ACM 78,81-82 (2012). 离群值则是某些数据的值明显偏离其他数据的值。

③ 数据保护官(Data Protection Officer)一词源自欧盟《一般数据保护条例》,不过《一般数据保护条例》中的数据保护官制度源自德国《联邦数据保护法》(BDSG)第4f条第1款规定的个人数据保护顾问(Datenschutzbeauftragter)这一制度。

④ See Custers B. Data Dilemmas in the Information Society: Introduction and Overview. In: Custers B., Calders T., Schermer B., Zarsky T. (eds) Discrimination and Privacy in the Information Society. Studies in Applied Philosophy, Epistemology and Rational Ethics, vol. 3., 7, (2013), Springer, Berlin, Heidelberg.

捷性和低成本性,征信机构收集个人信用数据存在以下问题:一方面,个人信用数据收集过度,增加了个人数据的安全风险;另一方面,摆脱信贷关系的制约[①],将游离于传统征信数据之外的数据纳入收集范围之内。为此,应在《网络安全法》《信息安全技术个人信息安全规范》和《征信业管理条例》等基础上进一步明确个人征信数据收集的范围与规则。[②] 首先,明确可收集的征信数据范畴。"数据越多越好"是信息时代的指导原则,但考虑到社会公平,一部分数据应被排除在外。[③] 在征信领域,数据价值的泛化与不同数据组合的新价值将模糊传统禁止或限制采集的个人征信数据范围,在新技术条件下原有的限制范围将不再绝对,应科学划定个人征信数据范畴,应当纳入征信系统的信息可予以纳入,不必要的信息或过于敏感的信息应不予纳入[④]或经审核后纳入,并对应纳入征信系统的数据做民意调查,广泛征求公众意见。[⑤] 其次,细化个人征信数据收集程序。一要坚持个人征信数据收集的"知情-同意"原

---

① 参见陈俊:《关于互联网金融背景下征信数据采集的思考》,《西部金融》2018年第11期,第42页。

② 参见《网络安全法》第41、44条,《信息安全技术个人信息安全规范》第5章(个人信息的收集),《征信业管理条例》第13、14条。

③ [美]凯西·奥尼尔:《算法霸气:数学杀伤性武器的威胁》,马青玲译,北京:中信出版社2018年版,第173页。

④ 如我国《征信业管理条例》绝对禁止采集的个人信息范围是宗教信仰、基因、指纹、血型、疾病和病史信息,以及法律、行政法规规定禁止采集的其他个人信息。美国《公平信用报告法》规定:任何授信基于种族、肤色、宗教、出生国家、性别、婚姻状况或年龄(只要申请者具有签约的行为能力)等因素对任何申请者有关任何信用交易的歧视均为非法。在欧盟,《一般数据保护条例》规定:除非国内法已提供了适当的保护措施,禁止对揭示以下内容的个人数据进行自动化处理:人种、政治主张、宗教或其他信仰,以及与健康或性生活有关的个人数据,与刑事判决有关的个人数据,也不应当被自动化处理。

⑤ 参见王梓睿:《数字经济与个人信息之间的适恰与过甚——专访中国互联网协会研究中心秘书长、联合国网络安全与网络犯罪问题高级顾问吴沈括》,http://www.caijing.com.cn/20190426/4583697.shtml,最后访问日期:2019年5月24日。

则,确保被征信人的知情权。利用算法进行信用评分,本质上是对被征信人征信数据进行处理,效应遵循个人数据处理的一般原则,即必须建立在获得数据主体(被征信人)“知情-同意”的基础上。[①]二要坚持合法性要求,不得欺诈、诱骗、强迫数据主体提供其个人信息;不得隐瞒产品或服务所具有的收集个人信息的功能;不得从非法渠道获取个人信息;不得收集法律法规明令禁止收集的个人信息。三要坚持收集个人征信数据的最小化要求,无关或非必需信息不得纳入收集范围。四要坚持敏感信息的收集必须经过被征信人的明确同意,确保数据主体的明示同意是其在完全知情的基础上自愿作出的、具体的、清晰明确的愿望表示。[②]

明确个人征信数据存储的要求。因个人征信数据与被征信人具有较强指向性,一旦泄露将造成极为严重的后果,因此个人数据的存储安全一直备受关注。但黑客攻击、员工泄漏、硬件和软件故障是个人征信数据存储面临的主要威胁。[③] 明确个人征信数据的存储要求可重点关注以下方面:第一,应做好金融征信相关信息存储系统以及相关信息录入人员的安全保证和审核问题,避免因系统安全和人员职业素养低等导致相关数据泄露,同时加强数据存储系统的安保措施,架构并及时更新防火墙,避免黑客攻击与系统故障。第二,根据信用评价需要合理确定个人数据保存期限,坚持应为实现目的所必需的最短时间原则,超出上述个人信息保存期

---

① 对个人数据保护而言,“知情-同意”原则具有“帝王条款”的意义,恰如意思自治原则在民法中的地位。参见田野:《大数据时代知情同意原则的困境与出路——以生物资料库的个人信息保护为例》,《法制与社会发展》2018 年第 6 期,第 111 页。

② 参见《信息安全技术个人信息安全规范(GB/T 35273-2017)》“5.5 收集个人敏感信息时的明示同意”部分以及参考“附录 C”。

③ 参见黄国彬、刘馨然:《移动网络环境下企业引发的个人数据安全风险研究》,《图书情报工作》2017 年第 10 期,第 65 页。

限后,应对个人信息进行删除或匿名化处理。第三,个人征信数据收集后,征信机构应立即进行去标识化处理,并采取技术和管理方面的措施,将去标识化后的数据与可用于恢复识别个人的信息分开存储,并确保在后续的个人信息处理中不重新识别个人。第四,根据个人征信数据敏感程度实行分类管理,对于敏感程度高、可恢复识别个人的信息采取必要的加密措施。

明确个人征信数据转移的规则。个人征信机构之间、个人征信机构与企业之间均存在一定程度的数据委托处理、共享或转移关系。例如百行征信与多家金融机构签订信用数据共享合作协议,但因不同企业或机构之间个人数据保护水平、存储方式均有差异,且个人数据多为敏感且价值高数据,存在较大安全隐患。① 为此,个人征信数据的共享或转移规则是提高个人征信数据安全的一道重要防线。明确个人征信数据的转移规则应从以下方面着手:首先,以立法形式明确个人征信数据委托处理、共享或转移的要求,将《信息安全技术个人信息安全规范》第8.2章相关规定落实,切实做好个人征信数据安全评估工作,保证被征信人的知情权,为被征信人行使相关权利提供便利。其次,严格考察个人征信数据接收方的个人数据保护能力和条件,只有达到“充分的保护水平”②条件方可转移或共享。再次,积极发挥征信行业组织的自律作用,制定并推行行业标准,加强监督。最后,发生个人征信数据泄露事件后,应及时采取措施以避免损害扩大并告知数据主体,落

① 参见张金平:《跨境数据转移的国际规制及中国法律的应对——兼评我国〈网络安全法〉上的跨境数据转移限制规则》,《政治与法律》2016年第12期,第136页。

② “充分的保护水平”系欧盟《一般数据保护条例》第五章“像第三国或国际组织转移个人数据”第45条的限定条件。我国并没有相关法律对个人数据或个人信息的转移或贡献作出具体规定,为此,可借鉴欧盟规定考察企业或征信机构之间的个人征信数据转移或贡献的条件,避免个人信息安全事件的发生。

实相关责任,积极填补损害。

明确个人征信数据使用的限度。个人数据的价值随着分析工具与应用场景的多元逐渐凸显。个人征信数据作为重要的个人数据具有较高价值,是众多企业觊觎已久的战略资源。但个人征信数据的使用伴随着信息获取,如不对使用行为进行必要的限制极易出现个人信息暗箱交易或泄露的可能。比如,个人征信数据包含数据主体的身份识别信息、财务信息、账户信息等,若落入动机不良之人手中将导致“徐玉玉案”重演,为此不得不防。首先,应坚持最小比例原则。征信机构在对被征信人个人数据进行处理时,对被授权访问个人数据的内部数据操作人员应按照最小授权的原则,使其只能访问职责所需的最少够用的个人数据,且仅具备完成职责所需的最少的数据操作权限。① 其次,应设置内部审批流程,以行政化的内部审批程序细化责任,限制内部工作人员行为的随意性。再次,严格遵守目的限制原则,即以收集个人征信数据时告知数据主体的目的使用数据,超过当初目的时应重新获得个人数据主体的授权。最后,涉及通过界面展示个人数据或信息的(包括但不限于显示屏幕、纸面展示方式),征信机构应对需展示的个人数据采取去标识化处理等措施,降低个人数据在展示环节的泄露风险。

此外,还应制定紧急预案,明确责任的承担主体。一方面,个人信用数据的高敏感性、强指向性和高价值性等决定了一旦发生个人信用数据事件,如不及时采取措施控制损害,将会造成严重后果。因此,个人数据泄露事件的紧急预案制度的建立至关重要。另一方面,个人信用数据的泄露有着深刻的原因,在排除不可抗力

① 参见《信息安全技术个人信息安全规范(GB/T 35273-2017)》“7.1 个人信息访问控制”部分。

等非人为因素后，应落实具体责任，积极填补个人信息泄露事件给数据主体带来的损害。

（三）信用评分算法运行阶段：划定算法运行边界

信用评分算法的设计与个人征信数据的收集是个人信用评分的前期准备工作，将被征信人的征信数据输入信用评分算法并得到信用得分是信用评分算法最重要的功能。在信用评分算法运行过程中，算法权力和责任的不对称性是立法者应该予以纠正的。[①] 征信机构以信用评分算法作为管理个人信用的工具，同时因其掌控着被征信人大量的个人信用数据成为被征信人的信息受托人，应本着善良管理人的原则对被征信人进行评分，并为被征信人的权利行使提供便利。

首先，征信机构作为被征信人的信息受托人负有一定义务。[②] 第一，注意义务。征信机构在利用信用评分算法对个人进行评分时，应当注意与防止对被征信人造成损害。第二，忠实义务。征信机构在利用信用评分算法对个人进行评分时，应禁止实施有损被征信人利益的行为。第三，特殊义务。征信机构不能以欺骗的方式获取被征信人的个人数据，尤其是不属于征信数据范围或被禁止收集的个人数据，且不得滥用所获得数据。

其次，征信机构应为被征信人行使相关数据权利提供条件。根据《个人信息安全规范》《征信业管理条例》的规定，个人征信主体享有知情同意权、访问权、异议权、安全事件的被告知权，以及信

---

① See Editorial. More accountability for big-data algorithms. Nature 537, 22 September (2016).

② See Jack M. Balkin, 2016 Sidley Austin Distinguished Lecture on Big Data Law and Policy: The Three Laws of Robotics in the Age of Big Data, Ohio St. L. J., 78, 1217, (2017).

息收集最小化、匿名化与去标识化等权利。[①] 征信机构与被征信人之间虽属平等关系,但在"硬规则"[②]时代,上述权利的行使并不像传统民事权利般自由,若缺乏征信机构等数据控制者的协助,被征信人的合法权益将得不到保障。因此,立法者应适时制定规则,确保征信机构为被征信人行使相关权利提供必要条件。

再次,设计信用评分算法运行的正当程序。信用评分算法为征信机构塑造了一种以资本为后盾、以数据为驱动、以技术为外衣的新型权力,但该权力并非公权力而是私权力,并且具有泛化与侵害被征信人合法权益的风险。因此,为信用评分算法设计一套正当程序抑制算法权力的外溢至关重要。信用评分算法运行正当程序的设计需从以下方面入手:第一,增强信用评分算法的可预见性。算法自动化决策对算法相对人合法权益影响过甚,在征信场景中,信用评分算法的使用限度"应当进一步理性化,形成成文规则,接受公众质疑和司法审查,允许公众参与,并不断提供有效的有关黑箱的解释"。[③] 应在算法投入应用之前,将信用评分算法的具体运用场景等信息事先公开,以保证被征信人了解在何时、何种情形下自己将经历信用评分算法的自动化决策,以及算法决策对其影响的程度,来增强信用评分算法的可预见性,以便反对征信机

---

① 参见吴旭莉:《大数据时代的个人信用信息保护——以个人征信制度的完善为契机》,《厦门大学学报(社会科学版)》2019 年第 1 期,第 165-166 页。

② 数字技术的快速发展使得网络空间进入"硬规则"时代,诸如 App 隐私协议等格式条款、网络规则代码化的算法规则剥夺了网络用户的选择权,导致网络经营者与用户之间出现权力鸿沟,网络用户处于事实上的被支配地位。具体参见肖冬梅、陈晰:《硬规则时代的数据自由与隐私边界》,《湘潭大学学报(哲学社会科学版)》2019 年第 3 期,第 59-65 页。

③ 胡凌:《数字社会权力的来源:评分、算法与规范的再生产》,《交大法学》2019 年第 1 期,第 130 页。

构用算法对其进行评分。[①] 第二,制定保护被征信人合法权益的配套措施。在智能时代,自然人以数据为载体的数字化存在是其在网络空间的自然延伸,个人数据不仅承载着自然人的人格价值,也具有财产属性,更与其作为社会人在智能时代作出行为和保护自己合法权益紧密相连。为保护被征信人的数据自决,可参考借鉴《一般数据保护条例》第 22 条第 3 款规定,要求征信机构采取适当措施保障被征信人的权利、自由、正当利益,以及被征信人对征信机构进行人工干涉,以便表达其观点和对决策进行异议的基本权利。第三,征信机构建立内部算法审查机制。[②] 在征信机构内部设立专门的数据合规专员或数据保护官专司数据合规和算法运用审查,尽量减少征信过程中的算法问题。同时,设置信用评分算法预警机制,即对被征信人进行评分时,若所得分数异常应预警,由专门的工作人员进行核实,减少算法妨害。

最后,加强对征信机构的监督。目前,我国对征信行业的监管略显不足,应适时完善征信业监管制度。第一,完善监管法律框架。构建独立的互联网金融个人征信法律监管框架,通过制定专门的《互联网金融个人征信法》作为法律监管框架的法规基础,着重规范征信机构的市场准入与退出机制及其收集、存储、使用、转移个人征信数据等各类行为。第二,加强征信业行业自律。通过行业协会章程规范行业从业标准、从业人员的准入、数据共享、产品共同研发等规则,以行业技术交流与培训等方式促进行业共同发展,在发展中自律、在自律中壮大,从而推进个人信用评分算法

---

① 算法相对人应有权拒绝对其根据算法自动化决策作出“具有法律影响或类似严重影响的决策”。当然,在特定条件下数据主体不得拒绝。参见欧盟《一般数据保护条例》第 22 条第 1 款、第 2 款之规定。

② 参见林洹民:《自动决策算法的法律规制:以数据活动顾问为核心的二元监管路径》,《法律科学(西北政法大学学报)》2019 年第 3 期,第 49-50 页。

的合规运作，维护被征信人的合法权益。第三，设立专门信用评分算法审查机构。信用评分算法除了算法或数据的保密性、技术盲点、算法自身的复杂性外，算法使用者的刻意隐瞒也加剧了算法的黑箱属性[①]，如征信机构以保护商业秘密的名义拒绝公开算法。[②]这就需要成立独立的、专门的算法审查机构，在不损害征信机构商业秘密的基础上完成对信用评分算法的审查监督。

（四）信用评分报告应用阶段：保护被征信人权益

信用评分算法输出的信用评分报告是征信机构作出决策的依据。但因算法歧视、征信数据残缺或不适、人为操纵等原因，完全依据信用评分报告作出授信与否的决定略显草率。一旦算法妨害造成被征信人合法权益受损，则应明确被征信人的权利救济渠道，落实相关责任。因此，应从构建被征人数据权利（或对抗算法权力的新型权利）与明确损害赔偿责任的承担两个角度进一步约束算法权力。

第一，构建被征信人数据权利（或对抗算法权力的新型权利）。信用评分算法治理的本质在于协调征信机构与被征信人之间的利益关系，避免征信机构因算法而具有较大随意性，以免被征信人合法权益受到侵害。可考虑为被征信人赋权以维护其合法权益：

首先，构建被征信人个人数据权利体系。虽然《个人信息安全规范》《征信业管理条例》规定了部分个人数据权利，但并未形成体系。从个人数据生命周期看，从数据收集、存储、流转、使用到删除，无时无刻不涉及被征信人和征信机构的利益。若无明确的权

---

① See Joshua A. Kroll; Solon Barocas; Edward W. Felten; Joel R. Reidenberg; David G. Robinson; Harlan Yu, Accountable Algorithms. U. Pa. L. Rev.. 165, 633, (2017).

② See Frank Pasquale. The Black Box Society: The Secret Algorithms that Control Money and Information. Cambridge. MA: Harvard University Press, 2015: 2-5.

利基础，征信机构将不会有充足的动力为被征信人提供行使权利的必要条件。因此，应在已提上立法日程的《个人信息保护法》《数据安全法》中完善被征信人个人数据权利，着重构造以知情同意权、异议权、访问权、被遗忘权、安全事件的被告知权为核心的个人数据权利。

其次，赋予被征信人算法解释请求权。考虑到征信机构的“算法霸权”导致其与被征信人之间地位不平等，信用评分结果可能具有偏见且易损害被征信人的合法权益，可赋予被征信人算法解释请求权以对抗“算法霸权”，回塑原有平等地位。[①] 算法解释请求权的权利行使主体为被征信人，义务主体为征信机构，以征信机构为被征信人作出一定行为作为权利内容，旨在解释或说明信用评分算法的工作机理、决策树等有价值的信息。当被征信人对算法信用评价有异议时，即可要求征信机构作出解释[②]，解释的标准可限定在相关性、可理解性和可救济性的范围内。若算法妨害由算法自身错误或瑕疵导致，则应要求征信机构对算法进行优化或修正；当算法妨害是个人征信数据有误导致，则可要求征信机构或被征信人更新相关数据以完善评分结果。不过，目前算法解释受制于算法的商业秘密属性、算法的复杂性与相关技术的专业性[③]，如何在不披露商业秘密的前提下完成算法解释请求权的构造成为新的课题。此外，考虑到征信机构的利益与算法技术的发展，应对算法

---

① 参见张凌寒：《商业自动化决策算法解释权研究》，《法律科学（西北政法大学学报）》2018 年第 3 期，第 68 页。

② 因信用评分算法对被征信人合法权益影响较大，不合理或不公平的信用评分将导致被征信人无法获得授信，因此在征信领域，算法解释请求权应以“被征信人对其信用评价有异议”为触发条件。

③ 参见程莹：《元规制模式下的数据保护与算法规制——以欧盟〈通用数据保护条例〉为研究样本》，《法律科学（西北政法大学学报）》2019 年第 4 期，第 53 页。

解释请求权进行适当的限制：在权利构造方面，应当协调被征信人、征信机构和社会公益的平衡；在解释标准方面，算法决策的解释程度应当以满足被征信人可理解、可救济要求，不可一味追求可解释性而牺牲了算法决策的准确性；在权利行使方面，应当保证算法解释行使的相对克制性，避免为征信机构带去过重的负担，影响算法技术的发展。[①]

最后，明确被征信人的权利救济渠道。信用评分算法的算法妨害主要体现为对个人数据安全和个人信用的负面影响。一方面，信用评分算法的运行需以个人信用数据为基础，而个人信用数据法益内容包括个人隐私权在内的人格权及其衍生的财产权。[②]若信用评分算法的运用导致个人隐私泄露或财产损失，被征信人可要求征信机构承担损害赔偿责任。另一方面，信用评分算法妨害的后果将直接影响个人信用，而个人信用作为一种无形且极为重要的人格财产在信用社会备受珍视，一旦信用受损将影响甚大且难以修复。因此，当信用评分算法导致个人信用受损时应允许被征信人要求征信机构恢复其信用，当造成严重影响时可主张精神赔偿并公开赔礼道歉。

第二，明确损害赔偿责任的承担。算法设计者设计信用评分算法供征信机构用以对被征信人进行评价，是征信机构行为的延伸。信用评分算法及其输出的信用评分报告造成被征信人正当权益受损，应当在正确区分不同因素对算法妨害的影响程度的基础上细分责任。

---

① 参见魏远山：《算法解释请求权的权利构造研究》，《甘肃政法学院学报》2020年第1期，第153页。

② 参见张勇：《个人信用信息法益及刑法保护：以互联网征信为视角》，《东方法学》2019年第1期，第58页。

首先,算法自身缺陷导致被征信人受损。算法因设计者主观价值和训练数据的影响会成为问题算法,最终对被征信人的信用状况作出错误的评价。若该种错误系算法设计者在当前技术条件下可避免的,那么算法设计者应就由此导致的损害承担赔偿责任;若该错误系在当前技术条件下不可克服的,算法设计者对此种缺陷或瑕疵进行了说明,则可免责,反之应在过错程度范围内与征信机构共同承担赔偿责任。同时,征信机构应修复算法漏洞以避免损害的再次发生。

其次,征信机构的过错导致被征信人受损。除不可归责于征信机构的原因,因信用评分算法导致的损害,征信机构应承担损害赔偿责任,并及时采取合理措施降低信用评分算法所造成的损害。针对不同的损害类型,责任承担方式有所不同:当因算法造成被征信人人身、财产或声誉受损时应承担损害赔偿责任,必要时进行赔礼道歉以恢复名誉;当因错误算法评分导致拒绝授信时,征信机构可撤销先前决策,重新作出决定。

再次,被征信人因自己过错引起损害。个人征信数据的质与量也是影响信用评分算法的重要因素。当因被征信人提供的数据导致信用评分算法引起损害时,被征信人应对此结果承担责任。

最后,多方过错共同导致被征信人受损。除单方责任外,还存在多方因素叠加致害的情形。在此种情形下,应当正确区分不同因素对于算法妨害的影响程度,按照各自的过错程度和比例确定各自应承担的责任。

不过,因信用评分算法造成损害的现实性和迫切性,在明确损害责任承担的同时应注意对损害的遏制和不良影响的消除,故可要求征信机构中止实施信用评分算法所作出的决策,或由征信机构先行向被征信人承担损害赔偿责任,再由征信机构向具体责任方追偿,以保证被征信人合法权益。

四、结语

算法权力以技术、构架和嵌入式优势隔离公众理解与现有法律框架、跨越虚拟与现实、突破公私界限而在公权力领域之外异军突起①,在算法权力负外部性溢出的同时,“算法未知”正架空既有社会治理范式。算法治理正成为一个时代性的话题。从个人征信的具体应用场景出发,探讨信用评分算法的法律治理进路,如果能为算法的法律治理提供些许借鉴,有利于推动算法治理理念和规制范式的转变,将是本文最大的价值。

① 参见张凌寒:《算法权力的兴起、异化及法律规制》,《法商研究》2019 年第 4 期,第 66-67 页。

信用惩戒与信用修复协同立法研究

张　悦*

摘　要:在推动社会信用体系制度构建的快速发展以及运行方面,信用惩戒机制与信用修复机制都有重要意义与深远影响。二者作为独立的法律制度在具体措施的种类和实施方式上存在不同,在目的和功能上具有一致性和关联性。针对我国信用治理中存在的问题,需要通过协同立法的方式,使信用修复与信用惩戒在效力层级上相匹配、在等级划分上相衔接,推动信用修复手段与信用惩戒目的相衔接,进一步增强二者在社会信用治理方面发挥重要的作用。

关键词:信用惩戒;信用修复;协同立法

* 湘潭大学信用风险管理学院硕士生。

引 言

2019 年的下半年即将结束，距离国务院发布的《社会信用体系建设规划纲要(2014—2020 年)》(以下简称《规划纲要》)已经过去 5 年时间，达到建立健全社会信用体系、信用信息共享互通、联合奖惩机制充分发挥作用的规划目标的时间日益临近。[①] 回顾自 2014 年以来我国社会信用体系的建设过程，可以发现，在中央的正确指导以及地方各级政府的积极推动下，中国社会信用体系的建设经历了从信用信息基础数据库的初步建设到全国联网运行、从守信无人奖到守信受激励的联合激励政策的建立、从失信无人管到失信必受限的联合惩戒制度的实施的重要飞跃，经历了征信制度的从无到有以及征信管理局的设立运行，这些新制度、新变化都见证着我国在社会信用问题治理上取得的巨大成就。

在相关政策制度建立与具体实践的同时，仍存在诸多问题需要解决。譬如，信用法律制度不健全、没有统一的规范性法律在全国范围内统筹实施；信用修复机制的建设处于起步阶段，修复等级未进行明确划分、修复手段种类及标准认定不明确；同时，信用修复效力层级与信用惩戒存在差距无法匹配适用，导致各项制度机制无法对应衔接、充分发挥应有的作用。这些问题产生的根源在于社会治理的过程中对信用惩戒和信用修复的关系产生了错误的认识，认为二者是包含与被包含的关系，将信用修复理解为信用惩戒的下级从属制度。通过对信用惩戒和信用修复在具体措施、目的、功能上的分析能够明确二者的区别和联系，二者既是各自独立的信用治理制度，同时又具有一定的关联性，能够共同支撑社会信

---

① 国务院《社会信用体系建设规划纲要(2014—2020 年)》(国发[2014]21 号)。

用体系的建设与发展。基于二者之间关联性，在解决实际存在的社会诚信问题时需要在法律制度上进行协调，协同立法进程、立法层级和具体法律内容，使二者在社会信用体系的整体制度体系上准确对应和衔接，更好地发挥协同作用，解决和消除现存社会信用问题及其带来的不良影响。

一、信用惩戒与信用修复的关系

(一)信用惩戒与信用修复的概念

信用惩戒，又称失信惩戒，是社会信用体系的重要组成部分，承担着对违反社会信用的主体进行惩戒的作用。中央编译局比较政治与经济研究中心研究员林钧跃认为，所谓的失信惩罚机制是社会信用体系中最重要的“部件”之一，这一机制就是通过将经济手段与道德谴责结合起来并行使用，对市场经济中的失信主体进行惩戒处罚，把企业和个人主体中有严重经济失信行为者从市场交易的主流中剔除出去。① 天津大学副教授周素萍提出，失信惩戒机制是信用管理体系中的重要组成部分，所有具有授信资格的机构共同参与，依靠企业和个人在征信数据库的记录，通过公开信用记录和信用信息的方式，来降低信息不对称给市场交易带来的阻碍，以此来达到约束社会各经济主体信用行为的目的的一种社会机制。② 浙江发展和改革委员会委员赵期华结合实际情况指出信用惩戒是一种特殊的惩戒形式，基于主体信用，对不遵守法律规范、不履行义务、不承担责任、不履约不守诺、影响社会道德风气、损害他人利益的主体，给予与失信结果和影响相对应的惩处，令其

---

① 林钧跃:《失信惩罚机制的设计和维护》，载于《经济社会体制比较》2002 年第 3 期。

② 周素萍:《我国失信惩戒机制的构建思路》，载于《商业时代》2007 年第 26 期。

对失信行为付出应有代价。同时他还认为，信用惩戒不仅主要包括行政性和金融性两类惩戒，还包括司法性惩戒、社会性惩戒、行业性惩戒、中介机构性惩戒四种惩戒。[①] 根据以上学者观点可以大致归纳出失信惩戒的定义，即失信惩戒是指以金融基础信用信息数据库为基础，对社会主体（包括自然人、法人、非分法人组织）在各项社会交往、交易活动中出现不遵守合同、不履行约定义务违背社会诚信的失信行为，通过经济手段、行政手段以及社会舆论手段等负面惩罚方式对其进行惩戒的一种治理机制。

我国在社会信用建设方面起步较晚，信用修复的工作开展较为靠后。自《规划纲要》于 2014 年 6 月颁布实施以来，失信惩戒机制在惩治失信主体、遏制社会失信问题方面取得了良好的成效。在惩戒失信的同时，信用修复在社会信用体系建设中的重要作用和信用主体对通过修复信用退出失信黑名单的需求均日益凸显。《关于加快推进社会信用体系建设构建以信用为基础的新型监管机制的指导意见》（以下简称《意见》）中强调，要对信用监管机制作为事后环节进行完善，同时应健全失信联合惩戒对象认定机制，监督和督促失信主体在规定期限内完成纠正要求，深入开展失信联合惩戒，并依法依规严格执行市场和行业禁入措施，依法追究违法失信责任，逐步建立完善信用修复机制。国家发展改革委副主任连维良根据该《意见》对信用修复的含义进行了解释，即“信用修复指的是，违背信用原则的社会主体以彻底纠正失信行为、承担相应法律责任为前提；在接受诚信教育，主动做出守信承诺、按规定履行相关社会责任为基础，依照相关规定退出‘黑名单’、解除失信联合惩戒，缩短或结束失信信息公示，规范保存信用记录的有关措

---

① 赵期华：《从“单一惩戒”到“联合惩戒”——加快推进信用惩戒机制建设的思考》，载于《浙江经济》2016 年第 1 期。

施和过程。”①由此,可以看出信用修复是以对失信主体解除失信联合惩戒、提前退出失信“黑名单”为目的,以正面引导形式帮助失信主体纠正失信行为、履行社会责任、主动作出守信承诺等为信用修复方式的一种信用治理机制。

信用惩戒与信用修复都是推动社会信用体系制度构建的重要举措。信用惩戒以负面惩戒的方式令失信主体因其行为付出代价,倒逼失信主体重视诚信;信用修复以正面引导的方式帮助失信者脱离负面评价,重塑自身信用,提升整体社会信用状态。信用惩戒是通过更为直接负面的惩罚、限制倒逼社会主体重视诚信的方式维护社会信用。而信用修复是通过正面引导帮助失信主体纠正失信行为、消除不利影响、参加专题培训、参加公益活动等信用修复方式来达到提前解除信用惩戒的直接目的;此外,信用修复仍以具体修复为前提,帮助失信主体重塑自身信用的同时改善社会诚信的整体状态,达到推动我国社会信用体系建设与完善的根本目的。所以,信用惩戒和信用修复在功能和最终目的上具有同一性,即共同维护社会信用、保障社会信用体系建设。

(二)信用修复是解除信用惩戒的重要手段

人具有趋利性。人类作为地球上最具有智慧的生物,在漫长的进化过程中经历了自然的考验并逐步进入文明社会。野蛮社会时期的人类为了争夺食物而战斗,进入文明社会后虽然物资丰裕,但其他方面的利益逐渐成为人们争相追求的目标。所以,人的本性具有趋利性。中国有句俗语叫作“人为财死,鸟为食亡”,通过类比的方式印证了人的这一属性。改革开放是我国发展史上不可磨

---

① 参见信用中国官方网站:《新型信用监管:信用破产、信用修复都将引入》,https://www.creditchina.gov.cn/gerenxinyong/gerenxinyongliebiao/201907/t20190719_162510.html,2019年7月19日访问。

灭的重要实践,国门开放涌入的不仅是外来资本,还有国外更加开放的思想观念;改变的也不仅是人们的生活水平和消费水平,还有人与人之间的交往方式和商业往来。这些变化对中国传统道德和思想观念产生强烈的冲击,加之人本身所具有的趋利性,当主体在交往或是交易过程中发现失信行为所获得的利益要远大于守信行为所获得利益时,就会选择通过失信来获取更多的利益。① 我国社会信用体系法治建设起步较晚,对于早期的失信行为没有相应的规制和惩戒机制,导致社会失信问题愈发严重。随着国务院2014年《规划纲要》的颁布,信用惩戒机制逐渐建立起来并开始发挥作用,对失信主体进行全方位、多层次、多领域的联合惩戒,使失信主体为其行为付出巨大代价,使其认识到失信的后果非常严重。

当失信主体处于"处处受限"的境地时,发现自己的失信行为不仅无法获取更多的利益,反而会付出更多的代价时,出于利益的衡量,该失信主体就迫切需要对自己的失信行为予以修复,期盼通过纠正失信行为来减少因此带来的损失,解除信用惩戒并重新回到正常的交易与生活。② 因此,解除信用惩戒是失信主体进行信用修复的直接目的,信用修复是解除信用惩戒的重要手段。与此同时,解除信用惩戒、提前退出失信黑名单是失信主体寻求的最终结果,要达到这一目的则需要通过纠正失信行为、履行约定义务、参加信用专题培训等信用修复手段来实现。

(三)信用修复与信用惩戒在目的上具有一致性

信用惩戒是对失信行为的责任承担,即信用主体违背了遵守信用的第一性义务而应承担的第二性义务;信用修复是对信用主

① 刘肖原等著:《我国社会信用体系建设问题研究》,知识产权出版社2016年版,第41~42页。

② 陈哲:《失信惩戒与信用修复》,载于《浙江经济》2017年第8期。

体未遵守守信这个第一性义务的补救和挽回。信用修复与信用惩戒在目的上具有一致性,即都是为了维护社会信用,增强社会信用体系在社会进步、经济发展、国民道德上的重要影响,从而推动国民经济的健康发展和公民个人的道德进步。信用修复的直接目的是对失信惩戒的解除,根本目的是为了维护信用在社会交往中的重要意义,扶正社会风气、保障社会主义核心价值观的发展与传承。信用修复通过纠正失信行为、参加信用培训与考核等相关方式,降低或减少因失信造成的损失与不良影响,挽回失信主体的社会信用。失信主体在经历过信用的失而复得后,其对信用在社会交往以及个人生活中的重要性产生更深刻的感受和认识,切身了解失信的处处受限与守信的处处畅通之间的巨大差别,能够发自内心地改过并在以后的生活、工作中重信守信。

信用的本质是主体之间通过交往产生的信任,只有相互信任才能促进社会交往和经济发展。[①] 信用修复的本质目的与作用是重塑失信主体的信用,使失信人获得重新交往的机会,提升整体社会信用水平,推动信用在社会交往和经济发展中发挥重要作用。而失信惩戒的目的,不仅在于对失信主体进行负面惩处,还在于通过惩戒令失信主体及其他社会主体认识到失信的代价远高于守信的代价。由于人的趋利性,当失信的成本高于守信时,个体对行为成本进行利益衡量,最终会选择低成本、高获利的方式,也即会选择守信。失信者在亲身经历过失信带来的代价和种种限制后,便不会再轻易违约失信;而其他主体作为旁观者,在看到失信代价如此之大时也会受到震慑,从而打消通过失信方式获利的侥幸心理,达到警示教育、维护社会信用的目的。所以,信用修复与失信惩戒

---

① 李晓安:《社会信用法律制度体系研究》,社会科学文献出版社2013年版,第6页。

在目的上具有一致性,都是为了维护社会信用、保护信用作为传统道德风尚的发扬与传承,更好地营造健康稳定的营商环境,推动经济发展和社会进步。信用修复与信用惩戒是社会信用体系中的重要组成部分,二者共同助力、推进社会信用体系的建设与发展。

二、信用惩戒与信用修复协同立法的必要性

(一)协同立法的含义

"协同"一词主要是指两个或两个以上的主体或制度规范在目的同一性的基础上,根据自身特性与其他主体或制度规范相互配合衔接,协调具体内容和措施共同发挥作用以达到 1 +1 >2 的效果。协同立法是指独立的法律制度之间,由于存在目的或功能等方面的一致性,立法过程中在效力层级、具体措施、分类等级、实施标准等方面进行协调的立法方式。协同立法有利于从不同角度对社会问题进行全方位多角度的解决,通过多种手段方式加快制度目的的实现,更好地解决社会问题。

(二)信用惩戒与信用修复协同立法的必要性分析

信用修复与信用惩戒作为社会信用体系建设的重要组成与重要支撑,内部关联上,二者是手段与目的的关系;外部关联上,二者都以建设社会信用体系、维护良好社会信用道德为根本目的。所以,关于信用惩戒和信用修复的政策制度在具体实施中出现的各种问题,需要协同立法、相互配合、相互协调共同解决。

通过分析信用惩戒与信用修复现实发展状况以及相关法律文本的发现,目前所存在的法律效力层级较低无法在条文上协同适用、信用修复等级界定不明确以及信用修复标准模糊等问题的根

源在于不完善和不协调的立法。[①] 法律基础模糊导致各项政策机制在具体实践无明确法律指引的尴尬境地。在信用问题治理的具体操作上各自独立分散且模糊概括的法律规范产生许多不利影响。一方面,不利于执法者对失信行为和修复等级的认定。在实际工作中对这一问题的明确认定是后续社会信用问题治理的前提,认定错误则会导致修复等级和手段混乱,标准不明也会产生治理漏洞,无法真正实现社会信用治理机制的重要作用;另一方面,会导致失信者在寻求信用修复时没有明确的方向,不知何种修复方式对应何种失信惩戒等级与目的,对修复手段更是不知从何入手,导致其难以从失信惩戒的限制中脱离出来,对重塑信用获得社会信任的漫长过程充满焦虑,不利于失信主体积极主动恢复信用。基于这些不利影响,亟须从制度设计上整体规范,协调信用惩戒与信用修复的内在关系,进行协同立法。

社会信用体系建设中的协同立法就是将相互独立的两种制度,进行法律条文、规范和具体内容上的衔接与对应,在发挥各自功能作用的同时相互辅助配合,达到维护社会信用的同一目的也即根本目的。但在协同立法的过程中首先要明晰信用惩戒与信用修复是两个相互独立且地位平等的法律制度。二者在具体措施上具有区别性:信用惩戒的具体措施包括失信黑名单公示制度、失信联合惩戒、行政处罚、限制高消费、限制部分项目参与竞标、限制个人主体担任公司董监高职位等资格类限制等,是从负面的角度对失信者予以评价和惩处限制。信用修复的具体措施包括纠正失信行为和完成信用相关方面的整改、通过修复审核并消除不良影响、作出信用承诺、接受专题培训以及提交信用报告、参加公益慈善活

① 吴晶妹:《三维信用论》,清华大学出版社 2016 年版,第 107 页。

动等,是从正面的方式帮助和引导失信者重塑自身信用。从社会实践情况来看,信用惩戒目前主要用于帮助失信者提前解除失信惩戒的限制期限,是解除信用惩戒的重要手段,但信用修复不是解除失信惩戒的唯一方式。信用修复机制出现前,惩戒期限届满后的自动解除是失信主体唯一的解除方式,是一种被动解除方式。但对于失信人来说,惩戒期限内的种种限制则会使其丧失诸多权益,代价过于沉重。信用修复机制为失信主体提供了主动恢复自身信用、缩短惩戒期限以达到提前恢复正常信用状态,是一种主动解除的积极方式。

信用修复有广义和狭义之分,狭义的信用修复是对被行政机关明确确定的失信行为进行的修复;广义的信用修复还包括被错误纳入失信惩戒"黑名单"的"假性失信"修复,即信用主体本身不应当被纳入失信惩戒"黑名单",由于认定机关自身工作失误导致信用主体被纳入失信惩戒"黑名单",信用主体由此要求认定机关对该行为进行纠正修复,退出"黑名单"公示、撤销相关惩戒限制的修复行为。信用修复的目的之一是帮助失信者解除失信惩戒、提前脱离失信限制的苦海,信用修复是解除信用惩戒的手段方式之一,此时二者又具有一定的关联性。因此,信用惩戒和信用修复是包含与被包含的关系,也是两种既相互独立又存在一定手段与目的关联的信用治理机制。信用惩戒与信用修复作为社会信用体系建设中的两个重要组成部分,对社会信用体系的完善发展具有重要作用。在此基础上,二者更具有相互协调、协同立法的必要性,同时根据社会现实发展的迫切需要,也要求其在法律制度上配合衔接,推动制度的顺畅执行。

三、信用惩戒与信用修复在协同立法中存在的问题

根据 2014 年国务院下发的《规划纲要》,到 2020 年基于信用

信息的共享,基本建成覆盖全社会各行业、各领域的征信系统;在推动征信行业发展、信用监管体制基本健全的同时,也使守信激励与失信惩戒联合机制能够更广泛、实际地发挥治理作用,更好地弘扬传统诚信观念、弘扬良好道德风尚,促进社会经济的稳定发展。随着时间的不断临近,各级政府积极响应并加快政策制定与实施,在制度建设和实践中都取得了一定成效。信用惩戒和信用修复作为社会信用体系的重要组成部分,共同支撑体系框架结构。在信用惩戒与信用修复的立法协同、效力层级的相互对应、等级划分以及标准衔接方面仍存在不少现实问题,亟须引起更多的关注与思考。

(一)法律效力的层级较低无法协同条文政策具体实施

目前,我国在信用修复和信用惩戒方面的法律文件,效力层级最高的仅为2014年国务院发布的《规划纲要》,其内容主要是对社会信用体系建设的总体规划和基本原则的规范,对于信用惩戒和信用修复具有宏观上的指引,但对二者具体实施细则和联动协调方面没有明确规定。地方各级政府近年来积极响应中央关于社会信用体系建设的重要规划,纷纷进行立法和实践,呈现出信用立法地方先行的态势。由于地域性、经济发展程度、法治建设能力、文化习俗等方面的不同,各级政府立法的具体内容、措施与规范存在不同程度的差异。地方立法只能在本行政区划范围能生效执行,但各地区在立法规范上的差异,使得很多跨区域的市场主体和个人在信用修复的程序以及修复标准的使用存在竞合,同时也对各部门之间的联合惩戒带来阻碍。[①]

虽然信用惩戒和信用修复都是社会信用体系的重要机制,但

① 吴晶妹:《三维信用论》,清华大学出版社2016年版,第108页。

二者在立法进程中却有很大差距。在信用法治建设治理初期，信用惩戒这一机制就作为遏制失信行为的有力工具在社会信用治理中发挥重要作用并取得显著效果。信用惩戒机制被广泛应用于社会治理的诸多领域的同时，也格外被重视，国务院相关部委及各级地方政府出台多部法律文件，如 2016 年 6 月，国务院发布《关于建立完善守信联合激励和失信联合惩戒制度加快推进社会诚信建设的指导意见》[①]（以下简称《联合指导意见》），通过不断进行法律修正，信用惩戒在制度和内容上更具有合法性、合理性和可操作性。信用修复作为正面引导失信主体重塑信用的治理机制，一方面由于我国在信用法治建设和治理方面没有太多成熟的经验，另一方面由于这一机制的效果需要一定时间才能显现，在信用法治建设初期没有受到太多关注，导致信用修复机制的法律建设进程与信用惩戒出现差距。信用修复的相关法律规范起步较晚，各级政府对于这方面的法治探索较少，已有法律文件设计内容模糊不明，如，2019 年 7 月，在国务院发布的《关于加快推进社会信用体系建设构建以信用为基础的新型监管机制的指导意见》[②]（以下简称《指导意见》）中提出，在完善事后环节信用监管时，应注重信用修复机制的探索建立，除此之外其他省市级《社会信用条例》也没有更为明确的规定。这一现状导致信用修复在效力层级上无法与信用惩戒匹配对应，无法发挥应有作用。

（二）等级划分不明导致信用修复与信用惩戒衔接受阻

通过不断实践信用惩戒逐渐发展成为维护社会信用、惩治失

① 国务院《关于建立完善守信联合激励和失信联合惩戒制度加快推进社会诚信建设的指导意见》（国发[2016]33 号）。

② 国务院《关于加快推进社会信用体系建设构建以信用为基础的新型监管机制的指导意见》（国办发[2019]35 号）。

信行为的重要手段，制度上也日趋完善。面对失信行为的大量出现，为有目标有针对性地治理惩戒，《指导意见》将严重失信行为概括为四类：第一类，严重危害人民群众身体健康和生命安全的行为；第二类，对市场公平竞争秩序和社会正常秩序严重破坏的行为；第三类，拒不履行法定义务，对司法机关、行政机关公信力产生严重影响的行为；第四类，拒不履行国防义务，对服兵役和民用资源产生不良影响的行为，对国防利益产生危害，以及破坏国防设施等行为。

信用修复立法相较于信用惩戒起步较晚，但发展需求很大。一方面，由于欠缺具体操作经验，我国对信用修复的具体手段呈开放式规定状态。国家发改委、人民银行以及地方文件中仅提到，应鼓励市场建立信用修复机构提供信用服务并开展多种信用修复方式的探索。《上海市社会信用条例》[①]《河北省社会信用信息条例》[②]《浙江省公共信用信息管理条例》[③]等地方性政策法规中对信用信息异议的程序、受理及处理办法作出规定；信用修复方面仅对受理机构和信用修复申请者的资格审查等程序性事项作出规定，修复等级的划分和具体修复方式仍没有明确界定。从目前的立法现状和法律规范内容来看，我国信用修复的等级界分、手段的具体标准以及监督上都处于模糊的立法状态。相对于制度建设已经较为健全的信用惩戒机制，处于起步阶段的信用修复在修复等级上的划分还存在空缺。一方面，导致行政执法部门在受理信用修复申请时无法对应失信惩戒等级对申请者作出相应的信用修复等级要求；另一方面，信用修复的申请者在进行修复时无具体参照等

① 《上海市社会信用条例》第36条、37条、38条。
② 《河北省社会信用信息条例》第六章权益保障。
③ 《浙江省公共信用信息管理条例》第30条、第31条。

级、标准不明确，导致修复标准混乱。同时，由于修复等级的缺失也极有可能导致信用修复申请者在制度漏洞下虚假修复，无法真正实现重塑社会信用的制度目的。所以，信用惩戒和修复机制在等级划分上的模糊，对于各自本身的机制来说存有制度缺陷，在立法的制度协同上也存在障碍。

（三）信用修复手段无法准确对应信用惩戒目的

目前，我国社会信用体系各部分内容的建设中，以联合惩戒为主的信用惩戒机制已经初步建立并发挥先行作用，在惩戒失信主体、规范信用行为方面起到了社会威慑和教育警示的效果，社会主体包括个人和企业逐渐重视社会诚信，失信企业和个人开始主动寻求和了解信用修复的方法途径以及相关程序。这表明信用惩戒发挥了重要作用，但由于我国信用修复机制刚刚起步，各项指导性文件、条例规范还未健全，信用修复的标准程序与内容的实质性规定不统一、不明确。修复标准的认定基本依靠各地征信管理部门自主评判，即导致希望信用修复的主体对修复标准、修复的具体方式方法也不甚了解，处于盲目操作的状态。

各地信用管理部门现在主要面临以下问题：一是未建立完善的法律基础，无明确规范具体权利义务的法律可以依照执行，只能依照现有层级不高的规范性文件对信用修复标准和修复方式手段自由裁量；二是信用管理部门内部之间职责不明，无法针对信用惩戒等级和信用修复等级标准、修复手段有效衔接对应，存在行政执法盲点。现有法律政策中，信用修复手段主要包括纠正失信行为、履行约定或法定义务、消除失信不良影响。在国务院办公厅发布的《指导意见》中，提出鼓励和支持信用修复机构举办信用专题培训帮助失信主体进修复信用。但现有修复手段方式仍然较少，信用主体对何种修复手段属于那种修复等级、标准如何，以及对应何种失信行为等级并不了解。这一问题导致信用修复手段无法与失信惩戒目的衔接对应,无法准确有效地实施信用修复的具体操作,不利于重塑失信者的社会信用和整体社会信用的改善提升。

四、信用惩戒与信用修复在协同立法建设中的具体建议

社会信用问题的治理,需要在明确的法律框架下进行,既需要信用惩戒和信用修复等单独法律机制的针对性治理,又需要法律机制之间的密切衔接与协同立法,以综合治理的方式全面解决社会信用问题。这样有助于发挥社会信用法律体系的重要作用,有效地提升社会诚信水平,营造良好的经济发展环境。

(一)协同信用惩戒和信用修复的立法层级与法律位阶

随着《规划纲要》设定目标期限的临近,面对信用惩戒与信用修复在实践中不断出现的问题,提高二者的立法层级与效力位阶具有必要性和紧迫性。[①] 实际立法中,首先应当设立一部统一的《社会信用法》,从宏观上界定信用立法需要解决的问题、涵盖的内容、效力涉及的范围与主体、立法所保护的法益等内容,以此明确《社会信用法》的职责范围,避免其成为一部被滥用于各种社会问题的“万能法”。每部法律的设立都有其需要专门解决的社会现实问题,法律的设立具有一定的滞后性,但并不意味着它的设立会成为权力滥用的借口和工具。所以要在立法的根源上明确好这部法律的性质、功能与作用,严格界分信用信息的含义、种类,区分失信行为与违法行为、犯罪行为的差异和惩戒措施上的不同,阐明信用修复与信用惩戒之间的法律关系及平等地位。在此基础上,将信用惩戒与信用修复以单独章节编入《社会信用法》,将二者内容设

---

①　李晓安:《社会信用法律制度体系研究》,社会科学文献出版社2013年版,第37页。

置为整部法律的分支结构,共同支撑该部法律的组织架构。然后,可根据现实需要,对信用惩戒与信用修复需要完善和规范的细则以法律形式单独立法,以双重立法的形式样态来提升法律层级与效力位阶,具备更高的法律权威和执行效力。通过这种形式在立法上设置统一规范,可以充分发挥法律对于社会主体的规范性作用和保障公共利益与传统道德的社会性作用,有利于信用惩戒和信用修复在全国范围内能够做到标准统一、规范明确,为地方立法及相关规范性法律文件提供立法上的指引与内容上的协调,能够有效地解决各地因立法层级不够、规范内容参差不齐导致的跨地域、跨行业的认定、执行和修复难问题。

信用惩戒与信用修复分别立法时,基本原则应当与宪法基本原则保持一致,注重对母法的遵循和各法律间的整体协调性①;同时还应注重二者在具体条款设置的手段和目的上的关联性,可以设置呼应条款,做到立法上的协同。从二者与《社会信用法》的关系来看,都是实现《社会信用法》维护社会信用、营造良好社会道德风气、促进营商环境向好发展总体目的的重要手段和方式;需要以《社会信用法》为宏观统筹,在信用惩戒和信用修复的单独立法中从微观上针对具体分类标准、实施细则以及监督管理机构等方面内容进行明确细致的规范。这样能够充分发挥法律的指引性作用,使信用主体在法律层面上明确了解失信行为的具体内涵和分类标准,以及失信后如何按照法律对应匹配信用修复等级标准进行针对性的具体修复。目前,信用修复的立法层级未达到信用惩戒同等程度,需要根据现实需要和实际情况以信用惩戒的立法层级为参照,注重信用修复的立法研究和立法进程,从规范性法律文

① 李晓安:《社会信用法律制度体系研究》,社会科学文献出版社2013年版,第37页。

件、部门规章、地方规章等多层级与信用惩戒现有法律规范进行对应衔接。同时,在今后法律制度层级设计中也要保持信用修复和信用惩戒法律效力的对应协调,使二者在制度和效力层级上相互呼应、相互协助,在社会信用问题治理中共同发挥社会作用和规范作用。

(二)推动信用修复等级划分与信用惩戒相衔接

信用修复与信用惩戒在社会信用治理过程中具有目的上的一致性,所以在法律制度的设计上需要相互衔接,协同建设。信用修复的目的之一是追求对信用惩戒的解除,要以失信惩戒程度和等级为参考规划修复机制的等级划分。信用修复要求纠正不守信行为,并且要在申请解除失信惩戒前消除不良影响。这说明对失信行为的纠正是信用修复的基本要求和首要要求。纠正失信行为不难,但要做到消除失信不良影响却不易。例如,发生在前几年的“三鹿奶粉事件”和发生在最近的“长春长生制药疫苗事件”,虽然事情发生后两家企业都对涉事产品进行了召回,但是,对购买这些产品的消费者造成的人身损害和精神损害很难在短时间内消除,甚至给消费者带来终身性的不良影响。所以,在信用修复机制的制度设计上这类严重威胁公民人身安全并具有严重不良社会影响的失信行为不应纳入信用修复的范围。为解决当前种类繁多、形式各异、影响不同的社会信用问题,需要对信用惩戒和信用修复等级进行具体划分和明确。《指导意见》中已经将严重失信行为划分成四类,在今后的立法设计中还可以根据以下因素对失信行为作出更加全面细致的划分:第一类,根据失信主体的主观动机,将失信行为划分为故意型的失信行为和过失型的失信行为;第二类,根据失信行为造成的客观结果,划分为经济损失型的失信行为和非经济损失型的失信行为;第三类,根据社会影响的覆盖范围,划分为地区性不良影响型的失信行为和全国性不良影响型的失信行为;第四类,根据不良影响时间的长短,划分为短期不良影响型的失信行为和长期不良影响型的失信行为。对具体失信行为进行等级划分,应当根据失信主体的主观动机、失信行为造成的客观结果、失信行为对客观结果的影响力大小以及失信行为造成结果的不良影响来进行综合分析和评价,可以分为轻微失信、一般失信、严重失信,然后针对这些失信等级制定与其责任范围相适应的惩戒措施。[①] 对地方现行实施的法律规范中经过实践检验具有良好社会效果的开创性分类条款,立法者在立法过程中也可以借鉴吸收。如《厦门条例》设置失信预警,对主体在同一领域失信行为的次数、不同领域失信行为的次数进行记录,当达到相应次数限制后将其列入失信惩戒名单进行处罚和信息公示。

明确失信等级的细致划分,对不同类型等级的失信行为能够有的放矢地设置信用修复的等级标准。失信惩戒的作用在于通过一系列惩处使失信人为其行为付出应有代价、承担失信造成不良影响的经济责任和社会责任等。信用修复是对信用惩戒的延伸、是对失信的补救。信用修复的直接目的,就是解除信用惩戒、退出“失信黑名单”。那么,信用修复等级的最低标准应当是:消除失信行为不良影响使其恢复到实施前失信行为的状态。信用修复的等级标准可根据失信行为等级进行衔接设计,对于失信警戒,信用修复标准等级可设置为警戒型修复,要求信用主体积极主动履行约定或法定义务;对于轻微失信行为,信用修复标准可设置为轻微型修复,要求失信主体通过履行约定义务或法定义务、赔偿损失、消除不良影响;对于一般失信,可设置为一般型修复,要求失信主体

---

① 王伟:《信用修复实践与法治路径分析》,载于《中国市场监管报》2019 年 2 月 26 日第 5 版。

在轻微型修复的基础上参加信用准提培训并获得培训合格证明、在信用修复期间没有再次出现失信行为记录、进行一定期限的社会公益服务;对于严重失信等级,不接受其进行信用修复的申请,但应当规定失信主体在失信惩戒期间仍应履行上述相关信用修复的义务,只能在惩戒期限届满后不再公示其失信信息。通过对信用惩戒和修复机制等级划分的明确,既能够弥补各自制度上的设计缺陷,又能够为制度协同提供有效衔接对应点,有助于明确执法部门和信用主体之间的权利义务,更好地开始社会诚信治理和修复工作。

(三)完善信用修复手段与信用惩戒目的相协调

信用修复的直接目的是解除信用惩戒,信用修复与信用惩戒是手段与目的的关系,手段的确定应当根据目的而设定,修复不同等级的失信行为应当通过不同的方式手段。信用管理部门目前主要面临无详细明确法律可以依据执行和因此而导致的职责模糊的问题。对此,应当提高全社会对社会信用问题立法的关注度和重视程度,加紧社会信用法治建设进程中关于信用修复方面单行法的立法进程,分别从整体上和具体实施细则上对信用修复进行规范,明确相关主体的职责范围和权利义务,解决行政执法部门无法可依、职责不清的状态。[①] 在信用中国的官方网站上已经能够查询到关于信用修复申请等相关程序的具体操作流程,对此可以在法律上进一步确认,明确相关程序性事项的法律性质。

信用修复在实践中存在标准不明确、修复手段种类单一问题,应积极推动信用修复立法建设进程,以失信等级为衔接点设计相应的信用修复标准;同时鼓励引导信用修复手段的多样化发展,在

① 张亚蕾:《个人信用修复机制:美国案例》,载于《金融纵横》2017 年第 9 期。

法律规范中应进行开放性规范，无须对修复手段方式的种类做出具体圈定。我国失信惩戒措施主要是与行政手段相结合的经济性惩戒、社会性惩戒。做到信用修复手段与失信惩戒的目的相协调，信用修复的具体手段方式也应当从行政性措施、社会性措施、经济性措施以及文化性措施等方面进行法律上的建构。失信主体对法律规定并非十分了解，在实际操作中准确理解运用也存在难度，可以鼓励市场主体积极进入征信领域设立信用服务机构或专门进行信用修复的机构。[①] 通过专业机构帮助失信主体具体分析失信行为、客观情况，根据失信等级以及具体惩戒措施制定信用修复方案和实施步骤，帮助失信主体有针对性地开展信用修复活动，合法有效地达到解除信用惩戒、退出"失信黑名单"的目的。信用修复的手段可以通过信用修复机构根据失信主体的不同情况专门设定，不必拘泥于特定方式。[②] 在这一过程中也要注意，信用修复的实质是要达到消除不良失信影响、维护社会信用环境有序发展。设置监督部门对提供信用修复服务的市场主体进行监督管理和市场规范，同时发挥市场和行业的自律性功能，推动行业协会的建立，实现行业的自我监督自我管理。

五、结语

改革开放以来，随着国门开放外来资本和外来思想不断涌入，社会经济发展不断加快，人们的思想观念与道德认知也在悄然发生变化。改革开放政策的实施，为我国经济的发展带来了机遇，同

① 罗培新：《社会信用法：原理·规则·案例》，北京大学出版社2018年版，第161页。

② 陈志：《中美两国个人信用修复机制的比较与启示》，载于《北京金融评论》2019年第1辑。

时也带来挑战。尤其是近几年,失信行为频频发生,失信主体既有企业也有个人,失信现象的发生给社会发展带来了极大不良影响。在此背景下,国务院在2014年发布的《规划纲要》提出,到2020年应建立和完善我国社会信用体系,着力解决好我国当前面临的严峻的社会信用问题。通过5年的努力,各级政府积极响应并出台相应政策法规,尤其在信用惩戒方面取得重要成就,初步建立起失信联合惩戒机制,有力惩处失信主体使其为失信行为付出代价。但在信用修复等其他方面的信用机制仍然存在不完善之处,今后在这些方面还有大量工作要做。虽然信用惩戒机制的建设已经取得初步成效,但失信等级划分不明、与信用修复衔接存在障碍等问题急需解决。信用惩戒与信用修复是社会信用体系建设的重要组成和重要支撑。它们都以实现信用体系建设为根本目的,都是建设社会信用体系的重要手段,同时二者也有着内部联系上手段与目的关系和外部联系上根本目的的一致性关系。解决信用惩戒与信用修复实际运行中的关键在于协同立法,所以在法律制度设计上要注重法律内容的对应衔接,既有分工又有合作,这才是协同立法的核心内涵,才能充分发挥二者的功能、目的在中国信用体系制度构建与立法建设的重要作用。

互联网信用额度套现行为性质的规范分析

周　杨　庞　昊*

摘　要：“花呗套现案”让我们对互联网信用额度套现行为的刑法适用问题展开了思考。由于我国刑法对金融机构的范围没有做出明确界限，导致互联网信用额度的发行者——小额贷款公司的金融机构主体地位尚不明确。另外，套现信用卡行为与《刑法》第225条规定的非法经营行为在性质上并不相同，司法解释将套现信用卡行为定义为“非法经营行为”并不合理。上述原因导致了互联网信用额度套现行为在刑法适用过程中无法准确定性，无论将套现互联网信用额度行为认定为非法从事支付结算业务还是认定为信用卡套现行为均存在障碍。在处理小额贷款的诉讼中，应明确其金融机构的定位，并将其纳入与金融机构统一的保护机

* 周杨，天津市北辰区人民法院研究室法官；
庞昊，天津市滨海新区人民法院民二庭法官助理。

制中,既能避免刑法各罪名在法律适用中出现逻辑冲突,也能为金融业发展提供良好的环境。互联网信用额度产品背后的法律关系与信用卡无本质区别,套现互联网信用额度行为包含虚构交易,将信用额度变现,与套现信用卡行为无本质区别,都是以获取“无息贷款”为目的。所以,应将套现互联网信用额度行为认定为信用卡套现行为。同时,为了使互联网信用额度套现行为的刑法规制有法可依,妨害信用卡管理秩序罪的构成要件应当重构,将套现信用卡行为纳入其选择要件中。

关键词:互联网信用额度;套现行为;法律适用

引　言

2015 年 7 月,被告杜某某及其同伙向他人购买可以使用“花呗”支付的淘宝商店后,与想要套现花呗信用额度的花呗用户联系并向其介绍套现业务;花呗用户购买与其套现金额对等的商品并在未收到商品的情况下即确认收货并办理退货。杜某某等人在扣除相应手续费后,将余款转入花呗用户的支付宝账户。2017 年 6 月 13 日,重庆市江北区检察机关向江北区人民法院对被告套现互联网信用额度行为提起诉讼。公诉机关指控,杜某某在未取得金融特许经营资质的情况下利用花呗进行套现,属于非法从事支付结算行为。根据我国刑法规定,其行为构成非法经营罪,杜某某对其罪行供认不讳,提请审判机关依法判决其罪名成立并追究其刑事责任。然而,杜某某的辩护律师对此案的辩护意见为杜某某的行为不应认定为非法从事支付结算业务行为,其行为也不应认定为犯罪。

江北法院认为杜某某虚构交易,套现花呗信用额度的行为系违反《非法金融机构和非法金融业务活动取缔办法》的规定，未经人民银行许可即经营金融业务，违反了金融业特许经营制度，检察机关指控的非法经营罪成立，判处其有期徒刑2年6个月，并处3万元罚金。该案成为首例因互联网信用额度套现而被认定为触犯非法经营罪的案例。①

一、互联网信用额度套现行为的刑事可罚性分析

本文所指的可罚性是指某种行为“值得处罚”，是对特定行为的实质性评价。刑法的谦抑性原则决定了互联网信用额度套现行为这种新的不法行为入刑应充分考查其法益侵害程度、其他法律规范的局囿等因素。若要研究互联网信用额度套现行为适用“此罪还是彼罪”的问题，就要先论证其具有可罚性。

（一）套现互联网信用额度行为具有法益侵害性

法益保护为刑法立法的价值取向，一种行为只有在严重侵害社会利益时才会被定义为犯罪。互联网信用额度套现这种通过虚构交易，将信用额度变现给用户，从而使用户获得“无息贷款”的行为对互联网金融秩序造成了破坏。

首先，互联网信用额度本质是定向贷款。互联网信用额度发行者将资金支付给商户，对资金的流向可以很好地把控，发行者的本意是将资金拆借给用户用来购买商品。而商户通过虚假交易将信用额度变现为资金交给用户使用，使发行者丧失了对借款的知情权，用户获得资金后的用途发行者不知情，对资金安全带来不良影响。

其次，互联网信用额度套现行为造成了该种模式的“泡沫发

---

① 参见重庆市江北区人民法院(2017)渝0105刑初第817号刑事判决书。

展"。信用消费的作用是拉动内需,刺激消费,尽管互联网经济是虚拟经济,但其销售货物的便捷性却能激发生产动力,从而带动实体经济发展。互联网信用额度套现业务的发展使信用额度的使用丧失了原有的初衷,成了单纯的"无息贷款"业务,套现行为使互联网信用额度产品的发展走向畸形。

(二)民商事法律规范的局囿

刑法谦抑性在立法层面表现为补充性,是法益的最后保护手段。[①] 在民商事法律的基本原则为意思自治,民事主体自己是自己利益的最佳支配者,信用额度发行主体也在相关协议中对套现行为约定了违约惩戒机制,如花呗用户服务合同,就针对套现行为约定出借金额提前到期、支付违约金等作出了约定。然而这些条款都是针对花呗用户,并不针对商户,无法在源头上起到抑制作用。而且,即便出现了套现行为,互联网信用额度发行者会结合追究违约责任的成本来进行维权。如果单独使用者套现数量不大,发行者也不排除对该种行为采取息事宁人的态度,不去追究违约责任,或者在民事诉讼中会选择效率较高的调解结案方式,节约诉讼成本。

更有甚者,互联网信用额度发行者之间为了争夺市场,在确保能够回款时,完全可能对该种行为采取放任态度。一种法益的侵害以一个特定的受害人为载体,互联网信用额度发行者作为受害者,按照民商事法律思维,其有纵容侵害谋求市场利益的权利,那么法益的保护只能依靠公权力。

---

① [德]克劳斯·罗克辛:《德国刑法学总论》(第1卷),王世洲译,法律出版社2005年版,第23页。

二、互联网信用额度套现行为法律适用的困境

在确定了套现互联网信用额度行为可罚性的基础上，就要对该种行为的刑法使用问题进行研究，任何一种新类型的犯罪在适用刑法过程中都需要对刑法中的相关概念进行解释，尤其是经济犯罪，在刑法概念中存在大量的空白规范，这就给刑法的适用带来了挑战。

（一）将互联网信用额度套现业务定性为支付结算业务的困境

重庆市江北区法院判决将互联网信用额度套现行为认定为非法从事支付结算业务行为。从支付结算业务的概念来说，我国刑法并未对支付结算行为作出具体规范。非法经营罪属于空白规范，又称不完备刑法，该罪构成要件中涉及一些禁止性规定，因刑法立法的抽象性，或者为维护部门法之间的体系，决定了无法在刑法中直接规定，需要参照其他部门法的相关规范，从而达到刑法罪名要件的完整性与准确性。[①] 在该罪的具体罪状中既详细列举了三类典型的非法经营行为，又规定了兜底条文，属于列举式加概括式的罪状表述模式。有学者指出“花呗套现案”中淘宝商户只是为小额贷款公司与花呗套现需求者之间搭建了一个平台，提供了中介性质的支付结算服务行为，故相关行为人的行为应认定为资金支付结算的行为，最终的交易主体是小额贷款公司与花呗用户。[②] 然而，该种认定存在以下问题：

---

① 肖中华：《空白刑法规范的特性及其解释》，载《法学家》2010 年第 3 期，第 32 页。

② 王国平：《从首例利用“蚂蚁花呗”套现案例探析相关套现行为的本质属性》，载《法律适用》2018 年第 10 期，第 53 页。

1. 套现互联网信用额度行为本身不具有合法性

根据中国人民银行颁布的《支付结算办法》规定，支付结算是指民商事主体在社会经济交往中，通过使用票据、信用卡和汇兑、托收承付、委托收款等结算方式进行货币给付及其资金清算的行为，也就是说，支付结算行为本身是正当的金融业务，在交易中，充分尊重了商事主体的意思自治。刑法修正案（七）将非法从事支付结算行为列为非法经营行为，其目的是为了规范支付结算业务经营主体的资质，打击地下钱庄，非法从事支付结算业务的核心在于违反金融机构特许经营的规定。反观互联网信用额度套现行为，是将信用额度变现成“无息贷款”的行为。该行为本身就不是正当的行为，损害金融秩序，任何主体从事该业务都会认定为违法行为。而且，该行为也不是基于商事主体意思表示的结果，并不能算一项正当的业务。

互联网信用额度发行主体想要建立的法律关系是其与用户之间的“定向借贷关系”。互联网信用额度的发行者通过代为支付货款获得对用户的债权，而借款用途信用额度发行者是知情的，用来购买了交易产品。套现行为是在虚构交易的基础上，信用额度发行者陷入错误意识，将资金给了套现者，而且，套现者也并无将资金支付给信用额度用户的意思表示，所以套现者并非仅是网络信用额度用户与发行者之间的中介，而是对资金的流转附加了变现的行为。

2. 将互联网信用套现行为认定为支付结算行为无法对代还行为进行规制

代还行为是持卡人在临近信用卡还款期限将要面临高额利息时，通过他人帮助偿还贷款，后通过虚构交易，在他人 POS 机等终端工具上刷卡，将后一期的信用额度支付给代还者的行为。该种行为同样存在虚构交易的行为，与一般套现区别的是代还套现的是将来的额度，用将来的额度来填补现有的欠款。该种行为同样适用《解释》第七条有关套现的规定。① 从非法经营特质上看代还和套现均需要刷卡取现并向持卡人收取手续费，该行为系违反国家规定的经营行为符合非法经营罪的前提条件，违反国家规定。

然而，互联网信用额度同样可以进行贷款业务，商户只要代替用户还款（花呗已开通朋友代还业务），然后进行一次虚假交易即可，比传统信用卡代还业务还要容易。该种行为并没有直接将小额贷款公司的资金直接支付给用户，与支付结算业务完全不同。

综上，将互联网信用额度套现行为认定为支付结算行为在逻辑上牵强，在功能上也不足以遏制互联网信用套现行为。

（二）将互联网信用额度套现行为定性为信用卡套现行为的困境

互联网信用支付业务的性质，以花呗为例，该产品通过大数据，对消费者消费习惯、消费水平、信用等级等综合指标进行分析，对消费者授予一定信用消费额度，但不能提取现金。用户在网络购物平台或者部分实体店铺消费时，可选择由花呗先行向商家支付货款，花呗用户在规定的时间内偿还该部分欠款，可选择一次性偿还，也可选择分期偿还。② 我国刑法对“信用卡”作出的定义为由商业银行或者其他金融机构为发行主体，用于信用贷款、消费支付、转账结算、存取现金等业务的电子支付卡，由此可以看出该种产品在法律关系上与信用卡类似。整个信用卡业务运行过程中，主要有以下几个法律关系：持卡人与 POS 机特约商户的交易关系、

---

① 陈巧玲：《非法使用 POS 机进行信用卡套现代还款的定罪》，载《人民司法·案例》2012 年第 2 期，第 47-49 页。

② 田磊、陈书光：《网络信用套现行为的定性——以“蚂蚁花呗”套现第一案为视角》，载《铁道警察学院学报》2018 年第 2 期，第 67 页。

持卡人与银行或其他金融机构的借贷关系及委托付款关系，银行或其他金融机构与POS机特约商户支付结算关系。

然而，将套现互联网信用额度定性为套现信用卡额度行为存在以下问题：

1. 小额贷款公司的金融机构地位存在司法争议

“花呗套现”案的焦点在于虚拟信用套现行为的要件分析，该种行为的法律适用学界有两种观点：一种观点认为该种行为应适用非法经营罪的兜底条款，即“其他扰乱市场经济秩序的行为”，套现互联网信用额度的行为实质属于信用卡套现行为，花呗账号应视为虚拟信用卡；另一种观点则坚持本案判决的观点，认定花呗套现行为系支付中介行为，不应适用兜底条款。花呗的发行机构为重庆市蚂蚁小微小额贷款公司并非真正意义上的金融机构，花呗套现行为不应认定为信用卡套现行为。也就是说，小额贷款公司性质的认定是本案适用法律的关键所在。

信用卡的发行主体应为银行或其他金融机构，而互联网信用额度的产品的发行者通常为小额贷款公司。我国司法对小额贷款公司的性质认定依旧存在分歧，在认定贷款诈骗罪中，将小额贷款公司认定为金融机构。如上海市杨浦区人民法院审理的(2012)杨刑初字第192号上海皓纯粮油有限公司、方某骗取贷款罪一案中，法院将上海杨浦科诚小额贷款股份有限公司认定为从事发放贷款业务的金融机构，将其与二被告之间的《贷款合同》区别于一般的民间借贷合同，最终认定二被告贷款诈骗罪成立。[①] 在上海市闵行区人民法院审理的江树昌骗取贷款一案中，法院认定被告以欺诈手段虚构事实，骗取上海闵行九星小额贷款公司贷款，给金融机构

① 参见上海市杨浦区人民法院(2012)杨刑初字第192号刑事判决书。

造成了损失。[①] 在二审中，上海市第一中级人民法院也认定了九星小额贷款公司是金融机构，被告构成骗取贷款罪。综上，在骗取贷款罪的审理上，小额贷款公司被认定为金融机构已成共识。在民事审判中，小额贷款公司与其他主体签订的借款合同依旧被认定为普通民间借贷，适用《最高人民法院关于审理民间借贷案件适用法律若干问题的规定》。对小额贷款公司性质的模糊认识导致了互联网信用额度不能等同于信用卡，同时也成了将互联网信用额度套现行为认定为信用卡套现行为的障碍。

2. 互联网信用额度产品是否是信用卡存在争议

与传统信用卡相比，互联网虚拟信用产品不具有电磁存储的有型状态，适用范围相对局限；与电子信用卡相比，互联网虚拟信用额度产品使用途径相对较小。另外，很多学者认为两者代表的利益不同，互联网信用额度的发行者系小额贷款公司，并非吸收公众存款的金融机构，靠其自有财产从事资金拆借业务，套现互联网信用额度的行为危害性与套现信用卡没有可比性。

由于不能确定小额贷款公司的金融主体地位及互联网信用额度产品性质导致将套现互联网信用额度行为定性为套现信用卡行为依旧存在障碍。

三、造成互联网信用额度法律适用困境的原因分析

（一）刑法对金融机构的解释存在弹性

互联网信用额度产品属于互联网金融范畴，其发行者是否具有金融机构性质影响对该行为的定性。刑法对金融机构的范围并无明确界定，该内容属于空白刑法，需要援引其他部门法予以解

---

① 参见《刑事审判参考》2014 年第 2 集，第 33-34 页。

释，然而在解释中难免出现以下问题：

1. 部门法规的易变性、片面性

相对于刑法而言，空白刑法为补足构成要件的需要，援引大量部门规章，而这些规章往往是易变的、片面的，这就导致了空白刑法的可预见性大大降低。行政机关通过指定部门规范性文件影响刑法空白规范，使空白规范的解释很容易突破立法目的，偏离立法原意。行政规章之所以易变与其制定程序的简单、快捷有直接关系，与立法机关的立法活动不同，作为追求效率的行政机构根据其职能的调整、市场环境的变化对特定领域出台规范性文件进行规范，其变更速度要快于刑法；片面性表现在部门法规着眼于部门利益，由于其立法程序简化，针对特定工作创制往往受到部门利益驱使，忽略刑法体系的完整性。空白刑法虽然解决了刑法无法解决的专业性问题，但是也存在以下弊端：首先，通过行政规章解释刑法概念造成了行政权力实质刑事化，行政部门间接行使了刑事司法解释权，甚至逾越了刑法立法权；其次，部门法规的易变性难免造成其规范与刑法规范立法价值不统一，违背刑法立法原意。综上，后来变更的部门法规可以为空白刑法所涵盖，空白刑法会为易变的部门法规留有空间，所以空白刑法的弹性不可避免。①

随着金融机构改革的深入，金融机构的范围也在变化。如根据商务部 2018 年 5 月 14 日的通知，制定融资租赁公司、商业保理公司、典当行业务经营和监管规则职责划给中国银行保险监督管理委员会，自 4 月 20 日起，有关职责由银保监会履行。由此可见，金融机构的范围是随着金融业务扩展不断变化的，所以刑法对金融机构的界定难以避免存在弹性。

① 肖中华、王海乔：《空白刑法的规范诠释：在规范弹性与构成要件明确性之间》，载《法学杂志》2009 年第 8 期，第 23 页。

2. 准金融机构的发展考验刑法解释的张力

准金融机构为由金融监管部门以外的监管主体监管的非银行信用中介机构。首先,准金融机构是信用中介机构。银行金融机构最能体现其性质的功能为信用中介功能,其特征为期限转换、流动性转换、杠杆、信用风险转移。准金融机构具有这些特征中的一个或数个,或者为上述四种业务提供便利。其次,准金融机构不是银行信用机构。在运行中,不吸收公众存款,该种特性决定了对准金融机构的监管标准低于银行业标准,不适用审慎规则。最后,准金融机构与 P2P、第三方融资平台也有区别。P2P 及第三方平台并未纳入政府的监管,准金融机构虽然不持有金融机构牌照,不受银保监会监管,但准金融机构在我国现行体制下,有专门的具有金融属性的部门进行管理,当一种市场行为政府对其态度是监管而非取缔时,那该种行为也就得到了政府的认可。准金融机构由专门的部门监管,在被监管的同时,也有了市场经济主体的"名片",获得了正常发展的机会。

准金融机构具体包括融资租赁公司、小额贷款公司、典当行、商业保理公司等。尽管准金融机构并不持有金融机构牌照,但因为从事金融业务,仍被定义为广义上的金融机构,这就对刑法金融机构的解释提出了新的挑战。

(二)现行司法解释对"套现行为"的认识存在偏颇

根据《解释》规定,套现信用卡行为情节严重的,按非法经营罪论处。然而,将套现行为定义为"其他扰乱市场经济秩序的非法经营行为"并不合理。对刑法兜底条款的解释应结合非法经营罪的立法方向,这些限定可以通过《刑法》第 225 条非法经营罪的前三项提炼。并非所有的扰乱市场经济秩序的行为都是非法经营行为,《刑法》整个第三章就是在规制扰乱社会主义市场经济秩序的行为。正如德国法学家拉伦茨的观点,法律的解释是为了让法律能够在当今的秩序环境下得以体现价值,然而,对立法者的立法目的又不能完全忽略。在解释法律时,应当结合立法时的时代背景,检视其最原始的目的并探求其性质,才使法律在今天的秩序环境下得以延续。恰当的法律解释思维应当是审视当今环境的同时兼顾法律本身最初始的目的。① 刑法解释应最大限度地尊重相关犯罪构成要件产生的立法目的。非法经营罪的立法目的是维护我国市场经济的相关许可制度,通过调整市场准入门槛来实现资源优化配置。

非法经营行为应是违反了特定许可制度的经营行为,这里的经营行为首先应当是具有“被许可期待性”的经营行为。换言之,公权力机关对某一经营活动设定特定的许可制度,就客观上承认了其存在的合理性,只是对其“准入门槛”作出了限定。如果某个经营行为本身就不具有合法性,不具有“被许可期待性”,那么该种经营行为也就不会存在准入门槛问题。无论是套现传统信用卡还是套现互联网信用额度,行为本身就是通过虚构交易,让信用卡发行者陷入错误意识,将资金直接流入持卡人或互联网信用额度使用者手中的行为,并非正常的金融业务,不具有“被许可期待性”。司法解释的目的是为了取缔套现行为,而不是规范其业务的准入机制。

四、互联网信用额度套现行为法律适用的规范分析

(一)明确小额贷款公司金融机构主体地位

中国人民银行发布的《金融机构编码规范》对金融机构的范围

① [德]卡尔·拉伦茨:《法学方法论》,陈爱娥译,商务印书馆2013年版,第12页。

及层次做出了限定，小额贷款公司编码在调整范围之内。另一方面，小额贷款公司是不持金融许可证，但从事金融业务的企业法人。根据中国银保监会、人民银行《关于小额贷款公司试点的指导意见》的规定，小额贷款公司是不吸收公众存款，以自有资本从事资金拆借业务的营利法人。因此小额贷款公司是企业法人，有独立的法人财产，享有法人财产权以全部财产对其债务承担民事责任。而在形式上，小额贷款公司是从事金融业务的企业法人。

判断一个主体是否为金融机构，首先应对其业务性质作出判断。一般认为，专门从事金融活动的组织即金融机构。由此可知，评价一个主体是否是金融机构，其是否从事金融业务应为重要标杆。①

首先，小额贷款公司所从事的业务性质均为金融业务。《指导意见》规定，小额贷款公司是经营小额贷款业务的公司。但是经营小额贷款仍然是试点期间的主要业务内容。小额贷款公司从事的贷款业务从以下几个方面分析：

首先是贷款对象，小额贷款的对象主要是"三农经济"及小微企业等还款能力相对较弱的信用次优主体。其次，小额贷款同时也是次优贷款，是一种金融衍生产品，具有政策性。在利率的限定上，利率上限不得超过司法解释规定的利率上限。最后，该意见还对贷款额度进行了限定，规定小额贷款公司单笔贷款额不能超过资本的50%，类似于银行的存贷比例规定。小贷公司所从事的贷款业务是银行业金融机构的传统业务，尽管其资金不来源于公众存款，源于其公司资本及银行拆借，但这并不影响其金融机构性质。

---

① 汪鑫：《金融法学》，中国政法大学出版社2007年版，第88页。

其次,小额贷款公司随着金融体制改革的浪潮应运而生,其设立的初衷就是为了解决欠发达地区及小微企业融资难的问题。传统的银行贷款具有较为严格的审慎规则,对贷款主体的要求相对较高,这就使资本流向呈现出了“马太效应”状态,资本流向还款能力强、实力相对雄厚的企业及个人,而这些主体获得资本后就可以进一步扩充自己的业务,使“强者愈强,弱者愈弱”。而得不到融资的小微企业就会因资金短缺不能得到发展,同时,还款能力较差、抵押担保能力较弱的“三农”经济也得不到充足的资金,其发展受到阻碍。小额贷款作为金融衍生产品,是为了满足信用次优人群的融资需要,使资本流向更加多元化,使国民经济更有活力,也就是说,小额贷款公司设立的目的就有融资性。

最后,小额贷款公司的监管机构具有金融监管属性。依照《指导意见》规定,省级政府指定专门机构对小额贷款公司进行监管,其模式为领导小组模式,该组织包括地方政府金融办,也包括银保监会的地方派出机构。人民银行将对其资金流向进行跟踪监测。人民银行显然具有金融监管机构属性,地方监管部门其组成也同样包含金融监管机构,其监管机构具有金融监管特性,不同于一般的企业,从这个角度说,同样应当认定小贷款公司为金融机构。

(二)将套现互联网信用额度的行为认定为信用卡套现行为

1. 互联网信用额度产品与信用卡无本质区别

整个信用卡业务运行过程中,主要有以下几个法律关系:持卡人与 POS 机特约商户的交易关系、持卡人与银行或其他金融机构的借贷关系及委托付款关系、银行或其他金融机构与 POS 机特约商户支付结算关系。

互联网信用额度产品,以花呗为例,其法律关系包含花呗用户与其发行者重庆市蚂蚁小微小额贷款公司之间的借贷法律关系、重庆市蚂蚁小微小额贷款公司与商户之间的支付结算关系，其法律关系并无本质区别。其运行过程、法律关系没有本质区别，应当将互联网信用额度产品认定为信用卡。

2. 套现互联网信用额度行为与套现信用卡行为无本质区别

花呗套现案中，杜某某等人所掌控的淘宝商户在收到花呗用户订单时虚构交易行为，在淘宝商户并未进行发货的情况下就确认收货，并进行退货操作，将货款扣除相应手续费后，将余款打入花呗用户支付宝账号。此种行为与信用卡套现行为是一致的，都是以获取“无息贷款”为目的，通过虚构交易的方式将消费信用额度变现为可支配的现金。在套现工具上，花呗套现利用淘宝商店账号，《解释》第 7 条限定的方法为使用销售点终端机具（POS 机）等方法。这里对“终端机具等方法”的理解也不能太过机械，不能简单地将套现工具理解为有型的工具，随着互联网金融业的发展，支付结算工具的呈现无形化，对工具的要件作用将逐步弱化。

3. 对互联网信用额度代还行为的规制

允许花呗支付的商户完全可以通过帮好友代还信用额度，然后在通过虚拟交易消费信用额度，并加收手续费，整个过程并未出现将现金支付给用户的行为，所以该行为无法认定为非法从事支付结算业务行为。该种行为首先同样具备了虚构交易的行为，与一般的套现相比，互联网信用产品用户并不以获得“免息贷款”为目的，而是为了在还款能力低下的情况下保持信用额度。该行为的实质就是用未来的信用额度填补今天的信用额度，实质也是一种套现，整个过程也可理解为淘宝商户通过对用户偿还额度获得对用户的债权。而淘宝商户利用虚假交易，帮助用户将还款后的信用额度套现用于偿还商户的债务，所以该行为同样应该适用于非法套现信用卡的情形。该行为导致信用发行商错误地评估用户的还款能力，增加了其贷款安全隐患。

综上，互联网信用套现行为应认定为信用卡套现行为。

（三）妨害信用卡管理罪选择性构成要件的重构

上文提到套现信用卡行为不应认定为《刑法》第225条规定的“非法经营行为”，在该种行为的法律适用上，应当充分考量该种行为所侵犯的法益。《刑法》第117条对信用卡在发行使用过程中存在的破坏信用卡管理秩序行为进行了规制，然而，所列举的四种行为仅停留在对有形信用卡的使用过程中，如伪造、变造，持有他人大量信用卡等，且都是着眼于信用卡“形式管理秩序”的保护，忽略了对信用卡不当使用方法的规制。对信用卡的管理秩序的维护其实就是如何让信用卡发挥其刺激消费、拉动内需，从而实现以虚拟经济刺激实体经济的目的；而套现行为系虚构消费，将信用额度变现成资金，这就导致了信用卡发行者银行或其他金融机构对资金流向失去了知情权，也严重影响了对使用者信用的评级，使资金流转陷入不安全的境地。

因此，笔者认为，应该将信用卡套现行为纳入妨害信用卡管理罪的选择性构成要件中，为互联网套现行为这种新型犯罪提供有效的法律保障。重构后的妨害信用卡管理秩序罪的选择要件应当既包括现有的伪造、变造、持有大量信用卡等破坏有形信用卡管理秩序的行为，也应将信用卡不当使用行为如套现行为纳入其中，从而使该罪名的要件更为完整，以发挥信用卡的价值。

五、结　语

互联网信用额度是新兴的网络金融产品，我国又是互联网金融发展比较快的国家，互联网信用额度套现行为使互联网信用额度产品无法发挥其刺激消费、促进实体经济的功效，也使互联网金融秩序陷入困境。同时,我国刑法对准金融机构性质认定的模糊、司法解释对套现信用卡行为的理解存在偏差等问题的存在对互联网信用额度套现行为的法律适用带来了挑战。笔者认为,互联网信用额度产品应认定为信用卡,其发行者小额贷款公司的金融机构主体地位应当予以确认。套现互联网信用额度行为应认定为套现信用卡行为。对套现信用卡行为的认定,应当适用妨害信用卡管理秩序罪,对该罪名的构成要件应当加以重构,将套现信用卡行为纳入其中加以规制。未来对妨害信用卡管理秩序的研究不应仅停留在伪造、变造等对有形信用卡的管理上,更应着眼于信用卡发行价值是否得以实现,当一个行为阻碍信用卡价值的实现,那么该种行为当然妨害了信用卡管理秩序。

人工智能技术在信用画像领域中的运用及风险防范研究

李世寅*

摘　要：大数据与人工智能时代的到来，使传统征信业发生了许多改变，技术的进步可以使征信企业拓展数据来源，并从海量数据中多维度自动提取有效的信用信息，实现了分析能力的深度提升，实现客户精准画像，从而降低交易成本和信用风险，增强信用评价结果的应用场景范围。但人工智能技术是双刃剑，技术的进步不可避免地带来如隐私泄露、数据安全等一系列问题，如何在最大化利用数据与确保用户隐私之间寻找最优平衡点，使人工智能信用技术更好地惠及社会，是一个值得深入研究的课题。

关键词：人工智能；信用画像；数据安全

---

* 广东省中山市第二人民法院审判委员会委员，一级法官。

"当数据处理技术已经发生了翻天覆地的变化时，在大数据时代进行抽样分析就像在汽车时代骑马一样。"①

前 言

大数据时代的到来，为传统的征信行业发展带来了机遇与挑战。而随着人工智能第三次浪潮的来临，由于 AI 技术具备先进的数据挖掘、数据分析、并行计划、计算视觉、自然语言处理、机器学习、深度学习、知识图谱、认知计算等先进信息技术功能，运用机器深度学习技术（借鉴人脑神经网络机理，如 CNN 和 LSTM 组合）、Page Rank 算法、多维度决策树在内的 AI 技术及大数据挖掘技术来建立稳定的信用分析评估模式，从海量数据中多维度自动提取有效的信用信息，实现了以用户行为数据代替结果数据、以多维数据代替单一数据，促使分析能力深度提升，实现客户精准画像；并在识别高风险客户、解决客户征信查询难、查询不稳定、查询不精准方面发挥了巨大作用。从某种意义来说，人工智能等于深度学习加大数据分析。而用户画像是大数据分析中的一个重要概念，其主要基础是数据，建立在一定数量与维度之上的目标用户分析模型。综合运用建立信用画像模式，对融资企业与个人进行精准用户画像，有效地预防和降低融资的违约、欺诈风险。另一方面，企业利用用户画像定性目标用户时，借助人工智能技术，数据分析人员会使数据（包括但不限于姓名、性别、年龄、收货地址、手机号、银行卡、身份证号、邮箱等基础属性和浏览分类、点击偏好、购买习惯、登录设备类型等特殊属性，如硬件序列号、设备 MAC 地址、软

---

① ［英］维克托·迈尔-舍恩伯格、肯尼斯·库克耶：《大数据时代——生活、工作与思维的大变革》，盛杨燕、周涛译，浙江人民出版社，2013 年版，第 27 页。

件列表、唯一设备识别码 IMSI 等)挖掘、使用、传输、储存智能化,提升画像的形成速度和精准度。但技术发展具有双刃剑作用。欧盟《数据保护通用条例》又名 GDPR 中“数据画像(PROFILING),是指任何通过自动化方式处理个人数据的活动,该活动服务于评估个人的特定方面,或者专门分析及预测个人的特定方面,包括工作表现、经济状况、位置、健康状况、个人偏好、可信赖度或者行为表现等。其中,诸如可信赖度、经济状况等涉及个人征信的信息范畴。[①] 在利用 AI 技术收集用户数据并进行画像的过程中,如果不注意伦理机制等配套机制建设,就可能产生用户隐私泄露的风险,而隐私泄露既会危及用户的名誉与财产利益受损,导致用户不再信任数据画像,也会破坏征信行业在内的金融管理秩序,进而危及金融安全,将不利于数据挖掘及人工智能在征信领域内的发展。因此,征信企业针对“数据画像”所形成的个人征信信息,有必要配套立法、执法及企业管理的跟进与完善。

一、AI 技术在信用画像领域中的运用探析

(一)国内外信用画像构建的基本运用模式

麦肯锡定义:大数据是一种规模大到在获取、储存、管理、分析方面大大超出了传统数据库软件工具能力范围的数据集合。画像构建主要由基本属性、购买能力、行为特征、兴趣爱好、心理特征、社交网络等数据挖掘形成。用户画像可以分为群体用户画像和个体用户画像两大类,主要用于产品开发和行业分析、精准营销等。而在我国,数据画像代表机构或企业,主要有以下三种运行模式:一是央行征信系统是由总行直属事业单位“中国人民银行征信中

---

① 涂永前、王晓天:《大数据背景下个人征信信息保护的立法完善》,第八届中国信息安全法律大会论文集(下),第 671 页。

心”来负责建设、运营和管理。《征信业管理条例》第 29 条规定:从事信贷业务的机构应当按照规定向金融信用信息基础数据库提供信贷信息。信贷业务包括直接从事信贷业务和类信贷业务,如融资租赁、保理都是属于类信贷的范畴,从事信贷业务的机构要按照规定接入央行征信系统。目前除了一行三会所管辖的金融机构以外,对于类金融机构,国家没有一个强制性的要求,采取自愿接入的原则。二是芝麻信用。即基于阿里巴巴的电商交易数据和蚂蚁金服的互联网金融数据,并与公安网等公共机构以及合作伙伴建立数据合作,数据涵盖了信用卡还款、网购、转账、理财、水电煤缴费、租房信息、住址搬迁历史、社交关系等。芝麻信用以芝麻分类直观呈现信用水平,主要包含了用户信用历史、行为偏好、履约能力、身份特质、人脉关系五个维度,从 950 ~ 350 分划分为 5 个等级,分数越高代表信用程度越好,违约可能性越低。芝麻征信还出具个人信用报告,其主要由央行征信中心负责提供,记录了个人基本信息、贷款信息、信用卡信息和信用报告查询记录等。三是腾讯征信的数据更多地是社交数据,其征信产品有两大类别:一是反欺诈产品,包括人脸识别和欺诈评测;二是信用评级产品,包括信用评分和信用报告。腾讯征信反欺诈产品的主要服务对象包括银行、证券、保险、消费金融、小贷、P2P 等商业机构,它能帮助企业识别用户身份,防范涉黑账户或有组织欺诈,发现恶意或者疑似欺诈客户,避免资金损失。对于之前没有个人征信报告的蓝领工人、学生、个体户、自由职业者等用户,腾讯通过他们使用社交、门户、游戏、支付等服务,通过海量数据挖掘和分析技术来预测其风险表现和信用价值,为其建立个人信用评分。此外,鹏元征信、前海征信、考拉征信、91 征信等各类征信企业也在不断发展中。而全球最大的个人信用评分机构 FICO(费埃哲)共同打造的大数据风控平台,整合征信公司、司法数据、工商数据、消费数据等重要数据源头，构建了金融贷款机构风控所需全行业各领域的风险数据库，同时包括反欺诈风险名单库、重大风险识别名单库、贷款申请记录名单库的数据，合计已超过7000万条。多达6000多个维度的数据库不仅能有效补足贷款机构本地的数据库，还能协助其大幅提高反欺诈识别和信用风险识别能力，同时结合FICO的信贷决策引擎为信贷机构提供服务。金融机构不用再投入巨资自建系统，不用花巨大精力和成本寻找各种风控数据。

《左传》中有“君子之言，信而有征，故怨远于其身”一说，这也是征信一词最早的起源。目前我国正处于积极推进个人与企业信用信息建设的阶段。据介绍，人民银行征信中心运行和维护的国家金融信用信息基础数据库（简称“征信系统”），已成为世界上收录人数最多、数据规模最大、覆盖范围最广的征信系统，基本上在全国范围内为每一个有信用活动的企业和个人、按照统一的格式标准建立了信用档案，征信产品与服务广泛应用于经济社会各领域。目前，征信系统累计收录了9.9亿自然人、2591万户企业和其他组织的有关信息，个人和企业信用报告日均查询量分别达550万次和30万次。①信用行业的发展仍具有较大的增长及深度运用空间。

（二）AI技术在信用画像中的技术运用探析

欧盟GDPR认为，对用户进行画像涉及数据收集、自动分析以识别相关性、将识别出的相关性用于个体以分析、预测该个体当前或未来的行为特征这三个阶段。信用画像是维护金融安全的重要手段。传统征信数据主要采集身份信息、信贷信息、非金融负债信

① 《央行：征信系统收录9.9亿自然人》，https://baijiahao.baidu.com/s?id=1636371621297185774&wfr=spider&for=pc，2019年9月1日访问。

息三类,以及部分公共信息,在大数据征信系统中,信用画像所需要的样本数据来源则更加广泛,除了传统数据收集范围外,用户的社交网络与电子商务行为中产生的海量数据,会让信用画像提供侧面支持数据。运用 AI 技术,可以使大数据采集大量化、多元化、多层化、非结构化。一是提高风险识别能力;二是增设反欺诈功能;三是使信用风险控制更加精准,可有效降低人工误判或故意串通所造成的风险;四是优化处理内部管理流程;五是集约经营降低征信成本,使征信企业避免不必要的风险。但并非所有数据都对个人信用评估有参考价值,因为数据采集得越多,审核维度越多,而个人信用自动画像模型往往会越失真。以信用画像建模为例,在人工智能时代,画像需要包括客户申请、用户偏好、稳定性、用户关系、用户行为、人行征信及用户价值等客观数据,通过一定的数据处理和算法模型,形成信用评估模型得出信用分,用于得出客户可信贷额度分值。征信企业在信用画像建模流程,一般包括数据挖掘、数据分类、数据清洗、洗征工程、数据标签化、模型训练、学习调整、模型验证与迭代、模型上线后的自我学习等过程阶段。如在数据信用审核方面,采取模块化数据适配、SDK 嵌入、图像识别技术,通过互信息筛选,并综合运用假设检验、递归消除特征法、相关系统、GBDT 筛选、数据挖掘、计算机视觉技术,可以更加提升对数据反映客户画像的精准度和对抵押品价值进行可视化判断,提升审核准确性。再如运用知识图谱技术,即把不同类型数据连接在一起而得到一个关系网络,分析出与客户相关的多份数据源,用知识图谱进行一致性验证等方式检测是否存在个人或团伙诈欺行为。而运用自然语言处理中的 TAG 抽取技术对客户语言进行分析,为用户画像提供技术支持。企业将不同时期、不同维度的数据输入模型中,AI 技术会自动识别风险度,常见的征信分析模型有信用局风险评分、信用局破产评分、信用局收益评分、申请风险评分、交易欺诈评分、申请欺诈评分等。征信企业可从其他各种应用场景的商业机构获得信用分反馈，以便对评估模型、方法、数据类型、数据渠道进行调整，保证征信评估的准确性、客观性，而随着 AI 技术的快速发展，这一行为特征将更加明显。如一款叫 COIN 的 AI 金融合同分析应用在美国最大银行摩根大通上岗，经实际应用测试，原本摩根大通金融法务人员和借贷专员需要花费 3,6000 个小时才能完成的工作，这款 AI 应用只需几秒就可完成。重要的是，AI 的错误率不仅低于人类，而且它还不用休假，可以全天候工作。AI 技术的在征信领域中的运用，如数据智能技术可以智能识别不同维度的数据并进行处理，节约大量人力成本与时间。智能金融风控可使用大量非结构化弱数据进行画像分析，如挖掘客户的网页浏览、客户在线行为轨迹、GPS 定位进行客户画像，可以提升征信企业在信用评价、信用积分、智能风控等业务的产品质量、服务效率、定制化水平及安全性，降低风控成本，提升风控系统化管理。征信企业运营 AI 技术的信用数据画像的操作如下：

在数据挖掘阶段，主要包括企业数据自我积累、合作企业的合法授权、定制化客户提供的脱敏数据、公共数据查询等。如融资审核阶段主要包括融资主体提交的相关资料，融资主体日常运营交易数据，法院、工商、税务、水电部门相关公开数据，第三方征信机构的可靠数据等来源。采集数据强调多维度、全数据、宽覆盖，如传统的财务信息数据、工商登记数据、股权数据等，还可以包括客户高管人员、股东、监事管理经验、行业地位、所获荣誉、App 软件下载量、专业期刊评论曝光率等。甚至包括非结构化数据如声纹数据、面部微表情识别、视频数据、手机定位、行踪轨迹等数据。在数据收集完成后，避免数据污染或数据无效、不准确带来的风险，如异常值、缺失值、重复数据、样本不均衡等。从维基百科对数据挖掘的定义来看,数据挖掘(data mining)是对涉及融合机器学习、统计和数据库系统等方法的大数据集合的探索的计算过程。这是一个跨学科的计算机科技的一个分支。其总体目标是从一组数据中提取信息并将其转换为可理解的模型,从而进一步使用。除了原始分析步骤,它涉及数据库和数据管理方面、数据预处理、模型和推理的分析、兴趣度度量、复杂性的分析、发现结构的后处理、可视化和在线更新。数据挖掘是在数据库中发现知识的过程。① 数据挖掘并不是大数据时代产生的技术,数据挖掘在大数据时代之前就已经有其一整套技术规则。数据挖掘出现于20世纪80年代末。② 数据挖掘就是从大量的、不完全的、有噪声的、模糊的、随机的实际应用数据中,提取隐含在其中的、人们事先不知道的但又是潜在有用的信息和知识的过程③,从而对无价值的数据进行分类、关联分析、可视化等分析手段,形成有价值的个人信息。最终达到预测个人行为的目的。在大数据时代之前,传统的数据挖掘不仅所能处理的数据库较小,而且只能对文字、数字、符号等结构化数据进行处理,对于超文本的、图形、图像等非结构化的数据则无法处理。在数据海量化、碎片化、复杂化、人工智能技术仍处于发展阶段的情形下,探索运用图像识别方式进行数据自动化录入,运用深度学习技术提升数据扫描时自动抓取的识别率与有效率,以人工智能算法为每一位客户提供定制化信用服务。

征信企业在画像建模过程中,可以设置数据自动报警机制,设

---

① Wikipedia. Data mining. [2017-07-20] http://en.wikipedia.org/wiki/Data_mining.

② 丁楠:《数据挖掘中的隐私保护:法律与技术》,载《情报理论与实践》2007年第6期第772页。

③ 范建华:《信息保护的重要手段——数据挖掘》,载《金融经济》2012年第4期第33页。

置关键风险指标进行信用风险临界值设置，当实时数据波动触及临界值时自动提示预警。主要围绕具体的信用风险控制目标要求，如通过对不同维度的数据进行分析研究，梳理出具备一定因果关系的关联性关系（如相互影响关系、相互作用关系、相互依赖关系、关联性的变量与价值度），使用统计分析、聚类、关联、异常检测、时间序列、路径分析、漏斗分析等多种维度对信用数据进行研究分析，确定信用风险模型的特征标签宽表，再运用逻辑回归、线性回归的统计方式和类神经网络、基因算法和随机森林、朴素贝叶斯、LASSO、岭回归等确定目标数据标签算法，在设置标签、评分、权重系数的基础上进行建模，分析显著性特征。在画像模型建好后，企业要对系统模式进行效力验证，利用 K-S 值及基尼系数检测客户的融资实力差距与社交图谱、涉诉情况、舆情分析、历史行为分析，并验证模型预测稳定度，以具备分类、过滤、搜索、优先、推荐、评定功能的高级算法，实现数据内容聚合和精准推荐，基于历史数据或趋势性数据完整地对客户进行精准特征画像，还可以利用数据可视化和人机交互技术提升，建立客户需求周期全景视图，基于客户的需求偏好、投资逻辑和风险程度进行信用数据推荐。通过客户反馈机制逐渐调优应用场景需求，从而实现万人万面毫秒级决策识别机制，实现精准的信用评分与信用分析、信用期限，简化传统信用调查与评级的烦琐流程，提升效率，解决客户如即时信贷、自动个性化咨询的特定需求，并预测客户未来发展趋势与是否存在欺诈情形、违约可能性大小。

二、AI 技术在信用画像领域中运用存在的风险与挑战

困境一：AI 技术应用和管理不当会造成用户隐私数据的泄露和滥用。人工智能早已渗入社会生活各个方面，在无人汽车驾驶、

金融、医学等领域得到广泛运用。数据是人工智能与大数据行业的基础。人工智能越智能,就越依赖数据的搜集、处理与传送,由此引发巨大个人信息及其隐私风险。[①] 数据隐私就是个人生活中不愿为他人公开的个人信息,Banisar 等人把数据隐私分为四类:一是信息隐私,包括身份证号、银行账号、收入财产状况、医疗档案、消费和需求信息、网络活动踪迹等;二是通信隐私,包括手机号、QQ、EMAIL 微信;三是空间隐私,包括家庭住址、工作单位及经常出入的公共场所;四是身体隐私,如药物测试。2016 年国务院发布《促进和规范健康医疗大数据应用发展的指导意见》,要求对涉及患者隐私的信息严格保护。[②] 而敏感个人数据一般指一旦泄露或者披露、滥用则可能危害人身及财产安全、损害个人名誉和身心健康、导致歧视性贷款的个人信息。通常情况下,身份证号、银行卡号、健康记录、生物特征等属于个人敏感信息。隐私政策的复杂性,数据收集和处理行为的复杂性远超数据主体的理解范畴。“在美国和欧洲部署的一些智能电表每 6 秒钟采集一个实时读数,这样一天所得到的数据比过去传统电表收集到的所有数据还要多。因为每个电子设备通电时都会有自己独特的‘负荷特征’,比如热水器不同于电脑,所以能源使用情况就能暴露诸如一个人的日常习惯、医疗条件和非法行为的个人信息。”[③]随着 AI 技术的发展,有学者指出,技术与传感器的广泛使用导致未经人们知晓与同意的

---

① 田庆宜,齐爱民:《人工智能的国际监管动态与中国策略》,《第八届中国信息安全法律大会论文集(上)》,第 107 页。

② 胡文华:个人数据保护“同意规则”的检视及修正,《第八届中国信息安全法律大会论文集(上)》,第 80 页。

③ [英]维克托·迈尔-舍恩伯格、肯尼思·库克耶:《大数据时代:生活、工作与思维的大变革》,盛杨燕、周涛译,浙江人民出版社,2013 年版,第 193 页。

数据收集行为不断增加。[①] 用户隐私在智慧画像过程中泄露的风险也会越来越大。

困境二:数据信息覆盖面不广、共享机制缺少,形成新的数据孤岛。传统建立在信贷基础上的征信体系覆盖面有限,如我国个人征信覆盖面中仅有不到50%的人拥有信贷记录,而美国人则为93%的人拥有信贷记录。画像所需要的数据来源多元化,但数据来源储存在不同系统的数据库中,缺乏数据同步及共享机制,数据利用不充分,容易形成数据孤岛。而数据的多样性与均衡性不足,容易引发人工智能的算法偏见。此外,一些部门或企业把数据当成自有资源,不愿对外提供。未建立区域性统一的数据库,数据端口开放上由于设计公司不同,接入标准不统一,导致数据信息难以共享,操作性较差。如不同的互联网数据巨头就信贷数据的商业协作与共享使用、有偿使用问题,是否会形成新的数据壁垒,在何种情形下这些被巨头们视为宝贵的数据能否可以让其他主体适当分享仍然是个未知问题。

困境三:数据安全是人工智能安全的关键。牛津大学国际发展研究中心将大数据质量和可用性作为评价政府人工智能准备指数的重要考察项。根据《欧盟数据保护法令》,任何可辨认的自然人相关的信息都被视为个人数据。个人信息的控制者必须采取恰当的技术和组织措施来保护信息不受偶然或非法的损坏或遗失、替换、未授权的披露,尤其是在处理涉及数据在网络上的传播,和其他所有非法形式的处理。这些措施应确保适当的安全级别,以保护数据的处理和性质,并考虑到技术的先进性和实施的成本。《欧洲议会个人数据保护协议》(1981年)也设立了类似的浮动标

① 高富平:《个人数据利用保护和利用国际规则源流与趋势》,法律出版社2016年版,第47页。

准。第7条要求采取适当的安全措施,保护储存在自动数据文件中的个人数据,防止意外或未经授权的破坏或意外损失,以及对未经授权的访问、修改或传播。①

困境四:AI技术自身的缺陷性。智能风控对数据的全面性、真实性以及挖掘效率的要求极高,且对因果性的分析不足。训练数据的标注质量不高容易引发人工智能的系统运作。如目前阶段,AI技术尚且无法对虚假财务材料进行识别,是否适应数据大规模应用的强度、纬度、广度的应用场景。在开源开发模式下,AI开发周期中各个部件有可能是匿名或非匿名的群体参与开发多个模块组合构成,模块各自独立开发,开发者很难确定其他使用者如何使用该模块。同时也存在COTS硬件的发展模式上AI的复杂性不仅对消费者,同时对生产者研发者也是一样。因此,这种类似去中心化的开发模式导致法律责任链的可追踪性更为困难。AI算法可以瞬间处理海量的数据,可以根据大数据环境,寻求最优解。但即使是最高水平、最为仔细的人工智能开发设计人员,有可能也很难预测AI投入现实环境后其算法产生的行为,AI算法根据大数据产生的结果可能会超出设计者的预期。此外,智慧数据风控系统的尽调模型难以建立、数据建模的函数搭建问题、训练数据污染、开源框架风险、数据智能窃取(攻击者可以利用AI系统缺陷窃取人工智能数据,自动生成大量虚假数据)、算法缺陷、没有真正反映因果关系、算法泛化能力差、对话文本较难转化为数字化变量等问题也会导致画像结论缺乏精准或严重偏差。如最新研究发现,对抗样本为经过肉眼无法察觉的细微改动而使得计算机判断出现严重错误的数据,如一张熊猫图片加入人为设计的微小噪声后,就会导致

---

① 朱影:《北约网络安全十条规则报告简介与评述》,《第八届中国信息安全法律大会论文集(下)》,第883页。

计算机识别为长臂猿。而深度伪造技术则更会威胁数据安全。深度伪造2.0版不仅可以为客户换脸,还可以模仿人的行为举止、声音和习惯动作。加上欺诈特征难以抓取,欺诈样本少、特征变化快等客观数据因素制约,AI技术在精准画像方面还有较大的探索空间。

三、AI技术在信用画像领域运用的思路设想与构建路径

信用是个人在现代社会的名片,而征信系统是国家重要的金融基础要素设施,确保征信信息数据真实、准确、有效是预防信用风险、降低金融交易成本的前提条件,可挖掘的有效数据量越大,使用的分析方法有科学深度,所分析获得的结论也就更准确。

一是在数据基础设施方面,加强硬件设施建设。国家或征信行业主管部门应当积极研发先进的可让深度学习算法更快捷的人工智能基础处理芯片(GPU FPGA ASIC),在芯片基础材料、元器件、传感器等领域齐头并进。确保数据核心系统设备如主机、网络设备、安全设备、重要数据库安全,如固件、硬件安全增强,漏洞修复加固,协议健壮性测试,补丁配置数量等。此外,除了数据挖掘、数据分析相关联的基础设施建设和传感器、基站建设要跟上外,还应当注重探索建设颠覆式的数据联通设施。如美国亚马逊公司2017年新专利,一种送货无人机搭载的系统可以扫描客户房屋结构和图像信息,无人机能同时将这些信息发回亚马逊的数据库。随后,亚马逊的图像识别算法将会分析这些信息,以确定客户可能感兴趣的其他产品,然后通过电子邮件或其他有针对性的广告为用户提供建议。① 这就为我们提供了一种启示,不仅要注重目前AI

---

① 马瑞:《无人机领域的法律监管制度》,载《农村经济与科技》2016年第27期。

领域内现有可见技术的基础设施建设，还要注重那些与创新型相关联的技术基础设施建设，包括但不限于云计算、物联网、无人机、5G 等。

二是强化技术的创新与试用。引入 AI 最新技术，强化提升信用画像的速度与精准度。传统主流的信用审核风控方案是终端防护（风险采集）+ 数据服务（信息核验、黑白名单等）+ 风控策略（反洗钱、反欺诈、评分卡等策略）。在此基础上，可以考虑 + 机器学习（反欺诈、信用评估等模型）以优化审核方案。如运用 AI 技术对时序、文本、影像等互联网行为、运营商非结构化数据进行深层特征加工提取，用集成模型把个人风险特征和局部网络、全局网络上的风险特征整合，提升风险预测效率。风控部门可为有信贷需求的客户绘制画像、建立信用体系台账、辅助图像识别等人工智能技术，达到秒批贷款的工作模式。又比如利用梯度提升决策树、随机森林、神经网络、分群调整技术、增量学习技术等在内的机器学习算法，可以为缺少传统信贷记录的人群作出客观的信用分析评价，这就是大数据给传统银行业带来的全新革命。深度画像技术基于关联网络构建的图神经网络算法，同时考虑拓扑关系和节点自有属性的学习表征，能够使用多种核函数聚集邻居节点的表征信息，可应用半监督学习和无监督学习表征等。如通过文本分类、词汇处理、数据清洗、向量值确认、大数据类比方式，实现对垃圾数据的有效识别与剔除。

三是加强对用户敏感信息的隐私保护。有学者曾言："在大数据时代，我们需要建立一个不同的隐私保护模式，该模式应将重心放在使数据使用者为其行为负责，而非放在最初收集数据时取得个人同意上。”[①]2013年我国出台的《征信业管理条例》中提出对个人信息的保护需要得到本人的同意,不得超出约定用途来使用个人信息,以及对个人不良信息在一定期限之后删除。此外,《民法总则》《网络安全法》《消费者权益保护法》《电子商务法》《个人信息和重要数据出境安全评估办法(征求意见稿)》《信息安全技术个人信息安全规范》等一系列法律法规、技术规范也对用户隐私保护作了法律上的规定。企业在数据挖掘阶段,就应该采取匿名化个人数据,达到匿名化个人数据再识别化,设计信息主体的访问权与异议权等机制,最大限度寻求数据利用与数据隐私保护之间的平衡点。在数据隐私保护方面,一方面要采取系统隔离、数据加密、差分隐私系统(苹果公司从IOS10开始使用差分隐私技术来帮助挖掘用户的使用习惯且不侵犯隐私)、零知证明、同态加密、安全多方计算、可验证计算等密码学加密算法设置在信用画像建模过程中,确保客户的隐私不被泄露。另一方面,要运用AI技术加强对入侵威胁的清除,如恶意代码检测,排除那些故意编制的、对网络或系统会产生威胁或潜在威胁的计算机代码,如计算机病毒、木马、计算机蠕虫、后门、逻辑炸弹、自动化爬虫、短信炸弹等。运用AI技术还可以细致区分主机入侵、账号盗用、离职内部人员异常操作、运维人员绕行操作、用户历史轨迹分析等异常行为,并采取访问控制、二次验证、直接阻断等实时处置措施。

四是确保收集到的数据的安全。征信企业可采用安全通道、安全认证、个人信息去标签化、数据脱敏、密文透明处理、访问权限、数据权限、账号权限控制、敏感数据自动识别、深度威胁行为分析检测、数据水印技术、多维度审计日志、对重要目标文件加固、设

---

① 姜玲:《大数据时代下的个人信息安全保护》,载《兰台世界》2017年第2期,第56-59页。

置外设白名单(对外部设备做权限管理,防止恶意程序从外部设备植入)、进程保护、差分隐私技术保障数据在使用分析储存中的合规性和安全性。即通过对数据添加干扰噪声的方式来保护数据中的隐私信息。当人工智能系统需要对用户进行画像时,需要用户数据进行训练,差分隐私技术的强大数学保证可以确保建立的特定目标模型不会自主学习或记住任何特定用户的隐私袭击。此外还有联邦学习、安全多方计算等确保数据隐私方式可以运用。另外,使用迁移学习、小数据、数据合成、数据增强等方式也可以做到人工智能对数据需求的最小化。

五是优化企业数据合规收集使用共享传输机制。征信企业一要完善信用信息保护和网络信任体系,建立健全执行信用信息安全监控体系,加大对信用信息安全监督检查力度,开展安全风险评估、安全等级保护、安全认证,服务系统安全管理。完善信用信息安全应急处理机制。如严格管理信息端口和入网查询,明确端口到达的内部机构或合作伙伴层级;规定专人负责敏感信息查询,明确查询人员的权利和责任。具备一定查询权限的工作人员可以在自己的工作界面直接发送查控需求,但不能将入网查询端口开放权限随意扩大。随着系统数据的递增,还要组织研发无人工介入的、封闭运行的敏感信用信息查询系统,以确保敏感信用信息查询、传输、使用安全、可靠。二要积极运用最新数据合规监管科技。征信企业在数据合规使用方面,还应该探索在远程数据检索、多种格式化数据自动导出、风险溯源、风险常态化检测、威胁数据高频率监测、优质数据精细化可视态展示、平台智能算法净化、全生命周期风险数据留存方面的管理机制,并建立有效的算法干预机制,更好地审计算法代码或使用人类审查加人工智能审查技术审查算法代码,或者扩展更多的数据测试集和测试项目,发现算法缺陷,以避免用户收到不公正、片面加强或严重偏差的数据，消除算法歧视和算法黑箱。这方面，小米企业的小米数据工厂就设计了良好的技术架构可供借鉴。小米数据工厂提供数据可视化、计算任务管理、数据管理（分为数据预览、元数据、数据源）、权限管理、任务调度、数据共享等服务。三要设立隐私官制度，由企业隐私官负责征信企业内部数据安全合规管理和制度构建。如负责数据风险管理、数据安全政策、数据合规管控、数据安全标注等，告知用户数据使用与处理的具体流程、合规义务，提出隐私保护的建议，负责内部数据挖掘的监督职责。组织建设、制度设计、人员管理、产品技术说明，包括人员方面的安全背景审查，数据安全培训、离岗保密要求、接触数据权限控制、数据安全监控与审计。完善企业内部数据安全管理流程，包括数据安全采集、数据安全传输、数据外包使用、数据安全储存、数据安全共享、数据安全销毁等机制。四要强化信用数据人工智能人才培养。如培养具有算法经验与了解信用行业发展架构的数据分析师、标签师、算法工程师、尽职调查人员、风控师等。

六是创造适合人工智能发展模式的社会治理机制。如政府方面积极出台公共数据开放使用管理规定。2019 年 8 月 29 日，上海市人民政府出台了《上海市公共数据开放暂行办法》，对建立统一的公共数据开放平台，促进上海市的公共数据开放和利用，推动数字经济发展，有效利用各个政府部门的数据资源做了有益探索。明确信用领域的专有名词含义，如《上海市社会信用条例（草案）》中规定“社会信用”指具有完全行为能力的自然人、法人和其他组织（统称信息主体），在社会和经济活动中遵守法定义务或者履行约定义务的状态。可在国家层面，设立数据使用监管沙盒区域，由试点区域政府提供大量可靠无污染的数据（如开放政府公共数据库、标准测试数据集、对抗数据集）以解决 AI 技术所需的训练数据和测试数据的获取数量和质量问题、打造足够的数字能力和技术水平实验室、制定 AI 信用数据测试标准、安全评价体系、服务平台、孵化器，打造适合创新和使用人工智能信用技术的创业营商环境。倡导征信企业建立隐私数据保护联盟（倡导征信企业在数据收集系统设计阶段强调设计即隐私等概念，欧盟做法为按照必要性和比例性原则，保障个人信用的隐私与数据，进一步完善设计保护隐私（privacy by design）、默认保护隐私（privacy by default）、知情同意、加密等概念的标准），创设有益于社会公益事业发展的数据使用共享商务平台，发布隐私保护政策白皮书、履行征信企业的社会义务。借鉴美国安全港机制和 BCRS 制度设计，推动征信数据合法有序的跨境流动，积极参与征信数据国际使用合作等。又如在限制爬虫技术对公共数据使用的妨碍，数据收集中消除爬虫干扰影响，在征信产品设计的升维和降维（西方发达国家征信体系一直沿着征集债务人的信用信息以判断其偿债能力和偿债意愿的逻辑主线，推动其整体功能的不断优化，而征信企业如果在可以达到足够维度的基础上，过多收集用户的学历情况等不相关数据，则有可能触及隐私权保护范畴）、互联网企业征信产品应用场景的限制与牌照许可，大数据与 AI 尤其是人脸识别技术获取数据的比对结合使用方面，也应当在参考欧盟 GDPR 和美国的《公平信用报告法》《儿童隐私在线保护条例》、韩国的《信用信息使用与保护法》《信用信息法》的基础上制定相应的法律实施细则管控措施。

结　语

信用是适应商品经济发展的需要，从商品交换和货币流通中产生的，以偿还支付利息为条件的借贷关系。大数据与人工智能时代,用户画像的应用越发广泛,数据安全问题总是随着应用场景的增多和数据积累的规模和价值而逐步提升。我国个人征信的历史不长,征信获取数据的覆盖面有限,随着在超强算力、优质算法、海量数据、有效连接技术支持下的人工智能技术的不断进步和信用体系的不断进步,如果我们及早未雨绸缪,多管齐下采取利用如深度学习加迁移学习在内的最新 AI 分析技术对策,确保符合以人为本的数据使用的隐私性与安全性原则,那么,“守信者处处受益,失信者寸步难行”的信用社会一定会到来!

图书在版编目（CIP）数据

第二届“信用法治·韶山论坛”优秀论文集 / 谭曼，顾敏康主编. -- 湘潭 : 湘潭大学出版社，2020.7

ISBN 978-7-5687-0439-7

Ⅰ. ①第… Ⅱ. ①谭… ②顾… Ⅲ. ①信用制度—建设—中国—文集 Ⅳ. ①F832.4-53

中国版本图书馆 CIP 数据核字（2020）第 140629 号

第二届“信用法治·韶山论坛”优秀论文集

DI ERJIE “XINYONG FAZHI · SHAOSHAN LUNTAN” YOUXIU LUNWEN JI

谭曼 顾敏康 主编

责任编辑： 饶娣清
封面设计： 尹晓燕　刘亦昊
出版发行： 湘潭大学出版社
社　　址： 湖南省湘潭大学工程训练大楼
电　　话： 0731-58298960 0731-58298966（传真）
邮　　编： 411105
网　　址： http://press.xtu.edu.cn/
印　　刷： 长沙鸿和印务有限公司
经　　销： 湖南省新华书店
开　　本： 880 mm×1230 mm 1/32
印　　张： 13.25
字　　数： 285 千字
版　　次： 2020 年 7 月第 1 版
印　　次： 2020 年 7 月第 1 次印刷
书　　号： ISBN 978-7-5687-0439-7
定　　价： 128.00 元